Transforme-se
em quem você quer ser

Dados Internacionais de Catalogação na Publicação (CIP)
(Câmara Brasileira do Livro, SP, Brasil)

Andreas, Steve
Transforme-se em quem você quer ser / Steve Andreas. – São
Paulo : Summus, 2005.

Título original: Transforming your self : becoming who you want
to be.
Bibliografia.
ISBN 85-323-0854-6

1. Auto-estima 2. Auto-percepção 3. Programação
neurolingüística 4. Realização pessoal 5. Transformação
I. Título.

04-8659   CDD-158.1

Índice para catálogo sistemático:

1. Transformação pessoal : Programação neurolingüística :
   Psicologia aplicada   158.1

Compre em lugar de fotocopiar.
Cada real que você dá por um livro recompensa seus autores
e os convida a produzir mais sobre o tema;
incentiva seus editores a encomendar, traduzir e publicar
outras obras sobre o assunto;
e paga aos livreiros por estocar e levar até você livros
para a sua informação e o seu entretenimento.
Cada real que você dá pela fotocópia não autorizada de um livro
financia o crime
e ajuda a matar a produção intelectual de seu país.

Transforme-se em quem você quer ser

Steve Andreas

summus editorial

TRANSFORME-SE EM QUEM VOCÊ QUER SER
Copyright © 2005 by Steve Andreas
Direitos desta tradução reservados por Summus Editorial

Tradução: **Denise Maria Bolanho**
Capa: **Magno Paganelli**
Editoração e fotolitos: **All Print**
Impressão: **Sumago Gráfica Editorial Ltda.**

Summus Editorial
Departamento editorial:
Rua Itapicuru, 613 – 7º andar
05006-000 – São Paulo – SP
Fone: (11) 3872-3322
Fax: (11) 3872-7476
http://www.summus.com.br
e-mail: summus@summus.com.br

Atendimento ao consumidor:
Summus Editorial
Fone: (11) 3865-9890

Vendas por atacado:
Fone: (11) 3873-8638
Fax: (11) 3873-7085
e-mail: vendas@summus.com.br

Impresso no Brasil

*Para minha esposa
Connirae,
parceira total
em casa
e no trabalho
durante tantos anos*

Agradecimentos

Quando pensava em a quem agradecer pela ajuda no desenvolvimento do que apresento neste livro, bem como por sua criação, sempre ficava indeciso entre o primeiro pensamento, "Por onde devo começar?", e o seguinte, "Onde devo terminar?". Tantas pessoas contribuíram para esse trabalho e para a vida que surge dele que eu precisaria escrever outro livro para mencionar todas!

Durante um período de mais de dois terços de século, muitos contribuíram para a minha vida e o meu trabalho: desde pais, professores, amigos, familiares, mentores, crianças, participantes de *workshops*, além da beleza da arte, da ciência e da natureza, até encontros acidentais com estranhos, comentários ao acaso, livros e jornais, programas de televisão, e vários outros eventos que tiveram uma participação em minha vida.

Quem pode dizer quais foram os mais importantes ao tecer a intersecção de particularidades que chamo de "eu mesmo" – quem incluir e quem deixar de fora?

Que privilégio viver nessa rede de eventos – como uma pequena onda que emerge rapidamente do oceano para, com a mesma rapidez, voltar para ele! Esse pensamento me provoca lágrimas de gratidão.

Portanto, decidi simplificar. A maioria de vocês sabe quem são; eu agradeço a todos. Vocês fizeram parte dessa breve jornada e todos se tornaram uma parte de quem eu sou. Novamente, muito obrigado.

(As versões anteriores dos Capítulos 9, 11 e do Apêndice foram publicadas na revista de Programação Neurolingüística – PNL – *Anchor Point Magazine*.)

Sumário

INTRODUÇÃO 11

CONHECIMENTOS BÁSICOS
1 Autoconceito, valores e auto-estima 25
2 O poder do autoconceito 41
3 Elementos de um autoconceito saudável 51

FORTALECENDO O SELF
4 Mudando a estrutura 71
5 Mudando o tempo 101
6 Mudando o conteúdo 123

EXPANDINDO O SELF
7 Utilizando erros 149
8 Transformando erros 173
9 Construindo uma nova qualidade de autoconceito 193

TRANSFORMANDO O SELF
10 Transformando uma qualidade incerta 223
11 Mudando o "não self" 255
12 Transformando uma qualidade indesejada 275

LIMITES DO SELF
13 Descobrindo e mudando limites 305
14 Conectando-se aos outros 333

CONCLUSÃO 351

APÊNDICE: PADRÕES DE PERSPECTIVA 361

REFERÊNCIAS BIBLIOGRÁFICAS 379

Introdução

Alguma vez você já disse ou pensou consigo mesmo: "Estou decepcionado comigo; achei que poderia fazer isso, mas acabei estragando tudo"; "Gostaria de me sentir melhor comigo mesmo"; "Estou furioso comigo; eu me perturbo com a mais leve crítica"? E que tal: "Estou tão frustrado comigo"; "Eu sou o meu pior inimigo; estou sempre me sabotando"; "Gostaria de poder *fazer* isso" (ou *parar* de fazer isso)?

Você já pensou em como se envolveu nessa briga desagradável entre "você" e "você mesmo", ou de que maneira *pode sair dela*? Você sabe que essa briga não é necessária, porque há ocasiões em que você *também* se sente muito feliz consigo mesmo, satisfeito com suas decisões e ações. Com freqüência, tanto os seus fracassos quanto os seus sucessos resultam das crenças que você tem a respeito de si mesmo, o que muitas vezes é chamado de identidade ou autoconceito. O livro que você tem em mãos é um manual prático que pode ensiná-lo a fortalecer as qualidades que o agradam e mudar as que o desagradam, para que *você possa ter uma vida muito melhor e mais satisfatória*.

Descrever *versus* fazer

Há mais ou menos dez anos fui convidado a falar em um seminário de fim de semana sobre álcool e drogas para terapeutas e assistentes sociais. Eu era um dos cerca de doze palestrantes, incluindo diversos "famosos" na área. Embora minha palestra tivesse sido programada para a última sessão, compareci a todas para ver o que eu poderia aprender. Ouvi muitos palestrantes falarem sobre a importância do autoconceito e da auto-estima para fazer as pessoas pararem de utilizar drogas. Mas em tudo que era dito não havia praticamente nada sobre o que era de fato o autoconceito ou a auto-estima, ou sobre como ajudar alguém a adquiri-los.

Finalmente, no domingo à tarde, chegou a minha vez – tive, então, minha pequena oportunidade. Comecei dizendo: "Estive ouvindo de muitos palestrantes, por um dia e meio, que um bom autoconceito e uma boa auto-estima são muito importantes para fazer uma pessoa parar de usar drogas. Vocês concordam com isso?". "Oh, sim", todos concordaram. Continuei dizendo: "Bem, eu tenho duas perguntas para vocês. A primeira é: 'O que é isso sobre o que vocês estiveram falando e que é tão importante?' E a segunda: 'Como vocês ajudariam alguém a adquirir isso?'". Quando fiz essas perguntas, a sala ficou *muito* silenciosa. Então, eu disse: "Vamos fingir que eu sou alguém que usa drogas. Ajudem-me a melhorar meu autoconceito ou dêem-me um pouco de auto-estima. Ajudem-me".

Alguém disse: "Bem, você poderia utilizar o condicionamento operante".

Eu respondi: "Ótimo! Condicione-me *agora*. Mostre-me o que você pode fazer". A sala novamente ficou em silêncio. Então alguém disse alguma coisa sobre curar traumas do passado e eu retruquei: "OK, vamos imaginar que eu tenha sofrido abuso sexual na infância. Mostre-me como curar isso". A sala mais uma vez ficou muito silenciosa.

Continuei assim durante cerca de meia hora antes de demonstrar algumas maneiras rápidas de trabalhar com o autoconceito, porque queria que eles percebessem claramente que *eu estava apresentando algo muito diferente daquilo que eles já conheciam*. Eu também queria estabelecer uma distinção bastante nítida entre ser capaz de *descrever* o autoconceito e realmente *modificá-lo*. Eles haviam falado teoricamente, mas na verdade não havia muita coisa que pudessem *fazer*.

Após minha apresentação, enquanto caminhava pelo corredor, um homem colocou-se ao meu lado, parecendo muito pensativo. Então ele me disse: "Sabe, eu dou aulas e palestras sobre autoconceito e auto-estima há anos; e até escrevi um livro sobre o assunto. Mas quando você fez aquelas perguntas, eu *não tinha nada* para dizer".

Problemas versus soluções

Existem milhares de livros de "auto-ajuda" nas prateleiras das livrarias e bibliotecas de todos os lugares. Quando procurei pela palavra "autoconceito" encontrei 177 títulos; sobre "identidade" havia 6.593 títulos, e "self", 32 mil! Infelizmente, quase todos focalizam os *problemas*, não as *soluções*. Esses livros estão repletos de *descrições* de problemas — teorias, exemplos, histórias, casos —, mas há pouca coisa a respeito de como solucioná-los. O último livro que li sobre autoconceito tinha 184 páginas descrevendo problemas ligados ao assunto, mas apenas as sete páginas finais discutiam possíveis soluções — de forma vaga e teórica.

O *Diagnostic and statistical manual of mental disorders DSM IV-R*, de psiquiatria, tem 873 páginas de descrições sobre como as pessoas podem estar mentalmente doentes, mas nem uma única página a respeito de como elas podem ser ajudadas! Imagine como seria se um médico estivesse nessa posição: ele tem um manual de 873 páginas que descreve como alguém pode estar doente, mas nenhuma palavra sobre como tratar a doença! Infelizmente, essa é a posição de grande parte da psicologia e da psicoterapia atualmente — e a situação da psiquiatria é ainda pior, com sua tendência a buscar soluções por meio de drogas.

Quando os livros realmente descrevem metas ou soluções que valem a pena, muito raramente dizem o que podemos *fazer* para alcançá-las. Se os textos de medicina fossem assim, eles poderiam dizer que a solução para uma determinada doença é a remoção do tecido doente, mas sem mostrar *como fazer* isso — omitindo todos os detalhes do procedimento cirúrgico, uso de bisturis, grampos, suturas, anti-sépticos, anestésicos etc. que poderiam ser necessários para atingir esse objetivo.

Pregação versus ensino e treinamento

A diferença entre *pregação* e *ensino* não é totalmente reconhecida, em particular nas áreas da educação e da mudança pessoal. A *pregação* pode apresentar objetivos valiosos, podendo ser um importante primeiro passo para orientá-lo na direção de uma solução. Contudo, o *ensino* é aquilo que podemos usar para realmente alcançar esses objetivos valiosos. Uma outra distinção pode ser feita entre ensino e *treinamento*: este último inclui o processo que transforma o bom ensino em habilidades práticas.

Há dois mil anos Cristo pregou a importância e o valor de perdoar alguém que nos fez algum mal. Embora tenha demonstrado o perdão de forma ampla, aparentemente não foi capaz de ensinar ou treinar os outros no que diz respeito a *como realmente alcançar o perdão*.

Apenas recentemente descobrimos como *ensinar* alguém a alcançar a compreensão compassiva que chamamos de perdão. Há mais ou menos dez anos, minha esposa Connirae e eu desenvolvemos um método para ensinar rapidamente as pessoas a alcançar uma experiência de perdão congruente e total. Em geral, esse processo dura menos de uma hora, e treinamos milhares de pessoas para que elas pudessem ensinar outras a fazer isso (Andreas, S., 1992b e 1999). Alguns anos antes, desenvolvemos um método efetivo semelhante para ensinar as pessoas a encontrar uma solução para o luto, transformando-o em uma experiência de gratidão por ter conhecido a pessoa perdida (Andreas, C., 1987 e Andreas, C. & S., 1989, cap. 11). Este livro apresenta processos igualmente rápidos que você poderá utilizar para se *tornar o tipo de pessoa que deseja ser.*

Self e sociedade

Nas sociedades mais tradicionais não há muito interesse pelo autoconceito, porque a sociedade *define* quem você é a partir do seu nascimento, e a cultura não oferece alternativas para essa definição. Toda cultura tradicional possui suas crenças a respeito da humanidade e do seu lugar em relação aos seus deuses e ao resto do universo, portanto, quase nenhuma delas as questiona. Como diz Tevye em *Um violinista no telhado*: "Devido às nossas tradições, cada um de nós sabe quem é e o que Deus espera que façamos". Em uma cultura tradicional, a identidade individual é simplesmente uma parte pequena e não questionada da identidade compartilhada da sociedade mais ampla.

Com freqüência dizemos que "uma cultura é a sabedoria acumulada de um grupo de pessoas". Mas a cultura também contém a *estupi-*

dez acumulada de um grupo de pessoas, e a nossa própria cultura não é exceção. Para nós é um pouco mais fácil examinar os próprios erros por causa da enorme variedade de modelos culturais aos quais estamos expostos.

Há mais ou menos trinta anos, eu morava em Moab, uma pequena cidade no sudeste de Utah, nos Estados Unidos, com treze igrejas diferentes atendendo a uma população de aproximadamente cinco mil pessoas. Mais ao sul, a cerca de noventa quilômetros de distância, outra pequena cidade tinha apenas *uma* igreja para praticamente o mesmo número de habitantes. Moab, com sua diversidade religiosa, tinha *muito* mais pessoas interessadas na auto-exploração e no questionamento, tentando descobrir o que significava ser um homem ou uma mulher, e o que realmente nos tornaria seres humanos saudáveis.

Se você tem apenas uma visão do mundo, é muito difícil até mesmo pensar em fazer esse tipo de pergunta. E se você chegar a cogitar a hipótese de perguntar, será ainda mais difícil encontrar alguém disposto a pensar na resposta e discuti-la com você!

A sociedade moderna aceita muitos estilos de vida, religiões e visões de mundo diferentes, portanto, temos de selecionar e escolher entre eles, ou inventar alguns. Muitos de nós estão no processo de tentar *descobrir* o que é uma vida humana, enquanto nas culturas mais tradicionais essa decisão já foi tomada. Você poderia discordar de uma cultura na qual os homens possuem e controlam tudo e as mulheres são propriedade dos pais ou maridos (como nos Estados Unidos há poucas centenas de anos), mas as pessoas dessa cultura simplesmente a aceitam, bem como a infelicidade que ela gera, porque nem mesmo consideram outras alternativas.

A visão científica do mundo também desempenha um papel no recente aumento do interesse no self, uma vez que a ciência é uma maneira de questionar e *descobrir* como as coisas funcionam por meio da experimentação, em vez de apenas aceitar uma descrição oferecida por um profeta ou por uma antiga escritura. Embora a ciência tenha começado questionando a natureza, o mesmo processo também pode ser direcionado para fazer perguntas sobre aquele(a) que questiona e sobre a sociedade ou cultura na qual ele(a) vive.

Crenças sobre o mundo e o self

Há muito tempo as pessoas perceberam que as nossas crenças sobre os outros e o nosso ambiente com freqüência são auto-realizadoras. Alguém que acredita que o mundo é um lugar perigoso e ameaçador encontra um mundo repleto de temores, infelicidade e decepções. Alguém que acredita que o mundo está cheio de oportunidades e deseja experimentá-las, encontra o mesmo mundo repleto de infindável variedade, riqueza e satisfação.

Ainda mais importantes que essas crenças são as que você tem a respeito de *si mesmo*, porque o *seu autoconceito o acompanha a todos os lugares e afeta tudo aquilo que você experimenta*. Se você acredita que os outros são maldosos e estúpidos, pode refugiar-se na solidão da natureza e sobreviver. Mas se acredita que *você* é maldoso e estúpido, não há escapatória – a não ser aquelas temporárias, como estímulos poderosos, drogas que entorpecem a mente, ou o sono. Porém, se você acredita na própria bondade e inteligência, essas crenças podem ampará-lo e apoiá-lo, mesmo quando os eventos e as pessoas ao seu redor são muito difíceis.

O desenvolvimento casual do autoconceito

Nossa identidade é formada por meio de um processo bastante aleatório de tentativa e erro que, de alguma forma, reúne as diversas experiências boas ou más que tivemos, bem como aquilo que os pais e os outros nos disseram e nos ensinaram. Apesar das melhores intenções de pais e professores para moldar o nosso autoconceito de uma maneira útil, esse processo é bastante casual e acidental. Alguns de nós desenvolveram um autoconceito que funciona razoavelmente bem, enquanto outros não tiveram tanta sorte.

Como resultado, muitas pessoas estão atuando com um autoconceito que funciona muito mal, que as decepciona quando mais necessitam dele. Contudo, mesmo o mais sortudo de nós tem um autoconceito que pode ser bastante melhorado. Trabalhei com algumas pessoas excepcionalmente capazes e bem-sucedidas, mas cada uma delas podia aprender a melhorar substancialmente o seu autoconceito. Ainda não encontrei ninguém cujo autoconceito tivesse uma eficácia de mais de dois terços da que poderia ter. As pessoas com as quais trabalhei durante anos ensinaram-me uma ampla variedade de habilidades úteis, nas quais eu jamais pensara, e este livro apresenta todas elas, organizadas de modo que você possa examiná-las e acrescentá-las às habilidades que ainda não possui.

O que NÃO é este livro

Este livro *não* trata do "problema da consciência", com o qual os filósofos têm lidado durante centenas de anos em torres de marfim, nem de teorias matemáticas, cognitivas ou lógicas sobre autoconceito.

Este livro *não* é sobre neurologia, biologia, química etc. subjacentes à capacidade de ter consciência e autoconceito, nem sobre as diversas patologias físicas e bioquímicas que podem afetar ou destruir o autoconceito de uma pessoa.

Este livro *não* aborda a história de diferentes pensamentos filosóficos e religiosos a respeito do autoconceito, nem o papel da religião, da moralidade, da política, da cultura, da sociedade e da família no desenvolvimento do autoconceito.

Já foram escritas muitas obras desse tipo, e embora algumas sejam interessantes e outras até mesmo úteis para outros propósitos, a maioria é totalmente irrelevante para aquilo que abordamos aqui.

O que É este livro

Este livro é sobre a experiência pessoal do seu autoconceito e sobre como conhecer o seu funcionamento para fortalecê-lo e modificá-lo quando desejar, para que você possa viver uma vida mais bem-sucedida e satisfatória. É um guia muito *prático* que ensina habilidades para rapidamente tornar o seu autoconceito mais forte, mais maleável e mais condizente com os seus valores e objetivos. A aprendizagem dessas habilidades evita as desagradáveis armadilhas e conseqüências de um autoconceito ruim e permite que você melhore continuamente a sua vida à medida que reage aos eventos que se apresentam.

O formato de treinamento do *workshop*

A maior parte deste livro foi editada diretamente de transcrições de treinamentos de três dias, nos quais os participantes exploraram diferentes qualidades do seu autoconceito em uma seqüência de exercícios dirigidos, seguidos de oportunidades para fazer perguntas e de discussões para esclarecimento. Após descobrirem exatamente como funcionava o seu autoconceito, eles aprenderam a fortalecê-lo e a modificá-lo de diversas maneiras.

Neste livro, mantive o formato de treinamento do *workshop* por diversas razões muito importantes. Para facilitar a aprendizagem, o *workshop* é cuidadosamente planejado de modo a introduzir apenas alguns conhecimentos ou distinções de cada vez, bem como exercícios para transformar o ensino em *treinamento*. Então, aos poucos, nós reunimos esses conhecimentos e habilidades em conjuntos mais amplos de significado. Como organizei o meu raciocínio e treinamento dessa maneira para possibilitar uma aprendizagem fácil, para mim é mais simples apresentar o material da mesma forma. Se você interromper a leitura para fazer os exercícios, poderá ter a mesma experiência de treinamento, como se estivesse no seminário.

Mas o mais importante é que esse formato de treinamento proporcionará uma visão nítida sobre aquilo que eu realmente *faço* e sobre como você pode *aprender* de fato. Não sei dizer quantas vezes observei sessões de demonstração que não tinham quase nenhuma semelhança com as descrições escritas dos autores a respeito daquilo que eles achavam que tinham feito. Uma transcrição mostra o que eu realmente digo quando estou falando com pessoas reais para ensiná-las a aprender e a mudar. Os comentários dos participantes mostram a ampla variedade do que eles descobriram à medida que exploravam diferentes aspectos do seu autoconceito, e as suas perguntas levantam importantes questões que esclarecem como você pode utilizar as informações e os processos descritos neste livro.

A leitura deste livro é um convite para embarcar nessa mesma jornada de exploração e experimentação, utilizando aquilo que você aprendeu para a mudança e o desenvolvimento pessoais. Aqueles que atuam como psicólogos, terapeutas e conselheiros também aprenderão como ensinar outras pessoas a melhorar e modificar o seu autoconceito, tornando-o mais funcional e satisfatório.

Base do treinamento

Comecei há mais de doze anos descobrindo o que as pessoas pensam a respeito de si mesmas, utilizando conhecimentos e métodos da área da Programação Neurolingüística (PNL), um campo originalmente desenvolvido por Richard Bandler e John Grinder no início da década de 1970. Esse campo continua crescendo e se desenvolvendo, uma vez que esses métodos são utilizados para descobrir ainda mais sobre o funcionamento da mente e sobre como empregar essas descobertas para ajudar as pessoas a mudar. Fiz o melhor que pude para escrever de uma forma que qualquer pessoa possa entender, mesmo não tendo nenhuma formação em PNL. Contudo, como este livro é uma conseqüência da PNL, às vezes faço referências a termos, métodos e conhecimentos que estão além do alcance dela. Quando isso acontece, apresento referências específicas que poderão ser utilizadas se você estiver interessado em obter uma compreensão mais ampla desses assuntos.

Aprender sobre autoconceito foi uma jornada desafiadora na qual aprendi muitos processos que não esperava aprender. Com freqüência, aquilo que descobri funcionava muito melhor do que aquilo que eu esperava encontrar – e esse foi um bom sinal de que eu estava descobrindo o que realmente estava lá, não apenas "redescobrindo" as minhas próprias suposições e meus preconceitos.

Uma visão geral

Este livro foi organizado com muito cuidado, começando pela apresentação, de forma resumida, de alguns conhecimentos gerais sobre autoconceito, valores e auto-estima. Em seguida, discuto algumas das razões para o extraordinário poder do autoconceito e importantes critérios sobre como um autoconceito saudável, condizente com os seus valores, pode ser utilizado para criar o tipo de pessoa que você quer ser (Capítulos 1, 2 e 3).

Depois apresento exercícios estruturados de descoberta nos quais você poderá experimentar pessoalmente diferentes aspectos do seu autoconceito e aprender a fortalecer as suas qualidades positivas por meio de mudanças pequenas, mas algumas vezes profundas e importantes, na maneira como você pensa a respeito de si mesmo (Capítulos 4, 5 e 6).

A seguir vem a descoberta de como você pode utilizar as ocasiões nas quais cometeu erros para fortalecer ainda mais o seu autoconceito, tornando-o mais eficaz, aprendendo a *transformar* esses erros para que na próxima vez que a vida lhe apresentar desafio semelhante você possa responder espontaneamente, da maneira como deseja (Capítulos 7 e 8).

Então você aprenderá como construir uma qualidade totalmente nova em si mesmo – escolhendo aquela que você deseja ter e tornando-a parte de quem você *é* (Capítulo 9).

Mais adiante vamos considerar uma qualidade sobre a qual você tem dúvidas – algumas vezes você pensa que é assim, outras vezes pensa que não é –, e transformaremos essa ambigüidade desagradável em uma certeza calma, um conhecimento tranqüilo, compatível com os seus valores (Capítulo 10).

Na seqüência, investigaremos os perigos de se comparar com outras pessoas e de pensar em si mesmo em função daquilo que você *não* é, e veremos como evitar os sérios problemas causados por esse comportamento (Capítulo 11).

Então você aprenderá a transformar uma qualidade da qual não gosta em uma de que goste, e que expresse aquilo que você realmente quer na vida (Capítulo 12).

Depois haverá uma mudança no foco à medida que exploramos os *limites* do seu autoconceito e como mudar as suas respostas aos eventos, adquirindo limites que o protejam, com flexibilidade, das opiniões, crenças e intromissões de outras pessoas (Capítulo 13).

Em seguida, exploraremos de que maneira adaptar os limites do seu autoconceito para facilitar a conexão com outras pessoas em uma intimidade partilhada, mantendo ao mesmo tempo uma autopercepção segura (Capítulo 14).

Finalmente apresento algumas conclusões, resumindo como você pode utilizar tudo aquilo que aprendeu.

Se você gosta de ler algumas partes sem seguir uma ordem

Como eu quero que você aprenda a colocar em *prática* as informações contidas neste livro, a seqüência de capítulos foi cuidadosamente planejada para uma fácil aprendizagem. Cada capítulo pressupõe e se baseia em conhecimentos e habilidades ensinados nos capítulos anteriores. Sem esses conhecimentos prévios, partes dos capítulos posteriores ficarão confusas. Por isso recomendo que você *leia os capítulos na seqüência*. Mas se você quiser começar lendo alguns trechos menores para verificar o que este livro lhe oferece, tenho algumas sugestões.

O Capítulo 9 apresenta uma transcrição literal de uma sessão sobre ensinar um homem a pensar em si mesmo como uma pessoa agradável, incluindo entrevistas de acompanhamento com ele e a esposa, descrevendo o amplo impacto que isso teve no seu casamento e na sua vida.

O Capítulo 13 apresenta uma outra aplicação muito direta sobre como mudar os seus limites para proteger-se das opiniões, influências e intromissões de outras pessoas.

O Capítulo 4 inicia o processo de exploração da estrutura do seu autoconceito e de como fortalecê-lo e modificá-lo.

O Apêndice é outro lugar para experimentar mudanças rápidas por meio de processos simples chamados "padrões de perspectiva". A capacidade de observar uma experiência "em perspectiva" é muito útil, alén de ser um dos processos fundamentais subjacentes ao seu autoconceito.

Uma outra maneira de ler fora de ordem é consultando o resumo no final de cada capítulo.

Depois de ter lido um ou mais desses capítulos, espero que você volte ao início e leia o livro na seqüência, para maximizar a sua compreensão e o seu benefício pessoal. Convido-o a se juntar a mim e aos participantes do treinamento nessa jornada, a fim de aprender como pensar a respeito de si mesmo e como mudar rapidamente para que *você possa se tornar o tipo de pessoa que gostaria de ser.*

Algumas perguntas

Antes de começarmos essa exploração do seu autoconceito, quero que você considere algumas perguntas muito básicas e importantes que este livro responderá em detalhe:
O que é autoconceito?
Para que ele serve?
Do que ele é formado?
Como ele funciona?
O que o torna tão poderoso?
Como você pode modificá-lo?
Qual é a diferença entre autoconceito e auto-estima?
Qual é a relação entre autoconceito individual e experiência mística ou religiosa?

Se você quer saber as respostas práticas para algumas dessas perguntas, *continue lendo*.

CONHECIMENTOS BÁSICOS

1

Autoconceito, valores e auto-estima

Antes de explorar exatamente como funciona o autoconceito, quero apresentar alguns conhecimentos básicos a esse respeito. Você tem alguma maneira de pensar sobre si mesmo, o que com freqüência é chamado de "self", "auto-imagem" ou "identidade". "Auto-imagem" é uma palavra muito enganadora e restritiva, uma vez que o autoconceito inclui sons, palavras auditivas e sensações cinestésicas (e algumas vezes até mesmo odores e sabores), bem como imagens visuais. "Identidade" é um termo muito antigo, com uma ampla variedade de significados, alguns dos quais eu prefiro não abordar aqui. "Self" não é tão abrangente quanto "identidade", mas mesmo assim possui um amplo leque de significados. "Autoconceito" aparentemente é um termo recente, pois não consta de minha velha edição completa de 1966 do dicionário *Webster*. Essa palavra tem precisamente o significado que eu desejo explorar, isto é, o conceito ou idéia que você tem sobre si mesmo. Na verdade, deveríamos dizer autoconceitos, para indicar toda e qualquer idéia que temos a respeito de nós mesmos.

A palavra "autoconceito" soa como se fosse uma coisa, mas você não pode vê-lo ou tocá-lo, ou colocá-lo em um recipiente. Assim, na realidade, deveríamos dizer "autoconceituando", ou seja, um conjunto de processos que utilizamos para pensar acerca de nós mesmos, e é isso que iremos explorar. O bom funcionamento do seu autoconceito depende apenas parcialmente do conteúdo – aquilo que você pensa sobre si mesmo – e muito mais de como você pensa a esse respeito. Nesse momento, isso pode parecer algo um tanto misterioso, mas se tornará claro.

O seu autoconceito baseia-se principalmente em todas as experiências pessoais que você armazenou na memória. Você possui grande abundância de experiências na memória. Algumas pessoas pensam que nos lembramos de tudo que já nos aconteceu, mas realmente não sabemos. De qualquer modo, você tem anos e anos de lembranças. Contudo, não são apenas as suas lembranças, mas a maneira como você organiza e pensa nelas é que proporcionam a base para o seu autoconceito. Com uma tela em branco e um conjunto de pincéis e tintas, um artista pode criar muitas pinturas diferentes, e o mesmo ocorre com o self que você constrói de acordo com sua história pessoal.

Quando você pensa sobre si mesmo, a primeira coisa que faz é escolher com base em sua imensa diversidade de experiências. Você não pode pensar em todas, portanto, precisa selecionar e, à medida que seleciona alguns aspectos, inevitavelmente precisa ignorar outros. Se você pensa em si mesmo como uma pessoa inteligente, lembra os momentos em que demonstrou inteligência e ignora as ocasiões em que não compreendeu algo ou cometeu um erro. Alguém que pensa em si mesmo como sendo estúpido fará o inverso. Todas as pessoas já tiveram experiências nas quais se sentiram inteligentes, bem como outras, nas quais se sentiram estúpidas, portanto, o seu autoconceito atual é apenas um dos muitos que você pode criar com base em suas inúmeras experiências, e isso significa que é possível mudá-lo sempre que ele não for bom para você.

O seu autoconceito é uma espécie de mapa de quem você é. Como qualquer outro mapa, ele sempre é uma versão bastante simplificada do território que descreve, e essa simplicidade é exatamente que torna um mapa útil. Um pequeno pedaço de papel com algumas linhas desenhadas pode ser uma representação pobre de uma grande cidade, mas pode ser muito útil para ajudá-lo a se localizar em um território desconhecido e a encontrar as coisas que o interessam. Por melhor que seja um mapa, ele sempre deixa de lado coisas, eventos e informações que podem ser encontrados no território. A única maneira de ter um mapa completo seria reproduzir totalmente o território, partícula por partícula, átomo por átomo. Como esse território reproduzido seria tão grande e complexo quanto o original, ele anularia o verdadeiro propósito de ter um mapa.

O seu autoconceito, o "mapa" que você tem de si mesmo, tem o mesmo propósito de um mapa de uma cidade: mantê-lo orientado no mundo e ajudá-lo a encontrar o seu caminho, particularmente quando os eventos são desafiadores ou difíceis. O seu autoconceito é mais ou menos como um agente de viagens: ele o ajuda a chegar ao local aonde você quer ir e ter as experiências que você deseja ter. Como os mapas de nós mesmos são sempre muito simplificados, eles jamais podem descrever completamente quem somos. Nós nunca nos conhecemos totalmente e, se isso acontecesse, seria algo tão complexo e incômodo que não teria nenhuma utilidade para nós.

Já foram escritos muitos livros a respeito da descoberta do "verdadeiro self" ou "self real", e eu acho que isso vem principalmente do reconhecimento de que muitas pessoas têm um falso self, uma imagem irreal que elas projetam. Com freqüência, isso acontece em resposta às exigências dos outros ou às exigências de alguma crença idealista sobre como alguém "deve" ser, em vez de como as pessoas realmente são. Algumas pessoas se tornam tão boas na apresentação do seu falso self que até perdem contato com os próprios valores e crenças, de modo que grande parte da sua verdadeira identidade fica oculta, o que muitas vezes é chamado de self desconhecido ou "self sombra".

Ao mesmo tempo, tentar encontrar o seu "self real" é um pouco como tentar decidir se um mapa topográfico, um mapa de vegetação ou um mapa rodoviário é o "verdadeiro" mapa de uma área. Todos eles são verdadeiros, uma vez que oferecem informações úteis. O que é útil para determinada pessoa é aquilo que é bom para ela na busca dos seus valores – aquilo que é importante: o que ela considera agradável, interessante, divertido etc. Isso aponta para uma direção na qual pensar em buscar o seu "verdadeiro self" é muito útil – desenvolver um autoconceito adequado àquilo que é importante para você e que o apóie efetivamente em seus objetivos na vida.

Auto-estima

Antes de começarmos a explorar o autoconceito, quero estabelecer uma distinção muito importante entre autoconceito e auto-estima. É de fato bastante simples, mas muitas pessoas utilizam os termos alternadamente, quando na verdade eles são muito diferentes. Digamos que você pensa em si mesmo como uma pessoa boa. A "bondade" é uma generalização de um aspecto ou qualidade do seu comportamento, parte do seu autoconceito. Então, quando você aplica os seus valores – "Eu gosto ou não disso?" –, pode ter uma auto-estima positiva se a resposta for "sim". A auto-estima é o resultado da sua avaliação do seu autoconceito. Se você age de maneira boa e valoriza a bondade, então pode sentir-se bem a esse respeito – e diríamos que você tem uma auto-estima elevada. Se você percebesse um comportamento cruel, iria se sentir mal com isso e ter uma baixa auto-estima.

Contudo, se alguém cresceu em um ambiente muito perigoso e competitivo, talvez durante uma guerra, a sobrevivência dessa pessoa pode ter dependido de atitudes insensíveis e cruéis. A autopercepção de ser cruel seria valorizada e proporcionaria uma auto-estima elevada, enquanto o fato de ser sensível e bom seria perturbador e perigoso, conduzindo a uma baixa auto-estima. Quando, ao contrário, o seu autoconceito não condiz com os seus valores, a sua auto-estima será baixa. Quando o seu autoconceito é compatível com os seus valores, você pode desfrutar uma auto-estima elevada.

Para as pessoas que acham interessante pensar em termos de níveis lógicos de raciocínio, o autoconceito é uma generalização da experiência, portanto, encontra-se em um nível lógico mais amplo, mais geral que o conjunto de experiências que descreve. A auto-estima é uma generalização do autoconceito, por isso encontra-se em um nível lógico ainda mais amplo do que o autoconceito. Uma generalização mais ampla é obviamente mais abrangente, mostrando aquilo que um conjunto de experiências têm em comum, ao mesmo tempo ignorando as diferenças daquilo que descreve e, assim, apresentando tanto vantagens quanto desvantagens.

Gostaria de esclarecer diversos mal-entendidos em relação à auto-estima. Alguns acham que as pessoas que são incômodas para a sociedade (a nossa sociedade particular) são aquelas com baixa auto-estima – e algumas vezes isso é verdade. Quando as pessoas não se sentem bem a respeito de si mesmas, por causa da sua infelicidade e frustração, com freqüência fazem escolhas erradas e podem atacar os outros ou a sociedade de maneiras destrutivas.

Mas algumas vezes, as pessoas socialmente desagradáveis têm os mesmos valores da sociedade; o que acontece é que elas simplesmente têm maneiras diferentes de expressar esses valores. Por exemplo, um jovem que grafita locais públicos pode estar demonstrando coragem, talento artístico, participação em um grupo etc. e sentir-se muito bem a esse respeito. A maioria de nós concorda que essas qualidades são valiosas – apesar de preferir que elas fossem expressadas de outras maneiras.

Outras pessoas podem ter um conjunto de valores muito diverso, com freqüência derivados de uma cultura ou subcultura diferentes. Se elas se comportam de acordo com esses valores, podem sentir-se muito bem acerca de si mesmas, embora façam coisas que a nossa sociedade não aprova. Há muitos anos ouvi uma entrevista no rádio com um mafioso que matara dezenove pessoas. Ele achava que estava fazendo um trabalho honrado e sentia-se muito bem com isso. Estava mantendo os valores da sua sociedade particular. Não era apenas um matador de aluguel, porque contou em detalhes a respeito de um homem que lhe telefonou um dia oferecendo cem mil dólares para matar a amante grávida porque ela estava lhe causando problemas. O mafioso conversou um pouco com ele e reuniu algumas informações, incluindo o nome e o endereço da amante e o nome e endereço do sujeito. Então ele lhe disse: "Escute, você dá à moça os cem mil dólares dentro de duas semanas ou eu acabo com você". Você poderia discordar dos valores ou da forma como esse mafioso os empregou, mas ele era muito coerente em relação a eles. Ele se considerava um exterminador, livrando-se de "pragas" e "baratas", e tinha uma auto-estima bastante elevada quanto ao seu trabalho.

Há cem anos, quando a maioria das mulheres era dona-de-casa, em geral elas baseavam grande parte da sua auto-estima nesse conjunto de habilidades, porque isso era culturalmente valorizado. Hoje, com a visão mais ampla daquilo que as mulheres são capazes de fazer, ser uma dona-de-casa não é tão valorizado, podendo provocar uma baixa auto-estima, enquanto uma profissional pode sentir-se muito bem a respeito do seu trabalho, mesmo não sendo uma dona-de-casa habilidosa. Esses são apenas alguns exemplos. Espero que você possa pensar em muitos outros.

Agora, como a auto-estima é resultado de uma avaliação do autoconceito, o que você acha que acontecerá se não lidar com o autoconceito, mas apenas tentar ajudar diretamente as pessoas a se sentirem bem consigo mesmas?

Em uma das minhas tiras favoritas do Calvin, Haroldo diz para Calvin: "Você não deveria estar fazendo a sua lição de casa?"

Calvin: "Eu desisti de fazer lição de casa. A lição de casa é ruim para a minha auto-estima".

Haroldo: "É mesmo?"

Calvin: "Com certeza. Ela passa a mensagem de que eu não sei o suficiente. Toda essa ênfase nas respostas certas faz eu me sentir mal quando cometo erros. Portanto, em vez de tentar aprender, estou me concentrando em gostar de mim do jeito que eu sou".

Haroldo: "Permanecer ignorante melhora a sua auto-estima?"

Calvin: "Por favor, ignorante não, digamos 'deficiente de informações'".

Muitos pais bem-intencionados tentam ajudar os filhos a se sentir bem dizendo: "Oh, você é um grande garoto", proporcionando "outro-estima" na esperança de que isso resulte em auto-estima. Mas se eles não oferecerem nenhum dado, nenhuma base de experiência, isso não trará nenhum benefício duradouro, porque a criança não sabe do que se trata nem o que ela fez para merecer aquilo. É como falar para alguém a respeito de um "ótimo" restaurante sem dizer nada sobre o tipo de comida que ele serve ou sobre o sabor que ela tem. Você pode estar recomendando um lugar que serve um ótimo chili, enquanto a pessoa com quem você está falando só pode comer alimentos muito suaves e não gosta de feijão!

Se um elogio não específico é exagerado, isso pode não dar certo e até mesmo provocar o resultado oposto se a criança começar a pensar sobre as implicações mais amplas. "Por que meu pai está fazendo tanto alarde? Será que ele está preocupado, pensando que eu estou indo tão mal que preciso de elogios?"

Muitas pessoas cometem o mesmo tipo de erro quando buscam a "felicidade". Não é possível conseguir diretamente a felicidade, tanto quanto conseguir auto-estima diretamente. Você precisa descobrir quais experiências o deixam feliz e buscá-las – e o resultado é a felicidade.

Da mesma forma que a felicidade resulta automaticamente da experiência de coisas que o deixam feliz, a auto-estima é o resultado natural e automático de um autoconceito condizente com os seus valores. Quando unimos avaliação e comportamento, a criança sabe quais comportamentos os pais valorizam. "Lembra ontem quando o seu irmão caiu da bicicleta e se machucou e você o levantou e foi buscar um band-aid para o machucado? Estou muito feliz por você ter feito isso; estou muito satisfeito por você ser uma pessoa boa." Agora a criança tem os dados para a avaliação ou elogio. Isso ensina tanto o comportamento quanto os valores e une os dois, permitindo que a criança tenha uma auto-estima positiva.

Se você examinar alguns dos métodos que as pessoas utilizaram para aumentar a auto-estima, descobrirá que os mais úteis na verdade construíram o autoconceito. Crianças que fazem parte de uma etnia minoritária têm dificuldade para se identificar com personagens bem-sucedidos da etnia majoritária. Quando pedimos a elas para recortar fotos de esportistas e atores, cantores e músicos, políticos e cientistas do seu grupo étnico ou racial e juntá-los para criar uma colagem, isso lhes dá algo com o qual elas podem se identificar, construindo um autoconceito conectado com a possibilidade de sucesso. A sua auto-estima positiva é um resultado automático disso.

Como a baixa auto-estima resulta de um autoconceito que não é compatível com os valores, pode ser bom pensar em alguns dos sinais de baixa auto-estima, porque isso nos mostra quando é útil trabalhar com o autoconceito. Freqüentemente, a baixa auto-estima é indicada pela falta de confiança ou aquilo que chamamos de "fraco desempenho". As pessoas que não pensam bem de si mesmas em geral não se esforçam muito, e se não se esforçam muito, não conseguem muito.

Em muitos casos, a baixa auto-estima é resultado da comparação que as pessoas fazem com os outros e da decisão de que não possuem nenhum dos valores ou ideais sociais que aceitaram como sendo importantes. Quase todos cometem esse equívoco, e isso indica um grande recurso não utilizado, porque quando as pessoas pensam bem de si mesmas, elas são muito mais bem-sucedidas – tanto no sentido convencional da palavra quanto no sentido de ter sucesso no desenvolvimento das próprias qualidades.

Um outro sinal de um autoconceito ruim aparece quando as pessoas tentam constantemente fugir de si mesmas por meio do abuso de drogas, comida, TV ou outras distrações. Embora elas digam que usam drogas para ficar "alegres", a maioria dos especialistas na área concorda que é muito mais correto dizer que elas usam drogas para se sentir normais, para fugir de uma ampla variedade de sentimentos ruins, como frustração, culpa, vergonha, arrependimento, raiva etc.

Alguém que se sente desconfortável e ansioso em situações sociais, mas sente-se à vontade após alguns drinques, certamente é um exemplo comum. Muitos anos atrás, em uma festa da faculdade, lembro-me de um amigo um pouco bêbado vindo em minha direção com um olhar curioso e perplexo. Ele aproximou o rosto do meu e disse: "Eu não entendo; você não bebeu nada e está se divertindo mais do que eu".

Naturalmente, essa fuga é apenas temporária. Quando retornam, suas vidas em geral estão ainda piores, em conseqüência daquilo que fizeram durante a fuga ou das oportunidades que elas perderam. Outro comportamento autodestrutivo repetitivo só poderia ser um sinal de pouca inteligência ou ignorância, mas normalmente é uma boa indicação de que seria útil trabalhar um pouco o autoconceito.

Outro indicativo de baixa auto-estima transparece quando alguém é autoritário ou arrogante e presunçoso. Em outra de minhas tiras favoritas, Sally Forth diz ao marido Ted: "Você percebeu que nós gastamos bilhões de dólares a cada ano em programas para elevar a auto-estima das pessoas?"

Ted: "Isso é ruim?"

Sally: "Talvez não seja. Mas e as pessoas que sofrem muito porque têm auto-estima demais? Por que não estamos gastando dinheiro em programas para diminuir a auto-estima delas? Eu trabalho com muitas pessoas que poderiam utilizar esse tipo de ajuda".

A "auto-estima demais" de que Sally fala é na verdade sinal de um autoconceito muito instável, de alguém que se sente muito inseguro de si mesmo e tenta esconder isso com excesso de confiança – presunção, arrogância, fanfarronice etc. Alguém que se sente realmente bem consigo mesmo nem precisa mencionar isso para os outros, muito menos gabar-se.

Auto-estima demais ou de menos são boas indicações para mudar o autoconceito, e nós usaremos a auto-estima adequada como uma boa indicação de que o seu autoconceito condiz com os seus valores. Com exceção disso, não vamos focalizar a auto-estima, mas como desenvolver o tipo de autoconceito que automaticamente resulta em auto-estima. Vamos trabalhar para harmonizar o seu autoconceito com os seus valores, porque assim a auto-estima elevada será automática.

Valores

Embora eu não vá lidar com os seus valores, quero dizer algumas coisas a esse respeito, pois eles são a base para que o bom funcionamento do seu autoconceito proporcione o tipo de comportamento satisfatório que conduz à auto-estima. Basicamente, valores são generalizações quanto ao tipo de experiências que são importantes para alguém. Você valoriza experiências boas e valoriza negativamente as ruins. Uma vez que muitas coisas e eventos são importantes para você, e de muitas maneiras, você possui muitos valores diferentes. Um único evento pode ser valioso de diversas maneiras e muitas experiências podem ser valiosas da mesma maneira.

Contudo, algumas vezes você descobre que os seus valores estão em conflito. Mesmo em uma situação bastante simples, como escolher uma refeição em um restaurante, diferentes valores entram em ação e precisamos escolher aqueles que são mais importantes. Você pode estar com fome, portanto gostaria de comer muito, mas planeja fazer exercícios mais tarde, por isso seria melhor comer menos. Aquela sobremesa pode parecer muito tentadora, mas você quer perder peso. Talvez seja um restaurante caro, portanto você decide pedir uma refeição mais simples para economizar, embora esteja faminto. O que está operando aqui é um tipo comum de escolha difícil entre alguma coisa que valorizamos no momento presente e alguma coisa que valorizamos em outra ocasião.

Ao comprar um carro, é necessário escolher as qualidades que são mais importantes para você e ignorar as menos importantes. Você pode valorizar a segurança, o rendimento do combustível, o estilo, a cor, o espaço, o conforto, a aceleração e o baixo custo. Mas o maior rendimento do combustível provavelmente diminui a aceleração, o conforto pode ser obtido à custa da segurança, um determinado estilo pode reduzir o espaço e tudo isso pode aumentar o preço do carro. Muitas decisões importantes na vida são muito mais complexas do que escolher uma refeição ou comprar um carro. Para tomar essas decisões difíceis quanto ao que é mais importante, é bom priorizar seus valores usando algum tipo de hierarquia de importância. Quando alguém não prioriza seus valores, pode ignorar outros valores ao tomar decisões. A pessoa pode ver uma sobremesa apetitosa ou um lindo carro vermelho e comprá-lo sem pensar em outras coisas nas quais poderia usar aquele dinheiro em outra ocasião ou lugar – todas as outras possíveis escolhas que poderiam satisfazer outros valores que podem ser muito mais importantes.

Todos nós enfrentamos esses conflitos de valores, mesmo se todos eles estiverem solidamente fundamentados em nossa própria experiência. Contudo, também adquirimos muitos dos nossos valores de nossos pais, ou de outras pessoas, sem ter uma base de experiência pessoal. A vantagem disso é que uma criança pode aprender o valor de ser cuidadosa ao atravessar a rua para não ser atropelada por um carro sem precisar passar pessoalmente pela experiência. Porém, mesmo quando os valores da sociedade são úteis para nós, podemos experimentar um conflito. Eu posso gostar muito de almoçar sem pagar, mas é melhor que eu resista ao meu desejo de fazer isso.

Entretanto, podemos adquirir valores simplesmente porque eles são aceitos por nossa cultura, mesmo que não sejam adequados para nós. Uma vez que diferentes culturas têm valores muito divergentes, o mínimo que podemos dizer é que eles com freqüência são opostos – e que alguns não são bons para nenhum ser humano. Quando alguém aceita um valor social que não é adequado a si mesmo, precisa inibir as próprias respostas naturais quando está em conflito. A pessoa pode até mesmo negar ou ignorar essas respostas, excluindo-as completamente da sua consciência e do seu autoconceito.

Além disso, toda cultura também tem valores que entram em conflito direto entre si. Um dos dez mandamentos diz "Não matarás", sem nenhuma exceção, e a nossa sociedade tem inúmeras leis contra o assassinato. Contudo, outras leis dizem que matar em defesa própria está certo, que executar um assassino condenado é bom, que matar na guerra é um dever para proteger a pátria etc. Se você aceitar todos esses valores e levá-los a sério, decidir o que fazer algumas vezes pode ser um problema muito difícil.

Por causa de todos esses fatores, com freqüência temos valores conflitantes em uma determinada situação e, independentemente daquilo que decidirmos fazer, precisaremos violar um ou mais dos nossos valores.

Na década de 1950, Abraham Maslow fez uma lista de valores e então tentou colocá-los em uma ordem hierárquica de importância, com a sobrevivência sendo a mais importante e a "auto-realização", a menos importante, surgindo apenas depois que a sobrevivência e outras necessidades fossem satisfeitas. Na hierarquia militar, qualquer posto sempre comanda os postos inferiores, e sempre obedece às ordens dos superiores. Portanto, uma hierarquia de valores significa que um valor superior seria sempre mais importante que um inferior. Porém, Maslow encontrou tantas exceções que precisou desistir da sua idéia de uma hierarquia. Em muitos casos, as pessoas arriscam a vida para realizar a si mesmas, e algumas até mesmo desistem da sua vida para que outra pessoa possa se realizar.

Na experiência real, a importância dos seus valores muda com o tempo e em diferentes contextos. Você pode achar uma coisa mais importante que outra em determinado momento ou em um contexto particular, mas em outra ocasião e em outro lugar, a hierarquia pode ser muito diferente. Para dar um exemplo simples, espero que ler este livro seja importante para você agora; porém, mais tarde, você pode ficar cansado de ler e, se o telefone tocar ou você perceber que está com fome, isso pode tornar-se mais importante do que ler.

Há uma outra maneira, muito mais precisa, de explicar como funcionam os valores e que foi apresentada por W. S. McCulloch, um dos primeiros a descrever redes neurais em termos matemáticos. Uma das estruturas que ele examinou foi o sistema ativador reticular no tronco cerebral. Como esse sistema determina aquilo em que uma pessoa presta atenção, ele está na própria raiz dos valores e das escolhas. McCulloch descobriu que essa estrutura poderia ser mais bem descrita como uma "heterarquia" e não como uma hierarquia.

A heterarquia funciona um pouco como um comitê, no qual todos podem falar e ouvir uns aos outros simultaneamente. Os diversos elementos desse sistema comunicam-se uns com os outros, contribuindo para um consenso a respeito de quais percepções e atividades são mais importantes em determinado momento. Em um sistema heterárquico, todos os diferentes elementos interagem mutuamente e um deles adquire o controle temporário, em colaboração com os outros. Esse sistema é muito antigo e determina a atenção não apenas em seres humanos, mas em todos os vertebrados, e tem feito isso por centenas de milhões de anos – uma indicação de como ele é útil.

Inevitavelmente, o sistema deve desfrutar de uma redundância de controle potencial no qual a posse da informação urgente necessária constitui autoridade na parte que possui a informação.

Que ele tenha funcionado tão bem ao longo da evolução, sem que ele próprio evoluísse, mostra que a sua estrutura é a solução natural da organização do comportamento adequado. (McCulloch, 1965, p. 397)

A heterarquia descreve como os nossos valores realmente funcionam. Em muitos momentos, esse sistema parece uma hierarquia, com alguns elementos precedendo outros. Mas ao ser observado durante algum tempo, a atenção e o controle são passados de um elemento para outro, satisfazendo uma necessidade e depois outra.

Uma tradicional família autoritária é um exemplo de hierarquia rígida. Os pais podem saber mais do que os filhos a respeito da maioria das coisas, especialmente quando os filhos são jovens. Mas à medida que eles crescem e se tornam mais capazes, insistem em participar das decisões e cresce a pressão para funcionarem como uma heterarquia, mais natural.

Nossa mente consciente está propensa a pensar hierarquicamente, embora nossas necessidades inconscientes sejam heterárquicas. Estudos de criatividade repetidamente descobriram que com freqüência é muito útil algum tipo de interrupção na solução de problemas. Fazer uma pausa deixa de lado qualquer abordagem consciente que não estava funcionando para solucionar o problema e dá à heterarquia uma chance de se reafirmar e surgir com uma solução.

Outro exemplo é a corrida de cavalos. Simplificando, digamos que três cavalos estão correndo e que *a* vence *b*, *b* vence *c* e *c* vence *a*. Se você pensar em hierarquias, isso não faz nenhum sentido. Contudo, se fosse possível criar uma hierarquia estável entre cavalos, isso seria o fim das corridas de cavalos! Faltam, na informação acima, todos os diferentes fatores que contribuem para a vitória em uma corrida. Talvez o cavalo *a* corra melhor em um dia quente e ensolarado e em uma pista seca, enquanto *b* corre melhor na lama e *c* quando a temperatura está mais fria. E existem todos os outros fatores variáveis como saúde e condição do cavalo e do jóquei, que poderiam influenciar a vitória em uma corrida. Por causa desse tipo de complexidade, não podemos criar uma hierarquia, a não ser de maneira geral e, pelo mesmo motivo, as pessoas ainda apostam em cavalos.

Os militares israelenses, uma das forças mais eficazes do mundo, tomaram providências para se mover na direção da heterarquia. Sempre que possível, os soldados são mantidos nas mesmas pequenas unidades, para que possam conhecer as habilidades, capacidades, forças e fraquezas de cada um. Embora um deles seja o comandante designado, o comando é entregue àquele que é mais capaz em determinada situação.

Uma hierarquia de valores é sempre uma imposição artificial no processo heterárquico natural que tem sido a base da sobrevivência animal por centenas de milhões de anos. Uma hierarquia pode ser muito útil como um guia geral para aquilo que habitualmente é mais importante para você. Mas se ela se tornar muito rígida ou específica, pode ser bastante prejudicial. A bulimia e a anorexia são exemplos de uma hierarquia rígida, na qual a necessidade social de ser magro anula completamente necessidades urgentes e básicas de alimentação e saúde.

Algumas pessoas tentam entender objetivamente os seus valores ou deduzi-los logicamente de um conjunto de regras, princípios ou escrituras hierárquicas, mas em geral eles não resistem muito bem na experiência real. Os sistemas lógicos tentam ser objetivos e absolutos, mas isso somente seria possível se detalhes muito importantes fossem ignorados, e eles só funcionariam razoavelmente bem se nós e o mundo fôssemos muito simples e nunca mudássemos. Por mais que um conjunto de princípios possa ser útil como um guia geral, nenhum deles pode responder com precisão à imensa complexidade de um ser humano em um mundo social e físico ainda mais complexo e em constante mutação.

Algumas pessoas falam de valores objetivos, mas a palavra "objetivo" é sempre uma mentira, porque sempre há um observador oculto em algum lugar, mesmo no conhecimento científico cuidadosa e rigorosamente testado. É sempre "Fulano, usando as seguintes suposições, estudando isso e aquilo, com os seguintes métodos e instrumentos, sob as seguintes condições, descobriu que...". Heinz von Foerster (1976) demonstrou a falácia do conhecimento "objetivo" de maneira incisiva:

> Sintaticamente e semanticamente é correto dizer que declarações subjetivas são feitas por sujeitos. Assim, da mesma forma, nós podemos dizer que declarações objetivas são feitas por objetos. O problema é que essas malditas coisas não fazem nenhuma declaração.

Por conta da nossa fisiologia e do nosso desenvolvimento comuns, nós partilhamos alguns valores básicos com todos os outros seres humanos. Contudo, mesmo uma necessidade básica como a fome pode ser satisfeita por meio de uma infinita variedade de maneiras, e a nossa culinária pode não agradar nem um pouco uma pessoa criada em outra cultura. Notoriamente, os valores são experiências subjetivas; diferentes pessoas valorizam coisas e atividades muito diferentes. Pense em todas as diferenças entre os seus valores e os de outra pessoa. Quando eu examino as coisas e as atividades que os outros valorizam, muitas delas não fazem nenhum sentido para mim! Alguém teria de me pagar muito para eu fazer coisas que outros fazem, voluntariamente e com animação, gastando para isso tempo e dinheiro. Naturalmente, muitas das coisas que eu valorizo também não fazem sentido para os outros.

Vou presumir que você conhece os seus valores; que tem alguma idéia das muitas experiências que considera importantes e das quais você gosta ou não gosta. Se você não sabe quais são os seus valores, a melhor maneira de conhecê-los é colocar-se em uma experiência específica – na realidade ou na imaginação – e descobrir se você se sente bem ou mal. É importante fazer isso a curto e longo prazo, uma vez que algumas experiências podem ser desagradáveis no momento, embora mais tarde possam ser agradáveis, enquanto para outras o inverso é verdadeiro.

Ao fazer isso, você poderá descobrir quais são os seus valores e como eles realmente o ajudam. Esses valores são importantes para você ou são valores que você simplesmente aceitou dos outros ou da sociedade, sem verificar se são ou não adequados?

Se você pensar na última vez que fez alguma coisa com a qual não ficou satisfeito, ou da qual alguém reclamou, quais foram os valores expressados naquela ocasião? Que valores foram ignorados, deixados de lado ou desconsiderados no momento? Por exemplo, aquele telefonema sobre o qual a sua esposa esqueceu de lhe contar e que o deixou zangado era realmente mais importante que o seu relacionamento carinhoso com ela? Se essa situação acontecesse novamente, você gostaria de ficar zangado outra vez ou preferiria fazer alguma coisa diferente e que expressasse melhor o que é mais importante para você nessa situação?

Vou supor que você tem valores, que conhece pelo menos alguma coisa a seu respeito e sabe quais são os mais importantes. A minha tarefa será lhe mostrar como você poderá tornar-se alguém com um autoconceito congruente com os seus valores e que funcione bem para você.

Resumo

O seu autoconceito é um conjunto de processos que cria uma espécie de mapa de si mesmo. Esse mapa funciona mais ou menos como um agente de viagens, ajudando-o a chegar ao local aonde você deseja ir e ter o tipo de experiência que deseja ter. O seu autoconceito é feito de experiências selecionadas entre todas aquelas que você já teve e reunidas de uma forma particular. Como você pode selecionar e reunir as suas experiências de muitas maneiras, você tem grande liberdade para transformar o seu autoconceito e torná-lo mais efetivo.

O ideal é que o seu autoconceito esteja coerente com os seus valores e, quando isso acontece, você pode se sentir bem a esse respeito, o que em geral é chamado de auto-estima positiva. Você valoriza muitos tipos de experiência e por muitos motivos, portanto, é útil ser capaz de priorizar seus valores em uma hierarquia geral que indica quais valores habitualmente são valiosos, para não desperdiçar muito tempo da sua vida em coisas que não são importantes.

Ao mesmo tempo, é fundamental reconhecer que, na verdade, seus valores funcionam como uma heterarquia, mudando de importância de acordo com o seu estado interno, a situação externa, o seu conhecimento, a sua experiência, os seus objetivos etc. Muitos problemas são provocados pela imposição de uma hierarquia rígida de valores à heterarquia flexível e natural que é parte daquilo que constitui um ser humano.

A seguir, quero explorar alguns dos principais elementos do autoconceito que o tornam tão poderoso, importante e útil em nossas vidas.

2
O poder do autoconceito

Há muito tempo as pessoas reconhecem a importância e o poder do autoconceito. Mas o que o torna tão importante? Há diversos elementos que tornam o autoconceito capaz de influenciar o comportamento. Apesar de haver uma considerável sobreposição entre os diferentes elementos relacionados abaixo, é bom examinar um de cada vez. O autoconceito é:

- Uma generalização muito ampla do self.
- Um sistema que cria continuidade através do tempo e do espaço.
- Um sistema de pró-alimentação* dirigido para o futuro.
- Um sistema recorrente que se refere a si mesmo e que age sobre si mesmo.

O autoconceito é uma generalização ampla

Quando pensamos a respeito de nós mesmos, em geral falamos de qualidades ou atitudes, embora uma determinada qualidade seja apenas parte do autoconceito. Se penso em mim mesmo como "persistente", resumo todas as minhas experiências relacionadas à persistência em um conceito, uma palavra, "persistência".

Levaria tempo demais para pensar em toda a enorme variedade de experiências nas quais eu fui persistente, com tantas pessoas, em tantos contextos e relacionadas a tantos assuntos, durante tantos anos de vida.

---

* Optamos pela palavra pró-alimentação em comparação à retroalimentação; em inglês, respectivamente, *feed-forward* e *feedback*. (N. do T.)

A palavra "persistência" é uma generalização *muito* ampla, porque quando digo, "Eu sou uma pessoa persistente", penso nisso como sendo algo que se aplica a toda a minha vida. Como todas as generalizações, isso resulta em distorções. Eu não sou *sempre* persistente; algumas vezes faz sentido desistir logo de alguma coisa. Não sou persistente quando estou dormindo, o que significa cerca de um terço da minha vida, e há muitas outras exceções. Contudo, pensar que sou uma pessoa persistente ainda pode ser útil para mim, um guia para quem quero ser agora e no futuro.

Como o seu autoconceito é uma generalização tão ampla, as mudanças nele irão se estender para toda a sua vida e afetarão todas as experiências importantes. Algumas vezes esses efeitos são muito mais amplos do que você possa imaginar. Por exemplo, um homem sempre pensou em si mesmo como um "pobre menino", e a sua esposa sempre se queixava de que ele dirigia perigosamente. Quando ele mudou a idéia de ser um "pobre menino", muitos dos seus comportamentos mudaram espontaneamente, e a esposa descobriu que o seu modo de dirigir não a deixava mais preocupada.

O autoconceito cria continuidade através do tempo e do espaço

O seu autoconceito o acompanha no tempo e no espaço. Você é a mesma pessoa, até quando muda o seu comportamento de um lugar para outro ou de um ano para o seguinte. Até nos sonhos você mantém o seu autoconceito. Alguma vez você deixou de saber quem era? Na adolescência você pode ter ficado confuso e inseguro a esse respeito, mas *sabia* que era alguém que estava confuso e inseguro.

O seu autoconceito proporciona um contexto interno estável apesar das mudanças no contexto externo, uma estrutura interna fundamental para a compreensão da sua experiência. Sejam quais forem os seus pensamentos, sentimentos e ações, eles são *seus* e têm algum lugar nessa estrutura fundamental do seu autoconceito.

Quando uma pessoa faz alguma coisa incomum, com freqüência diz: "Eu não era eu mesma". Mas quem está dizendo isso? Mesmo quando a pessoa diz "Eu não era eu mesma", ela continua dizendo *eu*, um self que continua, apesar do comportamento incomum. Ainda existe um fio de continuidade, embora ela tenha se comportado de uma maneira diferente da habitual. Ela ainda diz: "*Eu* não era eu mesma", e não "*Ela/ele* não era eu mesma".

Igualmente, uma pessoa dirá: "Quando eu tinha 3 anos de idade", e não "Quando *ela/ele* tinha três anos de idade". Aos 3 anos de idade você era uma pessoa *muito* diferente da que é agora. Contudo, apesar de todas essas diferenças, a maioria das pessoas pensa em si mesma como sendo as *mesmas* pessoas durante um longo período com muitas mudanças. Se forem pressionadas, elas podem dizer, "Bem, é claro que eu era muito diferente naquela época", mas novamente estão pressupondo que o "eu" é o mesmo, até quando falam sobre as diferenças.

Um pequeno contraste pode ajudar a esclarecer a importância dessa continuidade. Se alguém muda uma fobia, um medo irracional, em geral os benefícios ocorrem em pequenos períodos, em pouquíssimos contextos. Alguém tem uma fobia que às vezes surge uma ou duas vezes por dia durante alguns minutos, mas em geral isso ocorre uma ou duas vezes por mês ou até menos. Habitualmente, a pessoa que tem uma fobia aprende a evitar as situações que a deixam com medo, portanto, só sentiria a fobia uma ou duas vezes por ano, quando se descuidasse. Muitas pessoas não experimentam a situação fóbica durante anos, e talvez nem saibam se ainda têm a fobia, porque se passou muito tempo desde a última vez que elas realmente testaram a sua resposta. Portanto, embora ter uma fobia possa ser extremamente desagradável, em geral ela só afeta a pessoa em alguns contextos e durante pouco tempo. Quando a fobia desaparece, os benefícios só ocorrem nessas poucas ocasiões e locais.

Normalmente, mudar a fobia de alguém não afeta muito o seu autoconceito, mas isso depende de como a pessoa pensa na sua fobia. Se ela pensa na fobia como sendo simplesmente um hábito ou um problema, pode nem mesmo se lembrar dela depois que desaparece. Connirae e eu ensinamos uma mulher em um seminário de fim de semana a eliminar sua fobia de elevadores, utilizando um método desenvolvido pelos criadores da PNL (Andreas, C. & S., 1989, cap. 7). Como

gostamos de acompanhar o nosso trabalho, algumas semanas depois chamei a mulher e disse: "Como está a sua fobia de elevadores?"
Ela respondeu: "O quê?"
Eu disse: "Você lembra que há duas semanas você veio ao nosso seminário e nós trabalhamos a sua fobia de elevadores?"
"Oh, sim, está certo."
"Bem, você andou de elevador depois disso?"
Ela pensou um pouco e disse: "Oh, sim. Meu Deus, na semana passada eu andei de elevador diversas vezes". Ela andara de elevador sem *perceber*, e isso não é incomum. Isso é um tremendo elogio ao método, embora seja ruim para encaminhar clientes. E certamente nos mostra que ela não fez uma mudança no autoconceito.

O autoconceito nos acompanha e nos afeta onde quer que estejamos. Como ele generaliza muito, a mudança no autoconceito abrangerá a nossa vida, todas as nossas experiências. Só existem algumas raras exceções – múltipla personalidade, alguns estados sob o efeito de drogas ou outros estados incomuns de dissociação ou amnésia, nos quais a continuidade do autoconceito é perdida.

Contudo, mudar um comportamento específico como uma fobia algumas vezes *pode* resultar em uma mudança no autoconceito. Alguém que perde uma fobia poderia entrar no elevador, perceber a diferença e concluir: "Eu sou uma pessoa diferente", ou "Eu sou uma pessoa que pode mudar rapidamente" ou quaisquer outras possíveis crenças a respeito de si mesma.

Se você deseja realizar uma mudança no autoconceito, pode ser útil criar deliberadamente esse tipo de relacionamento de causa e efeito entre a mudança comportamental e uma mudança no autoconceito conversando com o cliente *antes* de ajudá-lo a mudar a sua resposta. "Você sofreu dessa fobia durante 22 anos e tentou muitos métodos para mudá-la e todos falharam. Agora, se fôssemos capazes de eliminar a sua fobia em um espaço muito curto de tempo, por meio de um simples processo de visualização, isso seria uma prova positiva de que você é uma pessoa capaz de fazer mudanças rápidas e profundas – você só não sabia como fazer isso antes –, e abriria a porta para todas as outras mudanças que você desejou fazer em si mesmo durante muitos anos, certo?"

Se você conseguir que a pessoa concorde de forma congruente com essa ligação entre causa e efeito, *então*, ao mudar a fobia, isso mudará a maneira como ela pensa em si mesma. Essa é uma forma de usar uma mudança comportamental limitada para obter uma mudança muito maior no autoconceito. Qualquer método de mudança pode ser utilizado dessa maneira se uma crença de causa e efeito ("mudança comportamental significa mudança do self") tiver sido estabelecida antecipadamente.

Embora qualquer mudança possa afetar o autoconceito dessa maneira, há um método da PNL, o padrão *swish*, desenvolvido por Richard Bandler, que cria específica e diretamente um fragmento de autoconceito, ainda que em geral não seja descrito dessa forma. A revisão desse método pode criar uma base útil para você começar a compreender algumas coisas fundamentais sobre o funcionamento do seu autoconceito.

No padrão *swish*, você faz uma imagem desejável "do você que você quer ser, do você do futuro, que não tem mais o problema". "Veja uma imagem de si mesmo não tendo mais esse problema." Essa é uma instrução muito explícita para criar uma nova auto-imagem. Então essa imagem é ligada a contextos nos quais costumava ocorrer o antigo comportamento não desejado. Há diversos outros elementos necessários para que o padrão *swish* funcione bem, e eles serão discutidos em detalhes em outra ocasião (Andreas, C. & S., 1989, cap. 17, e Andreas, S. & C., 1987, cap. 3). Contudo, na essência do padrão está essa auto-imagem que o faz ser assim. Essa é a imagem de um você do futuro, evoluído, uma pessoa que apresenta qualidades pessoais – sensibilidade, compreensão, congruência etc. – que tornam o problema uma coisa do passado.

Há um outro aspecto do padrão *swish* que merece atenção. Quando você cria a imagem de si mesmo, é instruído muito explicitamente a *não* ver a si mesmo tendo um comportamento específico, e a *não* ver a si mesmo em qualquer contexto em particular. Ao eliminar o comportamento e o contexto específicos, a imagem torna-se algo que é *você* de verdade, *independentemente* de comportamento e contexto, ou seja, uma parte do seu autoconceito que transcende espaço e tempo ou qualquer comportamento específico.

Quando você cria um *swish* da maneira adequada, a transformação ocorre com extrema rapidez, em geral em alguns minutos, e algumas vezes em um segundo ou menos! Você pode ver isso claramente na primeira demonstração em um vídeo que Connirae e eu produzimos há muitos anos (Andreas, S. & C., 1986). A velocidade da mudança com esse padrão é mesmo fenomenal. Embora eu saiba como criar essa experiência de forma sistemática e a tenha testemunhado muitas vezes, ainda me espanta que ela possa ser tão rápida. Há dois elementos do autoconceito que tornam possível essa rapidez. O autoconceito é um *sistema de pró-alimentação* dirigido para o futuro e que *age recorrentemente sobre si mesmo*.

O autoconceito é um sistema de pró-alimentação

Um sistema de "pró-alimentação" é muito diferente dos sistemas de retroalimentação que a maioria das pessoas conhece. Em um sistema de retroalimentação, a informação sobre o estado atual é "devolvida" para o sistema com o objetivo de manter o estado dentro de uma determinada faixa. Um termostato, que mantém a temperatura, é um exemplo conhecido. O termostato fica inativo até que a temperatura fique mais fria ou mais quente que aquela que foi estabelecida. Então ele envia um sinal para um aquecedor ou resfriador que faz a temperatura voltar ao estágio inicial. Todo organismo possui milhares desses sistemas de retroalimentação para regular a sua alimentação e equilibrar a água, a temperatura, a composição química do sangue etc., com o propósito de manter a integridade do sistema.

Se nós tivéssemos apenas sistemas de retroalimentação, jamais nos tornaríamos mais do que aquilo que já somos. Seríamos apenas termostatos muito complexos. Felizmente, nós, seres humanos, também possuímos sistemas de pró-alimentação que nos impelem a nos tornar mais que aquilo do que somos capazes. Uma de minhas histórias preferidas ilustra como funciona um sistema de pró-alimentação.

Certa manhã, um jovem soldado acorda no quartel e começa a agir de modo muito estranho. Ele passa todo o tempo procurando,

olhando em cima, embaixo, dentro de todas as coisas – em todos os lugares –, em uma busca obsessiva por alguma coisa. Quando o seu comandante pergunta o que está acontecendo, o soldado diz:
– Senhor, eu estou procurando uma folha de papel.
– Você a perdeu?
– Não, senhor.
– Que papel é esse?
– Eu não sei, senhor.
– Bem, como ele é?
– Eu não sei, senhor.

Após muitas perguntas infrutíferas como essas, o comandante desiste. Enquanto isso, o soldado continua procurando em todos os lugares.

Finalmente, após alguns dias nessa incessante busca, o comandante manda o soldado consultar um psiquiatra, que lhe pergunta: "Bem, qual é o problema?". Novamente, o soldado responde: "Eu estou tentando encontrar uma folha de papel". Enquanto o psiquiatra faz perguntas, o soldado procura entre os papéis sobre a mesa, olha no cesto de lixo, nas prateleiras, sob o tapete, e assim por diante. Ele continua procurando em todo lugar pela folha de papel, incessantemente. Enfim, após alguns dias, o psiquiatra desiste e diz: "Bom, filho, acho que o exército tem sido um pouco duro com você. Acho melhor lhe dar uma licença psiquiátrica". Ele preenche o formulário da licença e o entrega ao soldado, que diz, eufórico: *"Aqui está ele!"*

É assim que funciona um sistema de pró-alimentação. Você estabelece um objetivo e então imagina o que precisa fazer para chegar lá. Nos negócios e na indústria isso algumas vezes é chamado de "planejamento estratégico" ou "planejamento inverso". Um exemplo particularmente notável disso é o complexo planejamento necessário para colocar um homem na Lua e trazê-lo de volta para a Terra! Ele é chamado de "planejamento inverso" porque você começa no objetivo final – nesse caso, trazer um homem de volta da Lua para a Terra – e depois planeja *para trás* no tempo, até chegar ao presente. Com freqüência, atingir objetivos no mundo real consome muito tempo, por causa de todas as coisas práticas que você precisa fazer para chegar lá. Contudo, quando esse mesmo processo é aplicado às suas *idéias* a respeito de si mesmo, em geral ele é surpreendentemente rápido, graças a um outro elemento muito importante, a *recorrência*.

O autoconceito é auto-referente e recorrente

Quando faço uma imagem de mim mesmo, sou tanto o criador da imagem quanto aquele que a imagem representa. Eu sou o sujeito e o objeto nesse processo, em um *loop* fechado que se refere a si mesmo e que age sobre si mesmo. Esse é um aspecto extremamente poderoso do autoconceito – para o bem ou para o mal. Um exemplo comum de recorrência é aquilo que chamamos de "profecia auto-realizadora". Por exemplo, se uma pessoa se sente confiante a respeito de uma tarefa, ela pode começá-la com todos os seus recursos pessoais e, à medida que a tarefa vai bem, a pessoa pode começar a se sentir ainda mais confiante, em um ciclo positivo.

Mas se alguém se preocupa, achando que vai ficar nervoso antes de fazer uma apresentação, essa preocupação na verdade cria exatamente aquilo que a pessoa queria evitar. A ansiedade faz que ela fique ainda mais preocupada, em um círculo vicioso. Isso resulta em um mau desempenho, que a deixará ainda mais preocupada na próxima vez que precisar fazer uma apresentação. Portanto, a recorrência pode ser positiva ou negativa, dependendo do tipo de objetivo imaginado – e principalmente quando o objetivo é negativo: *não* querer ficar ansioso.

Se eu tenho uma idéia a respeito de uma pedra, isso pode afetar a maneira como *eu* penso e ajo em relação a ela, mas não muda as qualidades da pedra em si. Mas quando eu tenho uma idéia a respeito de mim mesmo, isso *realmente* retorna e afeta as minhas atitudes e comportamentos. Se eu penso em mim mesmo como sendo desajeitado, isso irá me predispor a agir de modo mais desajeitado do que se eu não pensasse assim. Minha tendência será perceber as vezes que eu tropeço ou jogo uma bola desajeitadamente e isso irá sustentar e reforçar a crença. Se eu penso em mim mesmo como sendo habilidoso, minha tendência será notar quando eu jogo bem a bola, o que sustentará essa crença. O autoconceito se mantém e recria continuamente, em um *loop* circular.

Um ser humano é um sistema físico, mas também é um sistema de informação, e o autoconceito existe em sua mente como parte do sistema de informação. A recorrência em um sistema de informação depende da velocidade de transmissão da informação. Embora a velocidade de transmissão nos nervos dos seres humanos seja muito mais lenta que a de um computador, ela ainda é muito, muito rápida, na ordem de uma fração de segundo.

Quando alguém faz uma imagem de si mesmo como uma pessoa que possui a habilidade e a determinação para aprender a se alimentar bem, fazer exercícios etc. – ou qualquer coisa necessária para emagrecer –, essa mudança na experiência interna pode ser praticamente instantânea, porque existe na mente. Naturalmente, isso não tornará a pessoa magra no mesmo instante! Trata-se de algo que requer um certo período para acontecer no mundo físico, mas *a mudança na compreensão, que torna isso possível, é quase instantânea*.

Estivemos focalizando as crenças que você tem a respeito de si mesmo. Entretanto, você também possui crenças a respeito do seu ambiente e das outras pessoas, e é importante perceber que uma crença perturbadora poderia ser sobre *si mesmo* ou sobre o *mundo* – ou ambos. As crenças sobre o mundo e sobre o self com freqüência são recíprocas, dependendo de como você as encara. Por exemplo, se eu penso que o *mundo* é opressivo, isso seria o mesmo que dizer que *eu* penso em mim mesmo como sendo impotente. Muitos problemas que inicialmente parecem ser problemas com o mundo de alguém podem ser solucionados com muito mais facilidade por meio de uma mudança no seu autoconceito.

Resumo

O poder do autoconceito baseia-se em uma série de elementos que atuam em conjunto. O seu autoconceito é uma *generalização muito ampla* a respeito de si mesmo que cria uma *continuidade* abrangendo tempo e espaço e afetando quase tudo que você faz. Ele também é um *sistema de pró-alimentação* dirigido para o futuro, que age *recorrentemente* sobre si mesmo, criando e mantendo a si mesmo muito rapidamente.

Como acontece com todas as formas de poder, o poder do autoconceito pode ser criativo ou destrutivo, dependendo de como está direcionado. Cada um de nós possui algum tipo de autoconceito, alguma idéia de quem somos. Nitidamente, o autoconceito de algumas pessoas não funciona muito bem, e isso as limita a uma pequena fração do seu potencial, enquanto o de outras pessoas é uma fundação sólida para uma vida bem-sucedida e satisfatória, mesmo diante de dificuldades significativas, deficiências físicas ou limitações ambientais.

O conteúdo do seu autoconceito é o resultado da escolha de uma pequena amostra de eventos, entre a abundância das suas experiências e da identificação com eles. "Esse é quem eu sou." A recorrência e os elementos de pró-alimentação do autoconceito continuam esse processo seletivo, portanto, as crenças a respeito de nós mesmos reforçam a si mesmas por meio de outras percepções, comportamentos e lembranças. Uma crença limitadora tenderá a se tornar mais limitadora, enquanto uma crença facilitadora tenderá a se tornar mais facilitadora. Uma mudança no seu autoconceito cria rapidamente uma reorganização muito ampla e difusa, afetando muitos aspectos da sua vida. Os detalhes de como exatamente isso ocorre e a maneira de transformar autocrenças limitadoras em crenças mais fortalecedoras serão o foco do restante deste livro. Mas primeiramente vamos examinar os critérios que garantirão que o seu autoconceito seja efetivo, realizando bem o seu trabalho.

3

Elementos de um autoconceito saudável

Quando comecei a explorar o funcionamento do autoconceito, desenvolvi uma série de critérios para aquilo que eu desejava que ele fizesse. Na época, eu não sabia *como* ele funcionava, mas tinha algumas idéias bem definidas a respeito *do que* eu queria alcançar. Isso é muito semelhante àquilo que Connirae e eu fizemos há cerca de quinze anos, quando começamos a desenvolver um processo para ensinar as pessoas de luto a reagir diante de uma perda importante. Começamos com critérios sobre quem desejávamos modelar, porque não queríamos modelar resignação, depressão, negação ou qualquer outra resposta sem recursos diante de uma perda. Se você desenvolve um modelo preciso de alguma coisa que não funciona muito bem, o resultado da utilização desse modelo também não funcionará bem. Nós queríamos modelar pessoas excepcionalmente capazes, que realmente se sentiam felizes por terem conhecido a pessoa que falecera ou fora embora, e que podiam continuar sua vida com facilidade e criar novos relacionamentos satisfatórios. Isso simplificou muito o nosso trabalho, uma vez que nos permitiu estreitar a nossa busca e focalizar apenas pessoas particularmente bem-sucedidas nessa tarefa.

Quando descrevemos um objeto, podemos falar da sua cor, do seu peso, da sua história e para que ele pode ser utilizado, contudo, esses são diferentes aspectos da mesma coisa. Igualmente, os critérios para um autoconceito efetivo apresentados a seguir estão muito entrelaçados e podem ser considerados diferentes aspectos do mesmo processo. Por conta das limitações de linguagem e pensamento, separei-os para discuti-los um de cada vez. Eu queria que o autoconceito fosse:

- Durável, resistente e forte (estar lá quando você mais precisar dele).
- Preciso (um bom previsor das suas atitudes e comportamentos).
- Autocorretivo e sensível ao *feedback*.
- Inconsciente e automático (como no "desempenho máximo").
- Conectivo, unindo os outros em vez de separar.
- Livre de auto-importância,* arrogância e todos os outros sinais de egotismo.

Durabilidade

Sob muitos aspectos, a sua identidade é a base da sua vida, daquilo que ela é, uma base fundamental para o significado e a compreensão. O seu autoconceito precisa ser *durável*, forte e resistente, digno de confiança diante dos desafios. Se acontecer alguma coisa que vá contra o seu autoconceito, você não desejará que ele se desintegre e desapareça, porque é *muito* desagradável ver suas idéias sobre quem você é desmoronando até o caos.

Sem a base proporcionada pelo autoconceito, a vida fica muito confusa e desagradável e normalmente a pessoa se sente perdida, como um explorador na selva que não só perdeu o mapa e a bússola, mas também a percepção de quem ele é, de por que ele está na selva e do que ele está fazendo lá! Portanto, criar um autoconceito com *força* ou *durabilidade* é extremamente importante.

Precisão

Eu também quero que o autoconceito seja uma representação *precisa* do seu verdadeiro comportamento, das suas respostas, atitudes etc. Conheci muitas pessoas que *pensavam* ser competentes, inteligentes, atenciosas, embora os outros discordassem vigorosamente dessas autopercepções.

---

* No original, *self-importance*, também traduzido como presunção. Optamos por auto-importância uma vez que o autor se refere à importância atribuída a si próprio ou ao self (N. do T.).

Em uma de minhas anedotas favoritas um psiquiatra diz ao cliente: "Tenho uma notícia boa e uma notícia ruim. A boa é que o seu autoconceito melhorou muito; a má é que você está perdendo o contato com a realidade".

Se você é bom em alguma coisa ou não tão bom em alguma coisa, eu gostaria que soubesse disso – especialmente se você é o meu médico ou o meu gerente de banco ou alguém cujos atos são muito importantes para mim. Quero examinar os casos mais extremos, de competência e confiança muito elevadas ou muito baixas, embora a maioria das pessoas se encontre em algum lugar intermediário dessas variáveis.

Há quatro possibilidades:

Baixa competência, baixa confiança. Se alguém não é muito competente nem muito confiante, pelo menos não irá se meter em confusão. Se a pessoa sabe que não é boa em alguma coisa não se esforçará muito nem tentará ser contratada com um alto salário para fazer coisas arriscadas. O seu autoconceito pode não ser muito bom, mas, como é preciso, ela pode tomar boas decisões em relação àquilo que é capaz de fazer. Conhecer suas capacidades com precisão é uma boa base para você decidir como poderá aprender e ampliar essas capacidades para tornar-se mais capaz e confiante.

Alta competência, alta confiança. Se a sua competência é alta e a sua confiança também, você é capaz e sabe disso. Você pode conseguir muita coisa porque sabe do que é capaz, e pode manter as promessas em relação àquilo que pode fazer. Ter muita competência e muita confiança funciona bem. Você pode fazer alguma coisa bem-feita e se sentir confiante. Você se sai bem porque sente confiança, e o fato de se sair bem cria mais confiança. As duas se apóiam em uma espiral ascendente e você fica cada vez melhor. Novamente, o seu autoconceito é preciso.

Alta competência, baixa confiança. Se a sua competência é elevada e a sua confiança baixa, você não terá sucesso porque o seu autoconceito não é preciso. Você se sairá muito bem naquilo que tentar porque possui a habilidade, mas não se esforçará muito porque não percebe que pode realizar muito mais. É aqui que a criação da confiança funcionará muito bem, porque você já possui a habilidade.

O medo do palco é um exemplo comum disso. É fácil ver que alguém pode falar. Você sabe que a pessoa pode formar frases lógicas. Você sabe que ela pode respirar e ficar em pé. Você sabe que ela possui todos os comportamentos necessários para falar em público, mas quando ela se vê diante de um grupo, começa a hesitar e a "engasgar". Esse é o tipo de situação na qual tudo que é preciso fazer é evocar fortes sentimentos de confiança e integrá-los à tarefa de estar no palco. Essa confiança permitirá a demonstração da competência por meio de um comportamento real.

Baixa competência, alta confiança. Quando alguém tem pouca competência e muita confiança é bastante preocupante. A pessoa pensa que pode fazer todo tipo de coisa quando na verdade não pode. Quando tenta confiantemente fazer muitas dessas coisas, em geral prejudica os outros ou a si mesma e provoca muitos danos e decepções. Uma frase maravilhosa de Robert Fulgum: "A ignorância, o poder e o orgulho são uma mistura mortal". Isso descreve essa situação. Essas são pessoas com as quais me preocupo porque elas causam *muitos* problemas no mundo, tanto para si mesmas quanto para os outros. Quando trabalhamos com autoconceito, quero ser muito cuidadoso para não criar nenhum *excesso* de confiança.

Autocorreção e receptividade ao *feedback*

Como aprendemos e mudamos em resposta a eventos mutáveis no decorrer de muitos anos, se você quer que o seu autoconceito *continue* sendo preciso, é necessário ter uma forma contínua de responder ao *feedback* corretivo. Conheci muitas pessoas cujas idéias a respeito de si mesmas poderiam ter sido precisas em uma época anterior de sua vida, mas que agora são lamentavelmente ultrapassadas e elas agem como se fossem cegas diante de evidências muito óbvias.

Um autoconceito sem *feedback* é como dirigir um carro e ignorar os sinais de advertência. A luz que indica o nível do óleo acende quando está faltando óleo; você coloca uma fita adesiva nela e isso não o incomoda mais. Então, quando o óleo acaba, você ouve um barulho no motor e coloca tampões nos ouvidos. Isso ajuda muito, porque você deixa de ouvir as buzinas dos outros carros e quaisquer sirenes ou sons que poderiam incomodá-lo. Finalmente, o motor funde e o carro pára, aí você precisa reconhecer que há um problema.

Se você prestar atenção ao *feedback* e responder imediatamente à luz acesa referente ao nível de óleo colocando um pouco de óleo, isso funcionará muito melhor do que ignorar os sinais de aviso. As mensagens de *feedback* estão sempre lá, e se o seu autoconceito for receptivo a elas, poderá receber as mensagens antecipadamente e responder a elas com facilidade. Todo sistema vivo e duradouro possui *loops* rápidos e efetivos de *feedback*. E todo sistema que não possui *loops* de *feedback* acaba se desintegrando.

Quando o autoconceito das pessoas não é receptivo ao *feedback*, ele pode tornar-se bastante impreciso, muito diferente daquilo que os outros observam. Com freqüência, isso é descrito como um "falso self", e o comportamento não reconhecido como um "self sombra", porque está oculto na sombra do falso self. Quando alguém oferece um *feedback* a respeito dessa discrepância, essas pessoas em geral tornam-se muito defensivas, encontrando alguma outra maneira de explicar, invalidar ou negar aquilo que lhes foi dito. Em geral, o *feedback* é considerado uma evidência de que a outra pessoa não compreende a situação.

Então, quando essas pessoas finalmente notam o *feedback*, a disparidade é tão grande que é um choque enorme e muito desagradável perceber que a maneira como elas têm pensado a respeito de si próprias não é verdadeira, e que elas estavam vivendo uma mentira. Nesse ponto, o seu autoconceito é despedaçado e elas se sentem confusas e perdidas.

Essa compreensão é a base do programa de doze passos dos AA e de muitos outros métodos que acreditam que antes de conseguirem mudar o comportamento autodestrutivo, as pessoas precisam "bater com a cara na parede" ou "chegar ao fundo do poço". Isso descreve essa situação, na qual as experiências finalmente formam uma pilha até ultrapassar um limite. Isso pode ser necessário para aqueles que passaram muito tempo com um autoconceito não receptivo ao *feedback*. Mas se pudéssemos começar com as crianças, ensinando-as a utilizar o *feedback* confortavelmente, elas jamais teriam de passar por esse tipo de colapso.

Quando comecei a modelar o autoconceito, estava preocupado. Achava que os elementos que o tornavam receptivo ao *feedback* provavelmente iriam torná-lo menos durável, e que os elementos que o tornavam durável iriam torná-lo menos receptivo ao *feedback*. Se isso fosse verdade, então um autoconceito que fosse durável e receptivo ao *feedback* exigiria um equilíbrio delicado – o aumento na durabilidade ocorreria à custa da receptividade ao *feedback* e vice-versa.

Mas tenho notícias maravilhosas: *eu estava totalmente errado*. *Todos os processos que tornam o autoconceito durável também o tornam sensível e receptivo ao* feedback. Não posso explicar como fiquei feliz ao descobrir isso. Essa também foi uma ótima indicação de que eu estava descobrindo o que realmente estava lá, e não apenas "descobrindo" minhas opiniões e preconceitos. Uma das nossas tarefas será explorar exatamente como podemos construir essa durabilidade e sensibilidade ao *feedback* em seu autoconceito.

Inconsciente

Todos nós já sentimos o desconforto de estar conscientes de nós mesmos, e a maioria também já sentiu como é desagradável estar perto de alguém muito consciente de si mesmo.

Em contraste com essa consciência de si próprio, quero que você pense em uma época quando estava fazendo algo muito bem, o que muitas vezes é chamado de "desempenho máximo", ou de estar em um "estado de fluidez". Não importa o nome que você dá a isso nem o que você estava fazendo. Você estava fazendo alguma coisa com muita tranqüilidade e sem esforço, e fazendo muito bem, sem estar consciente de si mesmo. Você consegue pensar em uma experiência assim?

O que aconteceria com o seu desempenho se você notasse como estava indo bem e pensasse em algo como "Puxa, eu estou indo muito bem!"? Normalmente, essa avaliação consciente o tiraria parcialmente do estado no qual você se encontrava, o seu nível de desempenho diminuiria de modo significativo e você poderia até mesmo começar a cometer erros. O ato de pensar conscientemente a respeito de si próprio costuma interferir na efetividade. Quando você está começando a aprender a fazer algo, essa participação consciente é útil e inevitável, mas depois de ter aprendido muito bem alguma coisa, é melhor realizá-la de maneira automática e inconsciente.

Pode ser bom avaliar o seu desempenho *depois*, mas durante o desempenho máximo não é uma boa idéia. Da mesma forma, durante um desempenho máximo, se alguém disser "Desculpe, mas qual é o seu nome?", acredito que você responderia com facilidade. Contudo, redirecionar a sua atenção para pensar no seu nome provavelmente também interferiria no seu desempenho. Até então, o seu nome estava inconsciente; você não estava pensando nele porque a sua atenção estava totalmente concentrada na tarefa durante o estado de desempenho máximo.

Se você focalizar a atenção nos erros, a probabilidade de sair do estado de desempenho máximo é ainda maior. É extremamente importante rever os erros *depois* para poder melhorá-los de algum modo, mas notá-los conscientemente *durante* o desempenho quase sempre resulta em mais erros.

Ao explorar o problema de se ter um autoconceito consciente é útil examinar o padrão *swish*. Conforme mencionei anteriormente, esse padrão cria um aspecto do autoconceito no qual a pessoa faz uma imagem de si mesma conscientemente e então percorre uma série de passos para unir o estímulo problemático a essa auto-imagem. Então a imagem é passada cada vez mais rápido até se tornar inconsciente. Assim, podemos *começar* com um processo consciente, desde que ele se torne rapidamente inconsciente e exterior à nossa percepção habitual – até que, ou a não ser que, alguém nos pergunte a seu respeito.

Até que ponto a imagem *swish* se torna inconsciente é uma questão que pode ser bem ilustrada por algo que aconteceu em um treinamento há muitos anos. Durante um final de semana, Connirae demonstrou o padrão *swish* em uma mulher. No treinamento do fim de semana seguinte, ela falou com Connirae e disse: "Está acontecendo uma coisa muito estranha. Eu continuo vendo um *flash* de cor azul turquesa. Ele não está realmente me atrapalhando, mas é curioso e eu gostaria de entender".

Connirae disse: "Bem, vamos ver. Na semana passada eu demonstrei o padrão *swish* em você. Ele funcionou?"

"Oh, sim, funcionou bem. O problema desapareceu. Mas de vez em quando eu vejo esse *flash* azul."

Connirae pensou um pouco e então perguntou: "Quando você criou a imagem de si mesma não tendo mais o problema, o que você estava vestindo?"

"Oh! Eu estava usando um vestido turquesa!"

Na maior parte dos casos essa auto-imagem torna-se *completamente* inconsciente. Mas no caso dela, sempre que a auto-imagem era estimulada, gerava vaga consciência de um *flash* azul em sua mente, embora todo o restante a esse respeito fosse inconsciente.

Há milhares de anos, muitas tradições espirituais – especialmente as dos budistas, sufistas e outros místicos – afirmam que nós *não* devemos ter um autoconceito, porque a consciência do self é uma barreira para a experiência mística ou religiosa de união ou comunhão. Contudo, se você pensar que *não deve* ter um self, isso o tornará ainda *mais* consciente de si próprio, *aumentando* essa consciência do self em vez de eliminá-la!

"Não tenha um self" é uma ordem negativa, da mesma forma que dizer "Não pense em coelhinhos ágeis" o fará pensar justamente naquilo que você *não* deve pensar! Em vez de eliminar a consciência do self, isso na verdade o torna *duplamente* consciente do seu self. Primeiro você pensa em si mesmo e então pensa que não deveria estar pensando em si mesmo! Isso obviamente divide a sua atenção e cria um conflito. Então você precisará de uma cutucada nas costas com a vareta do mestre para tirá-lo do pensamento contraditório e devolvê-lo à experiência do momento. Logo, esse tipo de instrução não é muito útil.

Então o que esses mestres espirituais realmente queriam dizer quando declaravam: "Não tenha um self"? Com freqüência, pensar a respeito de nós mesmos é *limitador*, não *facilitador*, descrevendo aquilo que *não* somos ou *não podemos* ser em vez daquilo que nós *somos* e *podemos ser*, e esse provavelmente é um aspecto do que esses mestres queriam dizer.

Entretanto, acho que a principal coisa que eles queriam dizer era: "Não tenha um self *consciente*". Concordo inteiramente que esse é um objetivo valioso, embora suas instruções conduzam ao oposto daquilo que pretendiam. Eu quero que o seu autoconceito seja tão *inconsciente* quanto o seu nome durante um desempenho máximo – até que, ou a não ser que, alguém pergunte a esse respeito ou você tenha alguma outra necessidade de dar essa informação.

Conexão

Eu também quero ter certeza de que o seu autoconceito não irá separá-lo dos outros. Muitas pessoas queixam-se de uma sensação de isolamento e buscam uma conexão mais íntima com as pessoas amadas, com o trabalho ou mesmo com a natureza. O objetivo de muitas tradições espirituais é a experiência direta de unicidade com o divino, ou com o universo, um sentimento de conexão íntima com todas as coisas. Anos atrás, Connirae desenvolveu um processo chamado Transformação Essencial, que começa com um problema ou conflito e conduz a essa experiência de conexão universal que as pessoas descrevem como paz interior, ser, amor ou unicidade (Andreas, C. & T., 1994).

Nas experiências de desempenho máximo ou naquelas em estado de fluidez, as pessoas sempre relatam esse tipo de *unicidade*, de reação adequada e inconsciente aos eventos ao seu redor, sentindo-se parte de tudo. Não há nenhuma percepção do self, nenhuma percepção do "outro", nenhuma separação, consciência de si próprio ou qualquer outro tipo de conflito para interromper esse fluxo suave de experiência e ação.

Uma das funções básicas do autoconceito é fazer uma distinção entre você e o seu ambiente, e eu quero ter certeza de que essa distinção não resultará na sensação de separação ou isolamento. Um autoconceito consciente irá fazê-lo sentir-se separado, e isso interferirá na sensação de conexão.

Quando pensamos em nós mesmos, fazemos imagens de quem somos – mesmo que essas imagens envolvam sons e sentimentos. Quando você faz uma imagem de si mesmo, está vendo a si mesmo "lá" em algum lugar (mesmo que o "lá" esteja em sua mente), portanto, há uma certa distância entre vocês. Embora a dissociação seja uma habilidade contextualmente muito útil, em geral não é útil estar dissociado da percepção de quem você é, a não ser talvez temporariamente, durante a resolução de um problema.

Se você permanecesse dissociado das suas imagens, estaria separado delas e da percepção de quem você é. Assim, originalmente preocupei-me com o fato de que o autoconceito pudesse separá-lo de si mesmo, e que isso pudesse resultar na separação das outras pessoas. Seria um pouco difícil se unir aos outros se você já estivesse separado de si mesmo!

Novamente, pode ser útil pensar no que acontece no padrão *swish*. Embora inicialmente seja criada uma imagem dissociada de si mesmo, você *se torna* essa imagem com incrível rapidez. Uma vez que a dissociação não dura, a separação do seu autoconceito não é um problema.

Mas há uma outra potencial barreira, muito real e infelizmente muito difusa, para a conexão com os outros: a separação que ocorre quando fazemos *comparações* entre nós mesmos e os outros e quando notamos as nossas *diferenças*. As pessoas consideram a si mesmas, seu grupo familiar, seu time de futebol ou seu país como sendo muito diferentes dos outros (e em geral melhores). Grande parte da infelicidade humana resulta desse tipo de separação, incluindo todas as hostilidades entre diferentes grupos políticos, étnicos, raciais ou religiosos. Quero ter certeza de que nada do que eu fizer com o autoconceito aumentará esse problema.

Existem dois aspectos para evitar essa separação: distinção de processo e de conteúdo. A distinção de *processo* ocorre quando não fazemos *comparações*. Se eu digo "Eu sou uma pessoa boa", simplesmente afirmo alguma coisa a respeito de mim mesmo. Não estou me comparando com outras pessoas, apenas dizendo algo que é verdadeiro para mim. Dizer "Eu sou uma pessoa boa" não pressupõe que os outros sejam maus – mesmo que outras experiências possam me mostrar que algumas pessoas são más. Seria possível que todos fossem bons e, assim, essa afirmação não me separa automaticamente dos outros. Um autoconceito saudável focaliza as qualidades que eu possuo, sem comparações que me façam sentir melhor ou pior que outras pessoas. Isso é muito diferente de dizer "Eu sou melhor do que Joe", em que faço uma comparação que me torna mais importante e me separa da outra pessoa.

A distinção de *conteúdo* consiste em evitar o emprego de palavras que *pressuponham* algum tipo de comparação. "Eu sou um rei" pressupõe a existência de súditos; "Eu sou um ganhador do Prêmio Nobel" ou "Eu sou um santo" pressupõem que alguns não são. Embora todos nós possamos fazer isso de vez em quando, o autoconceito de muitas pessoas faz comparações com os outros, separando-as deles. "Eu sou isso e você é aquilo." "Eu sou um sucesso e você não é" etc. Isso fica mais óbvio quando examinamos os responsáveis por conflitos em grande escala, destruição e assassinatos. É uma terrível ironia que, apesar de a maioria das religiões começar com um profeta que prega a aceitação, a tolerância, a ligação pessoal e a unidade, os seus seguidores com freqüência terminem em violentas cruzadas ou guerras santas para converter ou matar qualquer pessoa com crenças diferentes.

Esse potencial para a comparação, a separação e o conflito é outro motivo por que a maior parte dos místicos defendia a eliminação do self. Com muita freqüência, o autoconceito inclui comparações que nos *separam* dos outros e do resto do mundo. Uma vez que o objetivo da maioria dos místicos é cultivar uma experiência de *conexão* e de participação com toda a criação, qualquer comparação e separação será definitivamente uma barreira para a experiência espiritual da unicidade.

A definição da identidade por meio da comparação encontra-se na essência de todos os conflitos humanos, e o caminho para solucioná-los é começar a concentrar atenção nas *semelhanças* que unem os dois lados – observando todas as formas que tornam os dois *iguais*, em vez de notar aquelas que os tornam diferentes. Com uma representação positiva do self que une em vez de separar, podemos ter uma autopercepção que não entrará em conflito com uma profunda experiência espiritual de conexão, e acredito que isso elimine o problema que preocupava os sábios místicos.

Agora, uma piadinha para você. O que disse o budista para o vendedor de cachorro-quente?[*]

Um outro ensinamento familiar de muitas tradições espirituais místicas é que você *já* é um com tudo; é apenas uma questão de *perceber* isso. Você talvez não tenha passado por essa experiência, mas espero que a idéia lhe seja familiar. Tornar-se um com todas as

---

[*] Faça-me *um* com tudo.

coisas é uma maneira de descrever uma integração de opostos, para que uma pessoa possa atuar sem conflitos. A PNL tem muitas maneiras de alcançar a integração e um processo em particular pode ajudar a oferecer uma base para compreendermos como isso é verdadeiro.

Integração pelo *reimprinting*. No processo original chamado *reimprinting* (Andreas, C. & S., 1989, cap. 1), as pessoas lembram uma experiência que as perturba quando pensam nela. Essa lembrança em geral é experimentada como sendo inoportuna, independente e algumas vezes indesejável. Contudo, ela existe de forma clara na mente das pessoas e *é* parte delas, por mais estranha que possa lhes parecer. Em algum lugar da sua mente há uma representação dessa lembrança e outra parte da mente fica perturbada em resposta a ela.

Primeiramente, nós lhes pedimos para experimentar mais uma vez a lembrança no presente, com o objetivo de descobrir que tipo de recurso pessoal, resposta ou compreensão tornaria mais fácil lidar com a lembrança. Assim, por exemplo, se elas tivessem uma perspectiva mais ampla, se tivessem mantido em mente o objetivo de longo prazo, sentido tranquilidade ou aplicado um ritmo mais lento etc., a sua resposta naquela situação teria sido muito mais satisfatória para elas. Então nós as ajudamos a vivenciar plenamente o recurso adequado, combinando-o com a experiência lembrada.

Quando isso é feito com habilidade e com o recurso adequado, a pessoa sente-se muito melhor e a lembrança deixa de importuná-la. Na verdade, ela se torna uma experiência positiva, porque agora se transformou em uma situação na qual a pessoa conseguiu lidar bem com a dificuldade. A lembrança alienada não está mais separada dela, mas confortavelmente incorporada à sua percepção de quem ela é e do que ela é capaz.

Na situação original perturbadora, as pessoas não apenas se sentem separadas da lembrança, mas também da resposta com recursos de que necessitam. Elas tinham esses recursos mas estavam separadas deles. Portanto, podemos dizer que elas já eram "um com os seus recursos", bem como "um com a lembrança perturbadora" que haviam alienado; elas apenas não tinham percebido isso.

Vamos avançar um pouco. Na adaptação de Robert Dilts do *reimprinting* (Dilts, R. & DeLozier, J., 2000), uma experiência perturbadora com outra pessoa (ou pessoas) no passado é modificada pelo acréscimo de recursos à experiência da *outra pessoa*. Então digamos que eu esteja zangado com o meu pai porque ele gritou comigo quando eu era criança por cometer um erro. Eu volto a essa lembrança e acrescento paciência (ou preocupação, enxergando o contexto mais amplo do erro etc.) à experiência do meu *pai*, para que *ele* possa reagir com mais recursos. Como resultado desse processo, *ele* pode falar comigo calmamente sobre como devo proceder para me sair melhor na próxima vez em vez de ficar zangado e gritar comigo. Agora, com a revisão dessa experiência lembrada, eu me sinto com mais recursos, e a experiência original não me aborrece mais.

Como isso funciona? De que maneira acrescentar recursos a *outra pessoa* em minha lembrança ajuda a fazer que *eu* me sinta melhor? O meu pai morreu há 55 anos, portanto, ele só existe no meu sistema nervoso como uma imagem, uma representação em minha mente. Eu posso dizer: "O meu pai gritou comigo", mas nesse momento isso é apenas a minha *lembrança* do que aconteceu há muito tempo. Em outras palavras, a minha lembrança do meu pai é de fato uma parte de *mim*, mas eu a rotulo de "pai" como se ela fosse uma coisa separada e diferente de mim, e reajo ficando zangado com o que "ele" fez.

Em geral, a pessoa nessa situação experimentará a sua imagem da outra pessoa como separada, autônoma e fora de controle. A imagem ou a voz podem surgir por conta própria nos momentos mais inconvenientes e atormentá-la. Em casos extremos, isso pode até mesmo ser experimentado como uma "possessão demoníaca".

Quando alguém se separa de uma parte do próprio sistema neurológico, primeiramente perde o controle sobre uma parte de si mesmo, depois precisa utilizar a outra parte na luta *contra* essa parte alienada – a raiva ou a preocupação com a vingança etc. Uma pessoa nessa posição tem à sua disposição muito menos que o seu pleno potencial. Se tivesse esse sistema à sua disposição, ela seria mais inteira e capaz, mais plena e integrada. Além da perda parcial do sistema neurológico, essa luta ocupará grande parte da sua atenção, e haverá muito menos atenção disponível para o restante de sua vida.

O *reimprinting* de Dilts dá um passo extremamente importante para a solução desse tipo de separação interna. Ao integrar recursos à minha *imagem* do meu pai *na realidade, eu estou combinando recursos com uma parte de mim mesmo.* O meu "pai" torna-se mais razoável, mais receptivo, menos alienado e, finalmente, um aliado amigável, um outro recurso pessoal útil para me apoiar em minhas lutas atuais com os desafios do meu mundo real. Quando esse processo de cura é completado, não existe mais nenhuma separação entre as partes de mim mesmo, antes dissociadas e rejeitadas, e aquilo em que geralmente penso como sendo eu mesmo. Eu me torno mais completo e inteiro, conectado ao mundo e não separado dele. Acho que provavelmente esse é o tipo de experiência à qual os místicos se referiam quando disseram que "você já é um com tudo; é apenas uma questão de perceber isso". Retornaremos a esse importante tópico posteriormente, quando estudarmos a conexão com mais detalhes no Capítulo 14.

Auto-importância e egotismo

Finalmente, quero ter certeza de que tudo que fizer com o autoconceito não resulte no aumento da auto-importância, da arrogância e das atitudes que todos nós temos de vez em quando – e muitas pessoas sempre. Muitos místicos ensinaram que a auto-importância é uma armadilha pessoal, e também uma barreira para a experiência espiritual. O Don Juan de Carlos Castañeda teve particular eloqüência a esse respeito. A maioria dos místicos sentia que era uma parte inacreditavelmente minúscula e pouco importante de um imenso todo, enquanto o universo do egotista gira ao redor de si mesmo, dos seus bens e do seu ambiente imediato.

A auto-importância é um pesado fardo para a pessoa que a possui, e um fardo ainda mais pesado para as pessoas à sua volta. A preocupação com a auto-importância dificulta muito a valorização dos outros, e essa visão estreita também a separa da sua experiência mais ampla de muitas outras maneiras. No esforço de sustentar a auto-importância, julgando, desprezando e condenando os outros na tentativa de elevar o próprio self, são causados muitos danos. O extremo dessa atitude foi chamado de "narcisismo", em uma referência a Narciso, que ficou tão fascinado com o próprio reflexo na água a ponto de ignorar tudo ao seu redor.

O egotismo começa na comparação com outras pessoas e na separação e julgamento de si próprio como sendo melhor que elas. Se você é mais importante que qualquer pessoa, isso pode justificar todos e quaisquer maus-tratos praticados contra elas, incluindo tortura e assassinato. Observe todos os conflitos no mundo, do pessoal ao internacional, e sempre verá esses processos em ação. Minha aversão à pomposidade e à vaidade foi uma das coisas que originalmente me deixaram interessado no estudo do autoconceito, porque eu queria compreender melhor a auto-importância e, se possível, descobrir a cura para essa doença.

Na realidade, a auto-importância é a metade consciente de um autoconceito inseguro e ambíguo. A pessoa que tem auto-importância na verdade duvida muito de si mesma e gasta muito tempo e esforço buscando evidências externas e apoio dos outros que lhe mostrem que ela é realmente uma boa pessoa. Quanto mais busca esse apoio dos outros, mais se torna dependente deles e menos capaz de confiar na própria auto-avaliação. Recentemente, li uma frase do dr. Herbert Shofield que pode ser um pouco severa: "O egotismo é o anestésico que a natureza nos oferece para amortecer a dor de sermos tolos".

Ao contrário, quando você sabe quem é e sente-se confortável com isso, não há necessidade de anunciá-lo para ninguém ou de gabar-se. Com um autoconceito sólido e congruente você sabe quem é internamente, portanto, não precisa de auto-importância nem adular os outros para sustentar a sua imagem e o seu *status*.

Há pessoas que, quando entram em uma sala, não precisam pronunciar nenhuma palavra porque a sua presença não-verbal *irradia* a sua capacidade. É simplesmente uma *qualidade* de quem são e elas não precisam demonstrar isso ou falar a respeito, a não ser que alguém lhes pergunte. Não é por acaso que esse é exatamente o tipo de imagem utilizada no padrão *swish*.

Desenvolvendo os critérios para um autoconceito saudável

Um dos meus melhores modelos para aprender a respeito do autoconceito é um místico contemporâneo. Ele não tem seguidores e vive tranqüilamente com a esposa em uma pequena cidade onde quase ninguém sabe nada sobre o principal foco da sua vida. Ele é muito curioso e totalmente calmo. Se você lhe dissesse: "Seu filho da mãe!", ele simplesmente ficaria curioso. "Ah, é mesmo? Você pode falar mais sobre isso? Eu gostaria de compreender." É maravilhoso estar ao seu lado, porque ele não tem nada para defender, nenhum cronograma, nenhuma exigência, nenhuma pretensão, simplesmente uma enorme curiosidade para saber porque Deus trouxe você para a sua vida e o que ele pode aprender com esse encontro. Ele está livre da auto-importância, vendo a si mesmo como um dos menores e mais insignificantes elementos do universo, e com um profundo senso de ligação com tudo. Ele considera a sua identidade pessoal uma espécie de piada ridícula, útil apenas para saber com que nome assinar cheques e quais bagagens retirar no aeroporto.

Ele também é muito, muito capaz no mundo prático, e realizou várias coisas das quais poderia se vangloriar. Além de autor de diversos livros sobre misticismo (Van Dusen, W., 1996), ele já foi chefe do departamento de psicologia de um grande hospital estadual. Ele é exímio atirador de tiro ao alvo, tem uma licença de suboficial e dá aulas na guarda costeira dos Estados Unidos. Sempre desconfiei dos místicos que afirmavam ser especialistas no mundo espiritual mas que, no mundo material, tinham muita dificuldade para fazer coisas simples, como cozinhar as próprias refeições ou amarrar os sapatos.

Eu também abordei a modelagem do autoconceito com idéias extraídas de Cristo, do zen-budismo, de Carlos Castañeda, do sufismo e de muitas outras tradições místicas e espirituais que tinham idéias interessantes a respeito do self, do ego e da auto-importância. Todas elas proporcionaram orientações úteis para perguntar às pessoas a respeito de como elas pensam sobre si mesmas e para compreender as suas respostas.

Mas isso foi apenas um começo; os critérios apresentados aqui foram bastante refinados com base nas idéias e orientações um tanto vagas com as quais comecei. O crédito real desses critérios vai para os meus companheiros exploradores, os participantes dos muitos seminários (especialmente os primeiros) que descobriram e relataram muitos dos aspectos específicos do autoconceito descritos neste livro. Com freqüência, eles apresentaram observações fascinantes e fizeram perguntas que eu não podia responder, estimulando-me a pensar nelas e a experimentá-las mais completamente, até que ficasse satisfeito com as respostas que desenvolvemos juntos.

Resumo

Os critérios que discuti (*durabilidade, precisão, autocorreção, inconsciente, conexão* e *ausência de auto-importância*) são importantes qualidades gerais de um autoconceito que funciona bem. Um autoconceito saudável é forte e durável, e a sua força nos deixa à vontade para receber e considerar *feedbacks* relacionados a erros. Esses *feedbacks* corretivos mantêm a precisão do nosso autoconceito para que possamos saber quem realmente somos, não ficarmos perdidos e nos tornarmos "uma lenda na própria mente". A não ser que o tornemos deliberadamente consciente para ajustá-lo, um autoconceito saudável é inconsciente, tornando impossível o sentimento consciente de auto-importância, liberando a nossa atenção para eventos e pessoas no aqui e no agora, e permitindo uma conexão real com eles. Tudo isso nos protege da solidão e dos perigos de um self falso egotista que pode se desintegrar a qualquer momento.

A seguir começaremos a descobrir exatamente como funciona o seu autoconceito e como podemos fortalecê-lo e modificá-lo quando ele não for bom para você.

FORTALECENDO O SELF

4

Mudando a estrutura

O seu autoconceito é formado de muitos aspectos, de muitas crenças ou generalizações acerca de si próprio. Em um nível relativamente pequeno, parte da sua identidade poderia incluir características físicas específicas, o ambiente imediato ou comportamentos. "Eu sou loura", "Eu sou nova-iorquino" ou "Eu sou motorista de caminhão" são afirmações a respeito da identificação com o seu corpo físico, o seu ambiente e o seu trabalho. Ao contrário, se uma pessoa disser "Eu tenho cabelos louros", "Eu moro em Nova York" ou "Eu dirijo um caminhão", isso indica que ela pensa nessas coisas como algo que *tem* ou *faz*, e não em quem ela *é*. Ela não se identifica tão fortemente com esses aspectos como alguém que diz "Eu *sou*".

No nível mais amplo de identidade, podemos falar do nosso lugar no cosmo. "Eu sou um filho de Deus" ou "Eu sou uma partícula minúscula de matéria autoconsciente em um universo tremendamente complexo e indiferente". Nesse nível amplo de identidade perde-se a maioria dos detalhes específicos e há uma representação muito vaga que enfatiza as semelhanças e a conexão global e ignora a maior parte das diferenças e distinções menores.

Outras partes da sua identidade são de alcance intermediário – as suas atitudes, capacidades, características ou qualidades. "Eu sou uma pessoa boa" tem um alcance muito mais amplo do que "Eu sou contador", embora seja muito mais específico do que "Eu sou cristão". Essas qualidades da identidade, de nível intermediário, são particularmente úteis para você aprender como funciona o seu autoconceito, porque apesar de serem bastante específicas, elas também se aplicam a uma ampla variedade de experiências. Geralmente elas incluem importantes valores pessoais e, assim, as mudanças nelas terão um impacto significativo em um grande número de atividades.

Eu quero que vocês escolham alguma coisa nessa área intermediária para explorar, porque ela é grande o suficiente para permitir que quaisquer mudanças generalizem grande parte do seu comportamento, sendo muito importante e útil, apesar de ser suficientemente pequena para permitir que vocês tenham muitas experiências específicas para analisar. Mais tarde, vocês poderão explorar os segmentos menores e maiores da sua identidade, mas quero que comecem com algo de tamanho intermediário, porque será muito mais fácil aprender como funciona o seu autoconceito.

Para os primeiros exercícios, quero que vocês escolham uma qualidade, capacidade ou atitude que vocês *saibam* ser verdadeiramente sua e da qual vocês *gostem*. Escolham algo como inteligência, sensibilidade, capacidade de aprendizagem, persistência, boa adaptação etc. Vocês podem apenas dizer para si mesmos: "Eu sou..." e ver o que vem à sua mente – bom, honesto, atencioso, estável, flexível, cuidadoso, amoroso, alegre, leal, digno de confiança, espontâneo, meticuloso etc. Naturalmente, vocês são muito mais que uma única qualidade. Mas para aprender a respeito da estrutura do autoconceito, quero que vocês escolham apenas uma para ser explorada.

Uma vez que algumas pessoas pensam em si mesmas mais em função daquilo que elas *fazem* ou *têm* e não daquilo que elas *são*, pode ser útil experimentar *ser* de determinada maneira em vez de sempre *fazer* alguma coisa ou *ter* uma experiência. Por exemplo, se você cuida muito dos outros, isso equivale a dizer que você *é* uma pessoa muito afetuosa.

Após pensar em diversas possibilidades, escolham uma sobre a qual vocês se sentem muito *seguros*, o que significa que esse aspecto de si mesmos é *durável*. E tenham certeza de que ela também seja uma qualidade da qual vocês *gostam*, o que indica que ela é coerente com os seus valores e parte da base para a sua auto-estima positiva. Mais tarde exploraremos os aspectos do seu autoconceito dos quais vocês não estão seguros ou dos quais não gostam, mas será *muito* mais simples e fácil começar com alguma coisa da qual vocês estejam seguros e gostem, para não haver conflitos internos que dificultem a sua experiência.

Sempre que desejamos investigar um processo como esse, perguntamos: "*Como* você faz isso?" Essa pergunta refere-se aos aspectos da sua experiência que em geral são inconscientes, mas dos quais você pode *tornar-se* consciente se focalizar a atenção. Portanto, esse é um território com muita participação inconsciente. Ben, digamos que você e eu estamos conversando e eu pergunte: "Você é uma boa pessoa?" O que você diria?

Ben: Sim.

Certo, mas *como você sabe* que é uma boa pessoa?*

Ben: Eu tenho uma imagem de como é ser bom.

Portanto, você tem uma imagem do que é ser bom. A imagem mental de Ben serve como uma referência rápida, aquilo que chamo de representação "resumida" que identifica uma qualidade do seu autoconceito, neste caso, a bondade. Quando eu perguntei "Você é uma boa pessoa?", ele respondeu muito rapidamente e de maneira coerente. Contudo, não estava consciente de como foi capaz de fazer isso até eu lhe perguntar *como* ele sabia disso. Em vez de uma imagem ele poderia ter ouvido uma voz interna dizendo "Eu sou bom", ou experimentado uma sensação cinestésica de como é ser bom – ou poderia ter sentido qualquer combinação delas. É isso o que chamamos de *modalidade* sensorial (visual, auditiva, cinestésica e, em menor grau, olfativa e gustativa) de uma representação interna. Todos os nossos pensamentos, experiências e lembranças são compostos de uma ou mais dessas modalidades.

Se eu perguntar se vocês sabem o que é uma cadeira, imagino que dirão "sim" e teriam alguma representação de uma cadeira – em geral a imagem de uma cadeira bastante comum. Embora seja mais raro, em vez de uma imagem vocês poderiam ter a sensação de sentar em uma cadeira ou talvez até mesmo ouvir o som que uma cadeira faz quando sentam nela. Ou poderiam ter pensado em qualquer combinação dessas coisas. Essa representação é uma imagem bastante simplificada

---

* Um parágrafo após o comentário de um participante do treinamento sempre indica uma resposta do autor.

das qualidades essenciais de uma cadeira e eu a chamo de "resumo", porque resume as características básicas de uma cadeira.

Relacionados a essa imagem simplificada estão dados muito mais amplos que incluem imagens de todos os *diferentes* tipos de cadeira que vocês experimentaram em sua vida – cadeiras de sala de jantar, poltronas, cadeiras de escritório, cadeiras dobráveis, cadeiras feitas de madeira, couro, plástico, metal e talvez até mesmo uma caixa, um toco de árvore ou uma pedra que já serviram de cadeira. A imagem resumida para a palavra "cadeira" é um pouco como a alça de uma mala: ela permite que vocês segurem o conjunto de experiências que está na mala. Esses dados têm *muito* mais informações do que a representação resumida.

As pessoas generalizam a respeito de si mesmas da mesma maneira que generalizam sobre o seu ambiente. À medida que vocês souberem de que maneira generalizam a respeito de si mesmos, também estarão aprendendo de que maneira criam compreensões sobre as outras pessoas e o resto do mundo. Contudo, é muito mais interessante explorar as generalizações a respeito de si mesmos porque o impacto em sua vida é maior.

A primeira coisa que eu quero que vocês descubram é a sua representação resumida da qualidade que escolheram. Tenham em mente que ela pode estar em qualquer modalidade – visual, auditiva ou cinestésica – ou em qualquer combinação delas. Em geral, é muito fácil e rápido observar isso.

Após terem feito isso, quero que vocês explorem os *dados* de experiências subjacentes à representação resumida. A alça de uma mala só serve para carregá-la; aquilo que a mala *contém* é muito mais útil e importante.

Como estou lhes pedindo para se voltarem para dentro de si mesmos e prestar atenção nos aspectos da sua experiência habitualmente inconscientes ou que se encontram no limiar da consciência, no início vocês poderão ficar um pouco inseguros e confusos. Mas à medida que se familiarizarem com a paisagem interna da experiência de si mesmos, tudo ficará mais claro.

Se todos tivessem exatamente o mesmo modo de ter o seu autoconceito, ou se houvesse uma única e melhor maneira de fazer isso, esse seria um treinamento *muito* curto. Eu poderia apenas ensinar a maneira "certa" e pronto. No entanto, existem muitas maneiras de ter um autoconceito que funcione bem, e eu quero que vocês descubram como vêm fazendo isso antes de tentarem outras maneiras.

Há também alguns princípios unificadores muito úteis por trás da enorme variedade daquilo que as pessoas fazem. Esses princípios proporcionam uma compreensão que simplifica a nossa tarefa e facilita a descoberta e o trabalho com as diversas maneiras pelas quais as pessoas têm o seu autoconceito. Mas se eu ensinar primeiro os princípios, isso seria como lhes oferecer um punhado de diferentes alças de mala. Vocês teriam as palavras, mas como não têm nenhuma experiência ligada a elas, teriam pouco significado.

Se eu lhes der mais informações agora, a tendência seria obscurecer aquilo que vocês já fazem e dificultaria a descoberta da sua maneira única de aprenderem sozinhos a descobrir o que está acontecendo em sua mente – uma habilidade que tem *muitas* outras aplicações úteis além do autoconceito. Vocês podem utilizar a mesma habilidade para descobrir como tomam decisões, como se motivam a fazer coisas desagradáveis, como aprendem ou qualquer outra habilidade ou problema. Portanto, em vez de começar com princípios, quero que vocês comecem com a própria experiência, e depois a compartilhem com os outros. Então extrairemos generalizações dessa abundância de exemplos, construindo uma base sólida de experiência pessoal. Dessa forma, os princípios terão um significado rico e cheio de recursos e não serão apenas palavras bonitas.

Exercício 4-1: Descobrindo o seu autoconceito (trios, 15 minutos)

Quero que vocês se juntem a duas outras pessoas e formem um trio para fazer um rápido exercício de descoberta. Presumo que vocês já tenham identificado em si mesmos alguma qualidade ou característica da qual estejam *seguros* e da qual *gostem*. Assim que se juntarem, quero que fechem os olhos e silenciosamente explorem a própria experiência durante cerca de cinco minutos, fazendo a pergunta:

"Como eu sei que sou...?" Deve ser muito fácil identificar a representação resumida; provavelmente vocês já fizeram isso. Eu quero que passem a maior parte do tempo examinando os seus *dados* de exemplos para descobrir como é. Que imagens, sensações, sons ou palavras vocês têm e onde e como eles são experimentados?

Então abram os olhos e dediquem mais dez minutos para compartilhar suas experiências. Vocês podem aprender muito apenas fazendo isso; podem aprender mais ainda compartilhando com os outros e ajudando-se mutuamente com perguntas. Quero que isso seja feito *sem jamais mencionar o conteúdo – o nome da qualidade que estão examinando*. Mencionar o conteúdo apenas os distrairia da tarefa de descobrir *como* vocês o representam. Falem uns com os outros apenas em termos de estrutura – as imagens, os sons ou as sensações que constituem os seus dados e como e onde vocês os representam. Mais tarde, se quiserem, poderemos falar sobre o conteúdo.

"Bem, eu faço isso e aquilo; o que você faz?" Compartilhem a sua experiência e, se alguém tiver dificuldade, vocês podem ajudar uns aos outros: "Bem, como você faz isso?", e observar as pistas não-verbais e os gestos que, muitas vezes, indicam claramente o tamanho, a distância e a localização de imagens ou vozes para obter os elementos básicos de como ele/ela faz isso.

Mais tarde darei instruções mais específicas, mas por enquanto quero que vocês façam essa exploração sozinhos. Então vamos nos reunir e discutir o que vocês descobriram. Alguma pergunta sobre o exercício?

Tess: Por favor, repita a distinção entre a representação resumida e os dados.

Talvez um exemplo ajude. Com freqüência utilizo a bondade quando preciso falar sobre o conteúdo, porque gosto da bondade e acho que seria bom se houvesse mais bondade no mundo. Você pode ter uma voz interna que diz: "Eu sou uma boa pessoa", mas essa afirmação geral não especifica o que é bondade. Contudo, os seus dados contêm uma abundância de exemplos sobre como falar bondosamente, agir com generosidade, tocar de maneira gentil, pensar em palavras bondosas para dizer, coisas amáveis para fazer etc.

A partir de agora iremos trabalhar quase que totalmente com os seus dados, porque é lá que se encontra a verdadeira informação sobre o seu autoconceito. É lá que vocês podem se transformar fazendo mudanças profundamente benéficas na maneira como funciona o seu autoconceito. De todas as experiências que vocês já tiveram durante os seus anos de existência no planeta, como sabem que são pessoas boas – ou persistentes ou sensíveis aos outros – ou qualquer outra qualidade que tenham escolhido? Que experiências vocês representam e, mais importante, *como* vocês as representam? Quando vocês fizerem mudanças nos dados, poderão realmente fazer o seu autoconceito funcionar bem – mas antes de mudar qualquer coisa, é importante conhecer o que já se encontra lá.

* * * * *

Tenho certeza de que vocês não completaram o exercício, mas eu queria que se aprofundassem e explorassem um pouco antes de dar mais instruções. Logo eu lhes darei mais tempo para explorar. Mas por enquanto, que tipo de dados vocês encontraram?

Jean: Quando perguntei a mim mesma "Bem, como eu sei que sou assim?", surgiu uma imagem e depois outra e mais outra, pulando como pipoca. Em determinado ponto elas preencheram o meu campo visual, mas continuaram pipocando.

Kirk: Eu tenho uma espécie de colagem espalhada à minha frente, ao alcance das minhas mãos, com muitas pequenas imagens de diferentes épocas e lugares nos quais eu tive a qualidade. Algumas das imagens são brilhantes e é como se estivessem piscando para mim.

Jan: Os meus dados são auditivos. Eu tenho uma série de vozes alojadas em meu ouvido esquerdo; cada uma delas me faz lembrar de uma situação específica na qual eu tinha a qualidade.

Fred: Eu tenho uma espécie de sistema de arquivos bem à minha frente. Eu puxo um cartão de cada vez (gesticulando com a mão direita) quando quero ver o que há nele. Ele surge na minha mesa de trabalho logo à minha frente, a cerca de sessenta centímetros de distância. Primeiro eu obtenho a imagem, depois o auditivo e então a sensação.

Bob: Eu tenho uma longa fila de imagens à minha esquerda organizadas no tempo, com as mais antigas atrás de mim e as mais recentes um pouco à frente, para o lado. As imagens ficam maiores à medida que se aproximam do momento presente.

Pam: Eu tive primeiro uma sensação cinestésica, depois diversas imagens apareceram, e também palavras e sons que confirmavam a sensação.

Ótimo. Esses são bons exemplos. Cada um de nós possui uma estrutura única para representar o autoconceito. Ao pedir para vocês descobrirem como *vocês* fazem isso, respeitei a sua individualidade, e isso facilita muito a realização de mudanças benéficas. Aquilo que funciona maravilhosamente bem para uma pessoa pode não ser adequado para outra. Nós somos criaturas complexas e o autoconceito deve combinar harmoniosamente com todos os outros elementos do seu funcionamento. Há diversos modos de fazer isso funcionar muito bem e eu não conheço uma maneira única e "melhor" para isso.

Porém, cada um de nós aprende a fazer isso basicamente por acaso, não com um pai ou um professor. Portanto, embora seja muito importante respeitar a singularidade de cada pessoa, descobri que *sempre* existem diversas maneiras úteis para melhorar significativamente aquilo que alguém faz. Vocês podem descobrir isso explorando e experimentando com delicadeza para descobrir o que funciona melhor para vocês. Algumas mães que não querem que os filhos façam caretas dizem que, se eles fizerem caretas, o rosto pode congelar naquela posição, embora na verdade não exista nenhum perigo de que isso aconteça. Do mesmo modo, vocês podem experimentar livremente a mudança dos seus dados, porque uma mudança só irá "pegar" se vocês descobrirem que ela realmente funciona melhor que aquilo que já estavam fazendo.

Ao explorar processos como esse, geralmente inconscientes, com freqüência as pessoas pensam que "inventaram" aquilo que descobriram. Mas garanto que quando vocês começarem a experimentar e tentar diferentes maneiras, algumas delas serão *muito* mais confortáveis e "certas" que outras. Independentemente do que eu possa dizer, *a sua verdade será encontrada na própria experiência, nas suas respostas ao tentar diferentes maneiras.* Há também alguns princípios gerais que podem ser úteis, mas quero que vocês se familiarizem com as diversas paisagens internas do autoconceito antes de lhes apresentar princípios.

Tenho uma lista de perguntas que quero que vocês utilizem para direcionar a exploração adicional dos dados. Em geral, responder perguntas é muito fácil. O difícil é fazer boas perguntas. Quando fazemos as perguntas certas, algumas vezes as respostas são imediatamente óbvias. Por exemplo, se perguntarmos a um estranho na rua: "Você vê filmes em sua mente ou imagens paradas?", a maioria das pessoas ficará confusa e dirá: "O quê?" ou "Eu não tenho idéia".

Mas se dissermos: "Pense em um amigo especial", elas geralmente dirão: "Ah, certo".

"Olhe para essa imagem; ela é um filme ou uma imagem parada?"
"Ah, é um filme."

Quando fazemos uma pergunta específica a respeito da sua experiência, elas podem responder com facilidade: "Ah, isso é interessante. Nunca pensei nisso antes". Mas até fazermos a pergunta, elas nem mesmo pensaram nisso. Dessa forma, eis uma lista de perguntas para vocês.

Lista de verificação 4:
Elementos do processo do autoconceito

Número de exemplos. Quantos exemplos estão em seus dados? (Aproximadamente) Um, cinco, trinta, cem?

Localização. Onde estão os seus exemplos no seu espaço pessoal?

Simultâneo/seqüencial. Os exemplos são dispostos *simultaneamente*, todos ao mesmo tempo, ou *seqüencialmente*, um após o outro (ou ambos)?

Modalidades. Todas as principais modalidades estão inclusas (visual, auditiva, cinestésica)?

Associação. Você pode *entrar* em qualquer exemplo com facilidade e *associar-se* a ele?

Submodalidades. (Submodalidades são os elementos menores dentro de uma modalidade.) Que *elementos das submodalidades* (tamanho, brilho, distância, movimento/imobilidade, tonalidade, volume etc.) os tornam fortes e substanciais, reais e convincentes?

Exercício 4-2: Mudando o seu autoconceito (trios, 15 minutos)

Mais uma vez, quero que comecem explorando silenciosamente a própria experiência durante cerca de cinco minutos, guiados por essas perguntas, e depois compartilhem e discutam o que descobriram com os outros, ajudando-se mutuamente a descobrir o que vocês fazem, por meio da observação de gestos não-verbais e fazendo boas perguntas.

Depois de terem compartilhado, quero que comecem a tentar a *mudança* dos elementos dos seus dados, observando como isso modifica a sua experiência. Vocês podem percorrer a lista de verificação, mudando cada uma das variáveis relacionadas; tentem acrescentar ou subtrair exemplos dos seus dados. Seja qual for o número de experiências, tentem aumentá-lo ou diminuí-lo consideravelmente. Se os seus dados são seqüenciais, tentem torná-los simultâneos e vice-versa; tentem acrescentar ou subtrair modalidades. Descubram a diferença entre associar-se a um exemplo como se estivessem lá e dissociar-se, afastando-se e observando-o como se fosse uma imagem imóvel ou um filme na televisão. Brinquem com a mudança de submodalidades utilizadas nos dados, tornando as imagens ou os sons mais ou menos intensos, aproximando-os ou afastando-os, aumentando-os ou diminuindo-os.

Uma outra maneira é tentar fazer como os outros do seu grupo. Se você tem cerca de cinco exemplos grandes espalhados à sua frente e um dos parceiros tem trinta exemplos menores à sua esquerda, tente fazer do jeito dele. Faça apenas uma mudança de cada vez para perceber como *cada* uma afeta a sua experiência. Primeiramente você poderia acrescentar 25 exemplos aos cinco que já tem e ver a diferença que isso faz. Então volte aos cinco exemplos com os quais começou e diminua-os. Depois retorne aos cinco originais e movimente-os para a esquerda. Finalmente, tente fazer todas essas mudanças ao mesmo tempo para poder experimentar a mesma coisa que o seu parceiro.

Durante a experiência, o principal é observar como cada mudança afeta o sentimento de *certeza* ou *solidez* a respeito do seu autoconceito. No exemplo que dei, vocês podem comparar a diferença entre ter cinco exemplos e ter trinta exemplos. Em qual deles o sentimento é mais forte – mais real ou verdadeiro? Esse sentimento é uma boa indicação da durabilidade ou da força da sua qualidade. Comecem com cinco minutos utilizando silenciosamente a lista de verificação para examinar a própria experiência antes de compartilhar e experimentar com os parceiros do seu grupo.

* * * * *

Agora, gostaria de rever a lista de verificação e descobrir o que vocês experimentaram, começando pelo número de exemplos.

Max: Eu tinha um número bem pequeno, talvez cinco ou seis, e quando aumentei esse número o sentimento foi muito mais forte; eu adorei! Passei de "Sim, eu sou" para "Sim, eu *realmente* sou".

Sarah: Comecei com uma dúzia de exemplos, e quando os diminui para um, comecei a ficar ansiosa, pensando: "Não tenho certeza de que isso é verdade. Talvez eu possa fazer isso, mas não tenho certeza".

Ótimo. Estou muito feliz por vocês terem sentido isso. Há pessoas que baseadas em um único exemplo concluem que podem fazer algo em qualquer lugar, a qualquer momento, sob quaisquer condições, em pé sobre uma rede!

Há vinte anos, Connirae e eu participamos de um seminário de PNL de cinco dias. No primeiro dia, na hora do almoço, um homem disse que estava indo embora para casa. Ele estava totalmente satisfeito por já ter "aprendido tudo", portanto, seria uma perda de tempo ficar! Ele também contou que já aprendera a pilotar aviões, portanto, sabia que podia pilotar um avião. Um dia, ele estava pilotando alegremente quando percebeu que havia muitas nuvens e não conseguia enxergar o chão. Ele aprendera o que é chamado de "regras do vôo visual", mas não sabia como usar os instrumentos para atravessar as nuvens. Ele estava falando com a torre e todos estavam um pouco perturbados quando um pequeno buraco se abriu nas nuvens e ele conseguiu descer e aterrissar.

Esse é um exemplo de situação de elevada confiança e baixa competência sobre a qual falei anteriormente – e é uma conseqüência típica de se ter uma imagem resumida de si mesmo grande e brilhante, e dados insuficientes de experiência real para lhe dar apoio. Essas pessoas costumam ser "eliminadas do rebanho" mais cedo ou mais tarde e, infelizmente, com freqüência levam outras consigo. Há um ditado na aviação que diz: "Existem pilotos velhos e existem pilotos audaciosos, mas não existem pilotos velhos audaciosos".

Agora, Sarah, o que acontece se você aumentar o número de exemplos para oito ou dez dúzias? A propósito, se você, ou qualquer um, quiser parar de interagir comigo a qualquer momento, apenas façam um sinal e eu desaparecerei em um segundo e não incomodarei mais. Assim, posso me sentir livre para fazer perguntas e brincar com vocês, sentindo-me confortável por saber que vocês têm total permissão para parar a qualquer momento.

Sarah: Aumentar o número de exemplos torna-os ainda mais sólidos. Quando os reduzi para apenas um, eu só conseguia me ver fazendo aquilo em um contexto, portanto pensei: "Bem, talvez eu possa fazer isso aqui, mas não necessariamente em qualquer lugar".

Sim. É por isso que no padrão *swish* nós sempre pedimos que as pessoas vejam uma imagem de si mesmas sem um contexto, para que a mudança no autoconceito possa ser generalizada o mais amplamente possível. Também pedimos para verem a si mesmas não apresentando nenhum comportamento determinado, porque isso poderia limitá-las ao comportamento particular que elas visualizaram. Ao ver a si mesmo com qualidades mas sem nenhum contexto ou comportamento específicos, as coisas ficam muito mais produtivas. Agora, Sarah, tente ver apenas uma imagem novamente, e então procure eliminar o contexto para continuar vendo a si mesma sem nenhum ambiente. É como ver a si mesma no palco e não ter nenhum cenário nem outras pessoas.

Sarah: Assim é melhor. Agora eu tenho a sensação de que provavelmente posso fazer isso em diferentes contextos, mas ainda não é tão bom quanto ter mais imagens e realmente ver a mim mesma fazendo isso em todos esses lugares diferentes.

Certo. Ver a si mesma em uma ampla variedade de situações é ainda melhor do que ver a si mesma sem um contexto. Essa é uma das maneiras nas quais mudar os seus dados pode ser ainda mais poderoso do que o *swish*.

Rich: Eu peguei uma "carona" com a Sarah. Realmente gostei de eliminar o contexto, afastando todo o cenário detalhado dos exemplos. Quando fiz isso com diversos eventos, só sobrou eu sentado, inclinado para a frente com os olhos abertos, observando, realmente muito interessado. Isso me fez sentir que essa qualidade é uma capacidade inerente do que eu *sou* e não apenas uma resposta a alguma coisa: "Puxa, isso é interessante". *Eu sou* aquele que está gerando o interesse e sinto isso muito mais como uma qualidade pessoal. É muito mais sólido.

Portanto, ela faz mais parte de você do que o contexto, uma vez que o contexto desapareceu.

Rich: Certo. Sim.

Ao eliminar o contexto, você amplia a generalização. Provavelmente você poderá proporcionar qualquer contexto e o comportamento se encaixará. Agora é claro que isso pode ser um pouco enganador, porque determinadas qualidades são muito mais úteis e adequadas em determinados contextos que em outros. Assim, há um problema potencial. Há também um outro possível problema relacionado a isso. Você pode falar um pouco sobre o conteúdo?

Rich: Bem, são diversas coisas diferentes – trabalhando com computadores, tocando um instrumento musical, cozinhando.

Desculpe-me; minha pergunta não foi clara. Acredito que esses sejam os conteúdos dos seus exemplos. Mas qual é o nome da qualidade?

Rich: Curiosidade.

Certo. Essa é uma boa qualidade, pois é em geral um estado interno. Mas mesmo com essa qualidade, você poderia perder dados sobre como especificamente você é curioso. Em outras palavras, o que exatamente você procura quando está curioso? Quais são as suas qualidades perceptivas e os comportamentos que fazem parte delas que não apenas o sentimento de curiosidade?

Rich: Eu ainda vejo as imagens brilhantes e ouço a trilha sonora, e ainda tenho aquelas sensações positivas de estar quase sendo puxado para a frente.

Certo. Mas tudo isso é interno, correto?

Rich: Bem, essa era a questão. Era o *meu* estado de curiosidade. Há coisas que são semelhantes em todos esses exemplos diferentes.

Sim, e esse estado de curiosidade também aparece em comportamentos externos, como a inclinação para a frente, o olhar atento e assim por diante.

Rich: Bem, isso não é um problema para mim. Posso olhar para o Mike lá longe e ficar apenas curioso. Realmente é uma sensação mais interna; de certo modo há uma espécie de desligamento da realidade. Não é assim que eu faço habitualmente, mas estava gostando da experiência. Gosto de ter o contexto porque torna a experiência mais completa. Eu sinto que "isso sou eu, há realidade lá fora e estamos interagindo".

Sim, é bom manter essa conexão. Agora vamos retornar ao número de exemplos. Em geral, aumentar o número de exemplos torna a experiência mais forte e diminuí-lo torna-a mais fraca. Isso faz sentido, não é? Se você tem muitos exemplos de si mesmo exercendo uma determinada qualidade em muitas situações e fazendo diferentes coisas, é possível ter mais certeza de que você realmente *é* desse jeito do que se tivesse apenas um ou poucos exemplos.

Todavia, existem algumas aparentes exceções. Ao serem examinadas atentamente elas também fazem sentido, porque aumentar o número de exemplos pode afetar outros elementos importantes. Alguém achou que acrescentar exemplos *enfraqueceu* a percepção da qualidade em vez de torná-la mais forte?

Al: Quando acrescentei mais exemplos, a sensação ficou opressiva, como um *show* de multimídia, mas então eu reduzi a velocidade e tudo ficou bem.

Ótimo. Você conseguiu fazer um ajuste que a tornou mais confortável.

Sue: Eu tinha cerca de cinco exemplos e, quando acrescentei muitos outros, ela se tornou mais fraca.

Você pode dizer como o fato de acrescentar mais exemplos tornou-a mais fraca?

Sue: As cores ficaram desbotadas com mais exemplos; é como se as imagens estivessem filtradas.

Os seus exemplos são simultâneos? Você os vê todos ao mesmo tempo?

Sue: Sim, alguns estão mais afastados e outros mais próximos, mas todos surgem ao mesmo tempo. Quando acrescentei mais exemplos, todos eles ficaram mais pálidos e mais parados.

Certo. Quando você tem uma apresentação simultânea e acrescenta imagens, provavelmente elas precisam ficar menores.

Sue: Sim, elas ficaram.

E quando se tornam menores, é difícil enxergá-las, portanto, isso diminui a sua resposta. E você também disse que elas ficaram mais paradas; assim, quando ficaram menores, imagino que o som também tenha desaparecido. Tente aumentar a apresentação das imagens.

Sue: Então eu não consigo ver todas. Elas já começaram a ficar muito grandes; posso olhar à minha volta e vê-las. (Sue parece satisfeita.)

Qual a vantagem disso?

Sue (animada): Ah, eu posso pular para dentro delas quando quiser. É muito bom!

E o que faz isso ser bom?

Sue: Bem, assim eu tenho todas as sensações de estar lá e também posso ouvir os sons. É mais completo dessa maneira.

Sim, ser capaz de entrar em um exemplo ou associar-se a ele é realmente importante, porque a associação permite a recuperação dos sons e das sensações dessa experiência. Isso proporciona uma totalidade e uma riqueza que não estão à disposição em uma imagem dissociada.

Quero que todos tentem uma coisa. Alguns de vocês tinham imagens nas quais podiam entrar com facilidade, enquanto outros provavelmente tinham imagens mais distantes e dissociadas. Quero que aqueles que se associaram às suas imagens se afastem delas para ficar temporariamente dissociados. E quero que aqueles que *não* se associaram às suas imagens escolham uma, aumentando-a o suficiente para entrar nela, espalhando-a à sua volta para ficar dentro dela. Quero que todos comparem a experiência da imagem dissociada com a de estar dentro da mesma imagem...*

Qual delas proporciona maior sensação de solidez ou realidade?

Dave: Quando me afasto, é como assistir a um filme que eu já vi e sei o que vai acontecer. Mas quando estou dentro dela, é como estar ao vivo no palco e todo o tipo de imprevisto pode acontecer.

Essa é uma observação interessante, mas não responde exatamente à minha pergunta. Qual dessas experiências permite maior sensação de solidez ou realidade?

---

* Reticências (...) indicam uma pausa.

Dave: Ah, a de estar ao vivo no palco. Porque é assim que a vida é. Você nunca sabe o que vai acontecer.

Sim. Quando entramos em uma imagem é como estar lá novamente, portanto parece mais real. Eu gosto de usar pôsteres de viagem como um exemplo da importância da associação. Essas imagens magníficas dos trópicos não incluem o zumbido dos mosquitos ou a sensação desagradável da sua camiseta suada. Se você fosse realmente capaz de entrar nesse pôster e ter os sons e as sensações que acompanham a imagem, poderia realmente vivenciar como é estar lá e talvez decidisse ir para outro lugar nas férias! Os pôsteres da *Playboy* são um outro exemplo; você não ouve o tom de voz esganiçado que acompanha aquele lindo corpo nem experimenta os hábitos perturbadores ou qualquer um dos outros aspectos de estar com aquela mulher e que podem não ser tão atraentes.

Dan: Estou pensando no inverso. Já conversei pelo telefone com mulheres de voz suave, maravilhosa, imagino como elas devem ser lindas e então, quando as conheço, elas não são nada disso!

Acho que se um homem está procurando uma parceira para toda a vida, deveria prestar atenção no tom da voz. Em geral, o tom da voz fala muito mais da personalidade de alguém do que a sua aparência – e em um relacionamento, provavelmente ele passará mais tempo ouvindo a sua voz do que olhando para ela.

Sue: Faz diferença se a representação resumida é associada ou não?

Não que eu saiba. Se ela é associada, talvez você demore um pouco mais para perceber qual o seu sentimento, mas isso também tornaria a experiência mais rica e completa.

Agora, Sue, vamos experimentar um pouco. Nós desejamos preservar a sua capacidade de entrar em uma imagem, porque ela é muito importante. Mas também há vantagens em enxergar um número maior de exemplos ao mesmo tempo, para que você possa ver *todas* as ocasiões nas quais tinha essa qualidade em diferentes situações, fazendo coisas diferentes, com pessoas diferentes etc. A quantidade de exemplos proporciona uma sensação de solidez e certeza que pode surpreendê-la.

Sue: Sim, entendi.

Contudo, quando temos um grande número de exemplos simultaneamente, as imagens individuais precisam ser muito menores, e assim é difícil ver o que há nelas, e em geral elas ficam mais fracas e menos coloridas. Quero que você pense em como poderia ter as vantagens *tanto* da apresentação maior quanto da menor, e uma quantidade de imagens maiores, mais coloridas.

Vou sugerir algo que muitas pessoas fazem e verificar se isso funciona com você. Muitas pessoas possuem um pequeno mecanismo automático que faz o seguinte: ao focalizar um exemplo, a imagem rapidamente fica muito grande e colorida, permitindo que você entre nela com facilidade, associe-se aos sentimentos e ouça os sons que estão nessa experiência. Tente isso...

Sue: Isso dá certo para mim. Quando vejo todas ao mesmo tempo, realmente não consigo ver o que há em cada imagem. Eu apenas sei o que está lá. Então eu me aproximo de uma delas e ela fica maior. No princípio isso acontecia lentamente, mas já está mais rápido, e eu sinto que com um pouco de prática ficará tão rápido quanto o que eu fazia antes.

Em geral, quando fazemos alguma coisa nova, ela é um pouco lenta no início, porque não é familiar. Mas se essa mudança for útil, ela acontecerá mais rapidamente à medida que a fazemos mais algumas vezes, e depois se tornará inconsciente e automática como o que fazíamos antes.

O princípio é escolher qualquer estrutura já existente e perguntar: "Como eu posso *aumentá-la* sem subtrair nada que seja útil?" É importante ser capaz de se associar a um exemplo. Portanto, a questão é "Como preservar esse aspecto do que vocês já estavam fazendo e ao mesmo tempo acrescentar o maior número possível de exemplos?"

George: Eu tentei fazer o que você sugeriu à Sue mas para mim não funcionou. Eu tenho algumas imagens grandes, portanto posso ver todos os detalhes. Compreendo a vantagem de ver um número maior de imagens, mas realmente gosto de ter apenas algumas imagens grandes. E quando tentei dar um *zoom* em uma de cada vez, isso me deixou agitado, o que é desconfortável.

Portanto, você está reagindo ao tamanho e ao detalhe. E se você visse as imagens seqüencialmente, uma de cada vez, mas grandes e detalhadas?

George: Isso não funciona comigo. Eu quero passar mais tempo em cada uma e realmente saboreá-la. Acho que quando eu mudo a imagem com muita freqüência, fico agitado porque tenho uma sensação diferente em cada uma delas.

OK. Tente o seguinte: você tem apenas uma imagem grande e detalhada e pode levar o tempo que precisar para saboreá-la. (George sorri.) E à medida que a vivencia plenamente, você também pode ver as bordas de todos os outros exemplos, como se eles estivessem espiando por trás dessa imagem, como um baralho espalhado sobre uma mesa, e assim você saberá que todas as outras também estão lá, esperando a vez de serem saboreadas...

George: Sim, isso é muito melhor.

Stan: Para mim havia uma quantidade ótima de detalhes.

O que aconteceu com detalhes demais?

Stan: Eu fiquei sobrecarregado e comecei a suprimir imagens por não conseguir absorver tudo.

Alguém mais sentiu isso?

Dan: Eu acrescentei muitos detalhes, mas isso não foi um problema para mim.

OK. O que você fez para que isso não fosse um problema? Talvez possamos descobrir o que você faz e ensinar a Stan.

Dan: Bem, eu tinha todas essas experiências e não podia estar em todas simultaneamente. Mas se eu entrasse rapidamente em cada uma delas, seria como estar lá.

Portanto a sua atenção se dirige a um desses exemplos ou a algum dos seus aspectos.

Stan: Bem, essa é uma outra forma de eliminar alguns dos detalhes, focalizar alguma parte da experiência.

Certo. Você está tentando prestar atenção a todos os detalhes em todos os exemplos ao mesmo tempo? Você não pode processar todos ao mesmo tempo, mas se cada um deles *tiver* muitos detalhes, então eles estarão *disponíveis* sempre que forem focalizados.

Stan: Com certeza. Isso é fácil. Eu posso fazer isso.

Alice: Para mim funciona como uma lente de aumento. Examino rapidamente aqueles que quero olhar, e qualquer um que eu esteja olhando naquele momento é grande e os detalhes são muito nítidos.

Essa é uma outra ótima maneira de fazer isso. O essencial é ter flexibilidade, algum modo de mudar, deixando de ver a grande coleção de exemplos e dirigindo o foco de alguma maneira, para poder ver todos os detalhes em um deles ou em parte deles.

A maioria dessas estruturas encontra-se principalmente no sistema visual, o que não é surpreendente, porque vivemos em uma cultura bastante visual. O sistema visual também é particularmente útil para proporcionar uma grande quantidade de informações *simultaneamente*, portanto, é uma boa escolha quando desejamos poder fazer uma rápida exploração diante de muita informação. Quando uma imagem se transforma em um filme, ela também pode oferecer informações *seqüencialmente*.

Podemos apresentar muitos sons simultaneamente no sistema auditivo, mas eles costumam se misturar, a não ser que tenhamos um bom treinamento musical para diferenciá-los. É possível experimentar uma quantidade limitada de experiências auditivas ao mesmo tempo, mas as pessoas que enxergam não costumam ser muito boas nisso. A maior parte das informações no sistema auditivo é muito mais *seqüencial*, portanto, é muito mais demorado explorar auditivamente um grupo de experiências diferentes. As experiências cinestésicas também são principalmente seqüenciais, e a nossa tendência é vivenciá-las uma de cada vez.

Transferir uma experiência de uma modalidade para outra é uma habilidade muito útil, porque desse modo podemos adaptar facilmente um princípio para alguém que não visualize bem ou para alguém que julgue uma modalidade auditiva ou cinestésica mais atraente. Por exemplo, é possível fazer a mesma coisa que George fez nas modalidades auditiva ou cinestésica. A imagem grande com as bordas das outras imagens por trás poderia ser representada na modalidade auditiva como uma só voz ou um som com um suave coro de vozes em segundo plano, representando todos os outros exemplos. É um pouco mais difícil descrever na modalidade cinestésica porque não temos um bom vocabulário para isso. Mas vocês também poderiam ter toda a sensação de estarem realmente exercendo a qualidade em um contexto específico, usando as outras partes do corpo para experimentar uma sensação menor de como é exercer essa qualidade em uma variedade de outras situações.

Molly: Eu tinha dados seqüenciais de imagens em um local. Cada imagem durava algum tempo e, quando ela mudava, meus sentimentos pulavam para a próxima. Elas realmente não se fundiam em uma unidade até eu aumentar a velocidade da seqüência de imagens – então todas se juntavam e eu percebia todas ao mesmo tempo, e não apenas uma de cada vez.

Tom: Comecei com um sentimento que valorizo muito. Aos poucos compreendi que há uma espécie de imagem atrás de mim, mas eu não a vejo. Essa imagem me envolve nesse sentimento muito forte, mas eu não a vejo. Não sei se é seqüencial ou simultânea, mas o sentimento que ela me traz é muito importante.

Certo. Vamos brincar um pouco com isso. O sentimento é importante, mas você sempre perde dados quando se concentra neles. Os sentimentos são particularmente bons para *resumir* muitos dados, para juntar as coisas. Porém eles são muito menos eficazes para proporcionar detalhes *específicos*. Como a imagem está atrás de você, sempre é possível virar e olhar para ela e descobrir como você a representa visualmente. Ou você poderia movimentá-la para a frente, onde a veria melhor – talvez não exatamente à sua frente, pois poderia atrapalhá-lo, mas um pouco para o lado, onde você poderia vê-la com mais clareza.

Eu também tenho demonstrado como tentar realizar mudanças em alguns dos outros elementos da lista, portanto gostaria de resumir algumas coisas. Cerca de um terço das pessoas possui dados simultâneos, cerca de um terço tem dados seqüenciais e cerca de um terço uma combinação dos dois. Um arranjo simultâneo de imagens facilita a apresentação da quantidade dos seus exemplos, o que é muito atraente. Uma apresentação seqüencial proporciona mais informações específicas e detalhes, e também torna mais fácil entrar em uma imagem e obter mais informações – e isso também é atraente. Essas duas formas podem ser combinadas para obtermos as vantagens de ambas, como fiz com Sue e George.

Todos nós utilizamos submodalidades como localização, tamanho, cor, brilho etc. para literalmente "iluminar" o que consideramos importante. Em geral, as lembranças grandes, coloridas, próximas etc. são muito mais fortes, mais reais e importantes. Se você não está familiarizado com esse efeito, tente diminuir a intensidade das suas submodalidades, tornando as imagens menores, mais fracas, mais distantes etc. Isso o fará sentir-se menos seguro de que essa qualidade é realmente sua ou não, como aconteceu com Sue quando as suas imagens ficaram menores e mais paradas.

Doris: Eu tenho um exemplo muito claro disso. Tenho quatro ou cinco imagens com cerca de trinta centímetros de altura, e a mais ou menos seis metros de distância, um pouco à direita. À medida que me aproximo delas me sinto mais conectada, e quando estou dentro delas, sinto arrepios, quase choro. Quando tentei vê-las do lado esquerdo, não fiquei tão conectada. Também tentei aumentar as imagens para noventa centímetros, e isso me deixou mais conectada a elas, mesmo quando ainda se encontravam a seis metros de distância.

Sam: Comecei com imagens seqüenciais, mas agora tenho uma colagem simultânea como a de Sue, sem que tenha pretendido fazer essa mudança, e fico pensando nisso.

Isso acontece com freqüência. À medida que experimentamos mudar esses elementos e discutir as vantagens de arranjos diferentes, sua mente inconsciente também está prestando atenção, e se ela achar que isso seria uma boa idéia, algumas vezes vai em frente e muda espontaneamente o que você faz. É por isso que não quero lhes dar muitas instruções no início, para que vocês possam descobrir o que tinham ao começar em vez de serem influenciados pelo que eu disse.

Melissa: Eu tinha imagens paradas e as duas outras pessoas do meu grupo tinham filmes. De acordo com o que você está dizendo, parece que os filmes seriam melhores que as imagens paradas.

Bem, não quero que você acredite em mim e também não quero que tente descobrir isso intelectualmente. Apenas *tente em sua própria experiência*. Escolha uma dessas imagens paradas e transforme-a em um filme, e depois novamente em uma imagem parada e compare as experiências. Qual delas lhe proporciona um sentimento mais forte de que essa qualidade é verdadeiramente sua?

Melissa: A com movimento. A imagem também fica mais brilhante quando se torna um filme.

Certo. Um filme é basicamente uma longa série de diferentes imagens paradas, por isso contém muito mais informações. Nós já falamos sobre a importância de ser capaz de entrar em qualquer exemplo para obter sons e sentimentos, para obter o máximo de informações.

A seguir, quero que vocês experimentem mudar a localização dos seus dados no seu espaço pessoal, mas sem mudar mais nada, como Doris fez. Deixem os dados como eles são, mas vejam-nos em uma localização diferente no seu espaço pessoal. Se eles estão em cima, movimente-os para baixo, se estão à direita, movimente-os para a esquerda, se estão próximos, afaste-os etc., para ver como vocês se sentem...

Molly: Não gostei. Coloquei todos de volta no mesmo local imediatamente.

A localização é uma submodalidade particularmente importante, porque se aplica a *todas* as três principais modalidades. Quer vocês estejam prestando atenção em uma imagem visual, um som ou um toque, eles sempre irão ocorrer *em algum lugar*. A localização também é uma das maneiras de *integrar* experiências, que é a principal tarefa do cérebro. Pensem em como seria estranho ouvir uma voz vinda de um local sem nenhuma pessoa ou outra fonte sonora visualmente presente, ou ver alguém perto de você e, ao estender o braço para tocá-lo, não sentir nada! A localização é um dos principais meios utilizados pelo cérebro para integrar a informação dos diversos sentidos em um todo coerente.

A generalização total é a de que quanto mais informações vocês tiverem em seus dados, mais forte será o seu autoconceito. A tarefa é ser capaz de encontrar uma forma para que todos os diferentes elementos que oferecem informação possam apoiar uns aos outros para fortalecer o autoconceito. Quando vocês voltarem a formar trios em alguns minutos, quero que experimentem as maneiras que demonstrei para descobrir como aumentar ainda mais a força do seu autoconceito.

Sensibilidade ao *feedback*

Antes, quero que vocês considerem uma questão muito diferente: "Como os elementos que acabamos de explorar afetarão a sua sensibilidade ao *feedback* quando acontecer alguma coisa que não combina com esse aspecto do seu autoconceito?"

Para responder a essa pergunta vocês precisam ampliar a esfera do seu pensamento, incluindo não apenas o seu autoconceito como um guia do comportamento, mas o seu comportamento real no contexto mais amplo, e o fato de que, às vezes, todos nós cometemos erros. Por mais bondosos que vocês sejam, haverá momentos em que alguém irá considerá-los cruéis. Quando isso acontecer, quero que vocês *notem* essa discrepância para poder responder a ela.

Ao perceberem que estão se comportando de uma forma diferente da habitual, vocês poderão ficar muito satisfeitos e decidir que a maneira como pensavam em si mesmos não era precisa. Por exemplo, vocês valorizavam a coragem mas não pensavam em si mesmos como corajosos, então perceberam que estavam fazendo algo que demonstrava coragem.

Outra possibilidade é que o seu autoconceito já esteja alinhado aos seus valores. Então, ao descobrirem que estão se comportando de uma forma que não combina com as suas idéias a respeito de si mesmos, vocês ficarão fortemente motivados a modificar o seu comportamento para que ele se realinhe aos seus valores.

Um colega meu, Robert McDonald, deu um notável exemplo disso. Um dos seus valores mais fortes é o de não prejudicar nada ou ninguém que seja indefeso, portanto, essa é uma importante parte da sua identidade. Robert fumou durante muitos anos e, naturalmente, já havia lido e obtido todas as informações sobre o mal que o cigarro causa aos pulmões etc.

Em determinado ponto ele decidiu descobrir como os seus pulmões estavam respondendo ao seu hábito de fumar, e assim fechou os olhos e imaginou ser pequeno o bastante para dar um passeio pelos pulmões. Quando Robert lhes perguntou como estavam lidando com o seu hábito de fumar, eles responderam: "Nós estamos indefesos; temos de ingerir os venenos e toxinas que você nos manda". De repente, Robert pensou nos seus pulmões como bebês indefesos e percebeu que o fumo estivera violando um aspecto fundamental dos seus valores e do seu autoconceito. Ele ficou *tão* triste com isso que chorou muito durante bastante tempo, pedindo desculpas aos seus pulmões por tê-los prejudicado. Depois disso ele nunca mais fumou e não teve nenhum sintoma de abstinência ou qualquer outra dificuldade para parar. Esse é um exemplo tanto de notar quanto de responder ao *feedback*, e também de como o seu autoconceito afeta intensamente o comportamento.

Robert fumou durante muitos anos antes de perceber essa importante discrepância entre o seu comportamento e o seu autoconceito. Ao obter *feedback* de que o seu comportamento difere do seu autoconceito, essa discrepância irá motivá-los fortemente a mudar o seu autoconceito ou o seu comportamento, para que os dois se tornem congruentes. Esse exemplo ressalta a questão na qual eu quero que vocês pensem agora – e também quero que a tenham em mente pelo restante dessa exploração. Que elementos do seu autoconceito garantem que uma pessoa é sensível ao *feedback* e que ela *nota* esse tipo de discrepância o mais rápido possível?

Para iniciar esse processo, quero que vocês voltem aos elementos da lista de verificação que acabamos de rever e pensem em cada um deles. Nós descobrimos que um número maior de exemplos fortalece o autoconceito. Será que um número maior de exemplos torna mais ou menos provável que uma pessoa seja sensível ao *feedback* corretivo?

Ben: Bom, acho que com mais exemplos a probabilidade de notar se o comportamento combina ou não com o autoconceito é maior, porque a pessoa tem mais informações internas para comparar com o que está acontecendo no exterior.

Sim, exatamente. Algumas vezes pode ser útil utilizar casos extremos para pensar nessas coisas. Digamos que eu afirme que você é uma pessoa muito *glorposa*, mas você não tem idéia do que eu quero dizer com isso porque não tem exemplos do que é *glorposidade*. Você não teria nenhuma maneira de saber quando o seu comportamento está sendo glorposo ou não. Então eu lhe dou um exemplo que proporcionaria um significado para essa palavra, mas um significado muito limitado, pois você não conheceria os outros eventos que também exemplificam a glorposidade.

Se você tem muitos exemplos do que é ser bom – em muitos contextos diferentes, com pessoas de diferentes idades e de diferentes origens e culturas –, sendo bom consigo próprio, sendo bom com animais e talvez até mesmo com objetos inanimados como o seu carro, isso proporcionaria um significado muito rico e detalhado para a palavra "bondade". Todos esses exemplos podem ser comparados com eventos reais para verificar se eles combinam ou não. Eles proporcionam a base para uma busca inconsciente da bondade e você irá notá-la quando ela ocorrer. Quando o seu comportamento combina com esse conceito, isso se torna mais um exemplo que pode ser acrescentado aos seus dados. Quando ele não combina, isso irá alertá-lo de que há uma discrepância. A maioria de nós possui um autoconceito que se encontra em algum lugar entre esses extremos. Nós temos um determinado número de exemplos que podemos usar para comparar com o nosso comportamento, mas sempre podemos ter mais e jamais poderemos ter exemplos de todas as possibilidades. Em qualquer área na qual temos apenas alguns exemplos, não teremos sensibilidade suficiente para notar se o nosso comportamento combina ou não.

Sue: Acho que tenho um exemplo disso. Eu jamais pensei em ser boa com o meu carro. Quando você mencionou isso como uma possibilidade, fiquei surpresa e percebi que não sou muito gentil com ele. Se eu pensasse em ser boa com as coisas que me pertencem, elas poderiam durar muito mais!

Sim, esse é um bom exemplo. Quero que vocês notem algo muito importante: ter um grande número de exemplos torna o autoconceito mais forte e mais durável, *ao mesmo tempo* que o torna mais sensível ao *feedback*! Como eu disse antes, não posso lhes dizer como fiquei feliz ao descobrir que a força do autoconceito e a sensibilidade ao *feedback* caminham juntas, porque originalmente eu esperava que um autoconceito forte fosse menos sensível ao *feedback* que um autoconceito fraco. Fiquei *muito* feliz por estar errado e por saber que *a força e a sensibilidade na verdade apóiam uma à outra*.

Agora vamos examinar o simultâneo e o seqüencial. Qual deles tornará mais fácil notar uma discrepância entre o seu autoconceito e o seu comportamento?

Fred: Bem, se tivermos uma grande apresentação visual simultânea, podemos examiná-la com muita rapidez para verificar o que combina e o que não combina, portanto acho que isso seria melhor.

Melissa: Mas quando os exemplos são seqüenciais, obtemos muito mais detalhes específicos de cada um deles, e isso tornaria possível fazer distinções menores. Isso nos permitiria fazer discriminações mais refinadas e notar discrepâncias menores.

Concordo com ambos. As *duas* maneiras têm vantagens muito importantes e é por isso que eu recomendo uma combinação das duas.

Uma apresentação simultânea permite que vocês tenham muitas informações ao mesmo tempo, enquanto a apresentação de um exemplo de cada vez, seqüencialmente, lhes dá a oportunidade de notar detalhes muito mais específicos.

E quanto a termos todas as principais modalidades e a associação? Elas estão intimamente relacionadas e também estão relacionadas a uma apresentação seqüencial. Anteriormente discutimos a diferença entre uma imagem dissociada e uma imagen na qual vocês podem entrar e se associar para obter também os aspectos auditivos e cinestésicos da experiência. Qual delas irá torná-los mais sensíveis ao *feedback*: uma imagem dissociada ou uma imagem associada?

Fred: Uma imagem associada terá informações em todas as três principais modalidades – e às vezes também odor e sabor –, portanto, haverá mais informações para comparar com o que realmente está acontecendo no mundo. Assim, uma imagem associada proporcionará maior sensibilidade ao *feedback*.

Sim. Se você tivesse apenas imagens dissociadas, seria capaz de notar discrepâncias na modalidade visual, porém não nas outras. Se alguém tivesse apenas imagens de ser bom, mas nenhum exemplo cinestésico, provavelmente não notaria se tocasse alguém de maneira rude, a não ser que a pessoa recuasse ou estremecesse visivelmente. E, mesmo notando o afastamento ou o estremecimento, poderia ficar apenas confuso, porque seria difícil relacionar essa atitude à sua maneira de tocar o outro. O mesmo aconteceria se alguém tivesse apenas exemplos auditivos ou cinestésicos. Se alguém tivesse apenas uma representação das palavras que expressam a bondade, provavelmente não notaria quando o seu tom de voz é ríspido ou desagradável.

Alice: Eu escolhi uma qualidade que apresento em situações muito difíceis, por isso não queria me associar a elas porque era desagradável. Então, percebi que o fato de poder apresentar essa qualidade mesmo naquelas situações difíceis é mais uma prova de como ela é importante para mim, e eu me senti bem com isso, e mais forte quanto a essa qualidade – mas ainda não queria me associar àquelas situações.

Isso me parece uma boa escolha nesse caso e também uma boa ilustração de como o simples exame de exemplos pode oferecer informações muito úteis. Lembrem que *útil* nem sempre significa *agradável*. Com freqüência, as experiências desagradáveis têm *muitas* informações úteis.

Agora quero mencionar um outro ponto. Alguns de vocês falaram sobre exemplos "melhores" da qualidade, e acredito que estivessem se referindo a um exemplo particularmente forte e intenso. Embora esses exemplos notáveis sejam muito importantes e influentes, em geral eles também são relativamente *raros*. Os exemplos menores, menos notáveis – como sorrir para um vendedor ou acenar para um estranho deixando-o passar no trânsito –, podem ter um impacto muito maior na sua qualidade de vida, porque essas oportunidades mais comuns acontecem com muito mais *freqüência*, e isso multiplica o seu impacto.

Finalmente, vamos considerar as submodalidades. A associação é uma importante submodalidade que nos permite acessar outras modalidades, portanto ela é essencial, como já discutimos. A maioria das submodalidades possui uma função dupla: elas proporcionam *mais informações* e também *enfatizam* e chamam a sua atenção para algumas das informações que já se encontram lá. Algumas submodalidades, como a auditiva tonal, oferecem informações adicionais que vocês não teriam sem ela.

Outras submodalidades, como tamanho e proximidade, enfatizam a importância ou o significado da informação que já se encontra na imagem. Contudo, é mais fácil ver os detalhes em uma grande imagem próxima, o que também oferece mais informações. Muitos outros elementos das submodalidades, como cor, 3-D ou filmes proporcionam mais informações, ao mesmo tempo que enfatizam a importância dessas informações. Resumindo: *quanto mais informações vocês tiverem em suas representações internas, maior a probabilidade de notar uma discrepância entre o seu autoconceito e o seu comportamento.*

Exercício 4-3: Sensibilidade ao *feedback* (trios, 15 minutos)

Agora quero que vocês voltem aos seus trios durante 15 minutos para experimentar algumas das coisas da lista de verificação. Tentem maneiras diferentes para representar seus exemplos e utilizem a percepção da sua força ou estabilidade como um guia para lhes mostrar de que maneira vocês podem tornar esse aspecto do seu autoconceito ainda mais forte e durável. Tudo que vocês fizerem para torná-lo mais forte também tenderá a torná-lo mais sensível às discrepâncias que proporcionam o *feedback* do alinhamento do seu comportamento com o seu autoconceito. Mais uma vez, sugiro que vocês comecem experimentando mentalmente, em silêncio, e depois compartilhem a experiência, ajudando-se mutuamente.

* * * * *

Alguém tem alguma pergunta ou comentário após essa outra oportunidade de experimentar os elementos do autoconceito?

Al: Quando estava examinando os meus exemplos, havia alguns nos quais eu *não* estava apresentando a qualidade. Acho que eles devem ser importantes e gostaria de saber por que você não os mencionou.

Esses contra-exemplos são *muito, muito* importantes, e passaremos *muito* tempo com eles mais tarde. Por enquanto, quero ignorá-los porque desejo criar uma base sólida de compreensão básica antes de explorá-los. Todas essas coisas estão acontecendo ao mesmo tempo, portanto a seqüência da nossa exploração é um tanto arbitrária, mas eu descobri que é muito bom vocês terem uma compreensão completa de alguns aspectos mais simples do autoconceito antes de aprender a respeito dos contra-exemplos.

Resumo

Estivemos explorando a maneira como vocês *selecionam* e *reúnem* exemplos em uma estrutura que proporciona uma base para vocês saberem que possuem uma qualidade, e examinamos os efeitos de algumas variáveis muito importantes do processo: *quantidade de exemplos, localização, simultâneo/seqüencial, modalidades, associação* e *submodalidades*.

Descobrimos também como as mudanças nessas variáveis afetam o conteúdo representado em seus dados. Todos esses elementos tornam uma qualidade do seu autoconceito ao mesmo tempo mais *durá-*

vel e *mais sensível ao feedback*. Esse é o primeiro passo para transformar-se: tornar as qualidades de que você gosta ainda mais fortes e sensíveis ao *feedback*.

Lembrem que as estruturas que discutimos são apenas uma amostra muito pequena das diversas maneiras de juntar essas variáveis para nos proporcionar uma base que nos permita saber quem somos. Entretanto, agora vocês têm algumas generalizações sobre esses processos e isso lhes permitirá explorar e compreender a estrutura das qualidades de qualquer pessoa, mesmo que ela seja muito diferente daquelas que discutimos.

Gostaria que vocês refletissem um pouco sobre quando iniciamos essa exploração. Quando pedi que vocês se voltassem para o seu interior, descobrindo como pensavam a respeito dessa qualidade em si mesmos, vocês devem ter ficado um pouco confusos, porque isso é algo habitualmente inconsciente, além da nossa percepção. Mas como acontece com muitos outros aspectos do nosso funcionamento mental, ele está *à disposição* da consciência se nos voltarmos para dentro, fazendo o tipo certo de pergunta e sendo sensíveis às nossas respostas.

A seguir vamos examinar o tempo, uma variável muito importante do processo e que tem um grande impacto na riqueza e na efetividade do autoconceito.

5
Mudando o tempo

Até agora exploramos as variáveis que afetam o processo, *como* vocês representam os exemplos em seus dados. Não prestamos muita atenção no *conteúdo* – o que realmente é representado nos exemplos, a não ser especificar que eles são diferentes exemplos da qualidade que vocês decidiram explorar. Na realidade, essa distinção entre processo e conteúdo é um tanto artificial, uma vez que as distinções que estivemos explorando com freqüência também afetam o conteúdo dos exemplos.

A quantidade de exemplos oferece uma oportunidade para representar muitos tipos de conteúdos e contextos. Mudar a modalidade também muda o tipo e a quantidade de conteúdo representado. Uma imagem visual apresenta uma parte do conteúdo de maneira precisa, mas não o descreve fielmente, pois ele só pode ser apresentado de maneira adequada nas modalidades auditiva ou cinestésica e vice-versa. As submodalidades chamam a atenção para o conteúdo, que, do contrário, poderia ser ignorado, e também afetam o conteúdo apresentado. Por exemplo, aumentar o tamanho da imagem atrai a atenção para o conteúdo e também facilita a sua visualização, porque os detalhes menores tornam-se mais aparentes.

O tempo é uma outra variável importante do processo que afeta muito o conteúdo representado. Da mesma forma que a quantidade de exemplos oferece oportunidades para representar muitos conteúdos e contextos, escolher uma variedade de estruturas temporais faz a mesma coisa. A sua maneira de representar exemplos no tempo terá um importante impacto na maneira como o seu autoconceito mantém a *continuidade,* que é um dos aspectos mais importantes da identidade *através do tempo.* Existem diversos elementos na maneira como nós representamos o tempo, portanto tenho uma outra lista de verificação para vocês utilizarem como um guia na exploração desse importante aspecto do seu autoconceito. Quero que vocês usem a mesma qualidade que exploraram anteriormente.

Lista de verificação 5: Aspectos do tempo

Passado, presente, futuro. Em que *estruturas temporais* estão os seus exemplos? Vocês têm exemplos no *passado,* no *presente* e no *futuro*? Vocês podem ter exemplos em diferentes períodos no passado. Vocês podem ter exemplos atuais, e diferentes pessoas definem o presente de maneiras diferentes. Para algumas, o presente é apenas um ponto minúsculo em que o passado e o futuro se encontram, enquanto para outras, o presente é um pouco mais amplo. Vocês também podem ter exemplos em diversos períodos no futuro.

Distribuição no tempo. Vocês podem ter exemplos distribuídos de maneira uniforme durante a sua vida, ou a maior parte dos seus exemplos pode ser bastante recente ou estar no passado remoto, ou talvez apenas no meio da sua vida etc. Seria até possível que todos os seus exemplos estivessem no futuro. Se vocês notarem algum período de tempo para o qual não têm exemplos, podem decidir se isso é ou não adequado, ou se seria útil encontrar e acrescentar exemplos a esse período.

Tamanho dos segmentos de tempo. Um exemplo pode durar segundos, minutos, horas, dias ou anos. Pode ser bastante útil examinar os seus exemplos para verificar o *espaço* de tempo que eles abrangem e se esse espaço é uma maneira precisa e apropriada para representar a qualidade.

Expansão. Até onde uma qualidade se *expande* no tempo? Muitas vezes as pessoas falam de um "dia ruim" ou de um "ano bom", como se cada momento naquele período de tempo tivesse sido ruim ou bom. Contudo, essa é quase sempre uma enorme generalização, porque até mesmo um dia realmente ruim tem pelo menos alguns poucos momentos satisfatórios, e um ano bom deve ter tido pelo menos alguns dias ruins. Descubram como o fato de estender uma qualidade durante um período de tempo mais longo ou mais curto pode afetar a sua maneira de pensar nessa qualidade.

Exercício 5-1:
Explorando o tempo (trios,15 minutos)

Utilizando a mesma qualidade que escolheram antes, quero que comecem a explorar silenciosamente essas variáveis do tempo em seus dados, durante cerca de cinco minutos, e depois reservem dez minutos para compartilhar e discutir o que descobriram com os outros. Ajudem uns aos outros a descobrir o que vocês fazem perguntando e observando os gestos não-verbais. Após terem compartilhado com as outras pessoas do seu grupo, quero que experimentem mudar as variáveis que relacionei, observando como isso modifica a experiência da sua qualidade.

Tentem acrescentar ou subtrair exemplos em diferentes estruturas temporais e comparem a experiência dos seus dados com e sem elas, prestando muita atenção ao impacto de exemplos no futuro e ao efeito da existência de um período de tempo sem exemplos.

Reservem um momento para examinar o espaço de tempo em seus exemplos e depois experimentem alterá-lo. Qual é o impacto de ter apenas exemplos dentro de um espaço de tempo muito curto em comparação a exemplos dentro de um longo espaço de tempo?

Examinem o espaço de tempo no qual vocês apresentaram a qualidade que estão explorando para descobrir as partes que realmente representavam essa qualidade, e depois experimentem estendê-la por um espaço de tempo mais curto ou mais longo e observem o impacto.

Como anteriormente, quero que vocês observem como cada mudança afeta o sentimento de certeza e solidez em relação a essa qualidade do seu autoconceito. Quero também que vocês reflitam sobre de que maneira esses elementos afetarão a receptividade do seu autoconceito ao *feedback*.

Estruturas temporais e exemplos no futuro

Quantos não tinham nenhum exemplo no futuro? Cerca de três quartos. E o que aconteceu quando vocês acrescentaram alguns exemplos?

Ann: Foi ótimo! Quando eu coloquei exemplos no futuro, o meu presente mudou. Mudou tudo.

Você pode ser um pouco mais precisa?

Ann: Tudo que vi estava mais claro e eu podia ouvir com mais clareza; estava mais detalhado e associado.

Esse aspecto de si mesma pareceu mais real quando você acrescentou exemplos no futuro?

Ann: Ah, sim!

E isso foi adequado para o restante de você? Isso lhe deu mais vitalidade, certo?

Ann: Mais confiança, sim. Mais solidez.

Quando imaginamos ter uma determinada qualidade no futuro, isso é basicamente o mesmo processo que chamamos de "ponte para o futuro", uma maneira de programar uma resposta desejada em um contexto futuro.

Fred: Eu não achei que ter exemplos no futuro tenha feito qualquer diferença para a minha qualidade. Eu já me sentia tão seguro com relação a ela que os exemplos no futuro pareciam irrelevantes. E então eu pensei: "E se eu fizer uma ponte para o futuro em um contexto diferente, no qual eu habitualmente não penso em ter essa qualidade?" Quando fiz isso, fiquei mais confiante naquele contexto.

Ótimo. Alguns de vocês já tinham exemplos no futuro. O que aconteceu quando eles foram eliminados?

Lori: Foi terrível. O meu futuro era vazio. Eu me senti como se não pudesse ter aquela qualidade no futuro.

Bill: Quando eliminei as minhas representações no futuro, o meu pensamento auditivo passou de "Eu *sou* isso" para "Eu *fiz* isso certa vez".

Sim. "Eu costumava fazer isso." Se você tiver apenas exemplos no passado, a qualidade provavelmente permanecerá no passado e não ocorrerá no futuro. Os exemplos no futuro transportam a qualidade para o futuro e, ao mesmo tempo, aumentam a variedade dos exemplos, oferecendo mais dados.

Rich: Depois de verificar meus exemplos futuros, eu me afastei e fui para o passado. Cheguei a uma das minhas lembranças mais antigas e continuei dizendo: "E antes disso?" E fui cada vez mais para trás até um período pré-verbal. A princípio eu era um adulto buscando estados positivos, portanto ignorei os exemplos da infância. Mas depois percebi que eles eram ainda *mais* importantes que os meus exemplos de adulto, porque mostram que eu sempre fui curioso, antes da fase de socialização e tudo mais. Eu sou uma pessoa *avidamente curiosa*. Agora, se você me der um *feedback* contrário, isso será bom para eu ajustar o meu comportamento, mas sei que *sou, fui* e *serei*, porque está óbvio que eu sou sempre o mesmo. *Sou* uma pessoa curiosa. Se obtiver *feedback*, será apenas em relação a alguma coisa que *fiz*, mas não tem nada a ver com quem eu *sou*.

Certo. A estabilidade dessa qualidade do seu autoconceito é intensificada pelos exemplos adicionais que estão distribuídos no passado e no futuro. Muitos pensam que uma determinada qualidade só está disponível para as pessoas em determinado estágio da vida, portanto, desprezam exemplos que se encontram em estruturas temporais diferentes. Assim, pode ser bastante útil notar os exemplos que por algum motivo a pessoa rejeita, e depois explorar os critérios para rejeitá-los, a fim de verificar se eles fazem ou não sentido. Quando as pessoas rejeitam experiências, com freqüência fazem gestos com as mãos como se estivessem atirando longe alguma coisa ou colocando-a de lado, portanto, observar esses gestos não-verbais pode ser uma grande ajuda para notar quando isso está acontecendo.

Um aspecto muito importante do autoconceito é que ele proporciona um senso de continuidade da identidade através do tempo. Ao explorar esses aspectos do tempo, podemos descobrir exatamente *como* essa continuidade é criada e como podemos intensificá-la. Com essa sólida percepção de saber quem você *é*, qualquer informação sobre um comportamento que não se encaixa refere-se apenas a algo que você *fez*, não a quem você *é*. Você não precisa ficar na defensiva: pode ser receptivo ao *feedback* e talvez até recebê-lo com alegria, uma vez que ele é uma oportunidade para desenvolver ainda mais a qualidade.

Essa distinção entre *self* e *comportamento* tem sido uma parte importante da PNL. Quando alguém está enfrentando um problema, pode ser muito bom dizer: "Veja, isso não se refere a *você* ou a quem você *é*, refere-se apenas a um determinado *comportamento* que você apresentou e quer mudar". Contudo, há uma enorme diferença entre dizer essas palavras para alguém e ajudá-la a desenvolver seus dados internos de modo a fazer claramente essa distinção em um nível totalmente inconsciente para que a pessoa a *pressuponha*. O que você está descrevendo, Rich, é o conhecimento interno dessa distinção, portanto, você não precisa de ninguém para lembrá-lo disso.

De certo modo, a distinção entre self e comportamento é um pouco artificial, porque, até onde eu sei, o "self" é a soma total de todos os seus comportamentos e respostas, e uma qualidade é uma maneira de descrever um determinado conjunto desses comportamentos. Se uma pessoa não tivesse nenhum comportamento, não teríamos como saber quais eram as suas atitudes ou qualidades. Pode ser mais preciso dizer que pelo menos 99,99% dos comportamentos da pessoa estão funcionando bem, proporcionando uma base sólida para trabalhar no 0,01% que é um problema para ela naquele momento. Mas para a maioria das pessoas, é muito mais simples e compreensível fazer a distinção entre self e comportamento.

Rich: Nada muda agora. É muito além de comportamento.

Sim, isso é identidade; é algo que você *é*. É um estado de ser que você pode apresentar em diferentes comportamentos e em diferentes contextos, mas é uma qualidade que você carrega através do tempo, independentemente de comportamento ou contexto. Quanto mais os seus exemplos estiverem amplamente distribuídos em muitas diferentes estruturas temporais e em muitos contextos diferentes, mais você poderá sentir que essa qualidade é uma parte inerente de si mesmo, independentemente de circunstâncias externas.

Os exemplos no futuro são muito poderosos para tornar o seu autoconceito muito mais sólido e durável. Essa estabilidade é uma ótima base para o sentimento de receptividade e *disposição* para aceitar o *feedback*. Entretanto, vocês poderiam ser muito receptivos e dispostos a obter *feedback* e ainda não *notá-lo*. Quero fazer uma pergunta um pouco diferente. De que maneira os exemplos no futuro realmente tornarão a pessoa mais *sensível* ao *feedback* – não apenas mais *disposta* a observá-lo, e sim mais *capaz* de notá-lo?

Sue: Bem, eu sempre quero fazer as coisas melhor. Quero refinar as minhas habilidades e comportamentos para torná-los mais apropriados a quem eu sou, portanto estou sempre procurando saber como posso fazer isso.

OK. Um dos seus valores é melhorar continuamente e isso a deixa atenta para saber como poderia fazer as coisas melhor. Presumo que isso poderia funcionar examinando algo que você fez e depois, talvez, criando imagens de como poderia ser melhor da próxima vez, colocando, mais tarde, essas imagens no futuro.

Mas não é bem isso que eu perguntei. Mesmo que você não quisesse fazer as coisas melhor, como o fato de criar imagens futuras afeta a sua sensibilidade ao *feedback*? Quando você cria um exemplo futuro de uma qualidade ou atitude satisfatória, colocando-a no seu futuro, isso irá *programá-la* para responder futuramente, da mesma maneira que qualquer outra ponte para o futuro. Isso aumenta a sua possibilidade de realmente *ser* dessa maneira quando o futuro chegar. Isso também aumenta os seus dados, tornando-os mais sólidos e proporcionando a percepção de que essa qualidade é parte de quem você *é*, em todas as estruturas temporais, conforme discutimos.

Entretanto, um exemplo futuro também é uma *previsão* a respeito de como você será: "É isso que vai acontecer". Uma previsão a deixa sensibilizada e aumenta a sua probabilidade de *perceber* se isso realmente acontecerá ou não quando chegar o momento.

Para dar um exemplo simples, suponhamos que você diga a alguém que passará em sua casa hoje às 15h05. Há maior probabilidade de você notar a hora em que chegar do que se não tivesse feito nenhuma previsão. Se tivesse feito uma previsão mais vaga, dizendo que passaria por lá durante a semana, seria possível notar se isso não acontecesse naquela semana, mas provavelmente você não notaria o horário. O ato de criar um exemplo futuro aumenta a probabilidade de percebermos se o nosso comportamento está ou não de acordo com o que planejamos. Quanto mais detalhada e específica a previsão, melhor perceberemos as pequenas diferenças naquilo que realmente acontece e melhor será o *feedback*.

Sid: Eu tenho possibilidades futuras para tudo, incluindo o fato de que essa minha qualidade pode deixar de ser importante para mim em algum momento no futuro. Se eu faço uma ponte completa para o futuro, sinto-me limitado e preso, porque estou comprometido com algo que eu não tenho flexibilidade para mudar mais.

Isso é muito curioso. Você começou falando de "*possibilidades futuras*" e que a importância de uma qualidade pode *mudar*. Então, de repente, você decidiu que estava comprometido com essas "possibilidades futuras" e que não podia mais mudá-las! Presumo que você também possa mudar seus exemplos futuros a qualquer momento que desejar.

Quando eu crio um exemplo no futuro, isso é apenas um plano que faço agora, nesse momento, para aquilo que acredito querer que aconteça. Em qualquer momento no futuro, incluindo um momento a partir de agora, sempre posso reconsiderar. Fazer uma promessa em qualquer momento no tempo significa que você se considera mais esperto agora do que será no futuro – ou você espera não aprender nada no futuro ou espera ser mais bobo! Felizmente isso não é verdade e você continuará aprendendo mais com o passar do tempo, e quando isso acontecer, sempre poderá mudar suas previsões. Isso não o prenderá a nada, apenas direcionará a sua atenção para aquilo que você quer que aconteça.

O meu futuro é simplesmente a minha melhor idéia, em qualquer momento, daquilo que provavelmente acontecerá e de como eu quero ser, fazer e responder aos eventos. Isso sempre é ajustável. Será que há alguém aqui que nunca ajustou um plano ao receber novas informações, ou quando os seus desejos se modificaram ou quando aconteceu algo inesperado? Os exemplos futuros apenas me oferecem um pouco de controle sobre o que acontece no futuro, direcionando e guiando a minha atenção e o meu comportamento. Uma vez que eu quero ser um determinado tipo de pessoa no futuro, os exemplos futuros me auxiliam a ser dessa maneira. Eu acho que foi Alan Kay quem disse: "A melhor maneira de prever o futuro é inventá-lo".

Al: Eu fiz algo relacionado a isso. Enquanto ia para o futuro, identifiquei partes dele que eu podia ajustar para torná-lo melhor.

Portanto, no processo de criar novas representações no futuro, você examinou novamente as imagens que já estavam lá e identificou algumas que você queria melhorar para ter certeza de que elas teriam essa qualidade.

Lori: Quando criei exemplos futuros pela primeira vez, eles não pareciam reais até eu intensificar as submodalidades para torná-las mais atraentes.

Fred: Eu fui para o futuro e então olhei para trás para verificar o que havia feito. Notei coisas diferentes que modificara anteriormente para se ajustarem à situação, com o objetivo de chegar ao lugar onde me encontrava.

Portanto, você foi ao futuro, aquilo que Milton Erickson chamou de "reorientação no tempo", e então olhou *para trás*, para ver o que havia feito para chegar lá. Muitas mudanças parecem ser difíceis quando pensamos em realizá-las no futuro por causa do trabalho que teremos para chegar lá. Contudo, do ponto de vista vantajoso de já *ser diferente* no futuro e ver as mudanças necessárias como *já* ocorridas, parece ser muito mais fácil. "Aqui estou eu, no futuro, onde queria estar. O que precisei fazer para chegar aqui?" Essa é uma ótima informação que muitas pessoas podem utilizar.

Fran: Eu fiz uma ponte para o futuro, pensando que gostaria de encorajar as pessoas. Então percebi que não estava necessariamente propensa a encorajar, mas muito mais cautelosa e atenta àquilo que eu estava encorajando, bem como à minha maneira de externar aquele estímulo. Também estava mais disposta a receber *feedback* e a fazer ajustes.

Parece ótimo estarmos mais atentos quando estamos encorajando alguém. Assim, se disser algo como "Sim, você pode fazer isso", você estará prestando mais atenção às respostas da pessoa e também à qualidade do próprio comportamento – o seu tom de voz ou a sua força ou intensidade etc. É isso que você está dizendo?

Fran: Sim. Mais atenta à situação como um todo.

É para isso que serve o futuro – para imaginar como você quer ser e notar como pode querer modificar quaisquer partes que não a satisfaçam. Todas essas maneiras são boas para lhe dar a certeza de que imaginar e rever o futuro é um processo, algo contínuo.

Pode ser útil lembrar que o "futuro" é apenas uma previsão que fazemos no presente. Provavelmente, a maioria dos animais não tem futuro com o sentido que ele tem para nós. Eles se comportam de maneiras que afetam o seu futuro, mas parece improvável que tenham qualquer consciência de como esses comportamentos estão voltados para o futuro ou de como mudá-los sistematicamente em relação ao futuro.

Há um outro bom exemplo para nos ajudar. Se vocês projetassem no futuro apenas aquilo que já fizeram no passado, isso poderia limitá-los àquilo que fizeram antes. Quando criamos exemplos no futuro, sempre podemos mudá-los, conforme discutimos. Mas vocês também podem construir um gerador de criatividade. Vocês podem acrescentar alguns exemplos um tanto imprecisos, e ficarão agradavelmente surpresos ao demonstrar a sua qualidade de uma maneira nova, ou em um contexto inesperado, ou com alguém com quem anteriormente acharam que isso não seria adequado, ou qualquer outra coisa. Isso construirá uma base para aquilo que um amigo meu chama de experiência de "vuja de" – a súbita percepção de que estamos fazendo algo pela primeira vez. Isso cria oportunidades para ampliar quaisquer limites conscientes ou inconscientes a respeito de como expressamos essa qualidade.

Ecologia e congruência

Lou: Para mim, parece que poderia haver problemas com a ecologia ao construir exemplos futuros. Posso me imaginar criando exemplos que poderiam parecer ótimos, mas que eu não tinha a competência para realizar, ou que poderiam ter conseqüências desagradáveis ou inesperadas. Como verificar a ecologia?

Com certeza pode haver problemas com a ecologia sempre que você cria o seu futuro, particularmente se ele for muito diferente do seu passado. Curiosamente, *fazer uma ponte para o futuro é a melhor maneira de verificar a ecologia.* Ao imaginar um cenário futuro em detalhes, e em todas as modalidades, você proporciona um plano específico para todas as suas partes considerarem e possivelmente discordarem. Quando Al e Fran examinaram o seu futuro, logo notaram aspectos que desejavam ajustar.

Meu principal objetivo tem sido lhes ensinar as muitas maneiras pelas quais os exemplos futuros são úteis para fortalecer o seu autoconceito e torná-lo mais receptivo ao *feedback*, e presumo que todos vocês saibam que quaisquer mudanças precisam ser verificadas, para ter certeza de que elas realmente irão beneficiá-los e não causarão problemas piores que os que resolvem. Estou supondo também que todos vocês saibam que quaisquer objeções devem ser totalmente respeitadas e satisfeitas antes de continuar com a mudança.

Eu gosto de me voltar para dentro e dizer: "Atenção, pessoal! Estou pensando em fazer isso. Alguém tem alguma objeção?", e então faço uma pausa para ver se há alguma resposta. Na maior parte das vezes apenas imagino uma multidão de pessoas sorrindo e aplaudindo, indicando que estão de acordo com o que eu quero fazer. Mas aprendi que é preciso realmente olhar em volta e verificar se alguém parece infeliz. Se houver alguém entediado ou distraído, tudo bem, porque isso apenas significa que ele não se importa com o que faço ou deixo de fazer. Mas se alguém estiver carrancudo ou infeliz, preciso de um tempo para me comunicar com ele, e não continuo até que, e a menos que, tenhamos elaborado uma solução que nos deixe felizes. Portanto, sempre façam uma verificação ecológica com quaisquer exemplos futuros.

Esse pode ser um bom momento para mencionar algo muito importante que John McWhirter ressaltou. Aquilo que chamamos de "verificação ecológica" no campo da PNL há mais de vinte anos é na verdade apenas uma verificação da *congruência*. Estamos verificando a ecologia *interna* de uma pessoa, a congruência de suas partes ou processos internos, mas não estamos realmente verificando a ecologia mais ampla, da família, dos amigos, dos colegas de trabalho, da situação de vida, do grupo social. Mesmo quando perguntamos a alguém sobre essas pessoas em sua vida, as respostas vêm das *idéias* dessa pessoa a respeito de como a sua esposa ou o seu patrão, por exemplo, responderiam à mudança proposta. Se realmente perguntássemos à esposa ou ao patrão, poderíamos obter uma resposta *muito* diferente. Assim, embora as "verificações ecológicas" sejam extremamente valiosas, seria muito mais preciso chamá-las de verificações da *congruência*, e isso nos ajudaria a lembrar que ainda não conhecemos a ecologia mais ampla.

Ao acrescentar exemplos futuros de uma qualidade aos seus dados, há diversos fatores que tornam as objeções ou problemas muito menos prováveis do que na maioria dos outros trabalhos de mudança.

Inicialmente, comecei pedindo que vocês escolhessem uma qualidade para ser trabalhada que fosse algo de que *gostassem* em si mesmos e que tivessem *certeza* disso. Se isso for verdade, significa que essa é uma qualidade que já é coerente com os seus valores e provavelmente já havia passado por um bom teste de verificação ecológica em uma variedade de contextos e durante um período de tempo. Assim, se vocês simplesmente pegarem exemplos dos dados existentes, colocando-os no futuro, a única coisa que estarão mudando é a estrutura temporal. A não ser que a sua situação de vida tivesse mudado significativamente, isso apenas resultaria em mais do mesmo, portanto, não há mudanças a serem verificadas.

Ao fazer mudanças significativas em seus exemplos futuros, como mudar os comportamentos, os contextos ou as pessoas com as quais vocês terão essa qualidade, a probabilidade de enfrentar problemas é um pouco maior.

Contudo, quando fazemos uma ponte para o futuro das *qualidades* ou *capacidades* em vez de comportamentos específicos, a probabilidade de elas interferirem nas outras partes do seu funcionamento diminui bastante. Se vocês decidirem agora que amanhã de manhã, às dez horas, pilotarão um Boeing 737 lotado de *top models* até as Bahamas, seria bom fazer uma séria verificação da congruência hoje! Mas se decidirem que amanhã vocês gostariam de ter uma qualidade de curiosidade ou bondade em *tudo* que fazem, é muito mais fácil realizar pequenos ajustes amanhã para encaixá-la nos eventos que realmente surgirem. Uma ponte para o futuro de uma *capacidade* tem relativamente pouco a ver com *o que* vocês farão e muito a ver com *como* vocês querem fazer.

Como o futuro é intrinsecamente incerto, isso acrescenta outra margem de segurança. Mesmo tendo planejado em detalhes o dia de amanhã, na realidade vocês têm apenas uma idéia geral de como ele vai se desenrolar, e suponho que vocês tenham consciência de que ele pode ser muito diferente do que imaginam que será. Sempre que fazemos imagens do futuro, é sensato levar isso em consideração, criando imagens um tanto vagas e incertas.

Finalmente, estamos fazendo uma ponte para o futuro de habilidades ou capacidades, daquilo que vocês são *capazes* de fazer, daquilo que *podem* fazer. Vocês não *precisam* fazer; é apenas a sua melhor idéia de como *gostariam* que fosse. Anteriormente, Sid não compreendeu essa distinção e pensou que houvesse um problema. Quando o futuro chega ao presente, algo pode ter mudado e vocês podem decidir fazer alguma outra coisa para satisfazer outros objetivos.

Por causa de todos esses fatores, ao fazer uma ponte para o futuro com exemplos de qualidades, em geral o teste de congruência pode esperar até vocês chegarem lá; não é necessário fazê-lo antecipadamente como seria se estivessem fazendo uma ponte para o futuro com um conjunto específico de comportamentos em um período de tempo específico.

O processo de colocar exemplos no futuro é particularmente importante e poderoso para a criação de um autoconceito que funcione bem, e somente cerca de um quarto de vocês já fez isso. Eu também não o tinha feito até começar a investigar o autoconceito e aprender com um participante. Assim, certifiquem-se de que a utilização de exemplos futuros passe a ser uma parte automática da estrutura do seu autoconceito.

Distribuição do tempo

Já tivemos um ótimo exemplo do impacto provocado por intervalos na distribuição do tempo com Rich, que originalmente tinha apenas exemplos adultos de ser curioso. Ele voltou à infância e reuniu exemplos cada vez mais antigos de ser curioso e acrescentou todos eles aos seus dados, o que lhe proporcionou uma percepção muito maior de que a curiosidade era definitivamente uma qualidade inerente a ele.

Quando selecionamos experiências para representar uma qualidade, sempre haverá uma tendência. Por exemplo, a maioria das pessoas tira fotos da família e das suas diversas atividades de tempos em tempos. Se vocês estudassem as fotos da família de alguém, será que obteriam uma amostra precisa de sua vida? Seria parecido com o que obteriam de alguém que tira fotos continuamente ou em diversos momentos durante o dia ou a semana?

Vocês teriam uma amostra *muito* tendenciosa porque, em geral, as pessoas só tiram fotos nos aniversários, férias, visitas familiares e outras ocasiões especiais. Muito raramente as pessoas tiram fotos de alguém dormindo (um terço da nossa vida!), discutindo, lavando pratos ou realizando outras atividades rotineiras, e o mesmo acontece com as lembranças. Por isso, pode ser muito útil rever os seus exemplos para verificar a existência desse tipo de tendência. Novamente, gostaria de usar pôsteres de viagem como exemplo. Os pôsteres da Irlanda sempre mostram um céu azul brilhante e ensolarado, talvez com uma ou duas pequenas nuvens fofas. Então, ao chegar lá, podemos notar que em dois terços do tempo o céu está nublado ou chove, e que a imagem que temos do céu da Irlanda é um tanto incorreta.

Esse é o valor de examinar os seus exemplos e notar *quando* eles ocorreram. Ao fazer isso, vocês poderão descobrir como a sua representação da qualidade é tendenciosa, porque há períodos da sua vida para os quais vocês não têm exemplos – ou têm apenas alguns.

Sue: Quando examinei a distribuição dos meus exemplos, havia poucos da minha infância e muitos da minha vida adulta, mas nenhum dos anos que freqüentei a escola. Portanto, revisei a época em que eu era estudante e descobri muitos bons exemplos que eu havia rotulado diferentemente por conta da postura da minha mãe em relação a eles. Agora essa qualidade parece ser muito mais completa.

Pode ser útil pensar em um intervalo desse tipo como um conjunto de recursos não utilizados. Algumas vezes vocês podem não ter apresentado uma qualidade durante um determinado período de tempo, mas é muito mais provável que apenas a tenham ignorado por causa de outros eventos muito mais perceptíveis. Ter exemplos em todos os períodos é uma maneira de ter certeza de que o autoconceito é um processo *preciso*, *através do tempo*, um processo que ocorre o tempo todo. Quantos de vocês já tiveram exemplos bem distribuídos durante toda a sua vida? Cerca de metade. Eu gostaria que vocês tentassem apagar temporariamente todos os exemplos em um período de dez anos e comparassem essa realidade com a experiência de tê-los... Como é isso?

Al: Eu não gosto. Parece haver um espaço vazio. Não há nada para sustentar essa qualidade e eu me sinto um pouco inseguro.

Sim. Novamente descobrimos que uma quantidade maior de exemplos faz o autoconceito sentir-se mais forte. Qual será o efeito de uma ampla distribuição de exemplos no tempo sobre a sensibilidade ao *feedback* corretivo?

Fred: O meu sogro se vê como um atleta, baseado em seu sucesso nos esportes quando freqüentava a universidade. Agora essas experiências têm pelo menos trinta anos, portanto, o seu autoconceito está muito ultrapassado. Imagino que provavelmente ele não tenha nenhum exemplo de anos recentes, porque desde que o conheço jamais o vi erguer alguma coisa mais pesada que um copo de bebida.

OK. O que você acha que aconteceria se ele procurasse exemplos de ser um atleta durante os últimos trinta anos e só encontrasse exemplos de flexionar o cotovelo para erguer um copo?

Fred: Acho que ele teria de mudar o seu autoconceito para torná-lo mais preciso: ele *foi* um atleta – e então não insistiria em falar disso com tanta freqüência. Ou talvez mudasse o seu estilo de vida para ser novamente um atleta.

Sim, de qualquer modo, ele perceberia melhor como realmente apresentava essa qualidade e se isso combina com o conceito que tem de si mesmo. Uma distribuição mais ampla de exemplos no tempo aumenta a sensibilidade ao *feedback*, tornando o autoconceito mais preciso.

Ann: Estou pensando em um amigo que freqüenta o AA, e eles insistem para que as pessoas continuem a pensar em si mesmas como alcoólatras, mesmo que não tenham bebido por dez ou quinze anos. Pensar em si mesmo como um alcoólatra nessa situação parece ser muito útil, embora também pareça incorreto.

Esse é um exemplo interessante da utilização do autoconceito. Essa autodefinição de ser um alcoólatra provavelmente é exata em relação à sua vulnerabilidade ao álcool. O programa do AA é muito valioso e ajudou muitas pessoas, mas ele não faz alguém beber apenas socialmente ou tornar-se um *ex*-alcoólatra. Um dos aspectos do sistema de crenças do AA é o de que se uma pessoa tomar apenas um drinque, ela ficará bêbada, portanto, a abstinência total é a única solução que o programa oferece. Dentro dessa definição, a pessoa ainda *é* alcoólatra – isto é, ela é incapaz de se controlar, a não ser pela abstinência. O ideal seria que o alcoólatra pudesse aprender a ter escolhas em relação à bebida e transcender verdadeiramente o fato de ser um alcoólatra. Então, se inadvertidamente comesse um pedaço de bolo com rum, não teria de continuar comendo até ficar bêbado. De fato, existem pessoas que bebem socialmente e alguns alcoólatras aprenderam a beber socialmente, portanto isso deve ser *possível*, embora ainda não tenhamos uma maneira segura para consegui-lo. Essa seria uma coisa muito útil para alguém modelar.

Isso traz uma importante ressalva à nossa generalização de que é bom ter uma ampla distribuição de exemplos. Se alguém realizou uma mudança de vida significativa, pode ser totalmente adequado não ter exemplos anteriores ou posteriores ao evento que provocou essa mudança, quer ela tenha ocorrido no passado, quer seja um plano para o futuro.

Recentemente tive de desistir de meus dois esportes favoritos, vôlei e esqui, porque eles são muito prejudiciais aos meus joelhos com artrite. Não sou mais um esquiador ou um jogador de vôlei, e seria não apenas um tolo, mas também destruiria os meus joelhos, se continuasse a pensar em mim mesmo dessa maneira. Contudo, as fortes lembranças de mais de meio século como praticante desses esportes ainda estão comigo e ainda ajudam a definir quem eu sou e o tipo de atividade que aprecio. Elas também servem de recursos para me orientar na seleção de atividades substitutas mais suaves para os meus joelhos.

Se alguém pretende realizar uma importante mudança de vida, pode ser muito útil definir o antigo comportamento como algo que *costumava fazer*, e certificar-se de que *não tem* nenhum exemplo dele no futuro. Naturalmente, vocês gostariam de ter exemplos futuros do novo comportamento. E se vocês puderem encontrar exemplos passados do novo comportamento, isso poderá servir como evidência convincente de que a pessoa *já* tem a habilidade para fazer isso, o que fará a mudança parecer mais fácil e mais sólida.

Até agora estivemos falando em termos de períodos abrangendo alguns anos ou mais. Algumas pessoas não têm exemplos de determinados períodos de sua vida quando pensam em uma determinada qualidade, mas se tivessem, teriam uma representação de si mesmas muito mais rica e precisa. Agora vamos explorar o tamanho dos segmentos.

Tamanho do segmento de tempo

Todos os exemplos em seus dados terão uma determinada estrutura temporal e também uma determinada *duração*, mesmo que seja apenas uma imagem imóvel de uma fração de segundo em um momento no tempo. Vocês podem ter exemplos que duram minutos ou horas, ou talvez dias, meses ou até mesmo muitos anos. Qualidades como espontaneidade ou excitação podem precisar apenas de um curto espaço de tempo para serem adequadamente representadas. No entanto, qualidades como persistência ou lealdade só são significativas durante períodos de tempo muito mais longos, portanto, para representar bem esse tipo de qualidade, é necessário um segmento de tempo muito maior. Ele poderia ser um filme contínuo ou uma seleção de muitas partes menores escolhidas em um espaço de tempo mais longo.

Uma maneira fácil de explorar isso é pensar em um exemplo da sua qualidade e depois em exemplos consideravelmente mais longos ou mais curtos. Talvez vocês tenham sido gentis com um balconista durante alguns minutos, com um amigo durante algumas horas e com um familiar enfermo durante um mês. Ao comparar essas experiências, qual delas proporciona mais apoio para essa qualidade e qual tem maior probabilidade de ser uma base para obter maior sensibilidade ao *feedback*?

Bill: Quando faço isso, o exemplo mais longo parece muito mais sólido. É muito fácil demonstrar uma qualidade durante um período curto de tempo; um período mais longo prova que eu posso mantê-la através do tempo e à medida que as circunstâncias mudam.

Ann: Mas em um espaço de tempo mais longo, muitas coisas podem acontecer – diferentes eventos, atividades, pessoas, contextos etc., portanto, não acho essa comparação justa. Eu comparei um segmento mais longo com diversos segmentos mais curtos que tinham a mesma quantidade total de tempo. Quando fiz isso, o segmento mais longo ainda parecia mais importante que os segmentos mais curtos, mas a diferença não foi tão grande.

Muito bom. Ao igualar o tempo total nos dois exemplos, você controlou a duração total. Essa comparação é um pouco mais complexa e um teste muito melhor. Com aproximadamente a mesma quantidade total de experiência, é mais fácil comparar o impacto da continuidade com o da descontinuidade.

Tess: Eu gosto de ter segmentos curtos e longos. Quando tentei eliminar os curtos, era como se a qualidade tivesse de ser um compromisso a longo prazo, portanto tive de parar para pensar se eu realmente desejava ou não me comprometer com ela em determinada situação. Com apenas exemplos curtos eu me senti muito mais livre para ir em frente, e percebi que poderia ser assim "num piscar de olhos", mas a qualidade não parecia tão sólida ou real. Com os exemplos mais longos e mais curtos, eu me senti mais livre em relação a ser daquela maneira, sabendo que poderia parar a qualquer momento, enquanto os exemplos mais longos me deram uma sensação mais sólida de saber que eu *poderia* fazer isso durante um longo período, quando quisesse ou quando a situação exigisse.

Ótimo. Sim, é bom ter uma série de segmentos de tempo, porque ambos têm suas vantagens.

Expansão no tempo

Como mencionei anteriormente, há ainda uma outra maneira de segmentar o tempo e os eventos para influenciar o autoconceito, e um exemplo desse processo é quando alguém diz que teve uma "semana terrível" ou um "dia divertido".

Se prestarmos atenção a uma "semana terrível", descobriremos que muitas coisas deram certo, mas algumas coisas importantes deram muito errado. Em vez de descrevê-la como uma boa semana na qual houve uma ou duas horas ruins – ou, com freqüência, muito menos –, em geral *estendemos* os sentimentos ruins e a descrevemos como uma "semana ruim". É como se a experiência desagradável se alastrasse pelas partes boas da semana, tendendo a eliminá-las. Igualmente, mesmo um dia bastante divertido, provavelmente teve pelo menos alguns momentos aborrecedores ou insatisfatórios, mas algumas coisas deram tão certo que nós os ignoramos e o descrevemos como um "dia divertido".

É importante perceber que esse processo pode ir para a frente ou para trás no tempo. Se acontece alguma coisa ruim no início da semana, ela provavelmente será uma "semana terrível", apesar das outras coisas boas que podem acontecer depois. Uma pessoa pode estar passando férias ótimas mas, se próximo do final acontecer algo desagradável, é comum que a pessoa diga, enfaticamente: "Isso arruinou as minhas férias!".

Não há limite para o período de tempo no qual vocês podem utilizar esse processo. Alguém pode ter um casamento bastante satisfatório durante muitos anos, mas se ele acaba em um divórcio desagradável, em geral todo o período é descrito como um "casamento ruim", e todos os maravilhosos anos que o casal passou junto são descartados. Esse processo também é um elemento típico da depressão, na qual a pessoa pode estender um desgosto para toda a sua vida. "A vida é uma droga." Algumas pessoas decidem no leito de morte que sua vida inteira foi um desperdício. Mesmo que alguém tenha realmente desperdiçado grande parte da vida, deve ter havido pelo menos alguns momentos que valeram a pena.

As pessoas parecem ter uma tendência a expandir os aborrecimentos com maior freqüência do que as alegrias. Em geral, elas falam de "*momentos* de glória", mas de "*períodos* de depressão". Isso sempre me pareceu invertido. Por que não ter momentos de depressão e períodos de glória? Como a maior parte das coisas que fazemos em nossa mente, esses processos tendem a ficar fora do nosso controle a não ser que tomemos consciência deles e escolhamos utilizá-los ativamente para melhorar a nossa vida.

Quero que vocês escolham um exemplo dos seus dados que esteja em um segmento de tamanho médio, e então experimentem encaixá-lo em uma estrutura temporal mais longa ou mais curta. Assim, se tiverem um exemplo de bondade que durou uma ou duas horas, primeiro examinem esse período mais detalhadamente para identificar com precisão quais partes realmente exemplificavam a bondade e que outras qualidades também estavam lá, além da bondade. Mesmo que nenhuma parte tenha mostrado maldade, provavelmente havia partes que exemplificavam outras qualidades...

Depois, peguem essa hora de bondade e estendam-na para o passado e para o futuro, até que ela seja consideravelmente mais longa. Explorem o que aconteceu antes e depois, para descobrir até que ponto esses períodos também exemplificavam a bondade. Façam essa experiência durante alguns minutos e então discutiremos...

Sue: Quando examinei um exemplo mais detalhadamente, descobri todos os tipos de qualidades misturadas com aquela que eu escolhi para explorar e isso a tornou muito mais intensa para mim. Não era *apenas* um exemplo dessa qualidade; ela estava misturada com minhas outras qualidades, e isso me fez sentir mais *inteira*. Minhas qualidades não são apenas coisas separadas que apresento uma de cada vez; elas existem juntas em tudo que eu faço.

Sim. Essa é uma observação muito importante. Nós estamos sempre fazendo muitas, muitas coisas ao mesmo tempo, mesmo quando pensamos em apenas uma ou duas que parecem mais destacadas ou importantes no momento. Quando alguém está sendo bom, ele não está apenas sendo bom, ele também está sendo perceptivo e receptivo, forte e ativo, e muitas outras coisas. Algumas vezes percebemos mais tarde que aquilo que pensamos ser mais importante era, na realidade, muito menos significativo que algum outro aspecto do que fizemos.

Há mais de 25 anos apresentei um seminário de fim de semana, e naturalmente estava mais concentrado em fazer um bom trabalho de demonstração e de ensino. Agora, olhando para trás, fica óbvio para mim que a coisa realmente importante e duradoura naquele seminário estava relacionada a uma jovem que mais tarde se tornou minha esposa.

Ben: Quando tentei aumentar o tamanho do segmento, a princípio me pareceu um pouco artificial. A primeira coisa que percebi foi o contexto mais amplo ao redor da qualidade – o que a precedeu e o que veio depois dela –, e isso uniu-a às outras partes da minha vida, proporcionando uma sensação de totalidade e direção. E quando observei mais atentamente os eventos que precederam e sucederam o exemplo, percebi algo parecido com o que Sue descreveu. Eu não tinha descrito esses eventos como possuidores da qualidade, porque outras qualidades eram mais destacadas. Mas quando observei melhor, a qualidade *estava* de fato presente, embora eu não tivesse prestado atenção nela. Portanto, isso me fez perceber quanto a qualidade realmente continuou através do tempo.

Então você obtém uma sensação de totalidade e unidade, e isso a tornou mais sólida, da mesma forma como aconteceu quando Sue percebeu muitas qualidades sendo manifestadas ao mesmo tempo. Se você puder expandir essa qualidade durante todo o período da sua vida, poderá aumentá-la ainda mais.

Em geral, nesse momento alguém já perguntou como todas as nossas qualidades são integradas em uma única autopercepção. Essa pergunta me confundiu durante anos e, apesar de pensar muito nela, não descobri nenhuma resposta satisfatória. Recentemente, percebi que a pergunta começa pela suposição de que todas essas qualidades são separadas, e essa é uma suposição falsa. A clareza, o brilho e a dureza de um diamante são qualidades de uma única coisa. Elas não precisam ser unificadas; elas *já* estão unificadas. Quando finalmente percebi isso, senti-me *muito* estúpido e *muito* feliz!

Naturalmente, a grande diferença entre as nossas qualidades e as qualidades de um diamante é que nós podemos mudá-las pensando nelas de maneira diferente, mas um diamante não. E embora possamos selecionar uma determinada qualidade para prestar atenção, como estamos fazendo, isso só acontece porque a nossa mente tem dificuldade para apreender o todo; porém, podemos trabalhar efetivamente com segmentos do todo.

A habilidade de segmentar uma experiência é muito útil e pode ser ilustrada pela velha pergunta: "Como você come um elefante?" A resposta é: "Um pedaço de cada vez". Certa vez li a respeito de um sujeito que comeu um pequeno avião durante um período de cerca de três anos! Ele triturou o avião em pedaços muito pequenos e misturava-os ao seu purê de batatas todos os dias. O artigo não afirmava especificamente, mas acho que é provável que ele tenha retirado a gasolina e o óleo primeiro. Alguns anos antes ele havia comido uma bicicleta, então passou para coisas maiores e melhores! Eu não diria que isso é algo particularmente *útil* para um ser humano fazer com a sua vida, mas com certeza é um exemplo memorável de como uma tarefa aparentemente impossível pode ser realizada quando a dividimos em segmentos!

Pode ser útil perceber que apesar de dividirmos o tempo em passado, presente e futuro, e de podermos segmentá-lo muito mais, *todas essas representações temporais existem de fato no presente*. Primeiro, o nosso cérebro divide o tempo em segmentos, depois podemos fazer uma série de coisas para restaurar a continuidade original. O fato de sermos capazes de pensar em todas essas estruturas temporais no mesmo momento significa que o passado entra no presente e no futuro e determina as nossas respostas presentes e futuras. E as nossas imagens futuras também entram no presente e no passado da mesma forma. Nós responderemos ao passado e ao presente de maneira diferente, agora dependendo do futuro que imaginamos, e isso também era verdade para nós no passado. O meu passado determina o meu futuro, que ricocheteia e determina o meu presente. E no entanto, *tudo isso acontece no momento presente.*

Resumo

Estivemos explorando os diferentes elementos que constituem o tempo porque eles afetam a *continuidade* através do tempo, tão importante para o autoconceito. A *distribuição* de exemplos no tempo e, particularmente, a *ponte para o futuro dos exemplos*, o *tamanho do segmento* de tempo e a *expansão* contribuem para a forma como o seu autoconceito cria a continuidade. Tenham em mente que qualquer representação de uma qualidade do autoconceito será tendenciosa, portanto, não se trata de descobrir a "verdade", mas de encontrar uma boa representação de ser e de se tornar quem vocês querem ser.

Até agora estivemos examinando diversas variáveis do processo, descobrindo como elas podem ser utilizadas para tornar um aspecto do seu autoconceito mais durável e mais receptivo ao *feedback*. A seguir vamos explorar de que maneira examinar e trabalhar diretamente com o conteúdo dos seus exemplos, proporcionando uma outra maneira para vocês se transformarem.

6

Mudando o conteúdo

Exploramos diversas variáveis do processo e do tempo que afetam o bom funcionamento do seu autoconceito. Efetuar mudanças nessas variáveis também resulta em mudanças no *conteúdo*, *naquilo* que é representado. Mas nós também podemos mudar diretamente o conteúdo do que é representado. Essa é uma outra maneira de acentuar os dados: pelo aumento da variedade e da pertinência *daquilo* que vocês decidiram colocar na representação e pela eliminação do conteúdo que não é útil. Novamente, tenho uma lista de verificação para vocês.

Lista de verificação 6: Aspectos do conteúdo

Posições perceptivas. Todas as três *posições perceptivas – self, observador* e *outro* – estão inclusas? Vocês poderiam ver um exemplo de ser bom com alguém do ponto de vista do self como se estivessem vendo com os próprios olhos. Poderiam observar o mesmo evento da posição de um observador que vê vocês e a outra pessoa ou poderiam vê-lo pelos olhos dessa *outra* pessoa, como se fossem ela. Descubram que posições já estão inclusas em seus dados e então experimentem acrescentar ou subtrair exemplos dessas posições.

Detalhes específicos *versus* metafóricos. Os exemplos em seus dados são *exemplos específicos, da "vida real"*, como uma foto ou um videoteipe, ou um tanto *metafóricos, simbólicos ou icônicos*? Os detalhes são todas as pequenas partes de uma experiência que a tornam intensa e real, todas as coisas que vocês poderiam notar se realmente a estivessem vivenciando. A textura visual e cinestésica das roupas, o som que a roupa faz quando alguém muda a posição do corpo, o som de uma geladeira ao ser ligada, a sensação no braço quando vocês se inclinam sobre a mesa, os pingos de chuva na janela, a maneira como os pêlos do braço refletem a luz do sol ou as sombras entre os dedos.

Com freqüência, há perguntas a respeito do que eu quero dizer com exemplos metafóricos ou simbólicos. Há diferenças importantes entre metáforas, símbolos, ícones, diagramas etc. Contudo, *todos* eles ocultam o detalhe específico e oferecem uma representação mais simplificada e abstrata, assim, para os nossos propósitos, são equivalentes. Basicamente, a pergunta é: "Vocês têm quaisquer exemplos *além* daqueles da vida real e, se tiverem, como são?" Vocês poderiam representar a força com a imagem de um cavalo, com o som poderoso do bufar, do relincho de um cavalo, ou sentindo os músculos de um cavalo com as mãos, e todas essas representações seriam específicas e detalhadas. No entanto, vocês poderiam representar a mesma informação visualmente, por meio do esboço simplificado de um cavalo ou de uma estatueta, uma imagem de um cavalo da mitologia ou qualquer outra imagem muito simplificada, metafórica ou icônica. Vocês poderiam fazer o mesmo tipo de simplificação nos sistemas auditivo ou cinestésico.

Se todos os seus exemplos são da vida real, tentem transformar um deles em algo mais abstrato e metafórico, e então comparem a experiência de ambos. Se vocês têm alguns exemplos metafóricos, escolham um e transformem-no em um exemplo detalhado da "vida real", comparando-o com a metáfora.

Outras pessoas. Quando observamos outras pessoas que demonstram qualidades ou habilidades que valorizamos, com freqüência utilizamos as suas representações em nossos dados para nos identificarmos com elas e assumirmos as suas qualidades. Esse é um processo muito valioso e fundamental no aprendizado humano, que pode ser visto com muita clareza nas crianças pequenas enquanto elas brincam de vestir-se de adulto, identificando-se com eles para aprender a fazer todas as coisas úteis que precisam aprender enquanto crescem.

Contudo, esse processo também precisa ser examinado, porque também podemos aprender coisas *inúteis* da mesma forma. Se nos identificarmos com *todos* os comportamentos de uma pessoa, podemos vir a descobrir que assumimos comportamentos dela que *não* valorizamos. Muitos adultos percebem que estão agindo como os seus pais agiam, embora não gostassem desses comportamentos. Portanto, pode ser muito útil examinar *quem* mais está em seus exemplos além de vocês próprios, e ter certeza de incluir *somente* representações de comportamentos que vocês valorizem.

Principais contextos. Os contextos que aparecem nos seus exemplos determinarão onde e quando vocês exibem uma qualidade. A maioria de nós separa muitas atividades em algumas categorias principais, como lar, trabalho, diversão, escola etc. Se todos os seus exemplos de bondade ocorrem em casa, provavelmente vocês serão bons lá, mas talvez não o sejam no trabalho ou em outros contextos. Assim, pode ser bastante útil examinar os seus exemplos e notar os principais contextos representados neles, refletindo se poderiam querer acrescentar exemplos dessa qualidade em outros contextos omitidos ou mal representados.

Outras distorções e tendências do conteúdo. Se vocês compararem uma imagem interna de si mesmos com uma fotografia na idade adequada, ela será precisa ou estará de algum modo distorcida? Algumas pessoas vêem a si mesmas de maneira bastante diferente de como elas realmente são e se comportam. Na culpa, por exemplo, as pessoas muitas vezes vêem a si mesmas menores, distorcidas ou mais feias do que são, enfatizando os seus "defeitos" (Andreas, C. & S., 1989, cap. 14). No oposto da culpa, o orgulho, as pessoas em geral vêem a si mesmas de maneira idealizada, parecendo muito melhores do que realmente são, eliminando os defeitos. Algumas pessoas se vêem muito mais jovens ou mais velhas do que são, mais altas ou mais baixas, mais ou menos capazes etc. Se vocês encontrarem quaisquer distorções, tentem modificá-las para ver o que podem aprender e decidam o que é melhor para vocês.

Exercício 6-1:
Explorando o conteúdo (trios, 15 minutos)

Agora quero que vocês examinem os seus exemplos da maneira como acabamos de discutir e experimentem modificá-los. Que *posições perceptivas* vocês incluíram? Tentem acrescentar ou subtrair exemplos de uma ou mais das três posições e comparem isso ao equilíbrio de terem todas as três posições. Tentem acrescentar ou subtrair *detalhes*, tornando alguns dos exemplos mais ou menos *metafóricos* ou realistas. Notem qualquer *outra pessoa* que esteja inclusa em seus dados e também se alguns dos seus exemplos incluem comportamentos com os quais vocês *não* desejam se identificar. Observem quais *contextos* estão totalmente inclusos e quais estão ausentes ou mal representados, e tentem acrescentar ou subtrair exemplos deles. Examinem as imagens de si mesmos para descobrir se existem quaisquer *outras distorções e tendências de conteúdo* e descubram se alguma distorção é boa para vocês ou se uma imagem mais realista seria melhor.

Novamente, quero que comecem com cinco minutos de exploração silenciosa. Então reservem mais dez minutos para compartilhar experiências e tentar modificar esses aspectos da qualidade que vocês estão explorando. Observem de que maneira qualquer mudança afeta a sensação de estabilidade e durabilidade do seu autoconceito e também pensem em como os elementos que vocês estão experimentando provavelmente influenciarão a receptividade da sua qualidade ao *feedback* contínuo.

* * * * *

Posições perceptivas

Vamos discutir o que vocês descobriram ao verificar seus exemplos para a posição perceptiva. Presumo que a maioria tenha pelo menos alguns exemplos da posição do self, pois essa é a mais básica. Quantos de vocês também incluíram alguns exemplos da posição do observador? Cerca de metade. Para aqueles que ainda não tinham incluído a posição do observador, qual foi o efeito de acrescentar exemplos dessa posição?

Fran: Quando acrescentei a posição do observador, vi um aspecto totalmente diferente da qualidade.

E quando você viu esse aspecto diferente, quais foram os efeitos?

Fran: Foram dois efeitos. Um deles foi que a qualidade parecia mais sólida, porque eu também podia me ver por essa outra perspectiva. O outro foi que pude compreender melhor algumas coisas que me deixavam confusa em relação às respostas de outras pessoas, e pude ver o que preciso fazer para melhorar a situação.

Portanto, acrescentar a posição do observador ajudou-a imediatamente a compreender algo que não estava claro e também a perceber como poderia ser melhorado.

Fran: Mas as pessoas não gostam que se assuma a posição do observador enquanto estamos interagindo com elas porque ficamos distantes, como cientistas não envolvidos.

Bem, isso em geral é verdade, mas sempre há exceções. Se você estivesse conversando com um cientista não envolvido, provavelmente essa seria uma combinação perfeita, com a qual ele ficaria totalmente à vontade. Lembre que o nosso objetivo ao acrescentar a posição do observador é fortalecer a qualidade. Mesmo quando você não deseja assumir essa posição no decorrer da situação, sempre é possível fazer isso *depois*, para ver o que é possível aprender, como você acabou de fazer. E é possível fazer isso *durante* uma interação se você reconhecer explicitamente: "Preciso de um minuto para refletir sobre o que estamos discutindo. Vamos fazer uma breve pausa e então começar de novo". Quando tiver mais prática você poderá assumir rapidamente a posição do observador, mesmo durante a interação, e ninguém perceberá nada além de uma breve pausa.

Andy: Quando assumi a posição do observador, vi muito mais a respeito daquilo que eu estava fazendo e que estava afetando a situação. Algumas das coisas que eu fazia eram menos úteis do que eu gostaria que fossem, portanto isso me ofereceu informações valiosas sobre o que posso fazer diferente na próxima vez.

Dot: Eu tive um exemplo bastante questionável. Quando assumi a posição do observador, ele se apresentou de uma maneira nova que o transformou em um exemplo muito mais forte.

Com freqüência, o simples exame de uma experiência por uma perspectiva diferente como essa irá transformá-la de maneira muito eficaz.

Quantos de vocês já tinham exemplos da posição do outro? Cerca de um quarto. E o que aconteceu quando acrescentaram essa perspectiva?

Tess: Acho curioso que você me faça todas essas perguntas e que para muitas delas eu possa responder "Sim, sim. Sim, eu posso fazer isso, eu posso ver isso", e então, quando entrei na posição do outro, isso me atingiu totalmente, afastou-me e a lâmpada acendeu! Foi uma revelação para mim. Agora sei o que a outra pessoa sente – algo sobre o qual não tinha nenhuma pista antes!

Algumas vezes, a percepção da experiência interna de outra pessoa a respeito de uma situação pode proporcionar informações *muito* úteis e surpreendentes, e a maioria de nós não faz isso com tanta freqüência quanto poderíamos. A capacidade de assumir a posição de outra pessoa é uma das habilidades mais importantes que nos separam dos outros animais e nos tornam seres humanos. Ela é a base necessária para a empatia e a compaixão, e também para a nossa capacidade de aprender uma habilidade física com outra pessoa, apenas observando o que ela faz e colocando-nos em seu lugar.

As crianças muito pequenas ainda não conseguem assumir a posição do outro, nem os autistas, embora alguns sejam excepcionalmente bons na posição do observador. Muitos adultos jamais aprenderam a assumir a posição do outro e podem utilizá-la somente de forma limitada em determinados relacionamentos. Os psicopatas parecem não assumir a posição do outro de maneira nenhuma. Não sei se isso acontece por falta de habilidade ou por escolha, mas desconfio que pelo menos alguns deles poderiam aprender a fazer isso.

Presumindo que seja agradável tanto receber como oferecer a sua qualidade, então assumir a posição do outro *dobra* o seu prazer e também mostra se a outra pessoa está sentindo aquilo que você pretendia. Não quero que vocês pensem em que situação isso seria *particularmente* agradável. Eu estava observando um grupo enquanto eles faziam essa experiência, e quando Joe acrescentou a posição do outro, ficou com o rosto muito vermelho!

Ao contrário, todo treinamento militar visa *diminuir* a probabilidade de assumir a posição do outro com o inimigo, porque é muito mais difícil matar alguém se estivermos conscientes dos seus sentimentos. Em tempos de guerra, o inimigo é sempre retratado como menos que um ser humano, geralmente como uma pessoa estúpida, maldosa, uma caricatura bestial que não merece tratamento humano. Assim, fica muito mais fácil para uma pessoa decente matá-lo.

Jim: Quando acrescentei a posição do outro, percebi que a outra pessoa não gostava da qualidade que eu tinha. Sua desaprovação tornou-se uma confirmação adicional de que eu tinha a qualidade e a conclusão foi que seria melhor encontrar alguém que realmente apreciasse essa qualidade.

Stan: Quando acrescentei a posição do outro, descobri que ela enfraquecia a qualidade. Obtive a informação de que alguns dos meus exemplos não eram realmente exemplos do ponto de vista de outra pessoa. Isso me ofereceu um *feedback* muito útil, mas enfraqueceu a qualidade. Acho que a longo prazo isso será útil, mas no momento não foi muito bom.

Obter um *feedback* como esse nunca é divertido, mas com certeza é muito melhor do que precisar dar de cara com ele mais tarde. Agora que você notou essa discrepância, como irá utilizar essa informação?

Stan: Bem, uma coisa que eu poderia fazer é descobrir que tipo de comportamento essa pessoa consideraria expressivo dessa qualidade e decidir se quero fazer isso. Ou talvez eu pudesse enriquecer a sua compreensão para que ela pudesse ver o que já faço como uma expressão dessa qualidade.

Ótimo. Essas são maneiras úteis de utilizar esse *feedback* e são *muito* mais úteis do que apenas sentir-se mal por ter cometido um erro.

Ann: Percebi que todas as minhas imagens eram de alguém reagindo à minha qualidade.

Portanto, suas imagens eram os *resultados* de ter uma qualidade em vez de você tendo a qualidade, certo? Os resultados são ótimos para a motivação e também para o *feedback* a respeito de como os outros estão reagindo a você. Você também se vê nessas imagens?

Jean: Não, apenas as respostas dos outros.

Também quero que você veja a si mesma tendo a qualidade. É muito útil incluir as respostas dos outros, mas é essencial incluir a si mesma, para que você tenha uma representação de si mesma com a qualidade.

Ben: Quando assumi as posições do outro e do observador, eu não queria apenas colocá-las de volta em meus dados ao acaso, queria que ficassem *com* a minha própria visão da situação. Assim, coloquei-as em um único holograma que posso girar rapidamente, dependendo da posição que desejo experimentar.

Essa é uma ótima maneira de juntá-las e de ter certeza de que todas as posições estão disponíveis de forma rápida e fácil.

Tess: Quando experimentei eliminar a posição do self, tudo ficou confuso e sem sentido.

Certo. A posição do self é a única na qual você pode realmente viver a própria vida. A posição do observador é muito útil para obter informações adicionais, particularmente a respeito de como você e outra pessoa estão interagindo, e de como o *seu* comportamento evoca respostas nos outros. Ela também é muito útil durante um período curto para fugir do turbilhão de situações muito difíceis, para solucionar problemas ou quando há dor física. Mas permanecendo nela, você seria apenas um espectador desinteressado e não experimentaria a própria vida de verdade. Anos atrás, uma tira de *Ziggy* dizia: "A chave para viver sem frustração e preocupação é evitar envolver-se pessoalmente na própria vida". Isso realmente funciona, mas o preço é bem alto. Os romances existencialistas, como *O estrangeiro*[*], de Camus, oferecem vívidos exemplos disso.

A posição do outro é extremamente útil para compreender e sentir a empatia pela experiência de outra pessoa, e é essencial para sentir a compaixão e a compreensão que se baseia na compaixão. Mas se você só tivesse isso, viveria a vida de outra pessoa em vez da própria vida. Essa é a base subjacente àquilo que com freqüência é chamado de "co-dependência". Uma pessoa depende tanto das necessidades e dos valores de outra que assume a responsabilidade pela vida dela em vez da própria vida, e as suas necessidades costumam ser ignoradas e esquecidas. Tenho três anedotas de que gosto muito exemplificando isso:

1. Como você pode saber se é co-dependente?[**]
2. Que tipo de seguro um co-dependente faz?
3. Quantos co-dependentes são necessários para trocar uma lâmpada?

A posição do self sozinha também é limitadora, como podemos ver em crianças muito pequenas e em psicopatas. Um bom relacionamento é aquele no qual a sua posição e a da outra pessoa são respeita-

---

[*] 16. ed., Rio de Janeiro, Record, 1997 (tradução: Valerie Rumjanek).
[**] 1. Quando você está morrendo e a vida de *outra pessoa* passa diante dos seus olhos. 2. Seguro "É minha culpa". 3. "Não, não, deixa comigo!"

das. "Isso é adequado para mim *e* para você?" Para fazer isso é preciso experimentar tanto a sua posição quanto a da outra pessoa.

Mesmo quando as necessidades de ambas são respeitadas, elas podem ter critérios muito diferentes para satisfazê-las. Os critérios de uma pessoa para a honestidade poderiam incluir educação e diplomacia, enquanto outra poderia gostar de ser muito franca e direta. Como a maioria das pessoas presume que os outros gostam das mesmas coisas que elas, com freqüência isso causa problemas.

Connirae e eu gostamos de receber carinho, mas de maneiras *muito* diferentes. Eu gosto que me façam carinho de leve, com as pontas dos dedos, e ela não suporta isso; ela gosta de um afago mais forte, com a mão inteira, o que para mim é muito irritante. Foi preciso algum tempo para aprendermos a utilizar o tipo de carinho que o *outro* gosta, em vez daquilo que gostamos para nós mesmos. Assumir periodicamente a posição do outro pode nos alertar para esses tipos de diferenças para que possamos respeitá-las.

O ideal é vocês utilizarem a informação das posições do observador e do outro para informar e enriquecer a sua posição do self, que permanece sendo a principal. Para utilizar totalmente cada posição é importante *alinhá-las*, para que cada uma fique claramente distinta e não se misture com as outras. O alinhamento das posições perceptivas é um processo muito útil que Connirae desenvolveu, e eu gostaria de dar alguns exemplos de alinhamento para aqueles que ainda não estão familiarizados.

A posição do observador deve estar eqüidistante da posição do self e do outro, para proporcionar um ponto de vista objetivo e imparcial. Se o observador estiver mais próximo da posição do self, provavelmente tenderá a favor dele, e se estiver mais perto da posição do outro, tenderá a seu favor. Todas as posições devem estar na mesma altura. Se qualquer posição estiver acima, é provável que ela se torne "superior" e crítica, em vez de simplesmente apresentar um ponto de vista diferente com igual valor. E se uma posição estiver abaixo, tenderá a ser mais fraca, inferior, menos importante. Há muitos outros elementos desse tipo de alinhamento e o resultado do alinhamento total é o esclarecimento de sentimentos confusos e algumas vezes a solução completa de uma situação difícil.

Agora, voltando às minhas eternas perguntas, de que maneira acrescentar exemplos de quaisquer posições ausentes afetará a força do autoconceito e como isso afetará a sua receptividade ao *feedback*?

Jim: Bem, eles nos dão pontos de vista adicionais, com mais informações, e assim fortalecem o autoconceito, sendo que essas informações adicionais também nos permitem observar as discrepâncias entre o autoconceito e o comportamento. Quanto mais rico for o nosso mundo interior, mais seremos capazes de fazer discriminações no mundo externo.

Sim, se o seu autoconceito é preciso, o acréscimo de quaisquer posições ausentes confirmará isso e o tornará mais forte. Se o seu autoconceito é impreciso, o acréscimo de posições ausentes lhe dará valiosas informações adicionais sobre os aspectos das suas idéias sobre si mesmo que precisam de alguma modificação.

Detalhe sensorial *versus* metafórico

Quantos de vocês já tiveram algum exemplo metafórico? Cerca de vinte por cento. Anteriormente discutimos como os detalhes específicos oferecem informações refinadas sobre uma qualidade do autoconceito. O que vocês descobriram ao comparar um exemplo da vida real, como uma foto ou um videoteipe, com um exemplo mais icônico ou metafórico?

Alice: Eu tive dificuldade para compreender se um exemplo era simbólico ou icônico.

Bem, essas são palavras distintas e existem diferenças importantes entre o seu significado, mas nesse momento não estou preocupado com as diferenças. O importante para o autoconceito é que ambas sejam menos do que, e mais do que, um segmento específico em videoteipe da experiência da "vida real". Um dos exemplos mais simples de que estamos nos movendo na direção da metáfora é eliminar a cor de uma imagem. Ao eliminarmos mais e mais elementos de uma imagem, ela se tornará cada vez mais metafórica ou simbólica.

Fran: Eu tinha diversas imagens que juntei em uma única imagem. Essa imagem tornou-se um símbolo da qualidade. Quando ela se tornou um símbolo, não havia mais apenas comportamentos: ela parecia muito mais próxima da minha identidade; tornou-se muito mais sólida e real para mim.

OK. Portanto você pegou diversos exemplos, juntou-os e condensou-os em um arquétipo, ou um símbolo, da qualidade. Essa é uma boa maneira de criar um ícone como um resumo para os seus dados. Um ícone encerra muitos eventos semelhantes em uma única representação que ignora todas as diferenças entre os eventos. Contudo, no geral será muito mais útil se você preservar o máximo possível de dados específicos para ter um cenário realmente rico de experiência detalhada.

Fran: Eu não vejo isso como um problema porque sei que posso obter os exemplos de volta no momento adequado.

Ótimo. Desde que você saiba que tem uma maneira de conseguir de volta os exemplos específicos quando quiser, isso é excelente. Contudo, algumas pessoas têm um ícone maravilhoso ou uma imagem geral, mas *não têm* os exemplos específicos que lhes mostrem como lidar com essa qualidade, e isso pode ser um problema.

Por exemplo, eu tenho diversos conceitos gerais em relação ao mundo físico que aprendi nas aulas de física há muitos anos. Entretanto, quando tentei explicar alguns deles para os nossos filhos, descobri que havia esquecido a maior parte dos detalhes e da matemática que sustenta esses conceitos, portanto, minha compreensão tem sérias lacunas.

Um físico e um adepto da "Nova Era" poderiam dizer: "Tudo é energia", mas a sua experiência interna dessa frase é bastante diferente. Para o adepto da "Nova Era" essa é uma metáfora muito generalizada e vaga, mais ou menos como alguns dos meus conceitos da física. Mas para um físico, essa afirmação possui dados muito detalhados que especificam matematicamente as quantidades exatas de diferentes tipos de energia e os processos e as condições que transformam a matéria em energia etc.

Al: Coloquei um ícone em meus dados, um ícone vivo que representava a persistência, que para mim era um leão. Tinha uma tela grande com muitas experiências detalhadas juntas dentro do ícone. Eu podia entrar no leão e isso realmente fortaleceu toda a experiência, de modo que nada poderia fazê-la cair para aquilo que chamei de uma experiência negativa ou difícil.

E o ícone ajudou nisso. Você sabe como ele ajudou?

Al: Ele me afastou de qualquer experiência independente e ofereceu-me uma representação rica de *todas* elas juntas. Assim, foi como entrar na essência de *todas* essas experiências ao mesmo tempo.

Sim. Um ícone oferece uma espécie de resumo dos sentimentos que vocês obtêm de cada uma das experiências que ele representa. Ajuda a generalizar, enfatizando os elementos essenciais de alguma coisa. Um diagrama de física que mostra como funciona uma alavanca é um esboço muito simples que pode ser aplicado à maneira como funciona o antebraço, o macaco de um carro, ou qualquer outra situação que poderíamos descrever como sendo uma alavanca. *Os ícones são particularmente úteis para a sua representação resumida*, que generaliza todos os exemplos nos seus dados, juntando-os em uma poderosa representação. Pelo mesmo motivo, também poderia ser útil ter alguns ícones em seus dados, desde que vocês também tenham exemplos específicos, baseados na realidade.

Na Grécia podemos ver muitos caminhões com a palavra "Metáfora" pintada em um dos lados, porque seu significado original é transporte – carregar alguma coisa de um lugar para outro. Uma metáfora carrega significados de um contexto para outro. Em geral, é muito motivador entrar em um ícone, porque ele proporciona a sensação de sermos capazes de carregar essa qualidade para qualquer situação, mesmo uma situação desconhecida.

Agora, e se *todas* as representações em seus dados fossem icônicas?

Al: Isso não seria bom. Eu não teria nenhuma realidade porque não teria os dados específicos.

A metáfora ou o detalhe específico será mais eficaz para sensibilizá-lo ao *feedback* que mostra se você está ou não expressando bem a sua qualidade?

Adam: Se eu tivesse apenas a metáfora, teria somente uma idéia geral para comparar com o que fiz. Mas se eu tiver muitos detalhes específicos em minhas imagens, sou capaz de perceber distinções muito mais sutis em minhas ações e notar discrepâncias menores.

Sim, um ícone é uma maneira maravilhosa de juntar todas as coisas, mas não é tão bom como um guia para mostrar o que fazer. Que tom de voz ou postura seriam mais adequados? Que tipo de toque você utilizaria? A que distância você ficaria da pessoa em uma determinada situação? Esse tipo de informação específica é oferecido pelos detalhes. No entanto, uma representação detalhada proporciona apenas *uma* maneira de manifestar essa qualidade em determinada situação. As imagens detalhadas e as imagens icônicas são, ambas, muito úteis. Ao compreender os aspectos valiosos de cada uma delas vocês poderão utilizá-las melhor e evitar suas limitações. Gostaria de lhes mostrar algumas maneiras de combinar um ícone com exemplos específicos detalhados, e que oferecem as vantagens de ambos. Vocês poderiam ter um ícone grande de uma tartaruga representando a qualidade total de tenacidade ou persistência, *e* toda a superfície do seu casco poderia estar coberta de imagens menores de exemplos detalhados específicos, todos de cor verde-escura, a cor do casco. Ou poderiam tornar a imagem da tartaruga transparente, e os exemplos específicos poderiam estar dentro do seu contorno, ou atrás do ícone. Ou o ícone poderia estar no topo de uma pirâmide de exemplos específicos. Esse tipo de ícone unifica e resume, ao mesmo tempo que proporciona um acesso rápido a todos os exemplos específicos representados no mesmo espaço. Vocês podem gostar de brincar com esse tipo de integração.

Outras pessoas

O que vocês descobriram quando examinaram os seus dados para ver quem mais está representado além de vocês próprios?

Paul: Fiquei surpreso ao descobrir quantas representações eu tinha dos meus pais, embora eles não sejam os melhores exemplos da qualidade. Também notei que algumas das imagens datavam da minha infância, portanto acho que preciso passar algum tempo atualizando-as. Algumas vezes me surpreendi fazendo algumas das coisas que os meus pais faziam, embora não goste do que eles faziam, e acho que arrumar essas imagens provavelmente ajudará muito nisso.

Sim, muitas pessoas descobrem que estão se comportando como os pais, mesmo quando não gostam disso, simplesmente porque eles estão representados em seus dados. Muitas teorias psicológicas dizem que existe algum motivo oculto para as pessoas fazerem isso, mas acho que isso acontece simplesmente porque as suas imagens são inadequadas. Se tudo que vocês vissem enquanto cresciam fossem pessoas agindo de determinada maneira, todas as suas imagens refletiriam isso, e vocês não saberiam que alguma outra coisa era possível. Em pelo menos parte do tempo, comportar-se de uma maneira de que vocês não gostam acontece simplesmente porque as imagens em seus dados não especificam como vocês querem ser. Modificar as imagens pode ajudar muito. Essa é uma aplicação bastante direta desse aspecto de identificação.

Lori: O que realmente me impressionou foi que muitas das pessoas em meus exemplos usavam óculos e eram obesas. Essas não são coisas com as quais eu desejo me identificar, mas de algum modo eu associo óculos e peso a essa qualidade. Portanto, vou continuar buscando modelos dessa qualidade que não usem óculos nem tenham problemas de peso.

Há muitos anos eu estava aprendendo Gestalt-terapia com Fritz Perls, que fumava muito. Um dia eu estava imaginando liderar um grupo naquela tarde e fiquei surpreso ao notar que havia um cigarro em minha mão! Embora eu nunca tenha gostado de fumar, descobri que estava me identificando com esse aspecto do comportamento de Perls, bem como com suas habilidades terapêuticas.

As imagens de outras pessoas podem servir como representações ricas e detalhadas das qualidades que desejamos para nós mesmos. Mas tendemos a nos tornar *qualquer coisa* que representamos, quer a valorizemos, quer não. Mas algumas vezes é melhor escolher um modelo totalmente diferente que tenha *somente* a qualidade que nos interessa.

Principais contextos

O que vocês descobriram ao examinar os contextos representados em seus exemplos?

Sue: Todos os meus exemplos eram com a família ou outros relacionamentos pessoais. Quando acrescentei exemplos de contextos mais impessoais, como trabalho ou compras, senti uma mistura de estranheza e alívio, e definitivamente eles pareceram mais sólidos. Eu sempre fui muito diferente em contextos impessoais, e as pessoas sempre comentaram essa diferença; algumas vezes perguntavam a respeito, mas eu não podia explicar. Agora acho que vou ser muito mais coerente.

Cathy: Os exemplos da minha qualidade estavam divididos em duas faixas diferentes, dependendo do contexto. Trabalho muito com consultoria e os meus exemplos nesse contexto são filmes sonoros, brilhantes, detalhados, dissociados, nos quais posso entrar no momento que desejar, com todas as modalidades e em todas as três posições perceptivas. Mas para os meus relacionamentos com homens, em que tive mais problemas, tinha imagens menores e apenas a posição do observador, portanto minhas emoções estavam distanciadas. Estou apresentando os mesmos tipos de comportamento mas não estou envolvida. Quando tentei modificar as imagens de estar com homens para torná-las iguais às do contexto no trabalho, isso as tornou completamente diferentes. Tenho certeza de que no futuro não vou ter os problemas que tenho atualmente com os homens.

Esse é um grande exemplo de como as suas representações internas do contexto podem orientar o seu comportamento. E também é um ótimo exemplo de como o acréscimo de sistemas representacionais e posições perceptivas pode fazer uma grande diferença.

Ed: Eu sou um *workaholic* assumido, e examinar o contexto oferece pelo menos uma explicação para isso. Quase todos os meus exemplos estavam em contextos de trabalho. Havia poucos contextos pessoais ou familiares, que costumo evitar. Meus pais não eram tão legais, assim desenvolvi a maior parte da minha competência em situações profissionais. É como se eu só soubesse quem realmente sou no contexto profissional, sendo que me sinto incapaz e desconfortável em questões familiares. Ao acrescentar mais exemplos da família, senti-me com muito mais recursos nessa área, e está ficando cada vez mais claro que muitas das minhas habilidades profissionais, como planejamento e negociação, podem ser igualmente aplicadas à minha vida familiar. Acho que vai levar algum tempo até eu acrescentar exemplos suficientes para obter um bom equilíbrio.

Bem, isso pode não demorar tanto quanto você pensa. A sua percepção de que muitas das suas habilidades no trabalho podem ser diretamente transferidas para situações familiares ajudará muito. Você pode auxiliar esse processo pensando em um contexto de trabalho no qual você já tenha alguma habilidade, como negociação. Colocar-se totalmente nesse contexto, em sua imaginação, ajudará a acessar todas essas habilidades. Então você poderá mudar as pessoas envolvidas e o contexto para uma discussão em família, e fazer todos os tipos de coisa que têm feito na situação de trabalho, descobrindo de que maneira você precisa adaptar seus comportamentos para torná-los mais adequados a uma discussão familiar.

Algumas pessoas vivem vidas limitadas ou especializadas que se concentram apenas em um (ou talvez dois) contexto(s), assim, todas as suas qualidades estão limitadas a esses contextos. Então, quando se aventuram fora desses contextos, sentem-se perdidas porque perdem uma parte importante da percepção de quem elas são. Certa vez conheci um jogador de vôlei que colocara toda a sua ênfase no esporte, e a maior parte das suas atividades girava em torno desse jogo. Uma vez ele disse: "A minha vida inteira foi o vôlei". Quando teve de desistir do esporte, foi muito difícil, porque havia poucas coisas na vida, além do vôlei, com as quais se identificava. Muitas vezes esse é um importante fator naquilo que as pessoas chamam de "crise da meia-idade" ou "crise de identidade".

Muitas pessoas vivem em um contexto muito limitado, tanto física quanto culturalmente. Quando são forçadas a um outro contexto por causa da seca ou da guerra, ou por conta de problemas financeiros, toda a sua identidade é gravemente submetida à tensão. A maioria de nós sente um pouco disso quando estamos em outro país e não conhecemos o idioma, porque a nossa língua nativa também estabelece um contexto para a nossa identidade. Se a identidade de alguém gira ao redor da ingestão de álcool ou drogas, é compreensível que ele não esteja disposto a desistir da droga até construir uma identidade forte e positiva que possa ficar confortável em um contexto sem drogas.

A existência de uma base mais ampla de contextos em nossos dados experimentais facilita muito a adaptação a mudanças. Com freqüência as pessoas têm comportamentos maravilhosamente cheios de recursos em um contexto, mas não percebem que esses comportamentos também seriam eficazes em outro contexto. Naturalmente, alguns comportamentos são melhores em contextos profissionais ou na vida pessoal, mas em geral desejamos que as nossas qualidades pessoais sejam consistentes em diversos contextos.

Outras distorções e tendências do conteúdo

Quantos descobriram distorções na imagem de si mesmos? Cerca de um terço. E o que vocês descobriram a respeito do seu impacto quando tentaram ajustá-las para torná-las mais realistas?

Carl: Demorei um pouco para notar que habitualmente eu me vejo mais baixo do que sou e um pouco "mais tímido" do que pareço nas fotografias. Acho que isso teve o efeito de me tornar menos assertivo em muitas situações. Costumo hesitar um pouco em vez de avançar, mesmo em situações em que possua muito conhecimento e experiência. Quando fiz a minha imagem parecer mais alta e um pouco mais forte, pude sentir o meu corpo endireitar e avançar um pouco – tornar-se mais "pronto para a ação" –, e eu gosto disso.

Andy: Eu sou magro, tenho cabelos escuros e 26 anos em todas as minhas auto-imagens – e não careca, com 60 anos e excesso de peso.

Isso é bom para você?

Andy: Pode crer que sim. Tentei tornar a imagem mais real e foi *terrível*!

Bem, algumas vezes terrível também pode ser *útil*. Acho que deve ser um choque para você olhar a sua imagem todas as manhãs no espelho do banheiro, e penso que uma disparidade tão grande poderia levar a um comportamento que algumas pessoas considerariam estranho. Sugiro que você examine isso atentamente em contextos diferentes e descubra se é realmente bom para você ou se, pelo menos em alguns contextos, seria uma boa idéia atualizar suas imagens em alguns anos.

Bill: Descobri que me vejo parecendo um pouco mais jovem do que realmente sou, principalmente no rosto e na cabeça – acho que a minha imagem do restante do meu corpo é bastante precisa. Muitas vezes as pessoas comentam que pareço ser pelo menos dez anos mais jovem e imagino se há alguma conexão. Tentei descobrir se isso poderia ser um problema – como tentar fazer coisas que não posso mais fazer por causa da minha idade. Quando não consegui encontrar nenhum problema, decidi deixar como está. Assim, imagino que poderia ser bom para Andy continuar vendo a si mesmo mais jovem do que realmente é, desde que isso não lhe traga problemas.

Lembrem que um pouco de distorção é inevitável. Em um recente trabalho de reconhecimento, pesquisadores descobriram que as pessoas reconheciam *caricaturas* de pessoas famosas *mais rápido* do que fotografias. Isso sugere fortemente que nossas lembranças são distorcidas da mesma maneira. Ao pensar nisso seria muito mais eficiente reconhecer o rosto de um amigo notando apenas as características únicas que o diferenciam das outras pessoas, e depois exagerá-las para lembrá-las com mais facilidade. A questão é ter consciência do que vocês estão fazendo e das conseqüências, para que possam descobrir se o que estão fazendo é bom ou não para vocês.

Ann: Descobri que em determinados contextos eu era muito pequena e, em outros, muito grande, independentemente da idade – a idade não tinha nada que ver com isso.

E você tentou ajustar isso?

Ann: Não, eu estava muito interessada em descobrir os tamanhos diferentes.

Escolha uma imagem na qual você é pequena e mude-a para o tamanho real.

Ann: Sinto-me muito melhor.

Agora escolha uma na qual você é grande e mude-a para o tamanho real.

Ann: Eu me sinto bem sendo grande.

Você gosta de ser grande. OK, pense em ser grande nesse contexto. Existe alguma coisa nisso que não seja tão boa? Um aspecto de uma experiência pode ser bom enquanto outro nem tanto.

Ann: Talvez se eu assumir outra posição. Então talvez não seja tão bom.

Gostaria que todos pensassem em uma situação na qual vocês se sentiram "mais importantes que a vida". Tenho certeza de que havia um bom aspecto nisso – sentir-se poderoso –, mas também havia alguma coisa não tão boa?

Dan: Certa vez eu estava em um bar e pensei que poderia dominar o lugar inteiro!

Alice: Em uma situação de treinamento, é bom ser confiante, mas se você tiver *excesso* de confiança, isso pode intimidar os outros e torná-lo cego para os seus erros ou para as maneiras de melhorar o que você faz.

Se você for "mais importante que a vida", isso significa que há alguma coisa não muito real e, em geral, a sensação é de insegurança ou instabilidade. Em um nível, você pode pensar que consegue dominar o bar inteiro, mas em outro, parte de você percebe: "Não, eu não acho que isso vai funcionar". Portanto, provavelmente essa é uma situação na qual você se sente ambíguo ou em conflito entre sentir-se poderoso e sentir-se fraco, algo que exploraremos melhor posteriormente.

Barb: Eu sempre tive um problema com a culpa e descobri que as minhas imagens internas eram muito desfavoráveis, exagerando todos os meus defeitos. Assim decidi fazer o inverso e exagerar todas as minhas melhores qualidades. Isso foi muito melhor! Pude sentir o meu corpo endireitar-se, o meu mundo abrir-se, e senti-me pronta para qualquer coisa. Percebi que isso também é uma distorção, mas acho que desejo experimentar um pouco essa distorção como uma espécie de antídoto para o que costumava fazer, antes de começar a me ver da forma como sou.

Acho que essa é uma boa escolha, desde que seja temporária. O orgulho pode dar uma sensação muito melhor, especialmente depois de sentir culpa. Mas ambos estão em desequilíbrio. Tanto no orgulho quanto na culpa você se compara com outras pessoas, e essa é uma das coisas sobre a qual eu os alertei anteriormente. Esse tipo de comparação sempre corre o risco de fazê-los ir de um lado para outro, pois não importa qual seja a sua qualidade, vocês sempre podem encontrar alguém melhor ou pior que vocês. As comparações sempre os colocam à mercê das pessoas ao seu lado e daquilo que vocês escolhem comparar.

O orgulho é um fator na criação de um falso self sempre mais positivo do que você realmente é, e de um self sombra que inclui qualidades menos valorizadas. A culpa cria um self falso mais negativo do que você realmente é, e um self sombra que possui qualidades mais valorizadas. O simples fato de saber quem vocês são irá mantê-los a salvo tanto do orgulho quanto da culpa.

Uma das maneiras de escapar da armadilha da comparação é refocalizar a atenção para a *satisfação* imediata obtida com uma experiência e parar por aí – em vez de continuar e comparar a si mesmos com outra pessoa ou com algum ideal social aceito por vocês. Sua experiência da satisfação com qualquer coisa ou evento é uma resposta pessoal que não depende de uma comparação com ninguém, portanto, é muito mais estável.

Andy: Anteriormente você fez uma distinção entre ser e fazer, entre alguém que diz "Eu *sou* motorista de caminhão" e alguém que diz "Eu *dirijo* um caminhão". Parece que algumas pessoas se identificam com a mesma intensidade com aquilo que fazem e com aquilo que são.

Sim, com certeza algumas pessoas fazem isso. Contudo, mesmo assim, ainda há uma diferença. Para algumas pessoas é mais fácil pensar em *fazer* alguma coisa, aprender algum comportamento novo, do que pensar em *ser* diferente. Essa é uma outra forma de estabelecer uma distinção entre self e comportamento, sobre a qual falamos anteriormente. *Ser* diferente significa modificar uma grande quantidade de comportamentos ao mesmo tempo, enquanto *fazer* diferente significa modificar apenas um ou alguns comportamentos, deixando o restante da identidade intacto.

Até agora estudamos como fazemos generalizações a respeito de nós mesmos. Ao examinar um grupo de experiências, notamos algo que elas têm em comum, por meio de um processo que os lógicos chamam de *indução*. Trata-se de um processo humano universal que é bem exemplificado por uma piada: "O que essas três coisas – datas de nascimento, aniversários e vasos sanitários – têm em comum?"[*]

Um dos motivos por que poucas pessoas pensariam na resposta dessa piada é que ela é uma maneira incomum de generalizar, dependendo de um duplo significado da palavra "acertar". Mas um outro motivo é que todos nós tendemos a generalizar imediatamente a respeito da semelhança óbvia dos dois primeiros itens, ambos comemorações anuais. Ao fazer essa generalização indutiva, torna-se muito mais difícil abandoná-la e pensar em outra generalização que também pode incluir o terceiro item.

---

[*] Os homens tendem a não acertá-los.

O que estivemos chamando de representação resumida é uma generalização de uma qualidade, enquanto os dados contêm exemplos da generalização. O resumo contém *todos* os critérios que alguém possui para incluir um exemplo em seus dados. Na verdade, o resumo diz: "A bondade é isso *e* isso, *e* isso, *e* isso etc.". Todos os exemplos constantes dos dados têm os critérios contidos no resumo, mas demonstrados de maneiras diferentes, em diferentes contextos etc. Conhecendo os critérios no resumo, vocês poderão saber que cada exemplo satisfará todos esses critérios, por meio de um processo chamado *dedução*. Em geral, cada exemplo também terá *mais* do que esses critérios básicos, elementos que sustentam os critérios, embora não sejam necessários. Na realidade, os dados dizem: "A bondade é isso, *ou* isso, *ou* isso etc.". Uma grande quantidade de exemplos proporciona uma base rica para gerar novos comportamentos que manifestem a qualidade, recombinando elementos em diferentes exemplos.

Resumo

As áreas do conteúdo que examinamos até agora – *posições perceptivas, detalhes sensoriais* versus *icônicos, outras pessoas, contexto, outras distorções e tendências* – são alguns dos principais aspectos a serem examinados em busca de tendências em nossa maneira de pensar sobre nós mesmos. Mesmo que jamais mudássemos, nunca poderíamos nos conhecer totalmente, portanto, nossos conceitos a respeito de nós mesmos de algum modo *sempre* serão distorcidos e limitados.

Apesar dessas limitações, podemos aprender a examinar qualidades do nosso autoconceito, descobrir muitas das nossas tendências e depois acrescentar, subtrair ou modificar exemplos em nossos dados para diminuir as tendências encontradas, e nos certificarmos de que quaisquer tendências remanescentes serão boas para nós. Todas essas mudanças resultarão na diminuição do nosso "falso self" irreal e na redução ou incorporação de aspectos do nosso "self sombra" não reconhecido. Embora muitos pensem no self sombra como possuidor de qualidades problemáticas, com freqüência ele inclui também qualidades muito valiosas e belas.

Nos exercícios anteriores vocês aprenderam diversas maneiras diferentes de fortalecer o autoconceito, tornando-o mais preciso e mais receptivo ao *feedback*. Embora tenhamos apenas começado a explorar a estrutura do autoconceito, o que vocês já aprenderam é um conjunto de intervenções muito poderosas que pode ser utilizado para "ajustar" a qualidade positiva de alguém para que ele seja ainda mais forte e mais receptivo ao *feedback*. Ainda não encontrei alguém que realize todos esses processos da melhor maneira possível, e muitas das pessoas que não freqüentam seminários nem lêem livros têm uma necessidade ainda maior deles.

Exercício 6-2: Colocando em prática

A seguir, quero que vocês pratiquem o que aprenderam até agora com uma ou duas pessoas. Comecem uma conversa com um membro da família ou uma garçonete, ou telefonem para um amigo. Então, em determinado ponto, quero que perguntem a respeito de uma qualidade que eles consideram importante e que façam o tipo de pergunta que estivemos fazendo, para descobrir como eles sabem que essa qualidade é verdadeiramente deles. Aqui eu lhes pedi para fazer isso sem conteúdo, para não distraí-los enquanto estavam aprendendo sobre a estrutura, mas agora vocês terão de utilizar o conteúdo.

Vocês podem apenas dizer: "Estou aprendendo a respeito de como as pessoas pensam sobre si mesmas e o que elas consideram importante, e gostaria de saber se você estaria disposto a me ajudar durante alguns minutos". Em vez de dar uma longa explicação sobre o que é uma qualidade, em geral será mais fácil dar alguns exemplos. "Muitos dos meus amigos se consideram honestos, ou bons, ou inteligentes, ou sociáveis, e outras qualidades semelhantes. Você pode me dizer algo sobre si mesmo que é realmente seu e que você aprecia em si mesmo?"

Quando eles responderem, vocês podem perguntar sobre a sua representação resumida. "Estou curioso para saber como você sabe disso. Você tem uma imagem mental de... ou uma sensação ou uma voz interna que o deixa saber que você é... ?"

Então continuem perguntando sobre os seus dados. "É ótimo ter essa maneira rápida de saber que isso é verdade para você. Aposto que você também tem muitos exemplos de ser... Um dos meus amigos vê muitas imagens de bondade como uma grande colagem em sua mente, enquanto eu tenho um arquivo, no qual as imagens surgem uma após a outra. Como você faz isso e quantos exemplos você tem?"

Enquanto descobrem como eles têm essa qualidade, quero que façam o tipo de pergunta que fizemos e que lhes ofereçam alternativas que vocês consideram úteis. "Como seria se você tivesse mais exemplos? Você consegue entrar em uma dessas imagens e sentir como seria estar lá, nessa experiência, novamente? Você tem exemplos de ser... no futuro? Você sabe como é ser outra pessoa recebendo a sua (o seu)... ? Você tem exemplos de... no trabalho e também em casa?" etc.

Para recordar todos os elementos que analisamos, tenho uma lista de verificação resumida, na mesma ordem na qual os exploramos.

Até aqui examinamos os exemplos que sustentam uma qualidade do seu autoconceito. A seguir examinaremos um dos elementos mais importantes do autoconceito, os *contra-exemplos*, exemplos que são "contrários a" ou que contradizem a generalização. Se vocês pensam sobre si mesmos como bondosos, como lidam com as ocasiões nas quais foram rudes, desagradáveis ou insensíveis? O modo como vocês representam os contra-exemplos em seus dados terá um impacto muito profundo no bom funcionamento do seu autoconceito: na sua durabilidade e no sucesso para responder às experiências que oferecem *feedback* útil.

Resumo das listas de verificação

Lista de verificação 4: Elementos do processo do autoconceito
Número de exemplos
Localização
Simultâneo e/ou seqüencial
Modalidades (visual, auditiva, cinestésica)
Associação
Submodalidades

Lista de verificação 5: Aspectos do tempo
   Passado, presente, futuro
   Distribuição equilibrada no tempo
   Tamanho dos segmentos de tempo
   Expansão

Lista de verificação 6: Aspectos do conteúdo
   Posições perceptivas
   Detalhes específicos *versus* metafóricos
   Outras pessoas
   Principais contextos
   Outras distorções e tendências do conteúdo

EXPANDINDO O SELF

7

Utilizando erros

Agora vamos analisar um dos elementos mais importantes do autoconceito, as ocasiões nas quais vocês cometeram um erro e não apresentaram uma qualidade valorizada, o que chamo de *contra-exemplo*. Um contra-exemplo é uma experiência *oposta* a uma generalização x – uma oportunidade na qual vocês *não* foram x. Sempre haverá contra-exemplos para cada generalização (sim, mesmo para aquela!). Por maior que seja a sua persistência, há momentos nos quais vocês desistem rapidamente. Por mais honestos que sejam, há ocasiões nas quais vocês não dizem toda a verdade ou talvez até mintam. A maneira *como* vocês representam os contra-exemplos de uma qualidade terá um *importante* impacto no modo como vocês pensam a respeito de si mesmos e em suas respostas e seus comportamentos.

Quero que vocês descubram como representam os contra-exemplos, utilizando a mesma qualidade utilizada anteriormente – algo que vocês *sabem* a respeito de si mesmos *e* do qual *gostam*. Dessa vez, quero que os explorem individualmente; depois discutiremos os diferentes exemplos, um de cada vez, como um grupo, utilizando a lista de verificação a seguir para orientar a sua exploração.

Lista de verificação 7: Aspectos dos contra-exemplos

Vocês estão *conscientes* das representações dos contra-exemplos? (Se não estiverem, procurem por elas.)

Que forma elas assumem? *Onde* e *como* estão representadas?

Os seus contra-exemplos são uma *parte integral* dos seus dados de exemplos ou estão representados *separadamente* em um local diferente, ou em uma modalidade diferente, ou em ambos?

Os seus contra-exemplos são *óbvios* ou mais ou menos *ocultos*, fáceis de serem ignorados?

Que *modalidades* e *submodalidades* são utilizadas para diferenciar contra-exemplos de exemplos?

Exercício 7-1: Descobrindo a estrutura dos contra-exemplos

Quero que vocês se voltem para dentro de si mesmos durante cinco minutos e silenciosamente observem de que maneira representam os contra-exemplos. *Não façam nenhuma mudança ainda*, porque pode haver algum desconforto se tentarem modificar os contra-exemplos sem saber o que estão fazendo. Apenas descubram o que já está lá. Quando terminarem a exploração, experimentaremos mudá-los de maneira muito cautelosa. Mas por enquanto quero *apenas* que vocês descubram o que está lá.

* * * * *

Antes de começarmos a experimentar, quero que aqueles que já tinham contra-exemplos como uma parte integral dos seus dados levantem a mão. Cerca de um terço.

Portanto, o restante tinha dados sem contra-exemplos incluídos. Quantos descobriram que os contra-exemplos estavam na mesma modalidade, mas em local diferente? Cerca de um terço novamente.

Presumo que o restante de vocês descobriu que os seus contra-exemplos estavam não somente em um local diferente, mas também em uma modalidade diferente – por exemplo, os seus exemplos eram principalmente formados de imagens visuais, e os contra-exemplos eram vozes (auditivo) ou sentimentos (cinestésico).

Alguém tinha contra-exemplos em uma modalidade diferente, mas no mesmo local? Ninguém. Embora teoricamente isso seja possível, ainda não encontrei nenhum exemplo disso.

Contra-exemplos integrados

Quero começar com aqueles que tinham contra-exemplos como uma parte integral dos seus dados, e gostaria de saber como eles estavam representados e de que modo eram diferentes dos exemplos.

Terry: Eu tenho uma grande colagem formada de pequenas imagens, e algumas são mais escuras, com um pouco de fumaça saindo delas. Essas são as ocasiões nas quais eu "me dei mal".

Frank: Os meus exemplos estão em pequenos cartões dentro de um arquivo. Eu tenho alguns contra-exemplos, também em cartões, espalhados aqui e ali, e eles têm uma borda mais escura. Mesmo quando posso ver apenas as beiradas, ainda sei que eles estão lá.

Jean: Os meus contra-exemplos são como pequenas etiquetas coladas nas beiradas dos meus grandes exemplos.

Esses são bons exemplos. Eles são tão claros e específicos que seria muito fácil ensinar alguém a fazer *exatamente* como vocês fazem. Agora quero que experimentem eliminar temporariamente os contra-exemplos dos seus dados para ver o que acontece. Apenas deixem-nos de lado em algum lugar seguro, onde possam ser facilmente recuperados e colocados de volta mais tarde. Comparem a experiência com e sem eles...

Jean: Quando tirei as pequenas etiquetas, a experiência ficou mais pura, mais rica. Eu gostei mais.

Concordo que ela é mais pura sem contra-exemplos, mas estou mais interessado em saber a sua intensidade.

Jean: Bem, acho que não parece tão forte quando é pura.

Stuart: Quando elimino os contra-exemplos, a experiência fica menos sólida, menos real, e a minha sensação é de que "alguma coisa está errada". Isso é o oposto do que eu esperava. Quando os coloquei de volta, meu corpo se acalmou um pouco e eu me senti mais seguro e relaxado.

Alice: Os meus contra-exemplos estavam de lado, tinham tons suaves e indistintos, ligados por fios ao grupo de exemplos. Quando tentei cortar os fios para que eles desaparecessem, tudo ficou muito desequilibrado, então pensei: "Posso realmente me prejudicar".

Sim. Na verdade, ter alguns contra-exemplos em seus dados irá fortalecê-los. Isso também me surpreendeu quando comecei a explorar o assunto. Então percebi que é um pouco como colocar uma pequena quantidade de carbono ou tungstênio no ferro para fazer aço, que é muito mais forte que o ferro puro. Os dados com alguns contra-exemplos são *menos puros*, porém *mais reais*, e isso os fortalece. Alguém teve uma experiência diferente?

Al: Eu tinha muitos contra-exemplos, e quando os eliminei, senti-me mais aliviado, mas, ao mesmo tempo, um pouco inseguro e vacilante em relação à qualidade. Então experimentei colocar alguns de volta e foi bem melhor. Deixei os outros em uma espécie de caixa de armazenamento.

Ótimo. Isso ilustra um importante critério para a inclusão de contra-exemplos: ter uma quantidade relativamente pequena deles. O excesso de contra-exemplos, ou aqueles que são muito grandes, muito próximos, muito ruidosos ou muito destacados de qualquer outra forma, enfraquecerão a generalização. Isso cria ambivalência, algo com o qual iremos trabalhar mais tarde.

Wendy: Não tenho certeza se o que eu tenho são ou não contra-exemplos. São ocasiões nas quais expressei a qualidade, mas não obtive a resposta que desejava.

OK. Então, por exemplo, essas foram ocasiões nas quais você expressou algo como bondade, mas a outra pessoa não a percebeu como bondade. Vocês podem pensar em uma ocasião na qual tentaram fazer um favor a alguém, mas a pessoa não ficou nem um pouco satisfeita? Eu os chamaria de contra-exemplos, porque vocês não conseguiram o resultado que desejavam. Com certeza, eles indicam onde é necessário "ajustar" a sua qualidade para torná-la mais efetiva. Talvez vocês precisem ter mais escolhas sobre como expressar a bondade com determinadas pessoas. Para tanto seria útil descobrir quais são os critérios de alguém para a sua qualidade. Uma boa maneira é assumir a posição do outro para obter alguma informação a respeito; simplesmente perguntar-lhe seria outra.

Contra-exemplos em um local diferente (mesma modalidade)

Agora quero trabalhar com aqueles que tinham contra-exemplos na mesma modalidade mas em local diferente. Gostaria de alguns exemplos daquilo que vocês descobriram.

Connie: Meus exemplos estão espalhados à minha frente em uma tira, um pouco acima do nível dos olhos, a pouca distância. Meus contra-exemplos estão em uma tira menor, logo abaixo dos exemplos. Eles são menores, menos nítidos, com bordas, e são amarelados, como fotografias antigas.

Andy: Eu tenho uma grande colagem à minha frente, talvez com cem imagens coloridas, e é fácil entrar nelas e obter as sensações e sons. Os meus contra-exemplos são imagens planas, em preto e branco, atrás da minha cabeça.

Beth: Os meus exemplos são coloridos, à minha esquerda, e os contra-exemplos estão à direita, mais ou menos à mesma distância, mas são menores e mais escuros, planos e sem som.

Notem que a maior parte dos *contra-exemplos é menos destacada* de algum modo, sendo menores, menos distintos, planos, com bordas ou amarelados, em contraste com as imagens positivas mais reais e coloridas dos dados. Isso é *muito* importante. Quando são menos destacados, os contra-exemplos oferecem informações úteis sem sobrecarregar os seus dados. Quando são menos destacados, vocês podem tranquilamente incluir mais alguns. Mas se diminuírem demais o seu destaque, podem perder as valiosas informações contidas neles.

Quero que aqueles que têm os contra-exemplos na mesma modalidade e em local diferente façam uma experiência *muito cautelosamente*, e não façam nada até que eu termine de dar as instruções. Quero que escolham apenas *um* contra-exemplo, deslocando-o devagar e cuidadosamente em direção aos seus dados. Enquanto ele é deslocado para tornar-se parte dos dados, certifiquem-se de que é mais escuro ou mais plano, ou menor, ou emoldurado etc., para que seja *menos* destacado do que os seus exemplos positivos.

Enquanto esse contra-exemplo está sendo vagarosamente deslocado em direção aos seus dados, caso se torne mais destacado que os seus exemplos positivos, levem-no imediatamente de volta ao seu local original. Então experimentem maneiras de torná-lo menos destacado ou esperem pela minha ajuda.

Após levar um contra-exemplo para os seus dados, parem para observar o que fica diferente com a sua inclusão. Então experimentem deslocar alguns outros contra-exemplos, um de cada vez, até conseguir diversos integrados aos seus dados. A quantidade apropriada varia, dependendo de quantos exemplos vocês têm em seus dados e de quanto eles são destacados, mas em geral cerca de cinco a dez por cento é uma boa proporção. Então notem como vocês se sentem. Se decidirem que colocaram muitos contra-exemplos em seus dados, simplesmente retirem alguns e coloquem-nos de volta em seus lugares. Alguma pergunta? OK, comecem...

* * * * *

Primeiro quero ouvir aqueles que conseguiram deslocar alguns contra-exemplos para os seus dados.

Ann: Os meus exemplos estão mais ou menos em ordem cronológica, como um baralho ligeiramente aberto, de forma que é possível vê-los sobrepostos. Quando acrescentei contra-exemplos, eles tinham bordas escuras, contrastando com os exemplos brilhantes; assim eu posso saber que estão lá, mesmo quando não consigo ver a imagem. Quando os contra-exemplos estavam todos juntos, eu não gostava. Mas quando eles se tornaram parte dos dados, gostei muito mais, porque se tornou uma espécie de porcentagem.

Andy: Quando coloquei os contra-exemplos, eles formaram uma espiral que envolvia a minha montagem de exemplos diminuindo-a um pouco, limitando-a.

Chris: Quando eu os desloquei, descobri que apesar de os meus exemplos estarem na posição do self, todos os contra-exemplos estavam na posição do observador. Quando experimentei mudá-los para a posição do self, senti-me com muito mais recursos e capaz de lidar com a situação.

Sally: Meus exemplos são filmes em tamanho natural, em 3-D, coloridos e associados. Meus contra-exemplos eram menores e mais próximos, imagens planas e sem movimento. A princípio senti-me mal ao olhá-los; eles eram assustadores e eu não queria lidar com eles. Mas quando os coloquei em meus dados, ficaram em 3-D e com som, mas ainda dissociados e pequenos, e eu me senti bem melhor a seu respeito.

Você sabe por que se sentiu melhor a respeito deles quando se tornaram filmes sonoros em 3-D?

Sally: Bem, é mais fácil olhar para eles quando posso ver todos os exemplos positivos ao seu redor; eu também posso vê-los melhor agora e o que eles contêm. Eu os vejo mais como informações.

Quando vocês vêem um contra-exemplo no contexto de exemplos, é muito mais confortável, porque vocês estão reagindo *tanto* aos exemplos *quanto* aos contra-exemplos, e isso os coloca "em perspectiva" (veja o Apêndice).

Além disso, sempre que vocês se separam de uma experiência desagradável ou difícil, em geral isso é *mais* assustador porque vocês perdem informação. É difícil saber qual é a ameaça, e é fácil começar a pensar que ela é muito pior do que realmente é. Então, ao obter mais informações, ela deixa de ser uma ameaça.

Há alguns anos, quando eu ensinava psicologia na universidade, a maior parte dos alunos tinha idéias muito radicais quanto às doenças mentais. Baseados em filmes e livros de ficção, eles tinham imagens fantásticas de maníacos homicidas e de caos total. Como eu queria que tivessem uma visão mais realista das doenças mentais, levei-os até o hospital psiquiátrico mais próximo para lhes proporcionar um pouco de experiência pessoal direta.

Como parte de sua preparação eu lhes disse: "Embora algumas das pessoas que estão lá sejam um pouco estranhas, uma das primeiras coisas que vocês notarão é que a maioria age como os seus amigos, e vocês vão ficar imaginando onde estão os 'malucos'". Eu também insisti que eles se separassem, conversassem e interagissem com os pacientes para não serem apenas um punhado de turistas aparvalhados. Eles voltaram para a universidade *muito* mais confortáveis em relação às doenças mentais.

Bill: Quando desloquei um contra-exemplo, ele era muito grande. Assim eu o diminuí e o tornei um pouco mais indistinto, então ficou bom. Então coloquei mais alguns, espalhados aqui e ali. Quando terminei, percebi que os meus ombros estavam mais relaxados e eu estava aliviado.

Isso parece um pouco com o que Stuart relatou e é o que muitas pessoas sentem. Você tem idéia do motivo para sentir alívio? Do por que acrescentar contra-exemplos resulta em alívio e relaxamento?

Bill: Agora eu não preciso ser perfeito. Antes eu tinha apenas exemplos positivos, portanto não podia cometer erros. Agora está tudo certo; eu sei que os erros são possíveis e isso elimina a pressão.

Sim, se você tem apenas perfeição em seus dados, irá se esforçar para atingir esse padrão impossível, e não há espaço para erros, o que com certeza deve deixá-lo tenso! Isso é o que algumas pessoas chamaram de "self ideal", algo que com freqüência resulta de ensinamentos sociais ou religiosos ou de outros pensamentos idealistas a respeito de como você *deve* ser.

Uma coisa é ter um objetivo a ser alcançado desde que vocês jamais esperem atingir a perfeição. Vocês podem ficar satisfeitos com o que fazem e se esforçar continuamente para serem cada vez melhores, desde que isso seja satisfatório. Porém, o perfeccionismo é uma maldição, porque vocês *sempre* deixam de atingir aquele padrão irrealista. Henny Youngman disse bem: "O perfeccionismo é a última ilusão do homem. Ele simplesmente não existe no universo... Se você é um perfeccionista, com certeza fracassará em qualquer coisa que fizer".

A inclusão de contra-exemplos irá poupá-los da pesada carga do perfeccionismo na tentativa de atingir um padrão ideal para si mesmos. Ela também impede que vocês tentem impor esse padrão impossível aos outros. Se vocês não têm contra-exemplos em seus dados, quando alguém cometer um erro, é fácil compararem-se com ele e sentirem-se superiores e orgulhosos. Com freqüência os perfeccionistas querem alcançar muitas coisas, mas o preço pessoal é muito alto. Trata-se de um emprego em tempo integral que paga muito mal.

Se vocês conhecem um perfeccionista, será muito útil ensiná-lo a integrar contra-exemplos. Depois de ter trabalhado com uma mulher, uma amiga lhe perguntou o que ela fizera para mudar a sua aparência, se mudara a maquilagem, porque ela parecia muito mais suave e atraente. Ela disse à amiga que "mudara a maquilagem de dentro para fora".

Dan: Quando penso em meus clientes que são perfeccionistas, a maioria deles pode atribuir isso a famílias problemáticas e ao fato de tentarem agradar pais que tinham exigências perfeccionistas.

Com certeza. Há diferentes maneiras de trabalhar. Você pode trabalhar com a história ou com a estrutura. Sem dúvida, a história cria a estrutura, e se você mudar a história, o resultado pode ser a mudança da estrutura.

O que estou ensinando aqui é *como trabalhar diretamente com a estrutura* e, com freqüência, vocês não precisarão trabalhar com a história. Quando eu lhes peço para integrar contra-exemplos aos exemplos, essa é uma mudança *puramente* estrutural, porque não estou pedindo para modificar os eventos históricos representados nos contra-exemplos. A mudança em sua resposta é totalmente um resultado da mudança da estrutura – *onde* e *como* vocês representam suas imagens. Um exemplo ainda mais claro de trabalhar apenas com a estrutura é o processo da fobia da PNL (Andreas, C. & S., 1989, cap. 7), no qual não precisamos de *nenhuma* informação a respeito daquilo que a pessoa teme ou de suas origens históricas. Simplesmente mudamos as lembranças da pessoa de imagens associadas para imagens dissociadas.

Quando trabalhamos com a estrutura, a história algumas vezes torna-se relevante, então precisamos lidar com ela. Entretanto, dessa forma podemos ter certeza de que a história está diretamente relacionada àquilo que estamos tentando alcançar.

Meu pai era um perfeccionista e agora está muito claro porque ele ficou assim. O pai dele era da terceira geração de missionários batistas em Burma, e insistia que ele ouvisse todos os sermões do domingo e os recitasse de cor – e o sermão era realizado no dialeto *karen*, não em inglês! Sempre que ele cometia um erro apanhava com uma cinta. Quando minha irmã obteve as notas máximas em todas as matérias, meu pai olhou o boletim e disse, com seriedade: "Veja se pode fazer melhor da próxima vez". Assim, a história é sem dúvida importante, e naturalmente o passado está representado na maioria das imagens em seus dados.

A maior parte de vocês comentou sobre a mudança em sua resposta aos contra-exemplos quando eles foram integrados. Agora quero fazer a mesma pergunta que fiz ao primeiro grupo com contra-exemplos integrados. Que efeito a integração de contra-exemplos teve na sua percepção da força da qualidade? Após incluir alguns contra-exemplos vocês perceberam que a sua qualidade estava mais forte ou mais fraca?

Beth: Bem, ela parecia mais *real* para mim. É assim que o mundo é. Não ter contra-exemplos parecia meio "Poliana" por comparação – artificial e irreal, um pouco "inconsistente". Era como esquiar no gelo, quando um pequeno escorregão pode nos fazer cair, comparado à terra, que nos sustenta mais.

Embora os contra-exemplos enfraqueçam a *pureza* ou a *universalidade* da qualidade, eles aumentam sua *credibilidade*, tornando-a mais *real* e mais sólida.

Sandy: Quando desloquei os contra-exemplos, observei particularmente que o seu contraste tornava os exemplos mais intensos e robustos, mais fortes, por conta da comparação.

Mais uma vez, boa observação. Algum de vocês teve qualquer dificuldade para integrar seus contra-exemplos?

Lee: Eu tenho dados seqüenciais e cada imagem permanece um pouco antes de mudar para a próxima. Quando coloquei um contra-exemplo, fiquei desconfortável, porque era isso que eu via por algum tempo. Quando movimentei a seqüência com mais rapidez, eu o via por um período menor antes de mudar para um exemplo novamente, então tudo ficou bem.

Esse é um bom exemplo de como fazer o próprio ajuste para que ele funcione.

Carol: Eu não consegui integrar o meu contra-exemplo. Ele ficou grande e assustador e teria encoberto os meus dados. Não consegui encontrar um modo de diminuí-lo.

Isso acontece com muita freqüência. Você disse que o que fez foi assustador. Se você tivesse continuado e ele encobrisse os seus dados, o que você acha que teria acontecido?

Carol: Teria sido terrível! Minha percepção dessa importante qualidade teria desaparecido.

Sim, é muito desagradável ver desaparecer um elemento da sua autopercepção, e essa é a principal razão de eu lhes pedir para serem muito cautelosos. Carol, tente isso. Vá até onde estão os seus contra-exemplos, escolha um deles e segure-o firmemente em sua mão. Se você quer que ele fique menor, aperte-o como se fosse um pedaço de argila até que fique pequeno o suficiente, então movimente-o com cuidado e coloque-o com os seus exemplos...

Carol: Isso parece ridiculamente simples para funcionar, mas funcionou.

Rene: Quando movimentei os meus contra-exemplos, a princípio não gostei de tê-los ali, porque eu me sentia mal por não apresentar a qualidade naquelas situações. Então percebi que o fato de eu me sentir mal a seu respeito é uma indicação de como a qualidade é importante para mim. Quando penso neles desse jeito, incluir contra-exemplos realmente apóia o meu compromisso com a qualidade.

Sim, essa é outra maneira pela qual os contra-exemplos podem apoiar uma generalização. De um lado você se sente *mal* porque o seu comportamento não satisfaz os seus padrões. Mas de outro, quando você pensa em sentir-se mal no contexto mais amplo, você pode sentir-se *bem* com isso, porque o *significado* de sentir-se mal é que você está comprometido com o seu padrão. Se você não se importasse com ele, não se sentiria mal. Assim, quanto mais você se sente mal em relação a um erro, mais pode sentir-se bem a esse respeito!

Esse é um dos truques que podemos fazer com nossa mente quando mudamos de nível de pensamento e, nesse caso, isso é muito útil. Sentir-se bem por sentir-se bem também funciona, dobrando o seu prazer. Naturalmente as pessoas também podem usar o mesmo processo para sentir-se mal por estarem se sentindo mal, ou até mesmo sentir-se mal por estar se sentindo bem. Em geral, isso não é tão útil.

Ann: Os meus exemplos estão do lado direito. Os contra-exemplos eram como um par de bolhas cinzentas à esquerda. Quando eu as movimentei, elas encobriram meus exemplos. Eu não gostei nem um pouco disso.

Elas eram informes, como uma nuvem?

Ann: Eu achava que sim, mas então tentei soprá-las para longe e elas ficaram pegajosas.

Portanto você tinha duas bolhas lado a lado, encobrindo seus exemplos. Não é assim que eu quero que você as integre.

Ann: Eu não queria fazer isso; simplesmente aconteceu.

Quando os elementos da sua experiência interna "simplesmente acontecem" desse modo, essa é uma boa indicação de que estamos em território fora do controle consciente. Você conseguiu separá-los novamente e colocar as bolhas de volta no lugar onde elas estavam?

Ann: Sim, finalmente, depois de muito trabalho. Mas eu sinto que elas ainda estão lá, espreitando.

Se elas são bolhas cinzentas, provavelmente você não consegue ver muita coisa do seu conteúdo – você tem qualquer informação sobre as situações que elas representam?

Ann: Não, não tenho.

A falta de informação as tornará mais assustadoras e ameaçadoras, mais difíceis de serem integradas. Como parte do problema é o fato de as bolhas serem tão grandes a ponto de encobrir seus exemplos, poderia dar certo torná-las menores ou pegar uma pequena parte de uma das bolhas e tentar integrá-la. Contudo, descobri que *integrar um contra-exemplo metafórico a dados detalhados em geral não funciona muito bem*, e eu gosto de saber pelo menos um pouco a respeito daquilo que se encontra nos contra-exemplos.

Uma possibilidade seria transformar as bolhas em imagens mais detalhadas para descobrir o que elas representam. Você poderia fazer isso hipnoticamente: "Deixe as bolhas lentamente se fundirem em imagens que revelam os incidentes específicos que elas representam". Ou poderia comunicar-se de modo direto com as bolhas e pedir-lhes que por favor lhe proporcionem imagens detalhadas. Então, quando tiver imagens do que elas representam, será muito mais fácil integrá-las aos seus dados, uma de cada vez.

Amy: Quando tentei movimentar um contra-exemplo, meus exemplos disseram: "Você não é um de nós, o seu lugar não é aqui". Então percebi que eles não eram realmente contra-exemplos, mas exemplos "insuficientes". Na verdade, eram ocasiões nas quais apresentei essa qualidade mas não tanto quanto queria. Se eu as incluísse, diminuiria meus padrões para a qualidade.

OK. Você quer manter padrões elevados e a objeção é que a inclusão de contra-exemplos resultaria na diminuição dos seus padrões. Assim, minha tarefa é lhe mostrar como a inclusão de contra-exemplos poderia na verdade *apoiar* seus padrões elevados. Presumo que o fato de você ter padrões elevados para essa qualidade significa que ela é muito importante para você. Como uma forma de manter os seus padrões elevados, acho que poderia ser muito útil incluir alguns exemplos "insuficientes" para alertá-la de que maneira você teria mais probabilidade de não atingir seus padrões no futuro. Dessa forma você poderia ficar atenta a esses tipos de situação e estar preparada para fazer o esforço extra necessário para manter seus padrões. É claro que você gostaria de mudar essas imagens de algum modo, talvez tornando-as mais apagadas, menores, adicionando cores especiais ou usando alguma outra diferenciação conveniente. Com isso em mente, tente deslocar um desses exemplos "insuficientes" para os seus dados...

Amy: Hum. Isso é interessante. Está tudo bem agora; ele foi deslocado com facilidade; tem uma aparência cinzenta e a qualidade agora é mais forte.

O que fiz com Amy é um exemplo de como reestruturar objeções. A função positiva era manter padrões elevados. Eu apenas ofereci a Amy uma nova estrutura de compreensão na qual a inclusão de contra-exemplos na verdade *apóia* a manutenção de padrões elevados de modo a satisfazer a objeção.

Fred: Os meus exemplos são imagens visuais específicas, mas meus contra-exemplos são icônicos e, quando tentei movimentá-los, eles realmente não se encaixavam. Assim, peguei exemplos específicos daquilo que o ícone representa, mas quando tentei colocar alguns deles nos dados, tive problemas.

Eu consideraria isso um sinal de que alguma parte de você pode estar preocupada com isso; assim, a primeira coisa a fazer é deslocá-los de volta mais uma vez e descobrir qual é a objeção da parte. Ela tem algum objetivo que acredita que seria ameaçado pela integração de contra-exemplos, pelo menos em sua forma atual, portanto, você precisa encontrar uma maneira de satisfazer o objetivo dessa parte antes de continuar.

Bob: Meus contra-exemplos eram uma parte dos meus dados de fichas de arquivo, mas estavam todos juntos no fundo, onde era fácil ignorá-los. Enquanto vocês discutiam esses outros exemplos nos quais os contra-exemplos estavam totalmente separados dos dados, eu pensei que seria melhor espalhar os meus pelos meus dados. Quando fiz isso, coloquei uma borda especial neles para poder saber que estão lá mesmo quando posso ver apenas as suas beiradas. Agora que estão mais integrados, estou mais consciente deles, e acho que isso me tornará mais cuidadoso. E acho que isso também me deixará notar melhor quando eu não apresentar essa qualidade.

Ótimo. Essa é a outra pergunta essencial que lhes pedi para considerar. O fato de ter contra-exemplos em seus dados os torna mais ou menos receptivos ao *feedback* corretivo?

Terry: Basicamente, o *feedback* corretivo *consiste* de contra-exemplos, ocasiões nas quais você não agiu da maneira como pensa sobre si mesmo. Portanto, quando você tem contra-exemplos em seus dados, isso o deixaria mais sensível quando elas ocorressem no mundo real. Alguém sem contra-exemplos estaria propenso a resistir ao *feedback* porque reconhecê-los poderia destruir sua generalização. Uma vez que isso é bastante desagradável, a pessoa tentaria evitá-lo a qualquer custo.

Sim, esse é um dos grandes perigos de ter dados puros que só incluem exemplos positivos. Se você tem uma generalização absoluta, com todos os contra-exemplos armazenados em outro lugar, basta *um* contra-exemplo para despedaçá-la, e isso não é divertido; portanto, naturalmente as pessoas os evitam. Alguns de vocês sentiram como é desagradável perder a sua generalização positiva quando um contra-exemplo dominou seus exemplos positivos.

Mas há um outro importante aspecto na experiência de ter uma generalização destruída. Não só a generalização positiva desaparece, como muitas vezes ela é *substituída* pela negativa. Ver *apenas* o contra-exemplo significa que você agora precisa pensar em si mesmo como alguém que se comporta em *oposição* aos seus valores. Confrontado com as alternativas de entrar em choque ou negar, é normal optar pela negação. Infelizmente, isso não evita o choque, apenas o adia.

Sempre que alguém evita o conhecimento de contra-exemplos, essa é uma área do seu comportamento que não reconhece, portanto, esse tipo de negação é um dos principais fatores que contribuem para o self sombra desconhecido. Integrar contra-exemplos é uma forma de integrar esse self sombra.

Uma outra maneira de descrever a situação na qual todos os seus contra-exemplos são representados separadamente em um local diferente dos seus exemplos é que cada grupo de experiências é uma generalização digital do tipo "tudo ou nada", "ou isso ou aquilo", portanto vocês precisam escolher entre elas. Quando os dois grupos estão separados, é muito mais provável que vocês prestem atenção em um *ou* em outro, seqüencialmente. Quanto maior a separação, maior o perigo de alguma coisa passar de um para outro. Como ambas as representações são unilaterais e irreais, nenhuma delas é um recurso pleno e equilibrado, assim, essa é uma situação basicamente instável. O extremo disso é visto nos maníacos-depressivos. Na fase maníaca, *tudo* é maravilhoso; na fase depressiva, *tudo* é terrível.

A principal tarefa do nosso cérebro é integrar e organizar o nosso comportamento para que façamos as coisas adequadas nos momentos adequados. Sempre que houver uma separação, ela é uma base para o conflito, um convite aos problemas. No filme *Dr. Fantástico*, um cientista e ex-nazista continua fazendo a saudação a Hitler com uma das mãos e então puxa-a para baixo com a outra. Em geral isso não funciona muito bem se você tiver diferentes partes de si mesmo tentando fazer coisas diferentes ao mesmo tempo, a não ser que de fato possa fazer essas duas coisas simultaneamente sem que elas interfiram uma na outra.

A integração de alguns contra-exemplos transforma dados puros, *digitais*, em dados *analógicos* – mais ou menos de alguma coisa, ou como Ann disse anteriormente, torna-se "uma espécie de porcentagem". Como os contra-exemplos estão contidos em diversos exemplos, ver ambos proporciona uma perspectiva equilibrada. Então fica muito mais fácil vê-los simplesmente como informação e não como ameaça. "Essas são as ocasiões em que eu estraguei tudo; vamos ver o que posso fazer a esse respeito da próxima vez." Sally disse que quando integrou os contra-exemplos sentiu-se muito mais confortável e pôde considerá-los "mais como informação".

Os contra-exemplos alertam para os tipos de erro que vocês podem ter cometido no passado e que poderiam se repetir no futuro. São avisos sobre os contextos nos quais vocês poderiam precisar fazer um esforço extra para manter essa qualidade ou que precisam evitar porque ainda não conseguem manifestar a qualidade neles. Então, quando vocês estragarem tudo de novo, não será ameaçador reconhecer o fato. Essa é uma situação muito mais estável porque vocês estão abertos a considerar o *feedback* quando ele acontece. O *feedback* sobre erros indica onde vocês poderiam dedicar algum tempo para aprender ou modificar o trabalho para serem capazes de manter essa qualidade no futuro, e em breve estudaremos esse processo em detalhes.

Dan: Meu primeiro contra-exemplo era maior e mais próximo que meus exemplos, portanto temi que ele pudesse ofuscar meus exemplos. Tentei diminuí-lo mas isso não funcionou, então eu o aumentei, tornando-o mais importante: ele perdeu totalmente o foco e pude ver através dele.

Isso é o que chamamos de efeito-limite, como no padrão para eliminar a compulsão (Andreas, S. & C., 1987, cap. 5). Em determinado ponto, aumentar o tamanho faz alguma outra coisa mudar – no seu caso, o foco e a transparência. Quando você terminou ainda podia ver o contra-exemplo?

Dan: Não muito bem – mas sabia que ele estava lá.

Acho que seria uma boa idéia continuar tentando torná-lo uma parte integral dos seus dados para que você possa ter à sua disposição informações específicas contidas no contra-exemplo.

Alana: Eu tenho muitos contra-exemplos e acho que não quero todos eles lá. O que faço com os outros? Excluo todos eles?

Sim, por enquanto acho que essa é uma boa escolha. Se você tem muitos contra-exemplos, isso soa mais como uma qualidade ambígua, com quantidades mais ou menos iguais de exemplos e contra-exemplos, e não uma qualidade sólida com apenas alguns contra-exemplos. Em breve mostrarei como fazer algo ainda mais útil com os contra-exemplos mas, por enquanto, deixe-os onde eles estão. Se você colocasse muitos contra-exemplos eles poderiam sufocar os exemplos e todo o significado poderia passar para o seu oposto, o que não seria interessante agora. Contudo, um processo, que é um problema em um contexto, muitas vezes é um grande recurso em outro. Gostaria que vocês pensassem em quando esse mesmo processo poderia ser útil...

E se vocês tivessem uma qualidade da qual *não* gostam, como "Eu sou sempre um desajeitado" ou "Eu sou um péssimo planejador", e desejassem o oposto? Se vocês acrescentassem uma quantidade suficiente de contra-exemplos a esse tipo de dado, eles finalmente passariam para o seu oposto positivo. Vou ensinar como fazer isso, mas primeiro quero que compreendam melhor como funcionam os contra-exemplos.

Contra-exemplos em uma modalidade diferente e em um local diferente

Agora vamos pegar o exemplo de alguém que tinha seus contra-exemplos em uma *modalidade* diferente, bem como em um *local* diferente. Deliberadamente, passei muito tempo discutindo a utilidade da inclusão de contra-exemplos nos dados para que vocês tivessem a experiência indireta das muitas possibilidades e de suas conseqüências.

Charles: Eu tenho uma grande colagem visual de exemplos à minha frente e uma voz atrás de mim que diz: "Não, você não é", e então ela menciona as vezes em que não fui.

Ótimo. Poderíamos facilmente descrever essa situação como uma polaridade, separada por modalidade e localização. Nós poderíamos integrar esses dois opostos utilizando alguns antigos métodos da PNL, como o "*squash* visual" (Andreas, C. & S., 1989, cap. 13). Mas quero lhes mostrar como fazer isso de um modo mais gentil e ecológico. Charles, quero que você pegue apenas um dos seus contra-exemplos auditivos e o transforme em uma imagem visual. Escute o que a voz está dizendo e faça uma imagem do significado das palavras, da mesma maneira como extraímos significado das palavras que alguém diz ou quando lemos as palavras de um livro. Avise quando tiver essa imagem...

Charles: OK, tenho uma imagem agora. Precisei escutar a voz durante algum tempo e fazer algumas perguntas antes de realmente saber sobre o que ela estava falando.

Ótimo. Agora pegue essa imagem e desloque-a cuidadosamente na direção dos dados visuais à sua frente, da mesma maneira como pedi que os outros fizessem, certificando-se de que a imagem é relativamente pequena em comparação às outras imagens em seus dados...

Charles: Quando ela se tornou parte dos dados, não parecia tão ruim e ameaçadora como quando estava separada. Quando a voz estava separada, eu sentia dentro de mim uma espécie de cabo-de-guerra. Isso diminuiu quando levei a imagem para a frente e a coloquei com as outras. Senti alívio e relaxamento. Ela parece muito mais "comum" agora – ainda importante, mas não inquietante. Antes eu só pensava em uma *ou* na outra, mas agora posso ver ambas.

Sim, exatamente. Agora faça o mesmo com diversos outros contra-exemplos que a voz lhe oferece, um de cada vez...

Charles: Interessante. Peguei o segundo, que era assustador e dizia: "Você nunca chegará a nada". Quando eu o transformei em uma imagem, vi um sorriso sem graça em seu rosto e soube que ele realmente não acha que o que disse é verdade. Ele sabe que o que está dizendo é bobagem e que na verdade eu estou certo. Portanto, agora ele é um *exemplo* e não um contra-exemplo. Que alívio!

Maravilhoso. Quando transferimos um contra-exemplo de uma modalidade para outra, com freqüência obtemos informações adicionais que o enriquecem, e algumas vezes isso muda o seu significado. Continue e desloque essa imagem para os seus dados, então continue fazendo o mesmo com quaisquer outras vozes até que todas sejam imagens visuais integradas...

Charles: Eu me sinto muito diferente agora que elas estão todas juntas. Não sinto mais aquela tensão; sinto-me apenas calmo e pensativo. Essas vozes sempre me fizeram duvidar de mim mesmo. Agora que elas são imagens, é um pouco estranho – mas muito bom – vê-las reforçando e sustentando essa qualidade em mim mesmo.

Tentar integrar uma voz e uma imagem é como tentar juntar decimais e frações. Antes de poder juntá-los precisamos transformar o decimal em uma fração ou a fração em um decimal. Assim, o primeiro passo é transferir os contra-exemplos para a mesma modalidade dos exemplos em seus dados, e então mudar a localização.

Fran: Estou na mesma situação de Charles, mas quando minha voz fala do contra-exemplo, apenas sinto que quero abandonar tudo, mais ou menos como "Que se dane!"

Você pode dizer o que está abandonando?

Fran: Determinação.

Presumo que determinação seja o nome da sua qualidade, e há uma voz que diz alguma coisa sobre uma época que você não foi determinada, e o "Que se dane!" deixa que você abandone a generalização. Essa é a mesma situação de quando a imagem de um contra-exemplo fica tão grande a ponto de dominar um dado visual. É também um exemplo da instabilidade de ter dados sem nenhum contra-exemplo, uma vez que um único contra-exemplo pode diminuir a sua força.

Anteriormente, falei da instabilidade de ter exemplos e contra-exemplos em locais separados, porque provavelmente vocês notarão um *ou* outro e passarão de um extremo para outro. Quando os dois estão separados por modalidade e por localização, essa instabilidade é ainda maior, e há ainda maior perigo de mudanças bruscas de humor quando alguém passa de um para outro.

Fran, não quero que você abandone essa generalização, porque considero a determinação uma qualidade muito útil. Todos temos algum tipo de "posto de trabalho" em nossa mente, onde planejamos, experimentamos alternativas, ajustamos imagens e assim por diante. Quero que você leve essa voz para o seu posto de trabalho e a ouça com atenção, observando as palavras que ela diz, o tom, a pessoa que as está proferindo, o contexto e qualquer outra informação. Então use todas essas informações para criar uma imagem da situação desse contra-exemplo, uma imagem muito parecida com as dos exemplos em seus dados... (OK) Agora, com a mesma cautela – mantendo essa imagem bem pequena –, desloque-a lentamente para torná-la uma parte dos seus dados...

Fran: Agora ela intensifica o exemplo. O contraste torna os exemplos mais fortes.

Ótimo. Agora você pode fazer o mesmo com as outras vozes.

Ada: Meus exemplos são imagens preenchendo todo o meu campo visual em uma paisagem. O meu contra-exemplo é totalmente cinestésico, um conjunto de sentimentos de cansaço e raiva.

OK. Note que o seu sentimento é um cinestésico *avaliativo* e não *perceptivo*. O sentimento não é realmente um contra-exemplo; é o seu sentimento em *resposta* a um contra-exemplo, da mesma forma os outros tiveram sentimentos desagradáveis em resposta a contra-exemplos de imagens ou vozes. Assim, a primeira coisa a fazer é usar esse sentimento avaliativo para voltar no tempo até a experiência que resultou no sentimento. Preste atenção nele e volte ao evento ou aos eventos que provocam o sentimento... Leve o tempo que precisar e avise-me quando tiver uma imagem do evento a respeito do qual você está cansada e zangada...

Ada: OK, já tenho uma imagem – na verdade, diversas.

Ótimo. Agora pegue uma dessas imagens e cuidadosamente coloque-a em algum lugar na paisagem de imagens para que ela se torne parte dos seus dados. O que acontece?

Ada: A princípio ela parecia não se encaixar – não havia espaço para ela. Então circulou um pouco, como um gato preparando-se para deitar-se na grama, e as outras imagens se movimentaram um pouco para o lado para lhe dar espaço. Quando olho para ela agora, não há raiva; ainda me sinto cansada, mas não muito, e desapontada em vez de zangada – triste por não ter conseguido manter a qualidade naquela situação.

Isso parece ser uma mudança útil. Embora não seja divertido sentir tristeza, ela é uma emoção essencial e autêntica que, com freqüência, está por trás da raiva e de outros sentimentos.

Exercício 7-2: Integrando contra-exemplos (trios, 15 minutos)

Demonstrei como integrar contra-exemplos quando eles estão separados por local ou por local e modalidade. Quero que vocês tenham a oportunidade de fazer isso completamente e também que aqueles que tinham contra-exemplos já integrados vejam como é tê-los separados.

Se vocês já tinham contra-exemplos integrados em seus dados, experimentem separá-los e colocá-los em um local diferente para sentir como é. Então coloquem-nos também em uma modalidade diferente. Certifiquem-se de integrá-los de volta aos seus dados quando terminarem a experiência.

Se vocês têm contra-exemplos na mesma modalidade mas em local diferente, quero que experimentem duas coisas. A primeira é mudar os seus contra-exemplos para uma modalidade diferente, para ver como é. Então quero que os tragam de volta e os integrem cuidadosamente aos seus dados, um de cada vez. Se os seus contra-exemplos são metafóricos, transformem-nos em representações mais detalhadas antes de fazer qualquer outra mudança.

Se os seus contra-exemplos estão em uma modalidade diferente e em um local diferente, primeiro coloquem-nos na mesma modalidade dos seus exemplos e experimentem como isso é diferente, depois integrem-nos a seus dados. Isso lhes dará uma experiência completa de todas as três possibilidades.

* * * * *

Alguém tem perguntas ou observações?

Melissa: Eu tinha meus contra-exemplos integrados desde o início. Quando eu os desloquei para outro local, realmente percebi o que alguns de meus amigos devem sentir quando eu lhes dou *feedback*. Peço que me dêem *feedback* e gosto disso, mas eles não, e agora compreendo como deve ser difícil para eles.

Ótimo. Quando você realmente experimenta o mundo de outra pessoa do lado de dentro, isso o torna muito mais compreensivo e lhe permite saber com maior facilidade como oferecer maneiras para modificar a sua experiência.

Carl: Os meus dados e os meus contra-exemplos eram metafóricos e eu não podia ver nenhum conteúdo. Meus dados eram como uma corda que se movia para longe de mim e eu também podia senti-la com as mãos. Meus contra-exemplos eram pequenos pontos brilhantes de luz atrás de mim. Quando tentei integrar um dos pontos de luz, ele ficou agitado, como uma pequena bola de energia zangada, e eu me senti desconfortável e parei. Então tentei transformar a corda em uma série de imagens ligadas, para preservar sua forma. Então transformei um dos pontos brilhantes em uma imagem e a integrei facilmente à "corda", depois fiz o mesmo com os outros.

Embora às vezes você possa integrar representações metafóricas, em geral isso não funciona muito bem porque uma metáfora é quase sempre um *resumo* de um grupo de exemplos, diferente dos exemplos individuais em seus dados. Portanto, quando você tenta integrar uma metáfora, em geral está integrando *todas as coisas* nos dados subjacentes ao mesmo tempo, em vez de um exemplo de cada vez, como estivemos fazendo.

Jan: Achei muito difícil transformar e integrar os meus contra-exemplos visuais aos meus exemplos auditivos. Então pensei: "Por que não fazer o contrário?" No início isso também foi difícil, mas quando eles se tornaram uma cor e se espalharam, o resto foi facilmente integrado.

Maravilhoso. Provavelmente isso funcionou melhor porque para a maioria das pessoas a integração no sistema visual é mais fácil do que no sistema auditivo. Contudo, algumas pessoas podem sentir-se mal no início ao olhar para as imagens dos contra-exemplos. E acrescentar exemplos provavelmente não faria muita diferença, portanto, pode ser desanimador. Mas se funcionou para você, não posso discutir.

Uma outra possibilidade seria transferir os exemplos auditivos e os contra-exemplos visuais para o sistema cinestésico e depois integrá-los. Em geral eu não aconselharia isso, porque a integração no sistema visual é mais fácil. Mas para um atleta, isso seria perfeito, e é sempre bom ter uma outra maneira para tentar no caso de vocês ficarem sem ação. Mantendo o objetivo final bem claro em sua mente, vocês podem tentar maneiras diferentes para chegar lá até encontrar aquela que funciona.

A integração de contra-exemplos é uma mudança muito profunda na maneira como as pessoas pensam a respeito de si mesmas. Ela também é uma mudança que pode facilmente ser oferecida nas conversas do dia-a-dia, especialmente quando vocês utilizam gestos que tornam a sua comunicação ainda mais clara e específica.

"Vocês conseguem ver a ocasião em que estragaram tudo totalmente cercada por imagens das ocasiões nas quais fizeram exatamente aquilo que desejavam e valorizavam? Se essa imagem fosse uma voz, o que ela diria? Suponho que vocês não consigam ouvir aquela voz cercada pelas vozes que falam dos momentos em que vocês tinham aquela qualidade positiva."

Julian: Fico imaginando o que impede os contra-exemplos de nos levarem a um comportamento, da mesma maneira como fazem os exemplos positivos. Se ter exemplos de uma qualidade é a base para aquele tipo de comportamento, por que os contra-exemplos não fariam o mesmo?

Essa é uma pergunta *muito* boa. Alguém tem uma resposta para ela?

Ben: Bom, você continua repetindo que os contra-exemplos devem ser menos destacados que os exemplos, e eu acho que isso diminui muito a probabilidade de eles resultarem em um comportamento.

Abe: E eu acho que seria muito importante não ter nenhuma representação futura de contra-exemplos.

Sim, para ambos. Quando Connie descreveu as imagens do seu contra-exemplo como sendo "amareladas, como velhas fotografias do passado", pensei que era uma boa maneira de identificar que elas estavam no passado – e, por conseguinte, *não* no futuro. Se vocês observarem o conjunto de dados integrados, há pouca probabilidade de que um contra-exemplo possa resultar em um comportamento. Contudo, se concentrarem a atenção em um único contra-exemplo, tornando-o maior e mais brilhante e entrando nele, isso *poderia* levá-los exatamente para o tipo de comportamento que vocês não desejam. Portanto, embora existam alguns fatores de segurança, o perigo sobre o qual Julian perguntou realmente existe, e exploraremos a seguir de que maneira evitar essa possibilidade.

Resumo

Estivemos experimentando *integrar contra-exemplos* aos seus dados porque isso os torna *mais reais e sólidos* e, ao mesmo tempo, muito *mais estáveis, equilibrados e receptivos ao feedback.*

Em comparação, ter contra-exemplos separados dos dados favorece uma situação muito *instável*, que pode facilmente passar para o seu oposto. Dados puros sem contra-exemplos resultam no perfeccionismo. Como um único contra-exemplo pode facilmente destruir uma generalização pura, ele é muito resistente ao *feedback*, provocando rigidez e negação, um self falso e um self sombra desconhecido.

Quando os contra-exemplos estão integrados aos seus dados, eles avisam sobre quando e como vocês estragaram as coisas no passado. Isso impede que vocês se considerem perfeitos e torna muito mais fácil aceitar o *feedback* sobre um ou dois novos erros, porque vocês já perceberam que algumas vezes os cometem. Os erros os alertam sobre quando e como vocês poderiam tomar providências para aprender a se sair melhor da próxima vez.

Entretanto, há uma maneira ainda melhor de integrar contra-exemplos, primeiramente transformando-os em *exemplos* daquilo que vocês querem fazer na próxima vez que se defrontarem com uma situação semelhante no futuro, e depois fazendo uma ponte para o futuro com os novos comportamentos desejados. Isso preserva todos os benefícios da integração de contra-exemplos, ao mesmo tempo que programa novos comportamentos com recursos e evita o problema apontado por Julian, de que um contra-exemplo possa resultar em um comportamento que é o oposto da qualidade que vocês desejam. A seguir exploraremos em detalhes como fazer isso.

8

Transformando erros

Os contra-exemplos têm muitas funções úteis quando integrados aos dados – criando durabilidade por meio do equilíbrio e da credibilidade, da receptividade ao *feedback* e evitando o perfeccionismo. Contudo, existem diversas maneiras de processar os contra-exemplos para que eles possam ser ainda *mais* efetivos em todas essas funções. Certa vez um participante de um seminário disse algo que considerei uma descrição particularmente adequada de um aspecto da minha maneira de ensinar. Ele disse: "Eu vejo o que você está fazendo. Primeiro você nos mostra como bater em um prego com uma pedra e depois como usar um martelo". Agora quero lhes ensinar diversas maneiras adicionais de utilizar contra-exemplos e depois como *transformá-los* em exemplos.

Excluindo contra-exemplos

Embora tenhamos explorado o valor da integração de contra-exemplos, há certos contextos, como a execução de uma tarefa difícil e complexa sob pressão, nos quais vocês não querem correr nenhum risco de que um contra-exemplo possa distrair a sua atenção e conduzir ao comportamento que não desejam. Nesse tipo de situação pode ser muito melhor não ter nenhum contra-exemplo – apenas exemplos maravilhosos de ter aquela qualidade.

Muitas vezes, em meio ao seu desempenho, as pessoas se lembram de uma ocasião na qual não se saíram bem ou de uma voz interna que diz: "Não fique nervoso", "Todos estão olhando", "Você precisa fazer isso direito" ou alguma outra distração. A maior parte das pessoas tenta lutar, eliminar ou bloquear as partes que estão interferindo no desempenho; tenta reprimi-las ou matá-las. Elas não percebem que *todas* as partes de uma pessoa são úteis, porque todas têm informações úteis. Mas *quando* elas oferecem a informação útil é algo que pode ser negociado. Se eu tenho a informação antes do desempenho, isso pode ajudar a me preparar para ele; se eu a tenho depois, pode ajudar a me preparar para a próxima vez. Mas se eu obtenho a informação *durante* a execução, ela apenas atrapalhará meu desempenho máximo.

Uma maneira de fazer isso é utilizar uma negociação interna para programar os contra-exemplos e o valioso *feedback* que eles proporcionam para que ajam *fora* de uma situação de desempenho, usando um método chamado ressignificação (Bandler & Grinder, 1982, cap. 3; Bandler & Grinder, 1986, cap. 2). Você negocia com a parte que oferece contra-exemplos e diz: "Olhe, eu sei que você possui informações valiosas a respeito de como eu cometi erros no passado. Eu sei que preciso dessas informações para melhorar o que faço. Mas preciso dela *antes* ou *depois* do meu desempenho, *não* durante – *não* enquanto estou realizando a cirurgia, ou o salto com vara, ou o treinamento, ou a entrevista".

Por exemplo, digamos que você tenha uma voz interna que faz críticas logo depois de você ter cometido um erro. Você já estabeleceu comunicação com a parte, portanto pode dizer: "Estou feliz por você ter tanta informação a respeito de como eu errei e de como posso fazer melhor, e presumo que a sua intenção positiva seja melhorar o que eu faço. (Em geral, essa é a função positiva de uma voz crítica.) Mas como você é tão esperta, por que não me diz *antes*, para que eu possa tomar alguma providência, em vez de esperar até *depois* de eu ter cometido o erro?" Isso é um pouco rude, mas em geral consegue chamar a atenção total dessa parte. Você pode mandar a mesma mensagem de forma mais educada se achar que isso funcionaria melhor.

Então você pode negociar um momento mais adequado para receber o *feedback*. Esse tipo de negociação só funcionará se você verdadeiramente receber bem os contra-exemplos, responder a eles nos momentos especificados e utilizá-los para ajustar e melhorar aquilo que faz.

Ben: Estou tentando imaginar quando seria mais proveitoso utilizar a informação dos contra-exemplos – digamos, em um esporte como o golfe.

O momento de utilizar a informação dependerá de quando ela será mais útil. Informações diferentes podem ser úteis em momentos diferentes. No golfe, o mais importante é o modo de manejar o taco, porque é isso que coloca ou não a bola no buraco; assim, logo antes de acertar a bola, seria um bom momento para obter informações sobre como ajustar sua postura. Contudo, poderia ser ainda melhor obtê-las no dia anterior ou mesmo no mês anterior, para você ter mais tempo para praticar e tornar o movimento suave e automático. Se a informação for a respeito de condicionamento físico ou preparação, não seria muito bom pensar nisso logo antes de dar a tacada, porque o condicionamento requer um determinado período de tempo. Portanto, o melhor momento para utilizar a informação depende em parte da tarefa à qual ela se aplica e do tempo necessário para utilizá-la, bem como da sua natureza.

Exercício 8-1: Excluindo contra-exemplos (trios, 15 minutos)

A negociação com partes internas (Bandler & Grinder, 1982, cap. 3; Bandler & Grinder, 1986, cap. 2) é um método que faz parte dos treinamentos de PNL há muitos anos, portanto não faremos o exercício, mas recomendo que vocês o pratiquem por conta própria porque ele é muito útil.

Ajustando a abrangência de uma qualidade

Algumas vezes existem diversos contra-exemplos incômodos semelhantes, e é recomendável pensar na qualidade de maneira diferente, para que eles simplesmente não se apliquem mais.

O primeiro passo é *agrupar os contra-exemplos* e então *examiná-los cuidadosamente para verificar o que é comum a todos eles (ou a um grupo deles)*. Por exemplo, digamos que vocês pensem em si mesmos como sendo gentis e atenciosos, mas algumas vezes foram rudes, ou zangados, ou impacientes. Ao examinar seus contra-exemplos para ver o que têm em comum, podem descobrir que em todos eles vocês estavam exaustos (ou apressados, ou preocupados com muitas coisas urgentes, ou estavam em local público, ou na presença de um homem, de uma mulher, ou de uma determinada pessoa etc.).

Descobri, por exemplo, que quando preciso de todos os meus recursos para uma tarefa com a qual não estou familiarizado, tenho dificuldade se houver muitos estímulos auditivos – conversa, música, barulho ou outros sons. Nesse tipo de situação, literalmente começo a ter sintomas de "distúrbio de déficit de atenção".

Diminuindo a abrangência. Depois de identificar os fatores comuns aos seus contra-exemplos, vocês podem ajustar a abrangência da sua qualidade "Eu sou uma pessoa gentil", acrescentando "nas seguintes condições: desde que eu não esteja cansado (ou apressado, ou preocupado, ou em uma situação barulhenta etc.)". Esse é um exemplo de *diminuição* da abrangência de uma qualidade, excluindo os contra-exemplos dessa qualidade pela redefinição da abrangência da sua generalização.

Também pode ser útil notar se há algum outro valor em jogo em todos os contra-exemplos ou em um grupo deles. Por exemplo, digamos que a sua qualidade seja a motivação. Ao examinar seus contra-exemplos de *não* estar motivado, é possível descobrir que todos se encontram em situações nas quais vocês estão exaustos e realmente precisam descansar para deixar o corpo se recuperar. Esses aparentes contra-exemplos da motivação na verdade são *exemplos* da relevância de conservar a sua saúde, e isso é mais importante que continuar trabalhando. Uma vez que eles de fato não são contra-exemplos da motivação, não pertencem a esses dados; eles são exemplos de outra qualidade que pertence a dados diferentes. A saúde é necessária para sentir-se motivado, uma vez que é muito difícil ficar motivado quando a saúde não vai bem. Portanto, vocês podem simplesmente separar os supostos contra-exemplos da motivação e rotulá-los de novo como exemplos de dados diferentes sobre "conservar a saúde".

Temos muitas qualidades importantes, e embora possamos querer demonstrá-las todas durante a nossa vida, em algumas situações precisamos escolher entre elas. Uma das suas qualidades mais importantes pode ser a comunicação sensível com os outros, enquanto outra poderia ser a habilidade para reagir rápida e efetivamente em uma emergência. Quando vocês reagem rapidamente em uma situação de emergência, pode não haver tempo para se comunicar compassivamente. Essa escolha apenas indica que uma é *mais importante* que a outra naquele contexto. Portanto, quando vocês reagem de forma eficiente em uma emergência, esse não é um contra-exemplo da sensibilidade e da consideração: é um *exemplo* de uma qualidade diferente.

Aumentando a abrangência. Algumas vezes pode ser útil *aumentar* a abrangência de uma qualidade. Ao aumentar a estrutura no tempo, vocês poderão descobrir que os exemplos de maldade a curto prazo são, na verdade, exemplos de bondade a longo prazo, como quando recusamos alguma coisa a uma criança por estarmos preocupados com a sua saúde ou segurança futuras.

Ao ampliar a estrutura no espaço, um exemplo de indelicadeza com uma pessoa pode ser um exemplo de delicadeza com outra, como quando pedimos a alguém para desligar o som porque outra pessoa está descansando.

Vocês podem ter pensado na bondade como algo que só se aplica aos outros. Ao ampliar a abrangência incluindo a si próprios, muitos exemplos de indelicadeza com os outros podem tornar-se exemplos de bondade para consigo mesmos. Ao ampliar a abrangência do contra-exemplo para conseguir ver o "quadro mais amplo" ele se torna um exemplo.

Integrando a abrangência. Se vocês examinarem o grupo de contra-exemplos com os exemplos, podem descobrir que é útil pensar em *ambos* como exemplos de uma qualidade maior e mais importante. A pressuposição da PNL de que a intenção positiva está por trás de todo comportamento é um exemplo de uma categoria abrangente que inclui comportamentos indesejáveis e desejáveis em uma categoria mais ampla de intenção positiva.

Os exemplos de motivação e preguiça podem ser exemplos da atenção flexível a *todas* as suas necessidades, uma qualidade ampla mais importante que integra as duas. A motivação satisfaz necessidades levando-nos a agir, mas a preguiça também satisfaz as necessidades de descanso e rejuvenescimento. Se vocês estivessem sempre motivados, ficariam exaustos.

Uma outra maneira de descrever isso é que para muitas qualidades há um ritmo alternado, como entre a vigília e o sono, o trabalho e o divertimento, estar acompanhado ou sozinho etc. Uma não é um contra-exemplo da outra. Cada uma delas possibilita uma alternação natural que proporciona equilíbrio. O símbolo chinês taoísta do yin e yang é uma expressão desse princípio de equilíbrio de opostos. Ele também exemplifica o princípio de inclusão de contra-exemplos: a área branca do símbolo inclui um ponto preto e a área preta inclui um ponto branco.

Essas são maneiras de reorganizar suas lembranças de acordo com critérios que lhes são importantes, para que vocês possam reclassificar sua experiência. Qualquer experiência pode ser reclassificada de muitas maneiras, e vocês podem utilizar essa flexibilidade como acharem melhor.

Exercício 8-2: Ajustando a abrangência de uma qualidade (trios, 15 minutos)

Formem trios novamente, mas com pessoas diferentes, e experimentem examinar seus contra-exemplos e modificar a abrangência da qualidade que estão usando. Comecem *agrupando seus contra-exemplos*, tomando cuidado para não agrupar muitos de uma só vez, pois em alguns casos isso pode ser desagradável. Depois de agrupar contra-exemplos, examinem-nos para *descobrir o que eles têm em comum*. Quando estiverem agrupados, em geral é possível ver de imediato como são semelhantes – normalmente essas semelhanças saltam aos olhos sem nenhum esforço.

Então experimentem redefinir esse aspecto de si mesmos *diminuindo* ou *aumentando* sua abrangência no espaço ou no tempo (ou em ambos), ou pensando em uma categoria maior e mais abrangente que *integre* os dois. Se descobrirem que alguns "contra-exemplos" são na verdade exemplos de uma qualidade que é mais importante para você, é possível separá-los e colocá-los na categoria adequada. Façam o máximo que puderem sozinhos, auxiliando-se mutuamente em seu grupo, e depois compartilhem as experiências.

* * * * *

Vocês têm alguma coisa interessante para relatar sobre esse exercício?

Pat: Quando agrupei meus contra-exemplos, fiquei sobrecarregada, aborrecida e descobri que não conseguia mais me concentrar; assim, abandonei tudo.

Ocasionalmente isso pode ser um problema ao agrupar contra-exemplos. Em uma experiência de estar "sobrecarregada" há muita informação a ser processada, portanto é preciso descobrir o que é possível fazer para reduzir o fluxo de informação. Você pode reduzir a quantidade de informações ou diminuir o ritmo para ter mais tempo de processá-las. Se for simplesmente a quantidade de contra-exemplos, elimine alguns até sentir-se confortável – ou melhor ainda, comece novamente e agrupe apenas alguns de cada vez para que você possa permanecer dentro da sua capacidade, deixando o restante para mais tarde.

Talvez a maior parte dos contra-exemplos possa ficar mais afastada, em segundo plano, para que você possa ignorá-los temporariamente e prestar atenção total nos poucos que se encontram no primeiro plano. Se você tem uma série de vozes falando todas ao mesmo tempo, tente suavizá-las para poder ouvir claramente uma de cada vez. Pode ser que você esteja muito próxima delas e precise se afastar ou permitir que elas se afastem para não ficarem "em cima de você". Talvez o ritmo esteja muito rápido e apenas o fato de diminuí-lo permita o processamento da informação. Há muitas possibilidades e você precisa apenas descobrir o que pode fazer para ficar confortável.

Rich: Quando examinei meus contra-exemplos da curiosidade – momentos nos quais eu estava entediado –, percebi que, sem o tédio, eu teria "morrido" de curiosidade. Observando o quadro mais amplo, os momentos de tédio sustentam a minha curiosidade, porque sem eles eu não poderia ser curioso na maior parte do tempo. Pensando dessa maneira, os momentos de tédio não são realmente contra-exemplos.

Uma outra maneira de descrever isso é que ambos indicam a importância da moderação ou do equilíbrio naquilo que você faz, e se você não tivesse equilíbrio, não poderia ter curiosidade. Esse equilíbrio provavelmente também é necessário para muitas outras qualidades importantes. Assim, você é uma pessoa que valoriza o equilíbrio porque ele é necessário para que você tenha essas qualidades.

Ann: A minha qualidade era a compaixão. O elemento comum em meus contra-exemplos, que chamo de "julgamento", é que eles não tinham a posição do outro. Se eu não tenho a posição do outro, então estou em julgamento.

Sim, a posição do outro é necessária para a compaixão; é assim que você chega lá. Sem essa posição, a compaixão não é nem mesmo uma possibilidade. Literalmente, compaixão significa "sentir com", e a única maneira de fazer isso é experimentar o que está acontecendo com outra pessoa como se estivesse acontecendo com você. Se você não faz isso, o máximo que pode sentir é pena, que é permanecer separada e sentir piedade por alguém de uma perspectiva externa. A piedade é melhor que a indiferença, mas as pessoas não gostam dela por conta da separação e da superioridade. "Julgamento" tem dois significados em inglês. Um deles é de discernimento e observação; o outro, de censura.

Ann: Certo. No meu caso era a censura.

Se você não tem compaixão, é fácil condenar. Não acho que esse tipo de julgamento seria uma qualidade valorizada por você.

Ann: Certo. Ela atrapalha.

Assim, quando você agrupou os contra-exemplos, percebeu que todos eles não tinham a posição do outro, e quando acrescentou essa posição, o julgamento se transformou em compaixão. Esse é um exemplo muito importante que eu gostaria que mais pessoas compreendessem porque eliminaria muita perseguição e sofrimento do mundo.

Sue: Estou pensando no problema que enfrento quando encontro o que chamo de valores conflitantes. Eu quero ser gentil, mas também quero ser honesta. Eu quero ser honesta, mas também quero ter amigos. Parece que seja o que for que eu faça, acabo criticando a mim mesma e sentindo culpa por não manter o valor que é ignorado.

Para começar, tente uma mudança ridiculamente simples que pode ter um impacto profundo. Substitua a palavra "mas" por "e". "Quero ser gentil *e* quero ser honesta." "Quero ser honesta *e* também quero ter amigos." A palavra "mas" separa experiências e tende a apagar aquilo que a precede. A palavra "e" une experiências e reconhece ambas. Com freqüência precisamos fazer escolhas como as que você descreveu, e a culpa ou o arrependimento são experiências problemáticas muito comuns.

Culpa e arrependimento

Gostaria que vocês pensassem em uma ocasião quando fizeram algo que prejudicou alguém e que agora os faz sentir-se culpados ou arrependidos. Sentir culpa por terem prejudicado alguém significa que vocês violaram os próprios valores ou qualidades de alguma forma. Gostaria que vocês reexaminassem o incidente e encontrassem um nome para o mal que causaram e também para o valor ou qualidade que violaram.

Uma das primeiras coisas a ser percebida é que a força do sentimento ruim é uma boa indicação da importância da qualidade que vocês violaram – se ela não fosse importante, vocês não teriam nenhum sentimento a seu respeito. Portanto, embora os sentimentos de culpa ou decepção sejam desagradáveis, eles são uma indicação de quanto vocês valorizam essa qualidade; assim, podem sentir-se *bem* a seu respeito.

Outra medida da força do seu compromisso com a qualidade é a disposição para se desculpar, fazer correções ou compensar de algum modo o dano que causaram. Assim, uma coisa que vocês podem fazer é dedicar alguns minutos para decidir agora que tipo de desculpas ou compensação estão dispostos a oferecer e realizar uma ponte para o futuro. Talvez vocês precisem conversar com essa pessoa e descobrir que tipo de correção *ela* acharia adequada. O seu firme compromisso de fazer correções de algum modo fortalecerá sua percepção dessa qualidade. A disposição de compensar o que fizeram é muito mais convincente e muito mais útil que apenas sentir culpa, e também pode eliminar a separação e os sentimentos ruins entre vocês e a outra pessoa.

Agora quero que pensem novamente no incidente no qual prejudicaram alguém e façam uma pergunta muito interessante: "De acordo com a minha percepção e compreensão da situação naquela época, *havia um valor mais importante que eu estava satisfazendo?*"...

Em algumas ocasiões vocês não estavam satisfazendo um valor mais elevado, apenas cometeram um erro, não entenderam a situação ou não perceberam totalmente as conseqüências dos seus atos. Mas em outras ocasiões, vocês estavam enfrentando uma decisão muito difícil e qualquer coisa que tivessem feito não teria satisfeito um ou mais dos seus valores. Quando isso acontece, muitas vezes as pessoas se concentram apenas no valor que não foi satisfeito e sentem-se terrivelmente mal.

Também pode ser muito útil ver *tanto* o valor que vocês seguiram *quanto* aquele que não seguiram, e esse é um outro exemplo de aumentar a abrangência do seu pensamento. "Eu realmente sou uma pessoa que segue seus valores até o fim. Só que estava diante de valores conflitantes, segui o que era mais importante para mim e não consegui encontrar uma maneira de seguir o outro ao mesmo tempo."

Esse é um estado *muito* mais equilibrado e com recursos do que a culpa ou o arrependimento, um estado que torna muito mais fácil examinar a situação sem autocrítica e começar uma busca por maneiras pelas quais vocês poderiam expressar *ambos* os valores, se vierem a enfrentar uma situação semelhante no futuro. Que recurso pessoal lhes permitiria manifestar *ambas* as qualidades, mesmo naquelas situações nas quais vocês precisaram anteriormente escolher entre elas?

Transformando contra-exemplos

Os diversos exercícios que fizemos até agora com os contra-exemplos são muito, muito úteis, e também relativamente fáceis e rápidos. Contudo, mesmo ao reprogramar os contra-exemplos, ajustar a abrangência de uma qualidade, redefinir a sua qualidade para excluí-los ou encontrar uma qualidade maior que inclua ambos, os contra-exemplos ainda indicam onde, quando e com quem o seu comportamento não está totalmente alinhado à sua qualidade valorizada. Eles mostram onde vocês sentem uma incongruência desagradável e são uma oportunidade para realizar um trabalho pessoal de mudança para obter mais integração e maior competência.

Ao transformar um contra-exemplo em um exemplo de como vocês querem ser caso esse tipo de situação ocorra de novo, vocês podem aumentar sua habilidade para apresentar essa qualidade nessas situações mais difíceis. Essa é uma forma ainda mais útil e elegante de utilizar contra-exemplos.

A transformação de contra-exemplos também evita o problema potencial que Julian apontou – de que às vezes os contra-exemplos possam levar a um comportamento indesejado. Mas mais importante ainda é que essa transformação oferece escolhas comportamentais adicionais precisamente naquelas situações nas quais vocês não conseguiram apresentar essa importante qualidade.

Para transformar um contra-exemplo, tratem-no como fariam com qualquer outra lembrança difícil ou situação problemática que gostariam de mudar. "Como gostariam de ter reagido quando aquilo aconteceu? Como gostariam de reagir se esse tipo de situação acontecer de novo?"

Vocês podem fazer uma simples "edição", levando o filme daquela lembrança para a sua ilha de edição particular e modificando-o até ficarem satisfeitos. Vocês podem utilizar a "mudança de história pessoal", na qual acessarão os recursos adequados e os integrarão àquela experiência insatisfatória para torná-la uma experiência que os agrade. Ou podem usar *qualquer* outro método que conheçam para transformar aquele contra-exemplo em um exemplo. Algumas vezes pode ser útil fazer algumas das coisas que fizemos anteriormente com mudanças de processo, tempo e conteúdo – mudar submodalidades, tamanho do segmento, posição perceptiva etc. Ann descobriu que ao acrescentar a posição do outro, todos os seus contra-exemplos de julgamento mudaram para exemplos de compaixão.

Lembrem que todo processo de mudança deve incluir uma verificação da congruência para vocês terem certeza de que a mudança se encaixa em todas as suas outras qualidades valorizadas. Quando estiverem satisfeitos com os resultados desse processo, levem o contra-exemplo transformado (que agora é um *exemplo*) de volta aos seus dados.

Uma alternativa é *unir* de algum modo o contra-exemplo original à sua transformação positiva e incluir *ambos* nos dados, como uma unidade. Vocês podem uni-los fundindo-os em uma só coisa, ou usar uma pequena flecha, um filme curto ou qualquer outra coisa que funcione para vocês. Então, ao lidar com o contra-exemplo, sua atenção irá diretamente para a sua transformação.

Exercício 8-3: Processando e transformando contra-exemplos (trios, 15 minutos)

Retornem de novo aos seus trios e dediquem cerca de 15 minutos para transformar diversos contra-exemplos em exemplos. Peguem um contra-exemplo dos seus dados e levem-no para o seu "posto de trabalho" mental ou para o local onde vocês examinam e processam experiências. Então usem suas habilidades para transformá-lo em um *exemplo* representando *aquilo que vocês gostariam de ter feito naquela situação passada e o que gostariam de fazer no futuro*, se esse tipo de situação ocorresse de novo. Então devolvam o exemplo transformado aos seus dados.

Quero que comparem a experiência de ter *apenas* o contra-exemplo transformado em seus dados com a de ter o contra-exemplo *unido* ao exemplo transformado, para descobrir qual é melhor. Na seqüência, façam isso com diversos contra-exemplos, um de cada vez. Trabalhem sozinhos o máximo possível, ajudem uns aos outros quando necessário e então compartilhem a experiência.

* * * * *

Quantos de vocês preferiram ter o contra-exemplo transformado unido ao contra-exemplo, e quantos preferiram ter apenas o contra-exemplo transformado? Cerca de oitenta por cento preferiram tê-los unidos. Vocês podem me dizer do que gostaram tendo-os dessa maneira?

Alice: Quando eu tinha apenas o exemplo transformado, fiquei preocupada, pensando que esqueceria os erros do passado. Gostei de poder ver quando dei um fora e também o que farei da próxima vez.

Dan: Acho que o contexto faz diferença. Tenho a minha qualidade em uma situação de desempenho muito competitivo, portanto prefiro ter *apenas* o exemplo transformado. Não quero *nada* lá que possa me desviar de apresentar essa qualidade.

Sally: Eu gostei de ter um pouco dos dois. Como Alice, eu queria ser lembrada das vezes que errei, mas também não queria ter muitos deles.

OK. Os dois jeitos funcionam, mas são um pouco diferentes, portanto é importante descobrir qual deles é melhor para você. Como muitas vezes os contra-exemplos são coloridos para diferenciá-los dos exemplos, você também pode dar cor aos exemplos transformados como uma forma de lembrá-la que essas são ocasiões nas quais você errou.

Alice: Eu tive dificuldade para transformar alguns dos meus contra-exemplos porque eles se encontravam em contextos nos quais eu realmente não sei o que é adequado fazer. Portanto, acho que isso significa que preciso ter algumas experiências de aprendizagem para saber o que fazer nesses contextos antes de transformá-los.

Sim, uma das coisas úteis que você pode aprender ao examinar os contra-exemplos é que você simplesmente não sabe o suficiente, portanto precisa buscar algum tipo de informação ou treinamento para apresentar a qualidade.

Agrupando contra-exemplos antes de transformá-los

Vocês acabaram de aprender como transformar um contra-exemplo em um exemplo. Anteriormente, vocês agruparam contra-exemplos para descobrir o que era comum a todos e utilizaram isso como uma base para ajustar a abrangência da sua qualidade. A seguir, quero que *combinem* agrupamento e transformação para tornar sua tarefa mais fácil e mais eficiente.

O agrupamento de contra-exemplos semelhantes permite que vejamos mais facilmente o que eles têm em comum e que tipo de mudança seria útil em *todos* eles. Agrupando-os em sua mente, vocês criam uma nova categoria ou generalização, e normalmente o pior exemplo pode servir como uma espécie de ícone que representa todos eles. Com freqüência o primeiro é o pior, por conta do choque da descoberta inesperada da sua existência. Então, ao fazer uma mudança no pior deles, em geral essa mudança abrangerá todo o grupo. De vez em quando pode ser difícil determinar qual é o pior, e nesse caso vocês podem escolher qualquer um dos mais fortes.

Por exemplo, digamos que, ao agrupar seus contra-exemplos, vocês descubram que todos eles são ocasiões nas quais vocês estavam exaustos. Então vocês podem perguntar: "Que recurso permitiria que eu fosse bom *mesmo* estando exausto?", e então realizar um trabalho de mudança no pior deles. Ao transformá-lo, é comum que as mudanças se generalizem automaticamente para todo o grupo, e isso pode economizar *muito* trabalho. Naturalmente é importante ter certeza de que a mudança realmente abrangeu os outros exemplos no grupo. Algumas vezes pode ser necessário transformar diversos exemplos antes de a mudança se generalizar para todo o grupo.

As experiências podem ser agrupadas dessa forma porque vocês perceberam semelhanças entre elas. Porém, é claro que haverá diferenças, e algumas vezes essas diferenças serão mais importantes que as semelhanças. Algumas experiências podem ser únicas e diferentes de quaisquer outras. Qualquer trabalho de mudança voltado para uma semelhança tende a se generalizar até onde vocês perceberem semelhança, e não se generalizará para experiências que vocês percebem como sendo significativamente diferentes.

Até agora estivemos pressupondo que desejamos que uma mudança se generalize amplamente, e isso em geral acontece quando estamos mudando uma qualidade valorizada do autoconceito. Todavia, também existem ocasiões nas quais vocês *não* querem que uma mudança se generalize demais. O autoconceito de um homem pode incluir sua habilidade de evocar o desejo sexual em sua esposa, e se acidentalmente vocês generalizarem isso para outras pessoas, poderiam causar muitos problemas! Portanto, é sempre importante examinar o trabalho de mudança sendo realizado e ter certeza de que ela se generaliza *apenas* até onde será útil – e essa palavra "apenas" pode ser muito útil para estabelecer limites à generalização. "Naturalmente isso é adequado *apenas* com a sua esposa."

Exercício 8-4: Agrupando contra-exemplos e transformando o pior (trios, 20 minutos)

Formem trios novamente, trabalhando em silêncio, ajudando uns aos outros conforme necessário e depois compartilhem as experiências.

1. **Agrupamento.** Examinem seus contra-exemplos e determinem o que um grupo deles tem em comum.
2. **Pior.** Utilizem esses elementos comuns como base para escolher o *pior* deles.
3. **Transformação.** Façam um trabalho de mudança adequado nesse contra-exemplo, certificando-se de incluir uma verificação da congruência: "Alguma parte minha faz qualquer objeção a essa mudança?".
4. **Verificação da generalização.** Pensem em diversos outros contra-exemplos desse grupo e descubram se eles já foram transformados. Em caso afirmativo, vocês terminaram; caso contrário, voltem ao passo 1 e transformem outro – talvez utilizando um recurso diferente –, e novamente verifiquem a generalização total.

Caso vocês tenham mais de um grupo de contra-exemplos, repitam esse processo com cada um deles.

* * * * *

Alguma pergunta ou observação?

David: Quando transformei um contra-exemplo, todo o resto virou automaticamente, como um dominó. Eu sei que você disse que isso em geral acontece, mas mesmo assim me surpreendeu.

Al: Eu peguei meus contra-exemplos e diminuí o ritmo deles para que eu tivesse mais tempo para processar a situação, e isso permitiu que eu reagisse da forma como desejo.

Portanto você acrescentou um recurso pessoal – nesse caso, um ritmo mais lento – que lhe permitiu transformá-los todos em exemplos da sua qualidade.

Ann: Minha qualidade é que sou uma pessoa que se preocupa com os outros. Quando examinei contra-exemplos nos quais fui rude com alguém, percebi que quando me coloco na posição de "defensora", algumas vezes as pessoas ficavam dependentes, procuravam-me para fazer perguntas e de vez em quando eu me sentia como se as estivesse carregando em minhas costas. Nessas ocasiões eu me tornava ríspida, embora continuasse interessada nelas. Decidi que seria muito melhor para mim e para a outra pessoa fazer o possível para *lhe* mostrar uma maneira de lidar com os próprios problemas. Assim, quando enfrentasse essa situação, poderia ser capaz de dizer: "Como você acha que gostaria de lidar com isso?", e lhe dar um pouco da responsabilidade em vez de assumi-la sozinha.

Bob: Eu tirei o pior exemplo e o transformei. Então, quando o coloquei de volta, percebi que ele era muito mais específico e detalhado que meus outros exemplos, que eram mais vagos e generalizados. Assim, notei que precisava rever todos os meus dados e torná-los mais específicos do que são agora.

Sally: Descobri que meus contra-exemplos se encontravam em diversos grupos, assim tive de processar o pior de cada um. Então pensei: "Como eu poderia usar isso no futuro?" Imaginei que tinha alguns contra-exemplos no futuro, apesar de não saber o que eles eram.

Quando comecei a imaginar alguns contra-exemplos da qualidade, antes mesmo de conseguir ver o que eram – bum –, eles se transformaram automaticamente.

Ótimo. Ao realizar esse processo diversas vezes ele se tornou inconsciente e automático. Naturalmente, sempre há a possibilidade de que alguns dos seus contra-exemplos futuros possam ser significativamente diferentes e exigir um tipo de recurso ou transformação muito distinto daquele que você acaba de utilizar. Nesse caso, o mecanismo que você desenvolveu poderia não funcionar.

Essa estratégia de agrupar situações problemáticas e fazer uma generalização a seu respeito antes de transformá-las é muito útil para terapeutas, independentemente do tipo de trabalho que fazem. Com freqüência, os terapeutas iniciantes encontram a seguinte situação: um cliente chega com uma queixa e eles realizam um trabalho de mudança que o satisfaz. Então o cliente traz uma outra queixa que parece muito semelhante à primeira, e eles realizam outra vez um trabalho de mudança. Então o cliente menciona uma terceira queixa que se parece muito com as duas primeiras. Isso pode continuar por muito tempo e é uma boa maneira de ficar entediado com o trabalho de mudança. Se o cliente pensar em cada um dos problemas como coisas separadas em vez de agrupá-los em uma categoria, será necessário modificá-los um de cada vez.

Mas se vocês perguntarem ao cliente sobre diversas experiências *antes* de realizar qualquer mudança, podem criar uma categoria em sua mente e modificá-las todas ao mesmo tempo. "Todos esses parecem ser exemplos de um sentimento de decepção com suas amigas. Você concorda com isso?" "Você pode pensar em outros exemplos desse tipo de situação problemática?" "Portanto, *todas* essas são ocasiões nas quais você se sentiu pequeno e inadequado para lidar com uma situação, mas de qualquer modo precisou enfrentá-la."

Ao obterem uma resposta congruente – *principalmente* uma que indique "Sim, eu nunca pensei nisso dessa maneira!" –, isso indica que vocês o ajudaram a criar uma nova generalização. Então vocês podem perguntar: "Qual delas era a pior?" E quando ele disser "*Essa* era a pior!" e vocês modificarem essa situação, todas as outras naquela categoria também irão mudar. Porque em sua mente a pressuposição está estabelecida: "Elas são todas iguais e essa é a pior. Portanto, se funciona com essa, funcionará com *todas* elas".

Resumo

Os contra-exemplos são aspectos extraordinariamente importantes do seu autoconceito. Eles fortalecem-no tornando-o mais flexível, ao mesmo tempo que o alertam das exceções e o tornam muito mais aberto e receptivo ao *feedback* corretivo. *Excluir* temporariamente contra-exemplos, *ajustar a abrangência* da sua qualidade e *reclassificar* alguns aparentes contra-exemplos como exemplos de outra qualidade são maneiras úteis para reorganizar sua experiência.

Transformar contra-exemplos em exemplos é uma forma ainda mais elegante de utilizá-los. *Agrupar* contra-exemplos por semelhança e depois transformar o *pior* deles proporciona meios para simplificar muito e acelerar o trabalho de transformação. O esquema a seguir resume tudo que vocês aprenderam sobre integração e transformação de contra-exemplos.

A transformação de contra-exemplos também oferece uma base para aprender como escolher um elemento ambíguo ou negativo do autoconceito e transformá-lo em algo positivo, uma mudança de fato revolucionária. Mas antes de aprendermos a fazer isso, quero lhes mostrar como vocês podem usar tudo o que aprenderam até agora para fazer algo consideravelmente mais simples: construir uma qualidade de autoconceito totalmente nova.

Integrando e processando contra-exemplos (após "ajustar" os dados existentes utilizando estrutura, tempo e conteúdo – ver "Resumo das listas de verificação" nas páginas 145-146.)

1. Lista de verificação de contra-exemplos

Onde e como eles estão representados?
Integrados ou separados?
Mesma modalidade, mesmo local?
Mesma modalidade, local diferente?
Modalidade diferente, local diferente?
Óbvios ou ocultos?
Modalidades e submodalidades

2. Integrando contra-exemplos

Integrar um contra-exemplo de cada vez
Controlar o tamanho e outras submodalidades para evitar sobrecarga dos dados
Limitar o número de contra-exemplos para aproximadamente 5-10%

3. Utilizando contra-exemplos

Excluindo contra-exemplos do desempenho máximo por negociação
Agrupando contra-exemplos e descobrindo semelhanças
Ajustando a abrangência de uma qualidade no espaço e/ou tempo
Diminuindo
Aumentando
Integrando a uma qualidade abrangente

4. Transformando contra-exemplos
   Agrupando contra-exemplos
   Descobrindo semelhanças
   Reclassificando o grupo como uma qualidade diferente e separada
   Identificando o pior contra-exemplo
   Transformando o pior contra-exemplo
   Examinando outros no grupo para verificar a generalização

9

Construindo uma nova qualidade de autoconceito

Estivemos explorando o impacto e a interação das variáveis do processo e do conteúdo para tornar uma qualidade do seu autoconceito durável e receptiva ao *feedback*. Também exploramos a importância da integração de contra-exemplos e como transformá-los em exemplos. Com aquilo que vocês aprenderam, poderiam perguntar a alguém sobre qualquer qualidade importante do seu autoconceito, fazer perguntas para descobrir como eles vêm fazendo isso e então ensinar uma variedade de habilidades adicionais para o seu autoconceito funcionar muito melhor. Esse tipo de mudança repercutirá em toda a sua vida, afetando muitos comportamentos e respostas específicos.

Agora é hora de demonstrar como utilizar toda essa informação para fazer algo ainda mais útil e produtivo, isto é, *criar uma qualidade positiva de autoconceito totalmente nova* quando alguém não tem nenhuma representação dessa qualidade.

Quando uma pessoa pensa em si mesma como possuidora de determinada qualidade –, por exemplo, ser agradável – isso indica que ela tem um autoconceito positivo em relação a essa qualidade. Uma vez que ela tem essa base de conhecimento interno, não precisa que os outros lhe digam, e quando os outros demonstram o seu reconhecimento dessa qualidade, ela pode apreciar totalmente essa confirmação adicional.

Quando alguém diz: "Eu sou desagradável", isso indica que ele pensa em si mesmo como *não* agradável, um autoconceito *negativo* em relação a essa qualidade, algo que exploraremos mais tarde. Seria *muito* difícil construir um autoconceito positivo para essa qualidade, porque entraria em conflito com o autoconceito negativo que já se encontra lá. E se conseguíssemos construir uma nova qualidade positiva, criaríamos ambivalência e incerteza. Algumas pessoas já são ambivalentes. Em algumas ocasiões elas se sentem agradáveis, em outras não, e com freqüência não têm certeza.

Quando alguém diz: "Eu não me acho agradável", precisamos de mais informações para conhecer a sua experiência interna. Ele *poderia* estar dizendo que tem um autoconceito negativo. Ou poderia estar dizendo literalmente o que as palavras significam: simplesmente que ele *não* tem um autoconceito positivo (ou negativo) em relação a essa qualidade. Provavelmente sabe o que significa a palavra "agradável", mas não reuniu experiências (positivas ou negativas) que proporcionem qualquer informação sobre ele ser ou não agradável. Para facilitar, chamarei essa ausência de dados de "conjunto nulo".

Como ele não sabe se é agradável ou não, em geral busca confirmação nas outras pessoas. Mas mesmo quando recebe esse apoio dos outros, ele não dura muito, porque a pessoa não sabe *armazenar* essa informação. Ouvir uma confirmação externa é como jogar água em uma peneira – passa direto e desaparece. Assim, provavelmente ela perguntará de novo e, com freqüência, os outros a descreverão como "insegura", "carente" ou "dependente".

Nesse caso, é adequado simplesmente reunir experiências em uma qualidade desejada de autoconceito positivo, um método descrito pela primeira vez há muitos anos (Andreas, C. & S., 1989, cap. 3). Como muitas vezes a pessoa já tem uma representação ambígua ou negativa da qualidade, as oportunidades para utilizar esse padrão são um tanto limitadas. Contudo, para o propósito de ensino, é útil começar com o caso mais simples, no qual não há negação ou ambivalência, e podemos utilizar simplesmente o que aprendemos para construir uma nova qualidade de autoconceito. Logo aprenderemos como transformar uma qualidade de autoconceito ambivalente ou negativa em uma qualidade positiva.

A transcrição literal a seguir é de uma demonstração de um treinamento de *Master Practitioner* em PNL realizado em 1992. Naquela época eu ainda estava no processo de modelagem do autoconceito, portanto sabia *muito* menos do que vocês sabem agora. Fiz uma rápida apresentação introdutória e, quando pedi um voluntário para uma demonstração desse processo, Peter ergueu a mão.

Demonstração

E o que é que você gostaria de... ? (construir)
Peter: Bem, "agradável" realmente tocou em um ponto fraco.
OK, você não pensa em si mesmo como agradável.
Peter: Não particularmente.
Eu acho você agradável, portanto venha para cá. (Peter vai para frente.) OK, quando eu disse isso, o que você fez internamente?
Peter (balançando a cabeça e dando de ombros): Eu pensei "Não".
Certo. Agora, se você pensa "Não" – fale mais. (Para o grupo.) Vejam, estou testando para ter certeza de que não é uma daquelas (negativas).
Peter: Bem, é como se tivesse tocado... Eu senti que atingiu um vazio.
"Um vazio". OK. Isso parece bom. Porque se for um desses (conjuntos nulos), então é como se não houvesse nada lá. Não é como se houvesse uma negação. E da forma como eu o vejo, eu não... eu não imaginaria que você pensa em si mesmo como *não* agradável.
Peter: Não, realmente não. É mais... Eu não penso em mim mesmo como não agradável; eu não penso em mim mesmo como agradável.
Sim. Isso é bom. (Para o grupo.) É isso o que queremos. Faz sentido eu estar testando um pouco mais aqui? Porque eu quero ter certeza de que é um daqueles (conjuntos nulos). O que acontece se você for em frente e construir um desses (positivos) e não enfraquecer um daqueles (negativos)? Pense nisso. Mas... é sério. Esse é um ponto importante. Se alguém tem uma crença negativa – se ele se considerasse não agradável e eu construísse aqui uma crença de que ele é *agradável*, o que aconteceria? Agora teríamos um problema de partes. A maioria das pessoas já tem conflitos suficientes sem isso, não vamos criar mais um. (Para Peter.) Pense em alguma coisa que você *realmente* acredita ser verdade a seu respeito.
Peter (concordando): Eu acho que sou inteligente.
Inteligente. Bom. E você está bem certo disso, não é?
Peter (concordando): Sim (risos).

Sim (brincando). Nós não dissemos "arrogante", nós dissemos "inteligente" (mais risos). Bom, o que eu gostaria de saber é o seguinte: qual é a sua evidência? Como você representa essa percepção de si mesmo como sendo inteligente?

Peter: Huuum (risos), eu realmente não tenho certeza. Hum, é como se estivesse incorporado em mim? (gesticulando na direção da orelha esquerda)... Eu tenho uma voz que me diz que "Eu sou esperto".

OK. Portanto, há uma voz aí. Agora, qual é a sua evidência? Veja, uma voz é apenas uma voz, certo? Assim, há uma voz à sua esquerda que diz, "Eu sou esperto". Isso é bom; eu não estou discordando. Apenas quero saber qual é a sua evidência. Como ela sabe que é assim?

Peter: Outras pessoas me disseram.

Bem, eu não acredito nas outras pessoas. Você acredita?

Peter (concordando): Sim.

É mesmo? Portanto, tudo que eu preciso fazer é lhe dizer que você é agradável e a partir de agora...

Peter: Acho que se eu ouvir o *suficiente*.

"Suficiente." OK. E então...

Peter: Sim. Isso faz sentido. Porque é o que você disse – como estou sempre querendo que minha esposa diga quanto ela me ama. E a experiência dela é que isso é realmente um pouco excessivo (risos).

Sim (risos). (Para o grupo.) É isso o que queremos. Fizemos dos dois jeitos. Em um, ele tende a buscar confirmação dos outros e, no outro, se eu lhe disser que ele é agradável, é como se não registrasse. É como: "Bem, hum, é como se houvesse um vazio". E isso é o que queremos. Ótimo. (Para Peter.) Agora, em relação a "Eu sou esperto", você tem uma lembrança auditiva de muitas pessoas dizendo isso, em muitos contextos? É essa a evidência?

Peter (concordando): Sim, e eu fiz muitas coisas sobre as quais recebi confirmação externa.

OK. Assim, ao ouvi-las – vamos pegar apenas uma –, você pode pensar em uma determinada ocasião em que alguém diz: "Você disse algo de maneira inteligente" ou algo parecido? Ou qualquer outra coisa? (Peter concorda.) Um auditivo lembrado? E que tipo de coisa ele poderia dizer?

Peter: Lembrei-me do meu pai dizendo: "Não sei de onde você tirou toda essa inteligência".

Ah, isso é bom. Você ouve isso? Está pressuposto. "Não sei de onde você *tirou* toda essa inteligência." Há também uma comparação implícita aqui – a de que ele não é tão esperto. Peter está contando que o pai disse que ele era mais esperto que o pai.

Peter: Isso criou muitas coisas esquisitas dentro de mim, porque eu sempre acreditei que ele fosse muito mais esperto do que eu. Portanto, isso foi realmente... (Peter parece surpreso.)

Quando ele disse isso. Entendi, OK. (Para o grupo.) Vou anotar isso porque quero me lembrar. Algumas vezes conseguimos algo bom assim, maravilhoso para utilizar no ensino. "Não sei de onde você tirou toda essa inteligência." Essa é muito boa. Gostaria que mais pais fizessem isso. O que a maioria dos pais diria, mantendo a mesma forma da frase e mudando apenas algumas coisas? O que a maioria dos pais diria? "Como você pode ser tão estúpido, teimoso?" "Não sei de onde você tirou toda essa estupidez." Bem, não vamos falar nisso agora. (Para Peter.) E existem outras? Você pode ouvir outras vozes? E o que ouvi de você é que é importante saber *de quem* é a voz. Está correto?

Peter: Sim.

Se fosse a voz de um homem na rua não importaria tanto? Seria tão convincente?

Peter: Não seria tão convincente, mas ainda... ainda assim seria processado.

Certo. Portanto, ainda seria uma parte dela. OK. Bom.

Peter: Quanto mais inteligente a pessoa que está observando, maior o impacto.

Com certeza. Então, a fonte é importante. OK. Quantas vozes você acha que existem aí? Você disse que havia várias delas, lembranças, pessoas...

Peter (balançando a cabeça): Eu não sei, mas algo em torno de cinqüenta.

Cinqüenta. OK. Essa é uma pessoa meticulosa, certo?

Peter: Acho que sim.

OK. Bom. Agora, mais alguma coisa em termos de evidência? Há uma voz que lhe dá a mensagem e há a evidência por trás dela, de todas essas diferentes pessoas, dizendo esse tipo de coisa. Mais alguma coisa?

Peter: Hum, sim. Quando você perguntou pela primeira vez eu não tinha nada – nenhuma imagem em particular. Era mais uma coisa auditiva. Agora que você está perguntando novamente, posso lembrar imagens de quando me formei e tenho diplomas nas paredes que me confirmam...

E se você ouve a voz do seu pai dizendo "Não sei de onde você tirou toda essa inteligência", há alguma imagem?

Peter (balançando a cabeça): Hum, não. Apenas a imagem dele – quer dizer, apenas ele dizendo... Posso lembrar a situação quando ele disse isso.

Bem, sim, mas você tem... É uma voz isolada ou há alguma imagem de quando ele disse isso? (Peter é inglês, portanto, faz sentido que sua representação seja principalmente auditiva, mas estou verificando para saber se o visual, que costuma ser mais proeminente entre os norte-americanos, também está presente.)

Peter (concordando): Acho que o auditivo é muito mais importante que o visual.

OK. Tudo bem. Agora eu vou lhe fazer outra pergunta, que pode parecer um pouco estranha: "Há quaisquer contra-exemplos?" Há quaisquer...?

Peter (sorrindo largamente e balançando a cabeça): Não. De certo modo sim, e de certo modo não. Quer dizer, eu sei que às vezes faço coisas mais ou menos estúpidas, mas (balançando a cabeça) isso não muda a crença. Por alguma razão, isso não tem impacto.

OK. Isso é bom. Agora eu quero fazer uma coisa – uma espécie de experiência – e você me diz como se sente. E se você tivesse uma voz aí – digamos uma, ou duas ou três dizendo: "De vez em quando você estraga tudo".

Peter: Tudo bem.

Tudo bem? OK. O que estou fazendo aqui é algo que... é uma maneira de evitar a arrogância. É maravilhoso ter generalizações, mas todas elas falham em algum lugar. Mesmo a pessoa mais inteligente do mundo – não importa quem você escolheu – dirá coisas estúpidas de vez em quando – ou fará coisas estúpidas. Se a pessoa tem *apenas* exemplos positivos em suas generalizações, então ela *pode* pensar: "*Tudo* que eu digo é ouro. *Tudo* que eu faço é perfeito; tudo que eu faço é certo".

Peter (balançando a cabeça): Não.

(Para o grupo.) Esse não é o caso aqui. OK. E uma das maneiras de fazer isso (proteger-se contra a arrogância) é construir deliberadamente contra-exemplos para a generalização. É ótimo ter uma grande e sólida generalização. Ele tem cinqüenta exemplos; algumas pessoas têm *um*. Há uma velha anedota sobre o sujeito que sabe que todos os indianos caminham em fila indiana porque uma vez ele viu uma (risos).

E essa é uma área fascinante a ser explorada em termos de autoconceito e generalizações em geral. Porque o autoconceito é simplesmente uma generalização sobre o self. Algumas pessoas *realmente* fazem generalizações baseadas em um único exemplo. Alguém diz uma coisa e elas dizem: "Ah, ela é *esse* tipo de pessoa", porque a viram fazendo aquilo uma vez – é como a "fila indiana". E outras são muito mais cuidadosas e precisam de uma série de exemplos para criar uma generalização.

Vocês já encontraram alguém que se achava muito, muito inteligente, enquanto outras pessoas não concordavam com ele? Infelizmente, os clientes não nos procuram dizendo: "Eu sou muito arrogante e gostaria que vocês mudassem isso" (risos). Eles não fazem isso. Se uma pessoa, deprimida, acredita que nada dará certo, ela não virá falar disso porque (ela pensa) acha que também não dará certo. Portanto, as pessoas podem entrar em *loops* com determinados tipos de problemas, mas *elas* não virão por si mesmas. *Outra pessoa* pode trazê-las – a esposa, o marido, um filho ou uma filha –, mas a própria pessoa não percebe a situação como um problema (ou que uma solução é possível).

A maior parte das estruturas da PNL que ensinamos a vocês é com um cliente voluntário, alguém que chega e diz: "Estou infeliz; minha vida não está dando certo; quero ajuda". Há outras coisas um pouco mais difíceis de lidar porque você precisa convencer alguém de que há um problema (ou que uma solução é possível).

(Para Peter.) OK, vamos voltar ao seu exemplo. Minha proposta – e quero saber se você tem alguma objeção – é construir o mesmo tipo de representação de que você é agradável.

Peter (enfaticamente): *Nenhuma* objeção! Muitas vozes dentro de mim estão dizendo *"Sim, sim, sim!"*.

E a sua esposa também vai gostar. Agora, você sabe onde escuta essas vozes, o seu tom e os detalhes para o "Eu sou esperto" ou "Eu sou inteligente". Quero que você faça isso da seguinte forma, porque acho que funcionará melhor. Você tem isso – a generalização mais importante é "Eu sou esperto". Quero construir isso (generalização resumida) *por último*. Antes, porém, quero construir esses outros exemplos específicos no passado. Não precisa ser um que diga que você é "agradável" – a palavra não precisa estar lá. Poderia ser "Você fez uma coisa muito gentil para aquela criança", ou "Você me deu um presente encantador" ou outra coisa qualquer. E quero que você crie cinqüenta exemplos assim, um de cada vez. E quando tiver cinqüenta exemplos construídos, você os conta para mim – e então constrói um com a voz mais importante que lhe diz "Eu sou agradável", ou "Eu sou uma pessoa atenciosa" ou de qualquer modo que gostaria que ela dissesse isso. As palavras não são importantes, a não ser para a pessoa, porque algumas palavras funcionarão melhor para ela. Você tem alguma pergunta?

Peter: Não.

OK. Comece. (Peter fecha os olhos.) Apenas procure em sua memória... e é claro que a sua mente inconsciente pode participar totalmente disso... Pense em diferentes épocas da sua vida... e assim como era importante, no outro exemplo, que a pessoa que disse essas coisas fosse inteligente, que seja uma pessoa inteligente e agradável ou que tenha algo que você respeite. Isso faz sentido? (Peter concorda.) OK. Não tenha pressa... Aos poucos reúna, uma a uma... vozes que de maneira sincera e congruente... o valorizem por você ser uma pessoa atenciosa, agradável... (Há uma pausa de 26 segundos, enquanto Peter encontra e reúne exemplos.)

E eu não acho que você precisa chegar a cinqüenta.

Peter (com uma voz mais suave, concordando): Não, estou percebendo que o processo está completo.

Portanto, você tem a sensação de estar completo. Você também pode colocar alguns exemplos nas suas horas livres – quando está esperando o ônibus ou algo parecido. OK, você já construiu a voz que resume tudo isso?

Peter (concordando): Hum (suavemente). Ela diz: "Eu sou amado".
"Eu sou amado." Bom. Isso é bom. E eu também gosto do tom da voz.
Peter (sorrindo largamente): Sim. Eu também gosto.
Agora. Você é uma pessoa agradável?
Peter (suavemente): Sim.
Qual é a sensação?
Peter (sorrindo): *Muito estranha.*
Sim. No começo é assim. É uma coisa nova. É como muitas mudanças que a princípio são estranhas, mas é uma estranheza gostosa, certo?
Peter: Sim. É como pensar em mim mesmo de uma maneira totalmente diferente... Minha voz está diferente?
Um-hum (o grupo concorda).
Peter: Porque até para mim ela soa diferente.
Um-hum. Ela tem mais profundidade e está um pouco mais baixa.
Peter (sorrindo largamente): Ooooh! Obrigado.
OK. Como você se sente agora? Agora que teve todos esses vinte segundos para se acostumar? (Risos.)
Peter: É como se houvesse muita agitação aqui dentro. E eu acho que... a melhor coisa é uma espécie de sensação de *surpresa total.* (Suavemente.) É como *uau!*

* * * * *

Cerca de três minutos depois Peter comentou: "O que estou percebendo agora é que, enquanto voltava no tempo, uma série de eventos iam surgindo imediatamente, mais ou menos assim: 'Ah, esse é um exemplo disso', e 'Esse é outro' e 'Lá está outro'".

Essa é uma resposta típica de como a nova generalização se torna um núcleo para reunir outros exemplos adequados à qualidade recém-organizada. Essa sessão, incluindo os comentários com o grupo, demorou 17 minutos.

* * * * *

Entrevista de acompanhamento com Peter

A seguir a transcrição literal de uma entrevista com Peter duas semanas depois, um dia após o Dia dos Namorados.

Então, Peter, já se passaram duas semanas desde que fizemos o trabalho sobre ser agradável – ou amado, como acabou sendo –, e eu fiquei imaginando se você notou quaisquer mudanças – e principalmente, como você mencionou algo sobre perguntar sempre à sua esposa se ela o ama e coisas assim, se ela notou alguma coisa.

Peter: Não tenho certeza se ela percebeu o que mudou. *Eu* definitivamente percebi, pois sinto-me muito mais independente. É como – exatamente isso – se eu não precisasse desse constante *feedback*. E foi interessante – naturalmente o Dia dos Namorados é uma ótima ocasião para isso. E ontem eu ganhei presentes *ótimos*, muitos presentes, que realmente me mostraram com clareza quanto ela gosta de mim. E isso, em si, fez diferença, pois eu realmente *notei*. Quero dizer, *teve* um impacto. Antes eu recebia os presentes e dizia "AAAhhh, bom" (Peter gesticula com a mão esquerda como se estivesse desinteressadamente jogando o presente por cima do ombro esquerdo), e ele meio que passava por cima da minha cabeça (gesticulando sobre a cabeça).

Esse é um gesto bonito. (Risos.) (Imitando.) "Você me ama?" "Sim." (Copiando o gesto de Peter.) (Risos.)

Peter (sorrindo e concordando): Não é possível. (Peter repete o gesto.) Agora eu realmente percebi toda a extensão e...

Você pôde saboreá-la e experimentá-la de fato, em vez de apenas descartá-la. (Peter concorda.) Ótimo.

Peter: Sim. Foi realmente bom. Outra coisa que surgiu é que ontem fiz uma apresentação para um grupo de pessoas que não estava particularmente aberto para o tipo de coisa que eu tinha a dizer. E fiquei surpreso ao ver como tudo correu bem, a resposta positiva que as pessoas me deram. Foi *realmente* um sentimento positivo e, de novo, não sei bem como isso se encaixa, mas tive a sensação de que havia um envolvimento. Como se houvesse alguma coisa diferente na minha maneira de agir ou naquilo que estou permitindo que me atinja.

Talvez ambos.

Peter: Sim. Então, eu fui ótimo. Estou... estou *sentindo* isso.

* * * * *

Entrevista de acompanhamento com a esposa de Peter

Uma semana depois da entrevista com Peter, conversei com sua esposa, Joan. Naquela ocasião, Peter ainda não havia contado nada sobre o trabalho que eu fizera com ele.

Bem, Joan, há cerca de três semanas eu trabalhei um pouco com o seu marido, Peter. Há uma semana tivemos uma entrevista de acompanhamento e eu perguntei a Peter se você notara qualquer diferença no comportamento dele, e ele me disse que não lhe perguntara. Portanto, acho que ele ainda não lhe contou nada, certo?

Joan: Não, Peter não me contou sobre o processo. Eu perguntei a ele o que... Bem, eu notei mudanças nele.

Você pode me dizer quais foram essas mudanças?

Joan: Bem, foi surpreendente. Vou voltar para a primeira vez em que ele entrou em casa há três semanas. Eu notei de imediato que até fisicamente houvera uma mudança. O seu modo de andar estava mais leve. Seus olhos estavam mais brilhantes. Seu rosto não estava tão contraído; ao contrário, estava muito mais relaxado. Sua voz estava mais suave. As mudanças que eu notei no seu comportamento, no modo como interagimos...

Sim, é isso em particular que estou interessado em ouvir.

Joan: Ele está muito mais divertido. Ele brinca muito mais. Está mais tolerante consigo mesmo – menos voltado a um objetivo.

Você pode pensar em quaisquer coisas específicas que eram diferentes antes ou em algo que aconteceu durante as três últimas semanas e que ele não teria feito antes, ou qualquer coisa assim?

Joan: Ele ouve.

Ele ouve?

Joan: *Ouve*. Em vez de ser crítico como antes, dizendo isso é certo, isso é errado, foi como se ele estivesse vindo de um lugar mais amoroso e compreensivo... onde não havia certo ou errado. Ele apenas me ouvia.

Você gosta das mudanças.

Joan: Ah, eu *adoro* as mudanças! Elas são maravilhosas. Nós interagimos muito mais de um modo divertido. Ele está mais alegre, mais feliz...

Uma pessoa que gostamos de ter por perto.

Joan: Ah, animado como... Sim, muito melhor para se ter por perto, eu adorei.

Ótimo. Mais alguma coisa? Então vou lhe dizer o que fizemos.

Joan: É como se ele – continuo querendo dizer –, é como se ele amasse mais a si mesmo e os outros, como se fosse mais capaz de brincar.

Isso fez uma grande diferença.

Joan: Uma incrível diferença. Sim, eu realmente... *Sim*!

* * * * *

Em uma discussão após a entrevista gravada, Joan mencionou duas outras mudanças em Peter. Uma delas foi que ele brincou durante *muito* tempo com uma criança que os estava visitando, o que ele jamais fizera antes. Ela também disse que Peter não se preocupava mais se ela queria fazer alguma coisa sozinha. Se fosse sair à tarde, ele não precisava saber onde ela estava nem ligar para saber quando voltaria para casa.

Discussão

Vocês têm alguma pergunta sobre essa sessão?

Fran: Parece muito fácil e pouco dramático. A maioria das pessoas pensa que a mudança no nível de identidade é muito difícil e demora bastante.

Bem, tudo é difícil se você não sabe o que fazer, ou como fazer, e a maioria das coisas é fácil quando você sabe. Vocês conseguem se lembrar de quando tentaram usar um equipamento novo pela primeira vez e ficaram frustrados e aborrecidos por não saberem como usá-lo? Mas assim que descobriram como ele funcionava não ficou fácil?

O que eu demonstrei com Peter é o tipo mais simples de mudança na identidade. Foi uma mudança que ele desejava de forma congruente, não havia crenças negativas para atrapalhar e nenhum objetivo conflitante para ser atendido.

A maior parte das pessoas que tentam construir uma percepção mais positiva de si mesmas acha muito difícil porque já têm uma percepção *negativa* de si mesmas, e isso atrapalha. É um pouco como tentar erguer uma grande pedra que está firmemente presa no chão –, naturalmente, é muito difícil e dramático. Logo ensinarei como lidar com esses tipos de situações, mas elas realmente complicam um pouco o processo.

Muitas pessoas comparam uma grande demonstração de emoção com mudança efetiva, e eu acho que é por essa razão que a PNL tem sido criticada, com freqüência, por "deixar de lado as emoções". Há muitos contra-exemplos para a idéia de que o drama e a emoção são sinais de efetividade, e eu acho que ocorre exatamente o contrário. Muitas vezes, quando as pessoas estão emotivas, elas estão apenas demonstrando a sua frustração e a sua *falta* de recursos para lidar com uma situação difícil.

Ao contrário, quando os seus recursos são adequados para lidar com uma situação difícil, vocês até podem não *pensar* nela, quanto mais ficar emotivos! Pensem em amarrar os cadarços e todas as outras coisas que eram desafios intransponíveis quando eram crianças e que agora são tão rotineiras e inconscientes que vocês nem mesmo pensam nelas.

Os engenheiros sabem que qualquer máquina que faz muito barulho é ineficiente, porque o barulho é uma forma de energia que está sendo desperdiçada (a não ser que o objetivo da máquina seja fazer barulho). Uma máquina eficiente é muito silenciosa, pois toda a sua energia está voltada para o desempenho da sua função.

Há muitos anos eu costumava fazer Gestalt-terapia, que tem *muito* drama – pessoas gritando e berrando para cadeiras vazias e socando travesseiros. Era bastante dramático, mas em geral os resultados não eram particularmente úteis. Antes dos antibióticos e das vacinas, toda família vivia muitos dramas de vida e morte enquanto seus filhos lutavam contra doenças como a escarlatina e a varíola, que atualmente são quase desconhecidas. Os antibióticos e as vacinas são *pouco* dramáticos e *muito* eficazes. Em quase todas as áreas, quando sabemos exatamente o que fazer, a mudança é fácil e pouco dramática. Muitas das mudanças que vocês já experimentaram foram pouco dramáticas, mas terão conseqüências de longo alcance.

Dan: E se alguém não conseguir encontrar exemplos da qualidade que deseja ter?

Isso em geral depende da maneira como ele está procurando. Com freqüência, quando não consegue encontrar exemplos, é porque seus critérios são muito elevados e perfeccionistas. Se ele estiver procurando exemplos de "coragem", pode pensar que essa palavra só pode ser exemplificada pela vitória em uma pequena guerra, sozinho e sem ajuda. Ou pode examinar todos os seus exemplos de coragem e descobrir que nenhum deles é perfeito. Nesse caso é necessário ampliar um pouco seus critérios e a sua definição para que mais partes das suas lembranças se encaixem nessa palavra. A coragem pode significar uma ampla variedade de comportamentos nos quais alguém defende os seus princípios e valores e enfrenta bravamente algum tipo de oposição. Depois de ampliar um pouco seus critérios, a maioria das pessoas consegue encontrar muitos exemplos.

Mas digamos que alguém ainda não conseguiu encontrar nenhum. Nesse caso vocês poderiam utilizar todas as suas habilidades e ajudá-lo a acessar os recursos adequados e rever as lembranças, para que ele fosse corajoso no passado, e depois fazer uma ponte para o futuro, de forma que a pessoa também tenha exemplos futuros e possa utilizar ambos para os dados.

Ann: Você pode dar um exemplo disso?

Claro. Se a pessoa não consegue encontrar exemplos de coragem, peça-lhe para pensar em uma ocasião na qual ela não foi corajosa e desejou ser. Então, peça-lhe para rever essa situação e pensar qual recurso pessoal teria tornado mais fácil para ela ser corajosa. Talvez se ela tivesse simplesmente pensado naquele momento no efeito dessa situação em seus filhos, ou em outra pessoa, teria sido mais fácil agir. Então ela pode reprisar tal situação tendo em mente essa estrutura mais ampla, passando um filme daquilo que ela teria feito diferente, até ficar do jeito que deseja. Depois coloque essa experiência no futuro, em qualquer lugar onde ela poderá precisar dela, e então coloque o exemplo do passado revisto e o exemplo futuro em novos dados para a coragem.

Ou talvez ela estivesse muito preocupada com a opinião dos outros a seu respeito. Então você poderia perguntar-lhe sobre uma ocasião na qual ela não ligou a mínima para a opinião dos outros e, quando ela estiver experimentando esse sentimento completamente, faça-a reprisar essa situação e ver como ela se desenrola de maneira diferente. Ela pode fazer esse tipo de ajuste e teste quantas vezes quiser, até ficar satisfeita; depois coloque essa experiência no futuro e nos dados.

Bill: Fico imaginando se as pessoas poderiam ter diferentes tipos de molde para diferentes qualidades positivas.

Eu não investiguei isso. O que demonstrei com Peter sempre funcionou bem, portanto presumi que os moldes de uma pessoa para diferentes qualidades positivas são os mesmos, ou tão semelhantes que quaisquer diferenças não importam. Acho que foi Gregory Bateson quem disse que "Uma diferença que não faz diferença não é diferença". Eu me interessei mais pela questão prática daquilo que as pessoas podem fazer para mudar, mas seria interessante pesquisar isso – e você poderia descobrir alguma coisa útil.

Lois: Estou surpresa por você não ter dado a Peter instruções mais detalhadas sobre o que fazer. Obviamente funcionou bem, mas eu acho que ele precisava de orientações mais específicas.

Isso aconteceu em um treinamento para *Master Practitioner*, portanto eu podia supor que Peter já tinha muitas habilidades avançadas e compreensão das submodalidades. Se ele tivesse qualquer dificuldade, eu teria dado instruções mais detalhadas.

Em algumas ocasiões as pessoas precisam de mais instruções, e em outras, de menos. Algumas são muito rápidas e se adiantam. Se você lhes der instruções detalhadas, algumas interromperão e dirão: "Por favor, quer parar de falar? Eu já estou entendendo o processo e você está me distraindo". Em outras situações, ao descrever o próximo passo em um processo, elas dizem: "Sim, eu já fiz isso". Naturalmente, algumas vezes elas se adiantam na direção errada e você precisa trazê-las de volta. O principal a fazer é notar o que a pessoa precisa e ajustar o seu comportamento para facilitar-lhe as coisas o máximo possível.

Stan: Eu acho que o Peter foi um exemplo daquilo que você descreveu anteriormente, alguém que era competente mas não confiante.

Sim, concordo. Peter era um sujeito agradável de se ter por perto, sua esposa o amava e muitas pessoas gostavam dele. Contudo, ele simplesmente não havia reunido suas experiências de modo a poder reconhecer isso como um aspecto de si mesmo. Eu quero mesmo enfatizar como é importante *reunir* experiências. Quando comecei, eu disse a Peter: "Eu acho você agradável", mas ele não registrou isso. Tenho certeza de que todos vocês passaram pela experiência de tentar convencer um amigo ou um cliente de alguma coisa oferecendo um contra-exemplo para a sua crença limitadora e não chegaram a lugar nenhum. Um único contra-exemplo em geral é (e com freqüência literalmente) posto de lado. Mas ao *reunir* um *grupo de exemplos* de *forma adequada* para a pessoa com a qual vocês estão trabalhando, eles se tornam muito convincentes. Agora o Peter se considera agradável, e isso é tão automático e "incorporado em mim" quanto saber que ele é inteligente.

Fred: Parece que o que você fez também pode ser descrito como criar uma parte daquilo que foi chamado de "referência interna", a capacidade de saber alguma coisa internamente, independentemente das opiniões dos outros.

Sim, essa é uma outra boa maneira de pensar na mudança no modo de Peter pensar a respeito de si mesmo. Quando as pessoas usam o termo "referência interna", muitas vezes a consideram uma única coisa – que alguém tem uma referência interna a respeito de *tudo*, em vez de compreender que ela é formada de muitos aspectos menores que com freqüência dependem do conteúdo e do contexto. Dizer que alguém tem uma referência interna é sempre um excesso de generalização, porque sempre haverá contextos nos quais a pessoa buscará referências externas. Antes do trabalho que realizei com ele, Peter tinha referências internas em relação à sua inteligência, mas quanto a ser amado, suas referências eram externas. Aprender uma nova habilidade é uma situação na qual é totalmente adequado escolher cuidadosamente um especialista nessa habilidade como uma referência externa.

Vocês também poderiam dizer que Peter dependia muito dos outros em relação a amor e afeto. Ajudando-o a criar o conhecimento interior de que é amado, ele passou a não depender mais dos outros. Também quero mencionar outra coisa que considero *muito* importante. Muitas pessoas pensam erroneamente que independência resulta em indiferença. Como a entrevista de acompanhamento demonstrou, agora que Peter é independente no que diz respeito a ser amado, ele é mais amoroso e também capaz de desfrutar do afeto e do carinho da esposa *muito* mais do que antes. A independência nos liberta para respeitar, valorizar e interagir com os outros, em vez de ficarmos presos em nossas próprias necessidades desesperadas.

Uma participante de um seminário anterior trabalhou com um homem que era muito crítico, construindo uma qualidade muito semelhante àquela que construí para Peter. Na semana seguinte, a namorada do homem foi vê-la, muito curiosa a respeito do que ela fizera com ele. A moça disse que estava quase abandonando-o, mas que agora o namorado estava mais tranqüilo e mais receptivo do que ela jamais o vira, e que quando ele ficava irritado, desculpava-se em vez de culpá-la.

Ken: Quando você estava testando no final e lhe perguntou se ele era agradável, você continuou perguntando qual era a sensação e ele disse: "Muito estranha". Você descreveu isso como sendo simplesmente uma coisa pouco familiar, o que pareceu adequado para ele. Eu pensei que isso poderia ter sido uma indicação de uma objeção à mudança.

Poderia ter sido uma objeção, mas a estranheza é uma resposta muito comum nesse momento, porque as pessoas literalmente pensam em si mesmas de maneira muito diferente, portanto, a diferença está no *pensador,* bem como naquilo que está sendo *pensado*. Em todo trabalho de mudança é muito útil fazer uma nítida distinção entre uma objeção a uma mudança e a simples falta de familiaridade. A falta de familiaridade não é uma objeção, apenas uma observação. As pessoas notam como se sentem diferentes e comentam – é estranho, mas está tudo bem. As indicações não-verbais de "estranheza" são muito diferentes das de uma objeção. Algumas das mais perceptíveis são que na estranheza os olhos em geral estão bem abertos, o rosto um tanto relaxado e a cabeça move-se ligeiramente para a frente. Em uma objeção, os olhos habitualmente estão apertados, o rosto está mais tenso e a cabeça move-se um pouco para trás. Para se tornarem sensíveis a essas diferenças vocês podem pedir a um amigo para pensar alternadamente em uma experiência de cada e observar como elas diferem.

Quando alguém diz: "Eu não me sinto como eu mesmo", essa é uma forte indicação de que vocês fizeram uma mudança significativa no seu autoconceito, e que ela será muito ampla, quer esse tenha ou não sido o seu objetivo. Se vocês quiserem ter certeza de que não há objeções, sempre podem perguntar: "Tudo bem ser outra pessoa?"

Em geral a sensação de estranheza desaparece muito rapidamente, quando a pessoa se acostuma. Mas se ela continuar preocupada com isso, vocês podem perguntar: "Quantas vezes você precisa experimentar alguma coisa nova para ela se tornar familiar?" Habitualmente, as pessoas respondem dez vezes ou menos, então vocês podem dizer: "OK, durante um ou dois minutos experimente essa sensação dez vezes e me avise quando tiver acabado". Como a sua pergunta (e a resposta a ela) pressupõe que a sensação se tornará familiar após um determinado número de vezes, ela se tornará familiar para ela. Mas se realmente houver uma objeção, a sensação não desaparecerá com a repetição.

Com freqüência há uma outra objeção aparente que algumas pessoas ainda não aprenderam a distinguir. Muitas vezes, quando uma mudança é proposta, a pessoa dirá: "Eu não acho que isso pode acontecer". Essa não é uma objeção, é uma afirmação sobre a sua crença ou expectativa. Vocês só precisam reconhecer a sua dúvida e separar isso do fato de ela ter ou não uma objeção. "Ótimo, compreendo que você não acredita que pode fazer essa mudança. *Se ela acontecesse*, você teria alguma objeção?"

Vocês realmente precisam escutar com atenção as respostas das pessoas às suas perguntas. Se vocês perguntassem a alguém onde mora e ele respondesse "Quinta-feira", provavelmente vocês não aceitariam isso como uma resposta válida, portanto perguntariam de novo. Contudo, muitas pessoas perguntarão se há quaisquer objeções, e quando a pessoa disser "Eu não acho que isso irá funcionar", aceitarão isso como uma resposta para a sua pergunta. Anteriormente, perguntei a alguém como uma mudança específica afetou a força da qualidade e ele disse: "Eu gosto mais". Como essa não era uma resposta à minha pergunta, precisei perguntar de novo.

Ted: Notei que você não lhe pediu para incluir nenhum contra-exemplo nessa nova qualidade de ser amado.

É verdade. Se eu estivesse fazendo isso hoje, essa é uma das diversas coisas que definitivamente teria feito de forma diferente. Lembrem que esse vídeo foi gravado há onze anos e eu já lhes ensinei muito mais do que sabia naquela época.

Ann: O que você fez, na realidade, foi ajudá-lo a escolher e organizar as suas lembranças de uma forma que funcionasse para ele. Você não acessou recursos nem ancorou experiências, ou quaisquer outros tipos de trabalho de mudança da PNL que eu conheço.

Basicamente ajudei Peter a *escolher* e *reunir* um conjunto de lembranças em uma generalização a respeito de si mesmo, utilizando o mesmo padrão que ele já tinha para ser inteligente. Evocar a estrutura para a inteligência serviu a dois propósitos. Um deles, o mais óbvio, foi o de encontrar uma estrutura interna que já funcionava para ele, para que eu pudesse construir uma nova qualidade que funcionaria tão bem quanto aquela que ele já tinha. O outro propósito ao evocar essa estrutura é que ela foi um poderoso meio para *convencê-lo* de que é *possível* ter uma representação interna estável que lhe permita conhecer a si mesmo. Sem isso ele poderia dizer algo como: "Amado não representa algo que você *é*, mas algo que você recebe das outras pessoas".

Contudo, você também poderia descrever esse processo nos termos que mencionou. Cada uma das suas lembranças é um recurso que é uma âncora para determinado estado positivo. Um conjunto de vozes em determinado local é uma poderosa âncora para um grupo de experiências significativas para Peter, e assim por diante.

Cada um de nós tem uma enorme variedade de experiências, mas a maior parte delas é desperdiçada porque não está *organizada*. É como se vocês tivessem um enorme galpão cheio de coisas empilhadas até o teto, portanto, não poderiam ver nada a não ser algumas das coisas mais próximas do topo e algumas perto da porta. Vocês não poderiam utilizar todas as coisas daquela maneira porque elas não estão organizadas de modo a permitir que vocês encontrem aquilo de que precisam. De certo modo, construir uma qualidade é semelhante ao padrão da "mudança de história pessoal", no qual procuramos e acessamos uma resposta com recursos e *ligamos* essa resposta a um contexto no qual vocês desejam tê-la à disposição. A principal diferença é que nesse padrão nós reunimos um *grupo* de experiências e prestamos atenção particularmente à *forma* desse grupo.

A maior parte dos padrões da PNL desenvolve soluções específicas para tarefas ou situações também específicas. Mas todos nós enfrentamos eventos desagradáveis e desafiadores, e há uma tal variedade deles que não podemos estar preparados com uma resposta específica para cada um. Quando trabalhamos com o autoconceito, criamos atitudes, capacidades e qualidades muito mais gerais que se encaixam em nossos valores, na maneira como desejamos responder e como queremos viver a nossa vida, independentemente daquilo que acontecer. Qualidades pessoais como flexibilidade, honestidade, curiosidade, paciência etc. constituem uma base pessoal com recursos para encontrar soluções para uma ampla variedade de eventos desafiadores específicos.

Essa pode ser uma boa ocasião para falar de uma qualidade muito útil e com freqüência ignorada: a *tenacidade* ou *persistência*. Muitas pessoas poderiam utilizar uma habilidade mais forte para resistir e continuar com um projeto, emprego ou casamento durante épocas difíceis, com o propósito de alcançar um objetivo valioso. Quando alguém está enfrentando dificuldades para continuar uma dieta ou programa de exercício, em geral as pessoas pensam em motivação, ou excitação, ou algum outro modo de fazer a pessoa continuar. Entretanto, a motivação e a excitação em muitos casos são passageiras, e o problema não está em começar um programa, mas em *continuá-lo*. Muitas pessoas já começaram centenas de dietas mas tiveram muita dificuldade para *continuar*.

A tenacidade pode nos fazer continuar, não porque tenha intensidade, mas porque tem *duração*, a habilidade de continuar através do tempo. Muitas pessoas precisam desesperadamente de tenacidade para ter êxito no mundo. A tenacidade tem muito menos drama do que a excitação, mas em geral é muito mais útil.

Uma qualidade bem próxima é o *compromisso*, tomar uma decisão *agora* para fazer alguma coisa durante um período prolongado. Se vocês decidirem fazer dieta ou casar, não dará muito certo acordar todas as manhãs e passar pelo processo de decidir se vão continuar ou não. É muito melhor ter um compromisso, pelo menos durante um período, e não examinar essa decisão com muita freqüência. Naturalmente, sempre haverá ocasiões nas quais a tenacidade e o compromisso podem tornar-se uma obrigação, quando poderia ser melhor desistir do que vocês estão fazendo e tentar alguma outra coisa. Qualquer habilidade pode tornar-se uma limitação se ela for excessiva ou utilizada em um contexto inadequado.

A seguir, quero que vocês experimentem o que fiz com Peter. Essa pode ser uma oportunidade para construir uma nova qualidade maravilhosa para si mesmos. Uma das possibilidades é procurar uma experiência de dependência, como Peter fez, a qual com freqüência indica onde está faltando uma qualidade. Ele pedia repetidamente à esposa para mostrar que o amava, mas a sensação que ele obtinha não durava, por isso precisava perguntar de novo. Se vocês puderem pensar em uma situação como essa, na qual repetidamente pedem aos outros algum tipo de confirmação, mas quando conseguem ela não dura muito, provavelmente essa é uma indicação de onde isso poderia ser útil.

A esposa de Peter achava seus constantes pedidos de confirmação "excessivos". Portanto, uma outra maneira de buscar algo útil para construir para si mesmos é pensar nos tipos de queixa que vocês ouvem dos outros com certa freqüência e examinar essas situações. Que qualidade vocês poderiam construir para si mesmos e que diminuiria a probabilidade dessas queixas? Por exemplo, se as pessoas queixam-se de que vocês são muito críticos, talvez pudessem construir uma qualidade de aceitação de como as coisas são. Se, com freqüência, ouvem comentários sobre o seu distanciamento e não-envolvimento, poderiam construir uma qualidade de estarem mais presentes e envolvidos.

Outra possibilidade é pensar em alguém que vocês admiram ou invejam, examinar o que os impressiona nessa pessoa e pensar se gostariam de ter essa qualidade para si mesmos.

Ou poderiam ler a lista a seguir e observar quais qualidades lhes parecem interessantes: ser curioso, gentil, alegre, forte, equilibrado, engraçado, sensual, espirituoso, honesto, estável, brilhante, corajoso, sério, namorador, organizado, leal, criativo, sábio, bom, amoroso, profundo, impecável, sociável, atencioso, centrado, meticuloso, útil, receptivo, ousado, ardente.

Lembrem que todas essas palavras são apenas denominações amplas que podem significar coisas muito diferentes para diferentes pessoas. Para uma, "ousado" pode significar elogiar alguém, enquanto para outra, essa palavra pode significar ser rebocada por um helicóptero e pendurada pelos calcanhares em uma corda de *bungee jump*, no topo de uma montanha!

Para uma pessoa, "atencioso" pode significar pensar nas necessidades físicas e no conforto de alguém, enquanto para outra pode significar pensar nos seus sentimentos e necessidades emocionais – e para outra ainda, poderia significar ambas.

Portanto, ao lerem a lista de palavras ou quando pensarem em outras possibilidades, é importante notar o que as palavras significam para *você*. Ao considerarem essas possibilidades, é provável que pensem: "Sim, eu já fui assim", enquanto outros podem pensar: "Não, definitivamente eu *não* sou assim". Quando encontrarem uma à qual respondam "Hum, eu realmente nunca pensei em ser assim", essa poderia ser a qualidade para a qual vocês não têm dados, e vocês poderiam considerar a possibilidade de construí-la, ou uma variação dela, para si mesmos.

Após escolherem uma possível qualidade, perguntem a si mesmos: "O que *eu* quero dizer com essa palavra?" Pensem nos exemplos específicos dessa qualidade, examinem-os cuidadosamente, e então façam ajustes para que eles sejam adequados para vocês. Por exemplo, bondade, consideração e atenção compartilham muitos critérios, portanto são bastante familiares, e para algumas pessoas, podem ser intercambiáveis. Contudo, para outras pessoas podem ter significados muito diferentes por causa das experiências específicas que elas utilizam para dar significado à palavra. Uma delas poderia dar a sensação de adequação e conforto, enquanto as outras poderiam não se encaixar.

A próxima coisa a fazer é verificar cuidadosamente se vocês não têm dados negativos ou ambíguos para essa qualidade, o que interferiria na construção de uma nova qualidade. Uma maneira de testar é pensar nos seus exemplos dessa qualidade. Se todos os seus exemplos são de *outras* pessoas e todos permanecem distantes e dissociados, essa provavelmente é uma indicação de que vocês não pensam nessa qualidade como sendo parte da *sua* identidade.

Uma outra maneira é imaginar alguém lhes dizendo: "Você é uma pessoa muito ..." e observar sua resposta. Se ela é "Não, eu não sou", isso provavelmente indica que vocês já têm dados negativos. Mas se vocês respondem: "Hã?", ou "Como?" ou alguma outra coisa do tipo "não registrei", isso provavelmente significa que essa poderia ser uma qualidade adequada para ser construída. Sempre pensei em mim mesmo como sendo uma pessoa pouco religiosa – e algumas vezes até mesmo anti-religiosa. Há alguns anos, quando um amigo me disse: "Você é uma pessoa muito espiritual", eu não tinha idéia do que ele estava falando. Durante semanas fiquei imaginando o que ele quis dizer com aquilo. Hoje eu tenho um significado muito mais amplo para a palavra "espiritual", mas na época fiquei totalmente perplexo. Esse é o tipo de experiência que indica uma ausência de dados.

Há algumas outras situações nas quais esse processo pode ser muito útil. Uma delas é quando vocês têm a percepção de possuir uma qualidade mas ela é muito *fraca*; porque vocês não têm dados muito amplos. Então é necessário acrescentar mais exemplos aos dados que vocês já têm. Ou poderiam precisar fazer um ajuste na *forma* dos dados existentes para terem certeza de que ela se encontra na forma do seu molde positivo.

Outra possibilidade é criar uma nova qualidade intermediária entre os dois extremos. Digamos que algumas vezes vocês são muito sociáveis e ficam tão entretidos desfrutando a situação e reagindo aos outros que perdem a autopercepção e, mais tarde, descobrem que estão exaustos ou arrependidos das coisas que fizeram. Outras vezes vocês realmente apreciam a solidão, porque podem reconhecer plenamente toda a sua experiência interna, mas nessas ocasiões acham difícil reagir aos outros e ser sociáveis.

Vocês poderiam considerar a construção de uma nova qualidade que seja uma *integração* equilibrada dos aspectos valiosos de *ambos* os extremos. Para tanto, é preciso examinar os extremos cuidadosamente e depois descobrir ou criar exemplos de equilíbrio. Nesse exemplo, vocês poderiam pensar em momentos nos quais puderam responder totalmente aos outros, enquanto ao mesmo tempo experimentavam de maneira plena as próprias respostas internas, e depois reunir tudo isso em uma nova qualidade.

Um exemplo de extremos opostos é a bulimia. O padrão típico na bulimia é alternar entre o rígido controle consciente da alimentação e o total controle inconsciente do excesso de alimentos, seguido pela repulsa consciente e pelo vômito induzido. Alguém nesse tipo de situação precisa desesperadamente de uma qualidade equilibrada que respeite *tanto* a necessidade social consciente de ser magro *quanto* a necessidade biológica menos consciente de se alimentar, e criar uma maneira equilibrada de alimentar-se com moderação.

Considerando toda essa discussão, quero que pensem no que gostariam de construir...

Alguma pergunta?

Sue: Gostaria de ser "brilhante", e para mim isso significa que eu poderia falar fluentemente sobre diversos assuntos abstratos. Mas eu não tenho muita informação sobre muitas coisas.

Bem, parece que você precisaria ajustar alguns dos seus critérios sobre ser "brilhante" para que eles sejam adequados. Posso pensar em diversas pessoas que eu chamaria de "brilhantes", e para elas isso se baseia muito mais em *escutar* as outras pessoas do que em falar de modo inteligente sobre coisas abstratas – fazer perguntas para incluir a outra pessoa na conversa, fazê-las sentirem-se notadas e valorizadas, e responder com atenção e entusiasmo. Ao explorar diversos significados para a palavra "brilhante", provavelmente também será útil perguntar a si mesma qual é o seu objetivo positivo no fato de ser brilhante e explorar diferentes maneiras de ser brilhante para alcançar esse objetivo.

Melissa: Eu tinha muitas objeções a ter essa nova qualidade que escolhi. Consegui satisfazer algumas mas ainda restou uma grande objeção – a de que se eu mostrar essa qualidade em determinados contextos, eu teria problemas com algumas pessoas que não a valorizam.

Pergunte a essa parte se seria certo para você conhecer essa qualidade de si mesma nesses contextos, desde que tomasse cuidado para não demonstrá-la. Em outras palavras, você sabe que tem essa qualidade e também sabe que tem a escolha de se comportar ou não dessa maneira, dependendo da situação.

Se você sabe dirigir, ainda pode saber disso mesmo quando não estiver dirigindo. Você pode saber qual é o seu nome, mesmo em situações nas quais seria melhor não dizê-lo a ninguém. Lembre-se de que estamos lidando com *qualidades* e *capacidades* que você sabe fazem parte da sua identidade. Mas você sempre tem a escolha de demonstrá-la ou não para os outros.

Ben: Ou eu tinha um "sim", ou um "não" ou um "Acho que não quero isso", portanto decidi que fazer isso não era adequado para mim.

OK. Seria bom examinar de novo algumas das coisas que você acha que não quer. Se você tem muitas experiências de uma qualidade, provavelmente tem bons motivos para não desejá-la. Mas se não tem muitas experiências dela, então pode não ter uma boa base para saber se gostaria ou não dela — como um esporte que nunca tentou praticar —, e valeria a pena dar uma outra olhada. Você alguma vez viu um alimento estranho que parecia horrível mas que, quando provou, você gostou?

Uma outra coisa que você pode fazer é tentar ultrapassar algum limite da sua identidade em sua mente, como gênero ou idade. Você poderia considerar uma qualidade que acha feminina, ou uma que só as crianças ou os velhos têm. Mas talvez você se sentisse confortável tendo essa qualidade, desde que o fizesse de maneira adequada a quem você é.

Exercício 9-1: Construindo uma nova qualidade (pares, 15-20 minutos cada)

Dessa vez quero que formem pares e usem esse processo para construir uma nova qualidade para si mesmos, utilizando o esquema a seguir. Uma vez que todos vocês já exploraram a maneira como experimentam uma qualidade positiva em si mesmos, já sabem qual é o seu molde positivo, portanto isso não deve demorar muito, talvez 15 ou 20 minutos. Trabalhem sozinhos, ajudando uns aos outros quando necessário.

Esquema para construir uma nova qualidade

1. **Conteúdo.** Identificar a qualidade que gostariam de ter como uma parte estável da sua identidade. Esse padrão funcionará melhor

com uma capacidade ou qualidade de tamanho intermediário: tenacidade, lealdade, confiança, inteligência etc.

Se desejarem uma habilidade comportamental mais específica (como a habilidade para dirigir um carro ou pilotar um avião), isso exigirá a aprendizagem de habilidades comportamentais específicas, o que não é adequado, uma vez que não é útil para vocês acreditarem que podem fazer alguma coisa que não aprenderam a fazer. Mas se vocês já sabem dirigir e querem ser capazes de fazê-lo com uma determinada *qualidade*, como tranqüilidade ou atenção constante ao ambiente etc., isso é adequado.

2. **Verificação da congruência.** Vocês têm alguma objeção a essa qualidade? Verifiquem cuidadosamente todas as modalidades e atendam a quaisquer objeções, em geral modificando sua definição da qualidade.

3. **Teste.** Certifiquem-se de ainda não terem dados para ter essa qualidade. Continuem somente quando tiverem certeza de que não têm um autoconceito negativo ou ambíguo que entraria em conflito com a qualidade positiva que gostariam de ter.

4. **Molde positivo.** Evoquem a estrutura que vocês utilizam para representar uma qualidade positiva forte da qual vocês gostem. Isso incluirá tanto uma representação resumida, que serve de referência rápida, como os dados de exemplos específicos que sustentam a generalização. Os dados com freqüência estarão principalmente no sistema visual, mas podem incluir qualquer um dos outros sistemas (ou todos). Se os dados forem principalmente cinestésicos, certifiquem-se de que eles são formados de cinestésicos *táteis* e *proprioceptivos*, e não apenas de emoções e sentimentos cinestésicos avaliativos (isso é o que vocês já estavam fazendo).

5. **Ajuste.** Utilizem tudo que aprenderam para melhorar o que vocês já fazem, para tornar a sua representação dessa qualidade ainda melhor, acrescentando exemplos futuros, outras posições perceptivas, integrando ou processando contra-exemplos etc. (Novamente, vocês já estavam fazendo isso.)

6. **Construir a nova qualidade.** Utilizando o molde positivo como modelo, encontrem as lembranças adequadas para usar como exemplos em dados para a nova qualidade desejada, reunindo-as na

forma do molde positivo. Quando terminarem, criem uma representação resumida da qualidade. Tenham certeza de que a nova qualidade possui todos os elementos "ajustados" com os quais trabalhamos, como exemplos futuros etc.

7. **Teste.** Imaginem alguém lhes perguntando: "Você é ...?", e observem a sua resposta, prestando atenção especial no não-verbal. Se a sua resposta é ambivalente ou ambígua, voltem alguns passos e juntem informações. A dificuldade mais provável é que o teste, no passo 2, não detecte uma representação negativa ou ambígua preexistente. Embora existam maneiras efetivas para lidar com essa situação, vocês ainda não aprenderam as habilidades necessárias para isso.

8. **Verificação da congruência.** Vocês têm alguma objeção a essa nova qualidade? Mais uma vez, verifiquem cuidadosamente para ter certeza de que essa nova qualidade combina com todas as suas outras qualidades. Satisfaça as objeções.

Discussão adicional

Agora que todos já passaram pela experiência, alguém tem perguntas ou comentários?

Sam: Estou sentindo algo parecido com o que Peter descreveu. É como se eu tivesse um novo foco que não tinha antes, olhando para mim mesmo de uma maneira totalmente diferente, um conhecimento tranqüilo onde antes havia apenas uma espécie de vácuo.

Al: O que eu notei mais foi a mudança na sensação do meu corpo físico. A minha nova qualidade é particularmente evidente na postura e no movimento, e sinto o meu corpo mais longo e mais ereto, mais gracioso.

Fred: Trabalhei com algo sobre o qual era um tanto ambíguo, mas de qualquer modo funcionou bem. Não havia muitos contra-exemplos e eles não eram muito intensos, portanto não atrapalharam.

Melissa: Criei uma nova qualidade equilibrada e adorei. Eu costumava estar na ponta de uma gangorra, sempre no alto ou no solo. Agora tenho a maravilhosa sensação de estar bem na parte central, onde posso mudar um pouco de um lado para outro e ainda permanecer naquela zona estável de equilíbrio.

Ann: Embora achando que testamos o suficiente para ter certeza de que já não havia nenhuma crença negativa, quando comecei a construir uma nova qualidade tive a sensação de estar dividida entre essa nova qualidade e o seu oposto. Assim, voltamos e desmanchamos o que havíamos feito. Então escolhi outra qualidade para construir e tudo correu tranqüilamente.

Bom. Quando uma estrutura negativa ou ambígua já se encontra lá, é um pouco mais complicado, porque é necessário lidar com uma quantidade significativa de contra-exemplos da nova qualidade. Logo vocês terão as habilidades para lidar também com essa situação.

Resumo

Tudo que vocês aprenderam até agora pode ser utilizado para construir uma qualidade totalmente nova para si mesmos, *escolhendo* e *juntando* exemplos em novos dados. Desde que vocês construam essa nova qualidade na mesma forma do *seu* molde único positivo, ela funcionará da mesma maneira, proporcionando uma base sólida e inconsciente para vocês saberem que têm essa qualidade e serem quem vocês querem ser. A seguir exploraremos como fazer um tipo de mudança semelhante quando alguém tem um autoconceito incerto por conta do número quase igual de exemplos e contra-exemplos.

TRANSFORMANDO O SELF

10

Transformando uma qualidade incerta

Até aqui eu lhes pedi para explorar uma qualidade que vocês *sabem* que é verdadeiramente sua e da qual vocês *gostam*. Isso especifica que ela é uma qualidade sólida e coerente com os seus valores, portanto vocês já têm dados com exemplos bastante extensos e efetivos, e relativamente poucos contra-exemplos. Essa é a situação mais simples para aprender a respeito dos diversos aspectos do processo e do conteúdo do autoconceito. Naturalmente, aquilo que parece "sólido" para uma pessoa pode parecer "muito incerto" para outra, assim, ainda encontramos uma grande variação; alguns de vocês tinham consideravelmente mais contra-exemplos do que outros. Algumas das suas qualidades "sólidas" eram na verdade um tanto ambíguas por causa da grande quantidade de contra-exemplos ou pela maneira como vocês os representavam.

Agora quero que escolham um aspecto *diferente* de si mesmos, um aspecto sobre o qual vocês se sentem divididos ou incertos. Novamente, quero que escolham uma qualidade a respeito da qual seus *valores* sejam bem claros; *vocês sabem como gostariam de ser.* Por exemplo, algumas vezes vocês se consideram atenciosos, e em outras, pensam em si mesmos como desatenciosos – ou talvez na maior parte do tempo simplesmente não têm certeza se são atenciosos ou não, mas *sabem que gostariam de ser atenciosos.*

Quando um aspecto de si mesmo é ambíguo, isso normalmente indica que há uma quantidade quase igual de exemplos positivos e de contra-exemplos, e por isso vocês não conseguem chegar a uma conclusão. Pode haver muitos ou poucos de cada um deles. Uma ambigüidade mais perturbadora em geral terá muitos exemplos ou exemplos mais intensos de ambos os lados. Também é possível que vocês tenham apenas alguns contra-exemplos, mas a sua maneira de representá-los cria ambigüidade por conta da intensidade resultante. Ou a sua incerteza poderia ser simplesmente o resultado da existência de poucos exemplos.

Uma vez que vocês não estão certos em relação a essa qualidade, é provável que não se sintam bem a seu respeito e, portanto, ela não contribui muito para a sua auto-estima positiva. Contudo, se pensarem que *devem* manifestar essa qualidade de forma inequívoca, o fato de não a manifestarem resulta em baixa auto-estima.

A última coisa que fizemos com os contra-exemplos foi agrupá-los, encontrando o pior deles, então o processamos para transformar o grupo em exemplos positivos, devolvendo-os aos seus dados positivos.

Há somente duas importantes diferenças entre essa situação e o trabalho com uma qualidade ambígua. A primeira é que a qualidade ambígua provavelmente tem um número maior de contra-exemplos, por isso o trabalho poderia ser mais demorado. Contudo, se vocês sabem cortar a grama de um jardim, também sabem cortar a grama de três jardins; apenas demora mais. A outra diferença é que o lado positivo da sua ambigüidade pode não estar ainda na forma de uma qualidade positiva. O simples fato de colocar os dados dessa qualidade positiva na forma do molde positivo irá torná-la mais convincente.

A primeira coisa que quero que façam é examinar de que maneira vocês representam essa qualidade ambígua em si mesmos. Descubram como estão organizados os seus dados para ela.

* * * * *

Há três possibilidades para a organização dos dados ambíguos, exatamente como quando exploramos os contra-exemplos:

1. Exemplos e contra-exemplos estão integrados nos mesmos dados, utilizando a mesma modalidade.

2. Exemplos e contra-exemplos estão integrados na mesma modalidade, mas separadamente, em locais diferentes.

3. Exemplos e contra-exemplos estão representados em diferentes modalidades *e* em locais diferentes.

Primeiro, gostaria que aqueles que descobriram que os seus dados se encaixam na primeira possibilidade levantassem a mão. Cerca de um terço.

E agora, quantos se encaixaram na segunda possibilidade? Cerca de metade.

E quantos na terceira? Apenas alguns.

Alguém tem contra-exemplos em um sistema representacional diferente mas no mesmo local? Não. Embora teoricamente isso seja possível, nenhum participante de seminário parece tê-los, mas talvez alguém lá fora tenha, portanto é bom ter em mente essa possibilidade.

E quantos de vocês tinham dados ambíguos que já se encontravam na mesma forma do seu molde positivo? Apenas um. Em geral, os exemplos positivos não estão na forma do molde positivo, e o primeiro passo é colocá-los nessa forma, porque assim eles são mais atraentes.

Uma das primeiras coisas que vocês podem fazer é examinar o conteúdo dos seus contra-exemplos, como fizemos antes, e considerar a possibilidade de que alguns, ou todos, poderiam na verdade ser exemplos de uma qualidade diferente. Nesse caso, podemos *dividir* essa ambigüidade em duas generalizações separadas. Os exemplos positivos formariam a base para a qualidade positiva inequívoca, e os contra-exemplos, ou um grupo deles, formariam a base para uma qualidade diferente e separada.

Por exemplo, digamos que a sua qualidade ambígua é a inteligência, e vocês descobriram que todos os contra-exemplos são situações nas quais vocês simplesmente não tiveram oportunidade para aprender sobre um tema. Então poderiam pensar em todos esses "contra-exemplos" da inteligência como *exemplos* de situações nas quais vocês ainda não tiveram uma oportunidade para aprender, ou simples ignorância. A ignorância não tem nada que ver com a inteligência, embora muitas pessoas confundam as duas. Isso solucionaria a ambigüidade sobre a qualidade original e esclareceria que há determinadas situações nas quais a inteligência não pode ser bem demonstrada por causa da falta de informação.

Naturalmente, esse processo ainda irá deixá-los com situações nas quais a sua inteligência não pode ser demonstrada, mas essa é apenas uma das situações difíceis que enfrentamos na vida. Se for importante, então vocês podem aprender o tipo de informação que possibilitará a demonstração de inteligência nessas situações também.

Essa é uma outra maneira para compreender e realizar o processo chamado *ressignificação de conteúdo*, encontrando uma "estrutura" diferente de compreensão para um determinado conjunto de experiências. Ao reexaminar uma generalização, vocês podem encontrar uma forma diferente de pensar sobre a mesma informação para valorizá-la de outro modo. Embora a maioria dos meus exemplos aqui seja de mudança de uma avaliação negativa para uma positiva, vocês também podem mudar uma avaliação positiva para uma negativa, na qual alguém não reconhece que uma qualidade tem conseqüências prejudiciais. A qualidade de ser um "espírito livre" e "responder espontaneamente" também pode ser descrita como irresponsabilidade e falta de consideração com as necessidades dos outros. A ressignificação pode ser uma maneira muito rápida e eficaz de transformar o significado de um grupo de experiências. Como esse processo já foi descrito em detalhes (Bandler & Grinder, 1986, cap. 1), não dedicarei muito tempo a ele.

Digamos que vocês já tenham examinado os seus contra-exemplos e separado alguns deles como pertencentes a uma outra qualidade valorizada. A próxima coisa a fazer é processar quaisquer contra-exemplos restantes para transformá-los em exemplos da qualidade positiva.

Uma vez que ainda haverá muitos contra-exemplos, será ainda mais útil reuni-los em grupos antes de processá-los. Transformar uma qualidade ambígua em uma qualidade positiva é uma mudança significativa, portanto a congruência requer atenção particular. Embora todos os métodos de processamento incluam passos para a verificação da congruência, é bom começar com aquele relacionado ao processo total. "Alguma parte de mim tem alguma objeção em relação a ter essa qualidade positiva de forma inequívoca?"

O último importante elemento é verificar se os dados finais contendo tanto os exemplos quanto os exemplos transformados estão representados na mesma forma e no mesmo local do molde positivo. Agora, gostaria de demonstrar como transformar uma qualidade ambígua.

Demonstração 1: Qualidade ambígua para qualidade positiva

Então, Janice, há alguma qualidade da qual você tem consciência e não tem certeza se a tem ou não, certo?

Janice: Certo.

A propósito, prefiro não mencionar o conteúdo a não ser que fiquemos sem ação em determinado ponto, então você poderá confidenciá-lo para mim. Mencionar o conteúdo distrairia os outros do acompanhamento do processo, logo, quero evitar isso. Você já trabalhou com uma qualidade da qual tinha certeza e da qual gostava. Você pode falar mais um pouco sobre a estrutura do seu molde positivo?

Janice: Eu tenho uma espécie de colagem de imagens à minha frente.

OK. Elas estão muito próximas?

Janice: Sim, bem próximas, mais ou menos aqui. (Ela gesticula mostrando uma distância de cerca de trinta centímetros à sua frente.)

Fale um pouco mais. Quantas imagens estão aí?

Janice: Ah, *muitas*.

Muitas. Centenas?

Janice: Provavelmente. Muitas.

Então as imagens devem ser muito pequenas.

Janice: Sim.

OK. E elas são mais ou menos retangulares?

Janice: Não, elas são ovais.

Ovais. E o formato total da colagem – também é oval?

Janice: É meio ondulado.

Certo. Mas como as imagens são muito pequenas, de que maneira você obtém as informações delas?

Janice: Eu posso escolher qualquer uma delas e entrar. Acontece espontaneamente.

Portanto é fácil você se associar a qualquer uma delas. É muito rápido: você entra e ela está bem à sua frente, certo?

Janice: Sim.

E quando você vê a colagem inteira, provavelmente não há nenhum som, mas quando entra em uma imagem, há sons e sensações.

Janice: Sim, a imagem fica grande. (Ela gesticula amplamente.)

Em geral, os gestos não-verbais oferecem informações maravilhosas que confirmam o que a pessoa diz. Ocasionalmente eles parecem não confirmar, então é necessário verificar de novo para descobrir o que está acontecendo ou se alguma coisa importante foi deixada de lado. OK, esse é o molde positivo, a estrutura com a qual queremos ficar quando terminarmos. E Janice, você conhece todas as maneiras que utilizou para melhorar esse molde anteriormente.

Se estivéssemos trabalhando com alguém que não sabe nada daquilo que vocês aprenderam, eu percorreria a lista de todas as coisas que fizemos e me certificaria de que ela tem todas as três posições, segmentos de tempo pequenos e grandes, exemplos futuros, contra-exemplos e todas as outras coisas com as quais trabalhamos. Como você já fez tudo isso, eu posso apenas demonstrar o padrão total.

Agora, Janice, precisamos conhecer a estrutura da sua qualidade ambígua. Gostaria de chamar o aspecto positivo da sua qualidade ambígua de "Q", para poder falar nela sem mencionar o conteúdo. E há também o aspecto negativo, o "não Q". Como você representa a ambigüidade nesse momento?

Janice (olhando para cima): Hum, ela está em uma grade.

Parece que ela está mais para cima.

Janice: Sim. Eu tenho muitos exemplos do positivo, mas, igualmente, muitos do negativo.

E eles estão no mesmo lugar? Fale um pouco sobre a sua grade.

Janice: Ela é mais retangular e as imagens individuais são mais retangulares... e estão associadas ao tempo. Na maior parte do tempo elas se alternam – as negativas e as positivas. Algumas vezes pode haver um tanto de uma ou da outra. As negativas são mais brilhantes.

As negativas são mais brilhantes. Isso provavelmente as torna mais destacadas para você.

Janice: Sim, eu as noto mais.

Quando você diz que elas estão associadas ao tempo, isso significa que cada imagem é mais recente do que a que está ao seu lado, em uma seqüência?

Janice: Sim.

E elas se alternam, certo? Portanto você tem uma positiva, uma negativa, uma positiva e de vez em quando tem algumas negativas e depois talvez algumas positivas. Elas estão organizadas pelo tempo e as negativas são mais brilhantes. Há outras diferenças entre as negativas e as positivas? E o seu tamanho – ambas são retangulares?

Janice: As negativas talvez sejam um pouco mais tridimensionais, como um relevo.

OK, há outras diferenças?

Janice: Eu acho que esses são os elementos principais. Com as negativas, é mais auditivo.

É mais auditivo com as negativas.

Janice: Sim, há um pouco de auditivo. Se houver qualquer aspecto auditivo nas positivas, ele é muito mais moderado.

Uma vez que as negativas são mais brilhantes, tridimensionais e auditivas, acho que você pensa em si mesma com maior freqüência como sendo "não Q". Você concorda com isso? (Sim.)

Antes de continuar, quero que você faça uma verificação completa da congruência. Volte-se para dentro de si mesma e pergunte se qualquer parte de você tem alguma objeção a você ter Q como uma parte inequívoca da sua identidade. Perceba qualquer sinal em qualquer modalidade – visual, auditiva, cinestésica...

Janice: Não, tudo que tenho é uma expectativa gostosa, uma espécie de ânsia de continuar, e isso em todas as modalidades.

OK, bom. Percebi que a sua cabeça e o seu corpo também se moveram ligeiramente para a frente, o que é congruente com o que você diz. A seguir, quero que você agrupe todas as negativas e as examine para ver se um grupo delas é na verdade exemplo de alguma outra qualidade, porque se esse for o caso, então podemos simplesmente separá-las de Q.

Janice: Não, acho que não é isso.

OK. Há diversas escolhas em relação à seqüência que usamos para transformar essas negativas em positivas. Vou tentar uma seqüência e, se ela não for adequada, você me dirá e nós voltaremos e faremos de modo diferente, porque quero ter certeza de que você se sinta confortável. Se em qualquer momento fizermos algo que for desconfortável, avise-me e tentaremos outra coisa.

Gostaria de começar apenas baixando essa colagem da qualidade ambígua até o mesmo espaço onde se encontra o molde positivo. Parece que ambos se encontram mais ou menos à mesma distância, certo?

Janice: Sim.

Tente baixá-la para o mesmo espaço ocupado pelo molde positivo... e diga como isso funciona para você e se resulta em quaisquer outras mudanças...

Janice: Fica mais suave.

Fica mais suave. As imagens ficaram mais arredondadas? Elas assumiram a forma do molde – com o lado de fora ondulado e os exemplos e contra-exemplos individuais ovais?

Janice: Sim. Elas também ficaram mais aleatórias. A distribuição não está mais organizada pelo tempo.

OK, ótimo. Isso me parece bom. Notem como o local é importante. Quando Janice moveu a grade para baixo, até o local do molde positivo, diversas coisas aconteceram espontaneamente. A seqüência no tempo desapareceu, as positivas e negativas ficaram em posições mais aleatórias e a forma mudou de retangular para oval. Com freqüência, quando fazemos uma mudança de local, muitas outras coisas mudam espontaneamente. Eu sempre gosto de acompanhar isso para saber o que está acontecendo. Você se sente confortável com isso?

Janice: Sim, eu gosto da suavidade.

Agora quero que você verifique se pode encontrar outros exemplos do Q positivo que pudessem ser acrescentados. Eles poderiam já estar lá, mas talvez você possa encontrar outros exemplos positivos, outras épocas nas quais você teve essa qualidade da maneira como gostaria...

Janice: Acho que a maioria deles já está lá.

OK, bom. Estou fazendo o possível para tornar Q mais parecido com o molde positivo. Algumas vezes as pessoas dizem: "Ah! Há esse e aquele outro" e assim por diante, então elas podem acrescentar mais exemplos positivos, tornando a qualidade mais forte.

Agora eu gostaria que você examinasse as imagens do Q negativo, os contra-exemplos. Você disse que agora eles são ovais. Eles ainda são mais brilhantes? E tridimensionais, auditivos e assim por diante? Ou alguma coisa mudou?

Janice: Eu tenho a modalidade auditiva se entrar neles. E, sim, eles ainda são mais brilhantes.

OK. E o relevo em 3-D?

Janice: Hããã, não, agora eles são planos.

Agora quero que feche os olhos e deixe esses contra-exemplos, o Q negativo, se agruparem. Talvez eles comecem a mover-se ou a girar e acabem se juntando em determinados grupos que têm alguma coisa em comum. Talvez formem um grupo, talvez diversos, não sei. Mas de algum modo eles se agruparão de acordo com aquilo que têm em comum...

Janice: Há diversos grupos entre eles. No entanto, de certo modo, eles também poderiam reduzir esses grupos, assim poderia haver três descrições que...

OK, portanto há três critérios comuns a todos eles?

Janice: Sim.

Vamos tentar pegar todos ao mesmo tempo e ver o que acontece. Eu sou preguiçoso, assim, se podemos fazer algo que poderia mudar todo um grupo de experiências imediatamente, eu sempre gosto de tentar. E então, se não funcionar, ou se restarem alguns, sempre poderemos trabalhar mais com eles. Assim, você está ciente de como todos eles compartilham esses três critérios, certo?

Janice: Bem, eu acho que na verdade posso agrupar os três critérios em uma palavra.

OK, portanto os três critérios podem até ser agrupados em uma palavra, ou seja, todos têm isso em comum. Agora escolha o mais significativo desses contra-exemplos – o *pior* deles, que de algum modo simboliza todos os outros e os representa.

Janice: Posso escolher dois?

Sim. Pegue dois se quiser. E agora faça algum tipo de transformação com eles. Eu os transformaria, provavelmente, um de cada vez, mas faça o que for mais fácil para você. Comece tentando uma simples edição de vídeo. Se você fosse passar de novo por esse tipo de experiência, o que gostaria de fazer diferente e que seria um exemplo do Q positivo? Você não precisa falar sobre isso. Apenas avise-me se precisar de qualquer ajuda para transformar esses dois exemplos.

Janice: Bem, em ambas as situações, há outra pessoa envolvida... que está implantando o aspecto negativo.

OK. De que recursos você precisaria para ser capaz de lidar confortavelmente com essa situação, na qual essa outra pessoa está se comportando de uma maneira difícil para você? Se encontrar qualquer dificuldade, diga-me e eu lhe darei instruções mais específicas...

Se estivéssemos trabalhando com uma pessoa que não sabe nada dos processos de mudança, naturalmente eu precisaria fazer muito mais, e provavelmente não deixaria de usar o conteúdo. Eu teria de saber alguma coisa sobre o conteúdo dessa única palavra que resume as três palavras, que descreve o que é comum a todos os contra-exemplos. Nesse ponto, é uma questão de usar qualquer técnica de mudança à sua disposição para ajudar alguém a transformar os contra-exemplos em exemplos positivos.

Janice: Estou tendo dificuldade para encontrar recursos para lidar com isso.

OK. Você pode pensar em alguém que conhece ou de quem ouviu falar, ou viu em filmes, e que tinha esse tipo de recurso? Alguém que pode lidar com esse tipo de situação de uma forma que você considera apropriada e com recursos...

Janice: Sim.

Então, conseguiu do jeito que queria? Transformou os dois?

Janice: Sim, os dois.

Desse modo, agora você tem duas representações do Q positivo que foram transformadas do negativo. Dissemos que esses exemplos representariam todos os outros, portanto, quero que você verifique diversos dos outros negativos para ver se eles estão transformados ou se precisamos trabalhar mais.

Janice: Hum.

Todos eles também estão diferentes?

Janice: Eles não estão tão brilhantes.

Provavelmente essa é uma boa indicação. Quero que você escolha um deles, entre nele e descubra se está transformado ou se ainda é um exemplo negativo. Em geral, a mudança realizada em um grupo de experiências é transferida para todos os exemplos, mas eu gosto de verificar para ter certeza.

Janice: Todos eles devem dar a sensação do Q positivo?

Um-hum.

Janice (hesitando): Bem, eles não são negativos. Mesmo aqueles que eu deliberadamente transformei são menos negativos, mas não...

OK, essa é uma indicação de que você precisa de um recurso adicional, porque queremos que eles sejam *divertidos*, não apenas menos negativos. Talvez "divertido" seja a palavra errada. Mas queremos que eles sejam realmente *positivos*, não apenas razoáveis.

Janice: "Divertido" parece bom.

Se parece bom para você, isso é maravilhoso. Mas seja qual for o recurso adicionado, nós queremos que essas experiências acabem sendo tão positivas que seja o que aconteça no mundo real lá fora; que você fique "à prova de bala", obtendo prazer com isso. Portanto, talvez seja necessário procurar outro recurso. Talvez divertimento, talvez humor – que é um recurso maravilhoso –, ou algum tipo de prazer.

E como você disse que isso está relacionado a outra pessoa, vou sugerir algumas coisas, sem saber nada a respeito do conteúdo. Algumas vezes pode ser muito útil ter um pouco de compaixão pelas pessoas e perceber que o seu comportamento negativo é apenas o que elas estão fazendo por causa da própria infelicidade, ou das próprias limitações, ou do histórico familiar, ou de qualquer outra coisa. Em outras palavras, o que elas estão dizendo ou fazendo na realidade não tem que ver com você – tem que ver com *elas*.

Janice: Hum.

Eles são exemplos positivos agora? (Sim.) Ótimo. Verifique alguns dos outros para ter certeza de que eles também são positivos agora. (Sim.) Ótimo. Restaram alguns? (Não.) Quando você olha para eles, pode saber de algum modo quais estão transformados?

Janice: Sim, os transformados são menores.

OK. E agora eles não são tão brilhantes, certo? (Sim.) OK. Agora quero perguntar sobre o fato de eles serem menores. Estou um pouco preocupado que ao torná-los menores você possa ter tirado a sua ênfase. Esses exemplos transformados podem ser ainda *mais* valiosos do que os exemplos originais, como uma orientação relacionada à maneira como você quer ser na sua vida, porque eles agora representam como você pode demonstrar essa qualidade em situações nas quais anteriormente não podia. Sugiro que você lhes dê cores para indicar que eles foram transformados de contra-exemplos e para que possam ficar do mesmo tamanho dos outros.

Janice: No molde positivo, os contra-exemplos são turquesa; assim, eu poderia utilizar essa cor.

Isso parece bom. Vá em frente, faça isso e veja se é bom ter os transformados do mesmo tamanho dos originais.

Janice: Sim, isso funciona.

Agora gostaria que comparasse o que você agrupou com o molde positivo original e descobrisse se nota alguma diferença.

Janice: A única diferença é que o molde positivo tem aqueles contra-exemplos turquesa que não foram transformados.

Ah, você ainda tem contra-exemplos lá? Os contra-exemplos são úteis, mas relativamente simples, portanto prefiro que você pegue os que agora são turquesa no molde positivo original e os transforme em exemplos, do mesmo modo como fez com os outros.

Janice: OK. Hum.

Você pode fazer isso em um minuto.

Janice: Está feito.

Já está feito. OK, bom. Algumas vezes as pessoas são rápidas. Assim, se você comparar agora o Q com o molde positivo, eles têm a mesma estrutura? (Um-hum.) Agora quero que verifique se Q é um nome adequado para esses dados que acabamos de criar, ou se outro nome seria melhor.

Janice: Q está bom.

OK, ótimo. Abra os olhos. Você é uma pessoa Q?

Janice (levemente surpresa): Hum! Eu *sou* uma pessoa Q (ela ri).

Você pode dizer qual é a sensação?

Janice: Muito positiva.

E se olhar para trás e comparar o que experimentou agora com o que experimentou há dez minutos?...

Janice: É difícil lembrar (rindo). Parece muito mais forte.

Gostaria que você examinasse um dos exemplos transformados, que costumavam ser muito auditivos. Se você entrar em um deles, ainda há muitos elementos auditivos ou está diferente?

Janice: Ainda há o auditivo, mas está muito mais suave e gostoso.

OK, portanto a tonalidade das vozes ou dos sons mudou.

Janice: Sim. E não me "toca" emocionalmente da mesma maneira.

Ótimo. Quando faço perguntas como essa, também estou testando para ter certeza de que as mudanças são completas. Janice, quero que você verifique novamente se qualquer parte sua tem alguma objeção às mudanças que fizemos...

Janice: Eu tenho apenas uma sensação feliz e efusiva, portanto tenho certeza de que a resposta é "não".

Vocês têm alguma pergunta para Janice a respeito da sua experiência? Guardem as perguntas sobre o processo para mim.

Fran: Qual era a sensação quando você estava mudando?

Janice: Muito mais fácil do que eu esperava. Era principalmente visual. Como eu só tinha o auditivo se entrasse em uma imagem, o que estava acontecendo era apenas visual. Quando agrupei os exemplos e verifiquei qual poderia ser a sua intenção positiva, houve uma sensação de relaxamento quando reconheci que havia uma qualidade positiva no negativo. Portanto, foi uma espécie de sensação de "Uau!". E quando eles foram transformados, foi bom. Mas era principalmente visual.

Alguém tem mais perguntas para Janice?... Muito obrigado. Vocês têm perguntas sobre o processo?

Tess: Por que você obtete todas as informações sobre o molde positivo e a qualidade ambígua em primeiro lugar, antes de perguntar sobre a congruência? Por que não perguntar sobre a congruência logo no início?

Se fizermos uma verificação da congruência logo no início, há o perigo de a mudança que estamos propondo não estar clara, e isso prejudica a comunicação. Uma parte da pessoa que poderia realmente ter objeções talvez não percebesse, e uma parte que não teria objeções à mudança ficaria preocupada e pensaria que tinha uma objeção. Ao juntar todas as informações primeiro, eu preparei o terreno para a verificação, para que todas as partes da pessoa soubessem *exatamente* o que estávamos propondo. "Nós estamos planejando tornar *essa* qualidade ambígua igual *àquele* molde positivo." Essa é uma comunicação muito clara e específica que nos dá a certeza de obtermos todas as objeções reais sem precisarmos lidar com preocupações devidas somente à comunicação imprecisa.

Fred: Eu ainda estou pensando em como fazer todas essas transformações. Se eu só tenho exemplos transformados, poderia esquecer todos os erros que cometi no passado e a maneira de pensar em mim mesmo seria uma espécie de mentira, porque eu realmente não fiz todas essas coisas.

Bom, há diversas questões relacionadas aqui às quais eu gostaria de responder. A primeira é que se você está preocupado em esquecer erros passados, certifique-se de incluir o contra-exemplo ligado à sua transformação, ou diferencie os exemplos transformados por meio de cores, como Janice fez. Se você incluir o contra-exemplo em si mesmo, então terá à sua disposição toda a informação a respeito de como cometeu erros no passado. Se diferenciar os exemplos transformados de algum modo, isso indica que você cometeu erros no passado, mas omite a informação detalhada de como isso aconteceu.

A segunda observação que desejo fazer é que uma qualidade transformada pode ser uma mentira em relação ao passado, mas é uma verdade no que se refere ao futuro. Lembre-se de que o *seu autoconceito é um sistema de pró-alimentação que cria como você quer ser no futuro*. De certo modo, o programa lunar da Nasa foi uma mentira durante anos, até realmente colocar um homem na Lua. Se você realizou transformações efetivas de erros passados, o resultado é que você *será* diferente em situações futuras, e essa é a verdade que importa.

Para compreender o comportamento, a psicologia e a psiquiatria buscaram relacionamentos de causa e efeito na vida das pessoas, e isso gerou muitas informações úteis. Contudo, algumas vezes isso nos deixa presos à idéia de que somos *apenas* produtos do nosso passado, ou que a nossa vida é determinada por nossas experiências passadas. Nós também temos sistemas de pró-alimentação, nos quais os nossos objetivos no presente determinam o nosso futuro – e o autoconceito é o mais poderoso que conheço. Se vocês *não* utilizarem o seu autoconceito para mudar o futuro, *então* vocês ficarão presos no passado.

Alice: A qualidade ambígua de Janice estava no mesmo sistema representacional visual do seu molde positivo, mas em local diferente. E se a qualidade ambígua estivesse no sistema auditivo ou cinestésico, bem como dividida em diferentes locais?

OK, digamos que o modelo positivo é visual e a qualidade ambígua está dividida entre os exemplos positivos auditivos e os exemplos cinestésicos negativos. Primeiro, eu pegaria os auditivos positivos e os transformaria em imagens visuais, e depois os colocaria no molde porque isso nos daria uma vantagem na criação da qualidade positiva.

Então eu pegaria os exemplos negativos cinestésicos e os transformaria em imagens visuais, examinaria-os, agruparia-os e transformaria-os em exemplos positivos, colocando-os no molde. Contudo, se essa seqüência não fosse confortável, eu tentaria outra coisa. Quando o objetivo final está claro, é possível variar a forma para chegar lá.

Por exemplo, eu poderia primeiramente apenas mover toda a representação ambígua para o local do molde positivo, como fiz com Janice, para verificar se os exemplos mudariam automaticamente para imagens visuais. Eu não acho que funcionaria, mas é possível. Em vez de falarmos disso, vamos demonstrar. Quem tem uma qualidade ambígua que se encontra em uma modalidade diferente *e* em locais diferentes?

Demonstração 2:
Qualidade ambígua para qualidade positiva

Bruce: O meu molde positivo é basicamente uma tela com televisores, e os meus contra-exemplos são como televisores menores e planos dentro dela, um pouco mais abaixo. Há três deles e estão entrelaçados.

OK. Portanto você tem uma exposição de televisores maiores e de vez em quando surge um televisor pequeno dentro do qual há um contra-exemplo, e você gesticulou um pouco à sua frente. É isso que queremos. Agora diga como a sua qualidade ambígua está representada.

Bruce: Bem, há imagens seqüenciais um pouco à direita. Elas são bem pequenas, mas estão à mesma distância, cerca de sessenta centímetros. Surge a imagem de como eu gostaria de ser, das ocasiões nas quais eu sou assim, as positivas, e isso proporciona uma manifestação auditiva: "Isso é ótimo". Então tenho uma sensação que contradiz essa imagem e, quando surge um elemento auditivo, eu tenho uma segunda sensação cinestésica de opressão.

Portanto, a primeira imagem e voz é a imagem positiva, e depois você tem a sensação contraditória, acompanhada de um elemento auditivo. O que esse auditivo diz?

Bruce: Ele diz "Eu não posso ser importunado. É esforço demais".

Você acredita que "é esforço demais"?

Bruce: Sim, parece ser – eu poderia superar isso, mas a não ser que eu tenha um objetivo realmente forte, é esforço demais.

OK. Eu quero dizer algo que pode ser importante. Eu disse que queria uma ambigüidade na qual os seus valores fossem realmente claros, e é possível que eles não sejam claros a esse respeito. Você poderia pensar: "Ah sim, eu gostaria de ser assim o tempo todo", mas isso de fato poderia ser esforço demais; "Bem, não vale a pena". Eu quero apenas levantar a possibilidade para que você a considere. Você tem uma resposta para isso?

Bruce: Eu gostaria que essa qualidade em particular surgisse mais rápido. No final ela surge, mas precisa atravessar um limite, quando a situação ao meu redor fica mais intensa.

OK. Portanto ela é um pouco lenta demais para você; você precisa chegar a um limite e isso é difícil. Esses são alguns dos critérios que provavelmente desejaremos utilizar ao transformarmos contra-exemplos. O motivo de eles serem contra-exemplos é a lentidão para atingir um limite e o esforço. Poderia haver outros motivos, mas isso, pelo menos, é um pouco da informação sobre o conteúdo que seria importante.

Nós temos a estrutura básica da qualidade ambígua. Agora é hora de fazer uma verificação da congruência. Feche os olhos e pergunte: "Há alguma parte de mim que faz qualquer objeção a ter isso como uma qualidade positiva inequívoca?" Você não teria de passar pelo esforço de atingir um limite, seria rápido e automático. Você sempre tem a escolha de demonstrá-la ou não, mas ela estaria ao seu alcance, imediatamente disponível, como acontece com todas as suas outras qualidades positivas. Assim, você tem alguma objeção?

Bruce: Não.

OK, bom. A primeira coisa que eu quero que você faça é pegar um exemplo positivo, uma daquelas imagens que aparecem, e representá-la nesse molde. Faça isso em uma daquelas telas de televisão... Você está demorando um pouco. Está difícil?

Bruce: Hum.

O que está difícil?

Bruce: Assim que eu começo a obter um exemplo positivo de demonstração dessa qualidade, logo aparece um "mas...".

OK, ótimo. Peço desculpas; deixe-me ajustar um pouco as minhas instruções. Quero que você pegue uma dessas *unidades* que incluem *tanto* o positivo quanto o negativo. O positivo já é uma imagem, portanto, ela já se encaixa no molde positivo. Pegue os elementos cinestésico, que vêm a seguir, e o auditivo, que os acompanha, e transforme-os em uma imagem visual. Qual a sensação? O que diz essa voz? Comece com a voz e o cinestésico para chegar a uma imagem visual daquilo que é o contra-exemplo...

Bruce: Eu vi duas coisas. Uma sou eu, sozinho, meio jogado sobre uma cadeira, e a outra é na verdade uma imagem do meu pai fazendo comentários sobre uma série de coisas que eu fiz, sempre acrescentando "*mas* você também poderia ter feito isso".

OK, estamos entrando no conteúdo um pouco mais do que eu gostaria para uma demonstração. Escolha uma dessas imagens – ou ambas, se quiser – e então pegue essa unidade, que inclui as imagens positivas e negativas, e represente-a aqui em cima na forma do molde, para que você tenha o positivo na tela grande da TV e o contra-exemplo um pouco mais abaixo, em uma tela menor...

Bruce: Agora fica mais fácil ignorar o "mas". Eu sei que ele está lá, mas é mais comum. Isso facilita muito.

Ótimo. Agora ele tem menos impacto sobre você. Peço desculpas por ter dificultado as coisas no início. Geralmente elas não estão ligadas da maneira como você as tem. Agora pegue outra e faça a mesma coisa...

OK, você já tem algumas lá em cima? A sua tela já está bem cheia?

Bruce: Ainda estou incluindo mais alguns exemplos.

OK, leve o tempo necessário para pegar mais algumas, até que elas sejam iguais ao seu molde positivo. Inicialmente, pode haver mais contra-exemplos do que você gostaria, mas pelo menos a forma será a mesma, com as telas maiores para os exemplos e as menores para os contra-exemplos...

Agora quero que você examine os contra-exemplos para descobrir suas semelhanças. Considerando o que você disse sobre a primeira imagem envolver o seu pai, parece que eles poderiam estar relacionados à opinião de outra pessoa.

Bruce: Eu acho que o tema central comum é a decepção. Eu me decepcionei comigo mesmo por ter decepcionado outra pessoa. O fato de espalhar esses contra-exemplos mudou o significado dessas imagens. Agora é mais "Por que você me pressionou tanto para fazer essas coisas?"

OK. Agora pegue o pior deles e pense no que você *gostaria* de ter feito naquela situação e que recurso lhe permitiria transformá-lo naquilo que você deseja. Com base no que você disse, parece que um pouco de avaliação ajudaria. Talvez sair por um instante da situação para considerar: "Isso é algo que *eu* quero, ou algo que outra pessoa quer, ou talvez ambos?" Pense no recurso que seria útil, então transforme o pior contra-exemplo e verifique se o restante também se transformou...

Bruce: Sim.

Restaram alguns contra-exemplos?

Bruce: Agora os contra-exemplos são mais uma oportunidade de receber *feedback* que eu posso utilizar, em vez de ir direto para a dor, "flagelando-me". Tendo-o como uma imagem, posso olhá-lo e dizer: "O que eu posso desconsiderar dessa opinião particular e o que eu posso considerar como algo valioso para ser utilizado?"

OK. Isso parece ótimo para mim. A não ser que você queira ir direto para a sensação ruim.

Bruce. Não, acho que não. Não.

Fazer uma piadinha como essa pode ser muito útil. Quando eu digo "Bem, você sempre pode escolher fazer a coisa antiga", e a pessoa diz "Acho que não quero fazer isso", a mudança fica um pouco mais presa. "De jeito nenhum! Não, eu não quero fazer isso."

Bruce: Isso funciona muito melhor.

Ainda há contra-exemplos?

Bruce: Não. Já cuidei de todos que persistiram.

Ótimo. O seu nome para essa qualidade ainda é adequado? Como você fez algumas mudanças e transformações, pode ser que o nome tenha se tornado um pouco obsoleto, precisando ser atualizado.

Bruce: Bem, a palavra ainda serve, mas o *significado* da qualidade mudou para mim. Antes ela era uma representação muito digital, e agora há uma ampla variedade de outras maneiras de demonstrá-la nas quais eu jamais havia pensado.

Interessante. Como você conseguiu todas essas outras maneiras de demonstrar a qualidade?

Bruce: Bem, agora que ela é uma maneira de *ser*, eu posso apenas me comportar dessa forma em vez de precisar demonstrá-la tão intensamente.

Compreendo. Antes você tinha essa necessidade de tê-la intensamente por causa da ambigüidade? (Sim.) OK. Agora quero que você se imagine indo para o futuro. Pense em uma ocasião na qual você poderia enfrentar uma dessas situações em que essa qualidade seria particularmente útil e apenas entre nela e descubra qual é a sensação...

Parece bem satisfatório; você está confirmando com a cabeça. Você tem alguma objeção?

Bruce: Não, está bom.

Do ponto de vista da sua posição no presente, olhando para trás, para quando você sentia ambigüidade em relação a essa qualidade, o que você nota sobre a diferença entre as duas experiências?

Bruce: A primeira coisa que vem à minha mente é essa sensação em meu corpo, que eu precisei combater grande parte do tempo – não vou mais precisar fazer isso. Aquele peso que eu tinha no passado não existe mais. E a tensão nos ombros que eu geralmente sentia desapareceu. Em seu lugar, tenho um movimento enérgico gostoso, um redemoinho no meio das minhas costas...

Você nota alguma coisa no sistema auditivo?

Bruce: Não preciso "treinar" a mim mesmo – convencer-me se devo ou não demonstrar essa qualidade.

OK. Você tem essa qualidade?

Bruce (rapidamente): Sim. Sim.

Isso me parece bom; uma boa resposta – rápida e congruente.

OK, vocês têm perguntas para o Bruce? Guardem para mais tarde as perguntas para mim.

Sally: Você se sente confiante?

Bruce: Sim. Estou confiante. O que me prova isso é a ausência do auditivo. Eu não sinto necessidade de ser de um jeito ou de outro. Apenas serei assim. Não há "trombetas" ou qualquer coisa parecida dentro de mim, porque não há necessidade desse tipo de intensidade. Tudo é bastante tranqüilo e comum.

Essa é uma resposta *muito* boa e é exatamente o que vocês devem ouvir nesse ponto. Se ouvir "trombetas", isso significa que a pessoa ainda se sente ambígua em relação à qualidade. Por exemplo, se vocês abrissem uma porta e anunciassem para todos: "Eu posso abrir a porta!" Isso pode ser adequado para uma criança pequena que acabou de aprender como fazê-lo, mas seria muito ridículo para um adulto. Quando as pessoas não têm certeza de alguma coisa, em geral elas têm essa qualidade de serem *muito* fortes, *muito* exageradas, *muito* conscientes dela. Quando vocês pressupõem uma habilidade, não precisam pensar nela, apenas desempenhá-la.

Muitas pessoas pensam que confiança *é* como as "trombetas" que Bruce mencionou, e muitos políticos e oradores falam assim. Para muitos isso é bastante convincente, porque eles não percebem que o *excesso* de confiança é na verdade um sinal de incerteza. A resposta de Bruce é ótima. "Eu não preciso convencer-me a fazer isso nem a não fazer isso. Eu apenas faço." Isso lhe diz que agora essa qualidade é uma parte da sua identidade, de modo simples e sólido.

Muito obrigado, Bruce. Agora, vocês têm perguntas para mim?

Stan: Eu gosto muito da idéia de testar o trabalho olhando para trás e comparando, após fazer uma mudança. Você pode falar mais um pouco sobre isso?

Claro. Desse modo conseguimos diversas coisas simultaneamente, e algumas delas não são óbvias. A questão óbvia é reunir informações sobre aquilo que é diferente, para ter certeza de que as mudanças estão alinhadas com o que estamos tentando alcançar. Contudo, também estou *pressupondo* que haverá diferenças; se não houvesse nenhuma, naturalmente isso seria uma evidência clara de que precisaríamos fazer mais. Bruce foi bastante eloqüente sobre as mudanças em sua fisiologia: a batalha auditiva interna e o peso e a tensão nos ombros desapareceram, e agora ele sente um movimento enérgico gostoso nas costas.

Pedir para olhar para trás também é uma maneira de *consolidar* a mudança, porque isso pressupõe que ele se *associa* totalmente no presente e se *dissocia* de como era. Eu também estou esperando que o estado presente seja mais satisfatório que o antigo e prestando atenção a qualquer possível indicação contrária. Portanto, há muitas coisas contidas nessa simples instrução – tantas que é pouco provável que alguém possa acompanhá-las e forjar uma resposta que a pessoa gostaria de ter mas que realmente não sente.

Lois: Quando você transforma uma qualidade ambígua em uma qualidade positiva, como pode ter certeza de que ela ficará em harmonia com todas as outras qualidades da pessoa?

Lembrem-se de que especifiquei no começo que os seus valores deveriam ser claros – que vocês tinham de ter certeza de *querer* ser como o lado positivo da ambigüidade. Isso pressupõe que vocês já passaram pelo processo de considerar esses valores e concluíram que é assim que querem ser.

Contudo, só porque lhes pedi para escolher uma qualidade a respeito da qual os seus valores são claros, isso não significa necessariamente que eles o sejam. Ao examinar os exemplos e contra-exemplos cuidadosamente, vocês poderiam descobrir que, na verdade, os seus valores não estão claros. Se vocês não têm certeza daquilo que desejam, é totalmente adequado sentir-se ambíguo a respeito de uma qualidade. Primeiro é necessário esclarecer quais são os seus valores e decidir o que desejam fazer. Anteriormente fiz algumas sugestões quanto a como fazer isso. Em geral, a coisa mais útil a ser feita é experimentar situações específicas para descobrir o que vocês valorizam, em vez de tentar descobrir intelectualmente.

Andy: Parece que aquilo que estamos chamando de ambigüidade é a mesma coisa que muitas vezes é chamada de "polaridade", assim, continuo pensando em outras maneiras que aprendi para trabalhar com polaridades, como a negociação interna entre os dois lados ou o "*squash* visual", nas quais as duas representações são deslocadas para o mesmo espaço com as mãos, e eu gostaria que você comentasse sobre esses métodos.

Sim, até onde eu sei, polaridade e ambigüidade são dois nomes para a mesma coisa. Nós poderíamos falar de "uma parte sua" que acredita que você tem a qualidade, enquanto "outra parte" acredita no oposto. Há métodos mais antigos na PNL que podem ser utilizados para integrá-las, e um exemplo é o *squash* visual (Andreas, C. & S., 1989, cap. 13). Embora esses métodos sejam muito poderosos e efetivos, eles também são muito simples, porque não temos muitas oportunidades para juntar informações detalhadas de ambos os lados, e isso torna difícil fazer previsões detalhadas sobre os resultados da integração.

Um outro problema com a simples integração dos dois lados de uma polaridade é que tudo acontece ao mesmo tempo – *todos* os exemplos e contra-exemplos de ambos os lados são imediatamente colocados em um momento no tempo –, mais ou menos como colocar os móveis de duas famílias em uma só casa. É por isso que, posteriormente, a maioria das pessoas precisa de muito tempo para a integração. É necessário algum tempo para organizar a bagunça e torná-la habitável – decidir que móvel vai para onde, o que guardar no sótão, o que vender etc.

Quando transformamos e integramos contra-exemplos um de cada vez ou em grupos semelhantes, obtemos informações muito melhores sobre o conteúdo dos exemplos e dos contra-exemplos. Isso nos permite considerar com cuidado o melhor tipo de recurso e de transformação, bem como a ecologia interna. Em vez de apenas ancorar duas polaridades e deslocá-las, pegamos um contra-exemplo de cada vez (ou um grupo de contra-exemplos semelhantes), *transformando-o* primeiro e depois integrando-o *cuidadosamente.*

Se houver alguma objeção, recapitulamos e descobrimos o que é preciso fazer para facilitar as coisas. Isso torna o processo muito mais detalhado, elegante e fácil e, posteriormente, requer muito menos tempo para a integração e a organização das coisas. Esse tipo de processo é bem menos dramático que o *squash* visual, mas também é muito mais suave e completo, respeitando mais todos os aspectos da pessoa.

Relatório de acompanhamento

Agora quero apresentar um acompanhamento de uma participante uma semana após ela ter trabalhado com o fato de ser saudável, o que era ambíguo para ela:

Havia determinados períodos em que eu levava uma vida saudável, comia muito bem e me exercitava com regularidade. Mas na maior parte do tempo eu não me alimentava adequadamente, não dormia o suficiente e não levava uma vida saudável. Eu sentava à frente do computador e trabalhava até ficar *morrendo de fome*, então pegava qualquer coisa na geladeira que não levasse mais de cinco minutos para ser preparada. Depois eu não fazia nenhum exercício, porque estava ocupada trabalhando, e também não dormia o suficiente.

Assim, revisei os contra-exemplos daquilo que eu queria. Segui o seu conselho de olhar o dia de modo mais abrangente – em vez de apenas o momento em que eu pensava "Estou morrendo de fome; o que fazer a respeito?" –, buscando reorganizá-lo. "Uma pessoa saudável faz refeições regulares, reserva um período para fazer exercícios e preparar os alimentos." E então, também considerei o período de uma semana e pensei: "Bem, se eu fizer todo o trabalho de uma só vez, ou se ele for feito no decorrer de uma semana, é exatamente a mesma coisa. O trabalho é feito, o objetivo é o mesmo, portanto, por que eu não incluo todas essas outras coisas?" Eu também acrescentei outros recursos de criatividade e sensualidade, para que o ato de cozinhar pudesse ser criativo, sensual e mais divertido para mim.

Portanto, todos aqueles contra-exemplos tornaram-se exemplos saudáveis, e desde então tem sido fabuloso! Agora estou no piloto automático com a minha saúde. Às nove horas, percebo que preciso tomar o café da manhã. E então, quando estou no computador ou fazendo alguma outra coisa, digo a mim mesma: "OK, já fiz isso por algumas horas", portanto vou parar, e digo: "OK, preciso preparar alguma coisa". Ou "Certo, vou dar uma volta" ou "Vou cuidar do jardim". É tudo automático; apenas acontece. Eu realmente não preciso pensar. É como se houvesse um relógio dentro de mim que avisasse: "OK, é hora de parar". Isso nunca aconteceu antes e é ótimo. Eu gosto muito da idéia de realizar um trabalho de mudança utilizando esse período de tempo mais amplo, em vez de uma única experiência. Isso foi inacreditavelmente útil para mim.

Quero salientar que antes ela impusera uma rígida hierarquia para si mesma ao continuar trabalhando no computador e ignorando a sua necessidade de alimentar-se – até ficar "morrendo de fome" e *precisar* dar atenção a essa necessidade. Sua resolução respeita a heterarquia natural das suas diversas necessidades.

Quero que vocês formem pares e se revezem praticando esse processo utilizando o esquema a seguir. Uma qualidade ambígua em geral terá uma grande quantidade de contra-exemplos, portanto é provável que existam alguns outros importantes objetivos que devem ser respeitados. Isso aumenta a probabilidade da existência de objeções à transformação dos contra-exemplos e pode ser necessário um pouco mais de trabalho de mudança para torná-la congruente.

Trabalhem principalmente sozinhos, mas ainda quero que formem pares, no caso de alguém precisar de ajuda, e também que compartilhem as experiências depois. Aqueles que são terapeutas podem preferir orientar uns aos outros durante esse processo: um de vocês pode ser um cliente com uma qualidade ambígua problemática, e o outro pode ser o agente de mudança, e depois podem trocar de lugar.

Exercício 10: Transformando uma qualidade ambígua em uma qualidade positiva (pares, 20 minutos cada)

Escolham um aspecto de si mesmos que seja ambíguo – algumas vezes vocês acham que são "X", em outras acham que não são "X", e *sabem* como gostariam de ser – seus *valores* estão claros. Os passos abaixo são uma sugestão de seqüência. Uma seqüência diferente pode funcionar melhor para determinada pessoa. Concentrem-se no objeto final, respeitando as necessidades do indivíduo.

1. **Molde positivo.** Evoquem a/o estrutura/processo que vocês utilizam para representar uma qualidade positiva que apreciam. (O que vocês já estavam fazendo.)

2. **Ajuste.** Utilizem tudo que vocês aprenderam para desenvolver o que já fazem para tornar a sua representação dessa qualidade ainda melhor, acrescentando modalidades, exemplos futuros, outras posições perceptivas, processando contra-exemplos etc. (Novamente, vocês já estavam fazendo isso.)

3. **Evocar a/o estrutura/processo da qualidade ambígua.** Como vocês representam os exemplos e contra-exemplos dessa qualidade?

4. **Verificação da congruência.** "Alguma parte de vocês tem qualquer objeção com respeito a ter essa qualidade como uma parte positiva inequívoca do seu autoconceito?" Satisfaçam qualquer/toda objeção, ressignificando, redefinindo a qualidade, acessando recursos, criando competência comportamental etc. antes de continuarem.

5. **Examinar contra-exemplos** (ou um grupo deles), para descobrir se eles de fato representam uma qualidade diversa que pode ser adequadamente denominada e separada da qualidade original.

6. **Representar exemplos na forma do molde positivo.** Se os seus exemplos positivos ainda não estão na forma do molde positivo, coloquem-nos nessa forma.

7. **Agrupar e transformar quaisquer contra-exemplos remanescentes** em exemplos da qualidade e colocá-los nos dados com os outros exemplos.

8. **Verificação do resumo.** Revejam o seu nome para essa qualidade para terem certeza de que ele é adequado aos dados modificados.

9. **Olhar para trás.** Olhando para trás, para suas experiências anteriores, que diferenças vocês notam entre o que estão experimentando agora e o que experimentaram antes?

10. **Teste.** "Você é ...?" Observem as respostas não-verbais.

11. **Verificação da congruência.** Novamente, verifiquem a congruência do trabalho realizado. "Alguma parte de vocês tem qualquer objeção às mudanças que fizeram?" Satisfaçam qualquer/toda objeção.

* * * * *

Alguma pergunta ou comentário?

Frank: Gostaria de contar como era a minha qualidade. O meu molde positivo está representado à minha frente, no nível dos olhos, um pouco à esquerda e afastado cerca de trinta centímetros. Há uma grande imagem aqui, quase à minha frente, e duas imagens menores do seu lado esquerdo que são uma espécie de "reforço", prontas para ocupar o lugar da imagem grande sempre que eu precisar. O restante dos meus dados encontra-se em um arco vertical que passa entre a imagem grande e as duas imagens menores. Quando focalizo qualquer imagem nos dados, ela se desloca para onde está a imagem grande e, quando termino, ela volta para o seu lugar, então uma das imagens menores se desloca e ocupa o seu lugar. A minha qualidade ambígua tinha o mesmo tipo de estrutura, mas as duas imagens de apoio estavam vazias, e quando procurei exemplos nos dados, também havia muitos espaços em branco. Havia alguns exemplos positivos e alguns negativos, mas a maioria eram apenas muitas molduras vazias, onde deveriam estar os exemplos. Assim, eu apenas procurei exemplos positivos e os coloquei nessas molduras vazias até elas ficarem cheias, e depois transformei os contra-exemplos.

Ótimo. Isso foi muito parecido com o que fizemos para construir uma qualidade: juntar exemplos positivos na forma do molde positivo.

Demie: O meu molde positivo é uma colagem de *slides*, a cerca de trinta centímetros, com mais ou menos seis fileiras e seis colunas, e uma luz brilhante por trás – são todos exemplos positivos. Se eu coloco um contra-exemplo, ele sempre vai direto para o meio, onde fica cercado pelos exemplos positivos. Os *slides* saem da representação no meu lado esquerdo e ficam circulando atrás de mim em um banco de armazenamento, então eles surgem novamente do meu lado direito quando preciso deles. Mas em minha qualidade ambígua, todos os *slides* nas três fileiras à minha esquerda eram negativos, e todos os da direita eram positivos. Eu me sentia muito mal olhando para eles, não sabia o que fazer. O meu parceiro notou como os *slides* em meu molde positivo ficavam circulando atrás de mim e sugeriu que eu deslocasse toda a colagem para a esquerda, de modo que todos os negativos pudessem ir para o armazenamento, enquanto os mais positivos iriam para a direita. Não pude acreditar como foi simples fazer isso e o alívio que senti. Então pude levar para o centro um negativo de cada vez e transformá-los. Quando terminei, estava chorando, porque era muito bom saber que eu tinha aquela qualidade.

Ótimo. Nesses dois exemplos a qualidade ambígua estava organizada de modo muito semelhante ao molde positivo e isso facilitou sua transformação em uma qualidade positiva. Nem sempre é tão fácil, mas algumas vezes o é. O que vocês podem nos contar sobre a experiência de ter uma qualidade ambígua dessa nova perspectiva?

Demie: É como olhar para um estranho. Eu não sei como pude me sentir tão mal.

Frank: A principal coisa que notei foi muito parecida com o que o Bruce disse. Eu me sinto muito mais confortável agora que a ambigüidade está resolvida, porque não tenho mais aquela dúvida que ia e vinha. Não sinto mais necessidade de falar sobre o seu lado positivo, enquanto anteriormente eu precisava fazer isso. E como eu queria esconder a minha incerteza, falava com muita intensidade.

Eu falei sobre isso antes, mas é tão importante que quero falar um pouco mais. Quando descrevi os critérios para um autoconceito efetivo, um deles era estar livre da auto-importância, do egotismo e da superioridade resultantes da comparação consciente de si mesmos com os outros.

Quero que todos pensem em alguma situação na qual se sentiram inseguros a respeito de sua habilidade para enfrentar um importante desafio, como uma entrevista de emprego ou um encontro com uma pessoa amedrontadora. A maioria das pessoas tende a ficar tensa e a se esforçar para parecer *mais* confiante e capaz do que realmente se sente, e o seu comportamento provavelmente terá essa qualidade *excessiva*.

É preciso muito tempo e esforço para manter um falso self, particularmente quando a pessoa inclui tudo que precisa para comprar e manter o carro bacana, a casa grande etc., necessários para sustentar a sua auto-importância, mesmo quando essas coisas não são inerentemente agradáveis. E, com freqüência, isso também vale para os "rebeldes" sociais. Conheço um guru que passa horas se certificando de que o seu cabelo está igual ao do Baba Ram Dass e, certa vez, um roqueiro me disse que perde algumas horas por dia para pintar e arrumar o seu cabelo espetado. Se alguém realmente gosta de qualquer uma dessas atividades, não tenho argumentos contra, mas se isso acontece principalmente para proclamar a sua identidade para o mundo, acho que eles poderiam usar esse tempo com coisas que apreciem mais.

Um falso self em geral é criado em resposta à aceitação de algum tipo de exigência social ou ideal. Pensar que vocês "deveriam" ser de determinada maneira, em vez de serem o que são, é uma boa maneira de viver uma vida do tipo "eu devo". Algumas pessoas criam um falso self por conveniência social, ao mesmo tempo conservando uma forte percepção de quem realmente são. Outras podem ficar tão envolvidas na manutenção do falso self que perdem a consciência de quem são, e é muito fácil passar da conveniência para a negação.

Curiosamente, muitos caminhos espirituais e programas de autodesenvolvimento tornam-se um outro grupo de "deveres" a serem imitados na competição por *status* dentro desses grupos. Na década de 1960, com sua ênfase no "aqui e agora", havia uma síndrome que poderia ser descrita como, literalmente, "mais agora do que vós" (*nower than thou*), a qual realmente colocava as pessoas no "lá e então" da auto-importância. Grupos políticos e sociais com freqüência são liderados por egotistas que defendem a própria incerteza tornando-se líderes ou gurus, e muitos dos seus seguidores fazem o mesmo ao se identificarem com o seu carisma e sucesso.

Em algum nível, alguém com um falso self – e todos nós temos um pouco disso – percebe que ele não é real, o que cria uma outra armadilha. Quando alguém responde a um falso self, isso significa que a resposta não é realmente para a pessoa, mas apenas para a falsa imagem, portanto ela não consegue desfrutá-la. Essa é a fonte de muita solidão, mais óbvia em artistas de cinema, políticos ou outras pessoas famosas que trabalham para criar uma imagem e então acham difícil acreditar que alguém possa amar a pessoa por trás da imagem.

Muitas pessoas consideram o orgulho uma coisa boa, apesar do que diz a Bíblia e muitas outras fontes espirituais. Como o seu oposto, a vergonha, o orgulho sempre envolve a comparação com outra pessoa, bem como ser melhor ou pior que ela. O orgulho e a auto-importância são sinais de um autoconceito inseguro, que pode facilmente escorregar para o seu oposto, a vergonha e a insignificância. Quando as coisas vão bem, um egotista fica feliz em assumir a responsabilidade por elas, mas quando as coisas vão mal, é culpa de outra pessoa. Curiosamente, até a humildade pode ser uma fonte de orgulho, como salientou Samuel Taylor Coleridge há algumas centenas de anos:

[...] o demônio realmente sorri, pois o seu pecado predileto
É o orgulho que imita a humildade.

Quando uma pessoa se sente insegura a respeito de uma qualidade, ela leva qualquer desafio *muito* a sério, e responderá defensivamente, fazendo quase tudo para recuperar o sentimento de importância. Um exemplo disso é o "machão", que se vangloria da sua masculinidade e que se ofenderá com a mais leve palavra ou ato que pareça desafiá-la, e que *precisará* responder, muitas vezes com violência e, em outras, chegando ao ponto de matar o ofensor. Que armadilha!

Os homens com problemas com a lei freqüentemente encontram-se nessa situação, embora poucos estejam dispostos a admitir isso, uma vez que essa confissão também seria um desafio à sua imagem ou *status*. Muitos prisioneiros pensam em si mesmos de maneira tão irreal e grandiosa que acreditam piamente que o único motivo de estarem na prisão é um erro burocrático. "Isso é um terrível engano."

Não é por acaso que o orgulho e a inveja estão entre os sete pecados capitais do cristianismo. Na antiga versão grega eles eram considerados os *piores*, dos quais se originavam todos os outros pecados. A raiva, outro dos pecados capitais, raramente ocorre em resposta a um perigo ou dano físico real. Muitas vezes a raiva e a violência são respostas a críticas, insultos, desrespeito, ou algum outro desafio à auto-importância de alguém ou àquilo que com freqüência é chamado de ego.

Muitas pessoas acreditam que a raiva ocorre em resposta à mágoa e, de certa forma, isso é verdade. Mas em geral, a mágoa surge em resposta a algum tipo de desrespeito à maneira como alguém *pensa* em si mesmo. No filme *Os russos estão chegando*, da década de 1960, enquanto Alan Arkin (um russo) sai de um Volkswagen crivado de balas, diz "A minha dignidade está apenas ferida".

Quando as nossas expectativas não são satisfeitas, sempre há uma perda, e a primeira resposta à perda é a decepção e a tristeza. Em muitos casos esse sentimento é tão completa e imediatamente ofuscado pela raiva e por outras tentativas de vingar ou recuperar o orgulho do ego ferido que a tristeza não é notada. Há mais de duzentos anos, Sir Walter Scott disse bem:

A vingança, remoendo profundamente sobre o assassinato,
Bloqueou a fonte do pesar mais suave;
E o orgulho abrasador e o desdém elevado
Impediram o fluir da lágrima.

Quando acontece algo terrível, a tristeza é o sentimento mais básico, e habitualmente um ponto *muito* melhor para começar a solucionar um problema do que o orgulho, a raiva e a vingança.

Há muitos outros sinais mais sutis de auto-importância e egotismo. Uma amiga minha costumava fazer comentários sobre alimentos dizendo coisas como: "Esse bife estava *muito* bom". Demorei um pouco para perceber que ela não estava realmente falando do bife! O bife era apenas uma maneira conveniente de se vangloriar a respeito *de si mesma* e do seu paladar extremamente superior. Com freqüência as pessoas falam muito mais sobre si mesmas do que sobre o aparente assunto da conversa, portanto vocês podem reunir muitas informações úteis sem fazer nenhuma pergunta.

Sempre que vocês observarem o orgulho ou a auto-importância, essa é uma oportunidade para solucionar uma ambigüidade usando esse processo. Um autoconceito estável só pode estar baseado em quem vocês *são* e na *satisfação* de viver uma vida que exemplifica os seus valores, sem comparações com os outros. Quando o seu autoconceito está solidamente estruturado na própria experiência, *ninguém pode tirá-lo*, e vocês estarão a salvo do desrespeito, da humilhação, da raiva e da mágoa – e de todo o turbilhão de sofrimento resultante. Quando o budismo e muitas outras tradições espirituais defendem a eliminação do self, acho que o que eles realmente querem dizer é a eliminação do egotismo que resulta da ambigüidade. Ao transformar uma qualidade ambígua em uma qualidade positiva, esse egotismo é eliminado.

Sarah: Quando você falou do machão e de outras pessoas que não estão dispostas a reconhecer a ternura, as lágrimas etc., pensei nas abordagens que defendem a aceitação do "lado escuro" – ou self sombra – como uma maneira de nos tornarmos seres humanos mais inteiros e completos.

Sim, quando alguém se identifica conscientemente com um lado de uma ambigüidade, com freqüência por causa de crenças religiosas e sociais rígidas e absolutas, ele normalmente se *desidentifica* com o oposto, tornando-o uma espécie de self sombra. Graças aos papéis sexuais estereotipados da nossa sociedade, o self sombra para um homem em nossa sociedade provavelmente inclui as coisas que você mencionou, enquanto para uma mulher é provável que sejam coisas como assertividade, raiva, poder etc. Algumas pessoas pensam no self sombra como algo maligno ou perigoso, e muitas vezes isso inclui o não reconhecimento da raiva, da agressão e de outras respostas naturais, apesar de problemáticas. Mas em geral isso também inclui qualidades maravilhosas e valiosas que não são reconhecidas porque não se encaixam nos estereótipos sociais. Em breve falarei mais sobre o self sombra, mas quero esperar até que outras coisas estejam bem compreendidas.

Resumo

Vocês aprenderam a transformar uma qualidade ambígua do autoconceito em uma qualidade positiva, utilizando dois importantes processos. Um deles é *colocar os exemplos positivos na forma do molde positivo*, o que pode requerer *a mudança da modalidade dos exemplos*. O outro é *transformar contra-exemplos* para que eles se tornem *exemplos* de como vocês querem ser, acrescentando-os depois ao molde positivo. Há diversos passos nesse processo de transformação. Vocês *agrupam contra-exemplos, transformam o pior do grupo, verificam o restante do grupo para ter certeza de que eles também estão transformados e depois os colocam no molde positivo*.

Esse mesmo processo pode ser utilizado para transformar uma qualidade negativamente valorizada em uma qualidade positiva. Embora em muitos casos esse seja o tipo de intervenção mais difícil, também é o que oferece os benefícios mais profundos.

Mas antes de fazermos isso, quero explorar um tipo de autoconceito negativo diferente e muito mais simples, no qual as representações do resumo e os dados são *negados*. Naquilo que eu chamo de "não self", a pessoa se define pelo que ela *não* é, e não por aquilo que ela *é*. Isso é muito diferente da negação de *não gostar* da maneira como ela pensa em si mesma. O "não-self" pode ser o mais fácil ou o mais difícil de ser modificado, dependendo de quanto a pessoa ficou presa nele.

11

Mudando o "não self"

Quando as pessoas falam de um "autoconceito negativo", em geral estão se referindo a alguém cujo autoconceito seja negativamente *valorizado*. Quando uma pessoa diz: "Eu sou desajeitada", é provável que isso seja negativamente valorizado, pois raramente as pessoas valorizam a falta de jeito. Contudo, mesmo que ela não valorize o fato de ser "desajeitada", esse é um nome para um conjunto de comportamentos que podem ser *representados* positivamente, sem nenhuma negação. Isto é, eu posso criar imagens do que significa ser desajeitado – imagens de mim mesmo tropeçando, derramando líquidos, quebrando coisas etc.

Antes de aprender a transformar um aspecto do autoconceito negativamente valorizado, quero explorar um tipo muito diferente de autoconceito, no qual a sua *representação* é negada. Com muita freqüência ouvimos algumas pessoas dizerem: "Eu *não* sou o tipo de pessoa que..." ou "Eu *não* sou..." em vez de "Eu *sou*...". Se a falta de jeito fosse descrita como "não graciosa", esse seria um exemplo de um autoconceito no qual a *representação* é negada.

Se vocês disserem "Eu não sou gracioso" para si mesmos, isso evocará um conjunto de representações muito diferentes do que se disserem "Eu sou desajeitado". Posso imaginar alguns de vocês dizendo "Bem, 'não gracioso' é o mesmo que 'desajeitado'". É muito difícil falar sobre a negação e é necessário fazer uma distinção muito cuidadosa entre as *palavras* que as pessoas usam e as *experiências* por trás delas. Embora essas duas frases possam significar a mesma coisa na linguagem comum, as experiências por trás delas com freqüência são *muito* diferentes, e as conseqüências de definir o self empregando um conjunto de experiências negadas podem ser profundas e abrangentes.

"Não self" (negativamente valorizado)

Quero que vocês pensem em algo que vocês *não* são, alguma qualidade de que *não* gostam. Por causa da dificuldade de falar sobre negações, é bom utilizar um pouco de conteúdo, portanto, vou usar a palavra "crueldade" como um exemplo, mas, se preferirem, podem usar qualquer outra qualidade da qual não gostem. Se vocês disserem para si mesmos "Eu não sou cruel", como isso é representado internamente? Sintam como é definir uma qualidade em si mesmos por aquilo que vocês *não* são.

Pode ser útil comparar as experiências da mesma qualidade definida positiva e negativamente. Qual a diferença entre a experiência de "Eu *não* sou cruel" comparada com "Eu sou bom"? Quais são os seus dados para "não cruel"? Como vocês respondem a eles e qual o provável impacto dessa resposta em seu comportamento?

Gostaria de juntar diversos exemplos de como vocês experimentam uma qualidade negativamente definida (e negativamente valorizada). Para preservar a sua privacidade, sugiro que, qualquer que seja a qualidade escolhida, vocês falem a seu respeito usando a palavra "cruel", como uma espécie de código para ela.

Bill: Eu me senti muito mal. Quando tentei pensar em "não cruel", tudo que pude ver foram ocasiões nas quais eu *fui* cruel. Então precisei afastá-las e fazer a coisa certa.

Fred: Eu vejo a palavra "cruel" muito mais claramente do que a palavra "bom". Os dados a respeito de ser cruel são aquilo que se espera – muitos exemplos de pessoas sendo mesquinhas e gostando de ver o sofrimento alheio. Eu não gosto de ver todas essas imagens e quero me afastar delas.

Rene: Vejo imagens de outras pessoas sendo cruéis, mas eu permaneço dissociado. Em geral, entro nas minhas imagens porque mesmo quando não quero fazer alguma coisa, quero ter a sensação de como seria. Portanto, comecei a entrar, uma voz disse "Não" e eu me afastei. Então me senti apático e entediado por não saber o que fazer.

Lois: Eu fiz como Rene, mas quando entrei, fiquei assustada e então pensei: "Bem, se eu não sou isso, o que eu sou?"

Al: Eu vejo imagens indistintas, quase imóveis, de alguém sendo cruel, então tenho uma sensação de afastamento, tentando me proteger.

Embora cada um de vocês tenha notado aspectos um pouco diferentes da experiência, eles são muito semelhantes. As palavras são coisas desajeitadas e muitas vezes as pessoas encontram maneiras criativas para compreendê-las. Algum de vocês fez algo diferente?

Ann: Eu criei imagens de diversas ocasiões nas quais eu poderia ter sido cruel mas não fui.

Sally: Assim que você disse "não cruel", imediatamente comecei a ver o oposto – ser bom.

OK, cada uma de vocês fez uma coisa diferente, mas ambas viram o *oposto* de ser cruel. Vocês fizeram algo diferente daquilo que a maior parte das pessoas faz, e nesse caso é uma escolha muito boa, por motivos que se tornarão claros à medida que explorarmos mais o assunto.

Contudo, nesse momento, quero que vocês criem imagens de serem cruéis, negando-as de algum modo na seqüência para que possam sentir como é. Sabendo como as outras pessoas experimentam isso, quando alguém descrever a si mesmo com uma negação, será muito mais fácil obter *rapport* e ajudá-lo a aprender como fazer algo mais útil.

Bill: Eu espalhei as palavras em minha mente e fiz imagens de todas as coisas que *não* se encaixam na definição de ser cruel – o que significa *muitas* coisas diferentes! A minha mente ficou abarrotada com todas essas coisas.

"Não cruel" pode significar coisas diferentes para pessoas diferentes. Pode significar "bondade" ou pode significar *todas* as coisas no mundo que não são cruéis. É fácil pensar em categorias digitais do tipo "ou/ou", ignorando completamente o fato de que há muitas coisas ou eventos no mundo que não são *nem* boas *nem* cruéis – o tapete no chão, por exemplo.

Sempre que vocês ouvem alguém dizer ou pressupor uma categoria "ou/ou" como "Você está conosco ou contra nós", ou "Ou eu faço tudo que a minha esposa quer ou peço o divórcio", essa é uma indicação de uma visão de mundo muito limitada, que poderia utilizar uma definição melhor e explorar todas as possibilidades na zona intermediária entre os dois extremos do "ou/ou".

Agora quero que levem essa negação ao extremo. Como seria a sua vida se não apenas uma das suas qualidades mas *todas* elas fossem descritas como negações? Experimentem imaginar como seria se tudo o que pensassem sobre si mesmos fosse sempre em termos daquilo que vocês *não* são. *Todas* as suas qualidades são experimentadas dessa forma. Como vocês se sentem?

Sam: É muito escuro... Eu me sinto muito sozinho e assustado, separado e indefeso, cercado por todas essas coisas de que não gosto.

Ann: Eu tenho a tendência de fazer o que se encontra nessas imagens, então me afasto. Eu me sinto como se fosse todas essas coisas terríveis, mas ao mesmo tempo não gostaria de pensar assim.

Alice: Estou muito consciente de todas essas coisas de que não gosto ao meu redor e estou me afastando delas. Minha atenção está voltada para todas essas coisas desagradáveis à minha volta.

Sim, é definitivamente uma experiência de se *afastar* do que é desagradável, sem nenhuma possibilidade de ir *em direção* a qualquer coisa. Sem opções positivas para as quais se dirigir, naturalmente você se sente muito limitada e sem ação.

Imaginem que a sua casa tenha sido totalmente decorada com imagens de coisas de que vocês não gostam – e que vocês jamais saiam de casa – e terão uma idéia de como é. Algumas pessoas juntam experiências desagradáveis – ressentimentos, culpas, arrependimentos, desastres, coisas ruins de todos os tipos – e então vivem cercadas por elas em sua mente. A maioria das pessoas que procuram um terapeuta faz mais ou menos a mesma coisa, pelo menos com uma situação problemática. Elas estão muito conscientes daquilo que *não* querem, portanto, não lhes sobra muita atenção para aquilo que *realmente* querem.

Lois: Eu não vejo nenhuma distinção. Tenho essa sensação de vazio em meu estômago e tórax, de não saber nada a respeito de quem eu sou, apenas de quem eu *não* sou.

Sim, ao focalizar a negação, não há maneira de pensar em quem você *é*, e não existem critérios positivos para fazer distinções. Você pode levar a negação um pouco adiante e dizer: "Eu não sou o tipo de pessoa que...". A expressão "tipo de pessoa" descreve uma *categoria* de pessoas, o que separa ainda mais o indivíduo do comportamento negado.

Ou alguém poderia dizer "Eu não sou desonesto". Como "desonesto" já é uma negação, essa pessoa está negando uma negação! Em espanhol, é fácil perceber isso, porque negações múltiplas sempre produzem uma negação. Mas em inglês, cada negação inverte a anterior, por isso é necessário fazer uma ginástica mental para descobrir se o significado é positivo ou negativo. Pode haver algumas conseqüências interessantes e úteis dessas variações, mas o que eu quero demonstrar é que quando alguém define a si mesmo pela negação, isso não lhe oferece nada de positivo com o que se identificar.

Como os tipos de imagens que fazemos relacionadas a nós mesmos tendem a gerar o comportamento contido nessas imagens, que tipos de resposta seriam provavelmente gerados por imagens negadas?

Fred: Eu teria a tendência de notar a crueldade e todas essas outras coisas em todo lugar, e provavelmente não veria todas as coisas positivas. Eu também me sentiria superior a todas essas pessoas que estão fazendo essas coisas terríveis.

Sim, há uma comparação implícita entre eu e os outros. Outras pessoas fazem essas coisas terríveis e eu não, portanto posso me sentir superior a elas. E essa comparação e superioridade também me farão sentir muito separado delas, diferente e sozinho.

Rich: Como eu sinto um terrível vazio interior porque não sei quem eu sou, estou preocupado com o que os outros pensam de mim, como uma maneira de ter *alguma* percepção de quem eu sou.

Se você vivesse toda a sua vida assim, como um psiquiatra definiria isso?

Fred: "Paranóico" é a palavra que vem à minha mente. Imaginar e notar coisas ruins ao redor, ficar assustado e vigilante com idéias de auto-importância e superioridade, sentindo-se sozinho e ameaçado, e revidando.

Paranóia

Sim, exatamente. A paranóia é o extremo de um processo que quase todos experimentam até certo ponto e que foi descrito como "projeção" há mais de cem anos. Eu "projeto" meus pensamentos desagradáveis no mundo e os vejo ao meu redor, e não dentro de mim. Mas embora a projeção tenha sido descrita em detalhes há muito tempo, ninguém jamais propôs um mecanismo para a maneira como ela realmente funciona, nem como modificá-la. Sempre foi apenas: "É isso que acontece, todos têm pelo menos um pouco disso, os paranóicos têm muito disso, e é assim que reconhecemos a paranóia".

Normalmente os paranóicos são considerados pessoas muito zangadas, que reprimem a raiva de modo que ela só pode ser demonstrada em represália aos seus perseguidores, mas não tenho certeza se isso é verdade. Quando eu estava no curso médio, morando em uma pequena comunidade em uma fazenda, conheci um homem bastante amável e gentil, de família quaker, que se importava muito com as pessoas. Ele consertava carros mas achava muito difícil vendê-los. Quando alguém se interessava por um carro, ele perguntava que uso o automóvel teria. Então geralmente falava para a pessoa: "Você não quer esse carro", e lhe dizia que tipo de carro seria melhor para ela.

Mesmo depois de cinqüenta anos, posso lembrar do seu rosto e ouvir claramente sua voz. Quando falava de si mesmo, quase sempre dizia: "Eu não sou o tipo de pessoa que...". Quando o vi pela última vez, há mais ou menos quinze anos, ele estava totalmente paranóico – ele *sabia* que o FBI, a CIA e a Máfia estavam *todos* atrás dele. Talvez os psiquiatras estejam certos ao afirmar que a paranóia começa com impulsos raivosos que são negados. Como o meu amigo vinha de uma família quaker, pode ter reprimido as ocasiões nas quais ficou zangado porque internalizou os ideais pacifistas dessa religião. Ou a paranóia pode ser simplesmente o resultado de um autoconceito que usa a negação e a conseqüência natural de fazer muito esse tipo de coisa. Eu acho que ela aprisiona pessoas muito amáveis e gentis em um beco sem saída muito cruel.

Eis um outro exemplo do mesmo processo, embora não tão extremo. Recentemente levei quatro alunos adolescentes em uma viagem de estudos. Dois deles estavam no grupo "legal" e falaram quase sem parar durante a viagem de uma hora. A maior parte da sua conversa era uma representação de algumas partes de programas de TV e filmes, um pouco sobre a viagem de estudos e outros eventos atuais. Aos poucos percebi que o que havia em comum em *todos* os seus comentários era a sua atitude de desprezo, escárnio e revolta. Toda sua conversa girava em torno daquilo que eles *não eram*, e suas risadas expressavam sua superioridade aos objetos do seu desprezo. Resumindo, eles se consideravam "legais" porque desprezavam quase tudo. Não havia nada em suas afirmações a respeito de quem eles eram, somente sobre quem eles *não eram*. Isso deve ter resultado em uma sensação de vazio interior, e estar com o grupo "legal" era um refúgio temporário que proporcionava pelo menos um pouco de identidade e conexão com os outros. Uma vez que eles estavam tão concentrados naquilo que eles não eram, tinham pouca consciência de quem eles *eram*.

Uma outra forma de descrever sua resposta a uma representação do "não self" é que ele age como uma ordem negativa. "Não pense em coelhinhos roxos. Especialmente não dançando. E certamente não dando saltos mortais." Qualquer coisa no negativo nos faz pensar exatamente naquilo que *não* queremos pensar. Pensar em nós mesmos como "não cruéis" nos faz pensar em sermos cruéis, como acontece com muitos pais bem-intencionados que aprisionam a si mesmos e aos filhos com ordens negativas do tipo "Não derrame o leite" ou "Não se preocupe com o que vai acontecer", deixando de perceber como esse tipo de frase programará os filhos para fazerem exatamente o que eles querem evitar.

Um exemplo muito simples disso são aqueles sinais de trânsito "proibido virar à direita" – uma flecha curva num círculo vermelho sobreposto, com uma faixa atravessada. Primeiro, a mente faz uma representação do que é virar à direita, o que nos prepara para fazer isso, e então precisamos parar e fazer outra coisa. Gostaria de conversar com a pessoa que inventou esse sistema! Ele funcionaria *muito* melhor se a flecha mostrasse o que *fazer* e não o que *não* fazer. Sob estresse, aposto que algumas pessoas fazem exatamente a coisa errada, porque a sua resposta inconsciente é mais rápida.

Como o inconsciente não responde à negação, ele responderá a tudo que for negado. Enquanto isso, a mente consciente se identificará com o seu oposto, criando um conflito inerente entre consciente e inconsciente. Conscientemente alguém poderia se sentir bem pensando em si mesmo como "não cruel", enquanto inconscientemente se identificará com ser cruel, criando uma ambigüidade séria e profunda.

Essa disparidade entre resposta consciente e inconsciente terá muitas conseqüências infelizes. Uma vez que a mente consciente se identifica com um lado da ambigüidade, enquanto a mente inconsciente se identifica com o outro, a pessoa muitas vezes agirá de maneiras incongruentes com a sua identidade consciente. Quando o lado inconsciente se manifesta, a mente consciente da pessoa, em geral, irá ignorá-lo ou racionalizá-lo.

E se outra pessoa chamar a atenção para as suas respostas inconscientes, isso será incompreensível e confuso para ela. Por ser exatamente o oposto de como ela pensa em si mesma, é provável que interprete o comentário como sendo totalmente infundado ou talvez até mesmo maldoso.

Essa oposição entre negação consciente e afirmação inconsciente é um importante processo que cria uma divisão entre um falso self consciente e um self sombra inconsciente. O self sombra não é simplesmente uma resposta à incerteza ou ambigüidade, porque alguém pode estar muito consciente de ambos os lados de uma ambigüidade. O self sombra é criado somente quando um lado da ambigüidade é *negado, julgado* e *rejeitado*.

Isso aconteceu nos Estados Unidos em escala nacional durante a Guerra Fria. O governo concentrou-se tanto no *anti*comunismo, que se aliou a governos muito corruptos, tirânicos e não democráticos, desde que fossem "*anti*comunistas". Os norte-americanos não notaram o que eles *eram*, porque estavam interessados apenas naquilo que eles *não* eram, e só tinham um critério negativo para definir isso. Quando algumas pessoas tentaram mostrar os horrores que alguns desses governos estavam cometendo, muitas vezes com o dinheiro e o apoio dos norte-americanos, elas foram ignoradas e consideradas encrenqueiras desleais ou comunistas. Esse é um exemplo de negação e do self sombra em nível nacional, e embora o conteúdo tenha mudado, atualmente o mesmo processo ainda é muito evidente.

Esse self sombra pode tornar-se muito poderoso e relativamente independente do controle consciente da pessoa, expressando-se de forma autônoma. Um clássico exemplo extremo é o de um pregador fanático da TV que repetidamente é apanhado com prostitutas. No Colorado (EUA), há cerca de dez anos, um candidato ao Congresso, radical de direita, contrário aos *gays*, foi visto alguns anos depois em um vídeo fazendo sexo com um menor de idade! Provavelmente vocês podem pensar em muitos outros exemplos desse tipo de situação. Aceitar o lado sombra é um bom começo na direção de tornar-se mais inteiro, mas somente se isso incluir a sua transformação – eliminando a negação e depois integrando esse lado para solucionar a ambigüidade.

Múltipla personalidade

Doris: O self sombra se parece bastante com a múltipla personalidade, em que há uma outra identidade desconhecida do self consciente que surge de vez em quando, como se houvesse duas personalidades distintas em um mesmo corpo. Essa parece ser a "mãe de todas as ambigüidades".

Eu acho que pode mesmo haver uma conexão entre os dois e que a múltipla personalidade é uma outra forma extrema de um autoconceito baseado amplamente na negação. Contudo, a múltipla personalidade é muito diferente da paranóia, portanto, como as duas poderiam resultar do mesmo processo? Há uma outra nítida diferença que poderia explicar isso. Enquanto um paranóico percebe o self sombra no mundo *exterior*, uma pessoa com múltipla personalidade o mantém *dentro* do seu corpo, e é possível que apenas essa diferença provoque uma ou outra.

Na maioria das pessoas com múltipla personalidade, a personalidade principal internalizou totalmente os valores sociais e é trabalhadora, religiosa, educada etc., enquanto a outra personalidade valoriza o *oposto*: é preguiçosa, rebelde, grosseira etc. Mais de noventa por cento das pessoas com múltipla personalidade são mulheres, e as mulheres tendem a internalizar os valores sociais com mais facilidade que os homens. Embora um paranóico também internalize os valores sociais, ele o faz aparentemente de forma muito diferente. Apesar de eu não ter encontrado nenhuma boa estatística, a maior parte das fontes afirma que mais de dois terços dos paranóicos são homens. Essa é mais uma sugestão de que, de algum modo, a paranóia e a múltipla personalidade são muito semelhantes, apesar de refletirem opostos. Uma pessoa com múltipla personalidade é simplesmente um caso de negação dos impulsos normais saudáveis que não se encaixam em um ideal social rígido e perfeccionista – ou ela pensa nesses impulsos proibidos na forma de representações do "não self"? Deveria ser muito fácil determinar isso.

Nunca trabalhei com uma pessoa com múltipla personalidade, portanto, tudo que eu disser a respeito deve ser recebido com muita cautela e ceticismo. Para simplificar o nosso raciocínio sobre um assunto muito confuso, vamos nos restringir a personalidades *duplas*. As primeiras pessoas descritas com múltipla personalidade tinham apenas duas personalidades. Recentemente, tanto os relatos sobre a quantidade de pessoas com múltipla personalidade quanto aqueles que se referem ao número de personalidades por pessoa aumentaram muito. Não está claro se esse é um processo de descoberta ou criação, ou ainda de diagnóstico excessivamente entusiasmado. Tenho fortes dúvidas quanto a quem relata mais do que duas, e até mesmo especialistas na área dizem que a maior parte das personalidades adicionais são "fragmentárias", portanto, a maioria delas provavelmente é mais parecida com o que chamaríamos de *partes* da pessoa relacionadas a diferentes objetivos, em vez de personalidades completas.

Uma maneira de pensar em dupla personalidade é que em vez de ter qualidades ambíguas individuais espalhadas, como a maioria das pessoas, um lado de cada ambigüidade está agrupado em uma personalidade, enquanto o outro lado está agrupado em outra. Cada personalidade funciona como um todo integrado com apenas um lado, mas há um amplo abismo entre as duas.

Milton Erickson, que trabalhou com diversas pessoas com múltipla personalidade, acreditava que cada uma delas utilizava o mesmo conjunto de experiências, mas aplicava *valores* totalmente diferentes a essas experiências:

[...] parece que as duplas personalidades na verdade representam a utilização bem organizada, coordenada e integrada da mesma experiência total, mas de dois pontos de orientação totalmente diferentes [...]
Minha descoberta com as duplas personalidades é a de que elas reagem de duas maneiras simultaneamente. Em geral, uma das personalidades é ativa e constrói uma base experimental dessa maneira. A outra tende a ser passiva e a se orientar com relação a coisas de menor importância para a outra personalidade. Como conseqüência, temos duas personalidades construídas, cada qual com seus próprios conjunto e escala de valores, baseados na utilização totalmente diferente das experiências em comum. (Von Foerster, 1976, p. 143)
Embora a personalidade comum esteja normalmente presente, a personalidade secundária está muito claramente em segundo plano, observando, participando e compartilhando, mas de maneira desconhecida para a personalidade comum. Contudo, concordo que quando a personalidade secundária está em primeiro plano, a personalidade principal está totalmente fora do quadro e, até onde posso dizer, na verdade ela perde completamente as experiências da personalidade secundária ativa. Como isso é possível, não posso explicar, e no entanto parece ser assim. (Zeig, 2000, p. 144)

Se Erickson estiver certo sobre as diferentes personalidades que surgem da valorização diferente das mesmas experiências, isso também se encaixaria muito bem naquilo que apresentei. Aceitando por enquanto que a personalidade consciente define a si mesma por meio de negações, então a mente consciente valorizaria a representação negada, enquanto o inconsciente valorizaria o seu oposto. Isso faria que a personalidade secundária fosse completamente inconsciente e desconhecida da personalidade consciente. Então, quando o self inconsciente ficar consciente, faria sentido que o self anteriormente consciente continuasse não percebendo a outra personalidade e tudo que ela fez enquanto estava no comando.

Algum dia espero encontrar tempo para localizar e entrevistar uma pessoa com dupla personalidade. Acho que poderia utilizar a abordagem apresentada aqui para aprender mais e talvez confirmar algumas dessas suposições. Eu faria uma lista da constelação de qualidades de cada personalidade, esperando aprender mais a respeito de como elas permanecem separadas e como integrar as duas, e determinaria até que ponto cada personalidade define a si mesma por aquilo que ela *não* é. Se minhas suposições estiverem corretas, a personalidade principal define a si mesma pela negação, enquanto a personalidade secundária não o faz. Trabalhando no nível de qualidades e não no nível da personalidade total, acho que a integração seria muito mais fácil e rápida – da mesma forma que a integração de ambigüidades, da maneira como apresentei aqui, é muito mais fácil do que quando usamos o *squash* visual.

Ainda permanece a questão de saber como os dois conjuntos de qualidades podem ser organizados em uma personalidade separada em relação a conjuntos de valores opostos e como isso é diferente de outras polaridades extremas, como a bulimia. A maior parte das pessoas inclui ambos os lados de uma ambigüidade ou de um conflito em uma identidade, mesmo quando um deles está severamente dissociado e alienado.

Como a múltipla personalidade é um distúrbio bastante raro, também precisamos considerar a possibilidade de que algum tipo de dano neurológico impeça a habitual integração de identidade. Há diversos danos neurológicos que perturbam intensamente a autopercepção, portanto, talvez exista um tipo de dano único e raro que resulta na múltipla personalidade.

Quando vejo filmes e vídeos de pessoas supostamente com múltipla personalidade, a maioria deles não me convence muito. Geralmente eu não vejo o tipo de reorganização não-verbal completa que as pessoas relatam. Vejo apenas a incongruência e a dissociação parcial conhecidas de qualquer um que esteja fazendo um trabalho de PNL com diferentes partes de uma pessoa com objetivos conflitantes.

Contudo, há muitos anos conheci uma pessoa com múltipla personalidade que foi muito, *muito* convincente para mim, por isso tenho certeza de que elas realmente existem. Eu estava com uma conhecida que na época se encontrava sob considerável tensão. Desviei o olhar do seu rosto por um instante e, quando olhei de volta, seus olhos estavam surpreendentemente diferentes e penetrantes, comandando a voz e a postura. Eu não me assusto com facilidade, mas aquela foi uma cena que poderia ter saído diretamente de *O exorcista*. Os pêlos da minha nuca ficaram arrepiados e a melhor maneira de descrever como eu me senti é que *outra pessoa* estava lá! Mais tarde descobri que essa outra personalidade era uma deusa da fertilidade mediterrânea que assumia o controle diariamente e estava datilografando o manuscrito de um livro!

A maior parte das pessoas com múltipla personalidade foi descoberta durante a hipnoterapia, por isso também precisamos considerar a possibilidade de que a hipnoterapia inadequada possa desempenhar um papel na criação de uma múltipla personalidade. Erickson descreveu alguns casos de múltiplas personalidades que não foram submetidas à hipnose, pelo menos não oficialmente, mas algumas experiências de vida hipnóticas poderiam ter um efeito semelhante. Por exemplo, alguns pais dizem a uma criança que se comportou mal: "Onde está a minha doce menininha? Para onde ela foi? Quem é essa menina má?" Se esse tipo de linguagem hipnótica for utilizada com freqüência ou durante o tipo de evento estressante que muitas vezes cria *imprints* traumáticos, acho que isso poderia contribuir para a criação de uma múltipla personalidade.

Lembrem que muito disso é especulação e que eu não testei essas idéias trabalhando com uma múltipla personalidade. Talvez essa seja uma daquelas teorias sobre as quais Thomas Henry Huxley falou: "A grande tragédia da ciência é o assassinato de uma bela teoria por uma feia realidade". No mínimo, essas são algumas possibilidades que poderiam ser verificadas por pessoas que trabalham com múltiplas personalidades.

Mudando a projeção

Agora, vamos voltar à projeção. A descoberta dos processos subjacentes foi um resultado totalmente inesperado da modelagem do funcionamento do autoconceito. A projeção começa com imagens internas negadas daquilo que eu *não* sou, e o restante é a minha resposta natural a essas imagens negadas. Agora que vocês compreenderam esse processo, ficarão sensíveis a ele e começarão a notá-lo naquilo que as outras pessoas dizem e fazem. Saber como funciona esse processo também mostra o caminho para modificá-lo. Presumindo que as imagens negadas causem projeção, como vocês fariam para mudar isso, para que alguém projetasse menos?

Sally: Bem, parece muito fácil; não poderíamos apenas pedir à pessoa para criar imagens *positivas* daquilo que ela está negando? "Você não é cruel; o que você é?" Isso a levaria a criar imagens positivas de ser boa ou qualquer que seja a qualidade positiva.

Exatamente. Se vocês lhe disserem: "Você não é cruel, portanto, presumo que você seja boa", o que ela vai dizer? Ela *precisa* concordar com isso, por causa da lógica – e em geral os paranóicos são *muito* lógicos, o que é uma característica que dificulta o trabalho com eles. E quando vocês mudam uma representação negada para um exemplo positivo, estarão apenas mudando a representação, não o significado, e isso é fácil.

"Fale sobre uma das maneiras pelas quais você não é cruel."

"Eu não torturo gatos."

"OK, ótimo. O que você *faz* com gatos?"

"Eu os acaricio e os alimento."

"Ótimo, coloque uma imagem sua acariciando e alimentando gatos no lugar daquela imagem na qual você não os está torturando."

Primeiro vocês mudam o rótulo resumido dos dados de "não cruel" para "bom" e depois fazem a pessoa examinar todos os dados e mudar cada uma das representações para representações positivas de bondade. Isso pode parecer um pouco cansativo, mas na verdade acontece muito rápido, especialmente se vocês agruparem exemplos semelhantes. Em geral a mente inconsciente da pessoa capta a idéia bem depressa e faz o resto sozinha.

Naturalmente esse processo é muito mais difícil se alguém percorreu todo o caminho até a paranóia total, porque então vocês serão parte desse ambiente perigoso e ameaçador, portanto ele não poderá confiar em vocês. Se vocês sugerirem mudar representações negadas para representações positivas, ele provavelmente pensará que isso é parte de uma conspiração e se recusará a fazê-lo.

Sally: Como podemos saber se alguém foi longe demais na paranóia?

Pensei que provavelmente *você* também fosse um *deles*. Mas quando você fez essa pergunta capciosa, revelou quem você é.

Sally: Oh, droga! Tudo bem!

Dan: E se dissermos a ele em detalhes o que *não* fazer? "Não transforme nenhuma das suas imagens daquilo que você não é em imagens daquilo que você é." Parece que se não confiam em nós e se dissermos para a pessoa não fazer alguma coisa, isso poderia ser considerado uma boa indicação de que ela deve fazer isso.

Isso poderia funcionar, mas acho que vocês teriam de construir algum fundamento que acompanhasse o sistema de crenças da pessoa – talvez alguma coisa, mencionada casualmente, sobre o grande perigo de fazer imagens negadas, porque essas pessoas tendem a impedir que vejamos o que realmente está acontecendo ao nosso redor e naturalmente isso nos torna vulneráveis às pessoas que querem nos prejudicar.

Uma outra maneira é acompanhar a desconfiança dizendo: "Não confie em mim". Paradoxalmente, isso irá torná-los um pouco mais confiáveis, porque vocês estarão concordando com o seu sistema de crenças. "Quero que você examine cuidadosamente tudo que eu disser e fizer, para ter certeza de que não há nada prejudicial." Isso acompanha, de qualquer maneira, o que ela fará, ao mesmo tempo pressupondo que "Não há nada prejudicial nisso". Então vocês poderiam dizer algo como: "Mesmo que eu esteja agindo com a melhor das intenções, poderia sem querer fazer algo para prejudicá-lo".

Essa frase pode parecer um acompanhamento muito inofensivo, mas pressupõe duas distinções muito importantes e estreitamente relacionadas: uma é a diferença entre intenção e comportamento, e a outra é a diferença entre intenção e casualidade. Um paranóico considera o dano percebido como uma *prova* de más intenções, portanto, pensar na possibilidade de dano resultante de boas intenções, ou em dano acidental totalmente separado de qualquer intenção, introduz dois tipos diferentes de possíveis contra-exemplos para o seu sistema de crenças em uma frase.

Da mesma forma que poucas pessoas compreendem as conseqüências de comandos negativos, a maioria não tem idéia de como é importante ter representações positivas das suas qualidades (mesmo quando não gostam delas) em vez de negações. Elas não percebem como um autoconceito definido negativamente pode causar sérios problemas. Há muitas pessoas que podem se beneficiar aprendendo a pensar em si mesmas sem negações, e essa é uma mudança que em geral é mais fácil de ser alcançada quando sabemos o que fazer.

"Não self" (positivamente valorizado)

Estivemos explorando a experiência de *não* ser alguma coisa que vocês *não* valorizam. A outra possibilidade, pensar em si mesmos como *não* sendo alguma coisa que vocês *realmente* valorizam, é muito diferente. De novo, pensem em alguma coisa que vocês não são, mas dessa vez façam isso com algo que vocês *valorizam*. "Eu não sou persistente", "Eu não sou graciosa", "Eu não sou paciente", ou qualquer outra qualidade que valorizem. Reservem alguns minutos para explorar como vocês representam isso e como é essa experiência...

Amy: Eu vejo muitas imagens de como seria, para mim, ter essa qualidade, e posso entrar nelas para sentir como seria, mas o sentimento é apenas parcial, e eu sei que ainda não cheguei lá.

"*Ainda* não cheguei lá." Portanto, essa é uma qualidade que *você espera ter no futuro*. Qual é sua resposta a essas imagens e o sentimento que obtém delas?

Amy: Elas me atraem, é motivador. Eu penso muito nisso.

Parece que você pode ter exemplos futuros dessa qualidade, mas não tem exemplos no presente ou no passado.

Amy: Sim, acho que por isso sei que ainda não a tenho.

Sam: Eu pensei em uma qualidade que tenho, mas que quero ter mais intensamente, por isso sei que ainda não tenho essa intensidade adicional. Como a Amy, eu me sinto atraído e gosto disso.

Sim, as representações de algo que você espera ter no futuro são muito diretas e úteis; elas estabelecem um objetivo positivamente motivador. Cada um de nós fez muito isso enquanto crescíamos e desenvolvíamos nossas habilidades como adultos. Entretanto, pensar em uma qualidade que você não tem e *não* espera ter no futuro é muito diferente. Alguém tem um exemplo assim?

Sue: Sim, eu vejo outras pessoas com a qualidade que não tenho. Sinto-me vulnerável porque não a tenho. Sinto inveja e me sinto diferente e inferior em relação a elas.

Agora quero lhes pedir para fazer o que Sue fez, levando esse processo ao extremo. Imaginem que todo o seu foco estava em qualidades valorizadas que vocês *não* têm e que não esperam ter *nunca*. Usem alguns minutos para ver como é...

Alice: Eu me sinto uma marciana. Não gosto que todos tenham essas maravilhosas qualidades e eu não. Eu me sinto muito inferior a qualquer pessoa e não gosto delas por serem tão diferentes de mim.

Dan: De novo, sinto um vazio interior, porque tudo que eu observo é aquilo que *não* sou, e não tenho nenhuma percepção de quem eu *sou*. Também me sinto muito distanciado, e a palavra "injusto" surge na minha mente.

Sim, pensar em si mesmo como não sendo capaz de ter uma qualidade que é valorizada, em geral nos faz imaginar que os outros a têm, portanto, novamente há aqui uma comparação implícita, notando as diferenças entre você e os outros. Um dos meus critérios para um autoconceito efetivo era o de que ele não tivesse comparações, mas contivesse apenas representações positivas das próprias qualidades. Outro critério foi o de que um autoconceito útil uniria as pessoas e não as separaria em superior/inferior etc.

Quando nos comparamos com os outros, normalmente pensamos em apenas uma ou duas qualidades de cada vez; não costumamos pensar sobre todas as diferenças entre nós, ou sobre todas as semelhanças. Quando nos comparamos com os outros, sempre encontramos alguém que é melhor ou pior, dependendo do que decidimos comparar.

Quer nos sintamos inferiores ou superiores, essa comparação torna o nosso autoconceito dependente dos outros em vez de ser algo que temos internamente. A comparação com os outros também desvia nossa atenção das qualidades que valorizamos em nós mesmos, e é provável que resulte em julgamento dos nossos defeitos, sentimentos ruins e outras conseqüências inúteis. Quando me sinto pequeno e inadequado, criticar os outros pode me proporcionar um pouco de superioridade temporária e fazer eu me sentir melhor a respeito de mim mesmo. Mas como é pensar em ter essa qualidade algum dia?

Dan: Eu sinto um delicioso alívio, como se energia e atenção estivessem fluindo de mim na direção daquilo que eu agora penso que poderia ser.

Sue: Nunca me ocorreu que pudesse tê-la.

Bem, está ocorrendo agora. Jogue o jogo do "Como seria". Como seria pensar em poder ter essa qualidade algum dia?

Sue: Pensar em ter essa qualidade algum dia ainda é um pouco irreal para mim, mas começo a imaginar como seria tê-la e como isso poderia acontecer, portanto, me sinto melhor por não tê-la. Estou mais curiosa a respeito de como as outras pessoas a têm, em vez de apenas me sentir mal porque não a tenho.

Nossa expectativa de possibilidade futura faz uma *enorme* diferença em nossa maneira de responder a uma experiência de não ter uma qualidade valorizada. Se vocês esperam ter uma qualidade no futuro, isso pode proporcionar a experiência maravilhosa de se sentirem motivados para desenvolver a qualidade. Ver outra pessoa que demonstra uma qualidade valorizada pode ser um rico recurso para descobrir como é possível e de que maneira vocês também podem desenvolver essa qualidade.

Entretanto, se vocês não esperam ter alguma coisa no futuro e comparam a si mesmos com as pessoas que têm, com freqüência isso resulta em insatisfação, inveja, sentimento de inferioridade etc. Portanto, se uma pessoa está pensando em uma qualidade valorizada que ela *não* espera ter no futuro, e vocês trabalharem com ela para mudar sua crença de impossibilidade para *possibilidade*, isso pode transformar a inveja, a inferioridade e a infelicidade em motivação, e essa é uma *tremenda* diferença!

"Que experiências e crenças estão por trás da sua expectativa de não ter a qualidade no futuro? Qual é a sua evidência para essa crença a respeito de si mesmo e qual a evidência para a crença oposta de que você poderia esperar alcançar essa qualidade em algum momento no futuro? Quando você experimentou mesmo que uma pequena parcela da qualidade: em uma situação incomum, há muito tempo ou em um sonho? Você pode pensar em uma época quando achou que jamais poderia ter alguma coisa e mais tarde se surpreendeu? Se você pudesse ter essa qualidade, como a sua vida seria diferente?"

Depois de terem levado a pessoa a aceitar a crença quanto à *possibilidade* de ter a qualidade, com freqüência é possível construir a qualidade, como eu fiz com Peter, ou transformar uma qualidade ambígua em positiva, desejada pela pessoa.

Fred: Em determinado estágio da vida, algumas coisas podem não ser mais possíveis para alguém, especialmente quando há limitações físicas.

Bem, todos nós *sempre* temos limitações físicas. Lembre-se de que estamos lidando com *qualidades* pessoais. Embora uma qualidade afete aquilo que fazemos, ela afeta principalmente a *maneira* como fazemos. Mesmo havendo importantes limitações *naquilo* que podemos fazer, sempre temos alguma escolha na maneira *como* fazemos. Uma qualidade como a graça física pode ser demonstrada no salto com vara ou ao se oferecer a alguém uma torrada – e isso vale para a maioria das qualidades.

Alguém fez algo diferente daquilo que discutimos até agora?

Wendy: Quando pensei em mim mesma como "não boa", todos os meus contra-exemplos de bondade pularam na minha direção, tornaram-se muito destacados e sobrecarregaram os exemplos de bondade, portanto, o que restou foi a crueldade.

Melissa: Eu comecei com um filme de bondade, mas então ele se transformou em crueldade.

Ambas pularam de "não boa" para representações de ser cruel, uma qualidade negativamente valorizada. As pessoas têm muitas maneiras de responder a palavras de negação, por isso *vocês precisam descobrir o que elas estão fazendo em sua mente*, e não supor que elas estejam fazendo a mesma coisa que vocês. Acho que discutimos todas as diferentes possibilidades, portanto, elas podem orientá-los na reunião de informações quando vocês quiserem descobrir se alguém está negando sua experiência interna.

Resumo

Como é difícil pensar e falar sobre negações, precisamos fazer uma distinção muito clara entre as *palavras* que as pessoas utilizam e as *representações internas* que elas fazem. Quando alguém diz "Eu não sou cruel", poderia estar criando imagens de ser bom, o que funciona bem. Ou poderia estar criando imagens de crueldade e negando-as, ou poderia estar fazendo as duas coisas.

Quando pensamos em nós mesmos como *não* tendo uma qualidade da qual *não* gostamos, iniciamos um processo que cria uma divisão entre as nossas mentes consciente e inconsciente. Isso se torna uma base para um self sombra desconhecido, um processo que pode levar à paranóia. O mesmo processo também pode levar à múltipla personalidade, se a pessoa achar que o lado sombra está *dentro* do corpo e não fora dele. Substituir a negação por uma representação positiva de quem nós *somos* é fácil nos primeiros estágios desse processo, porém muito mais difícil mais tarde.

As representações negadas de qualidades *valorizadas* podem ser motivadores *muito* úteis e valiosos, desde que pensemos que é *possível* desenvolver essa qualidade em algum momento no futuro. Se vocês acharem que não é possível, em geral isso provocará inveja e sentimentos de inferioridade. Mudar a sua crença de impossibilidade para possibilidade abre uma ampla variedade de escolhas, da motivação para uma decisão de que, embora seja possível, vocês não querem fazer o esforço necessário. Se concluirmos que de fato não podemos obter uma qualidade, é muito melhor simplesmente concentrar a nossa atenção em todas as qualidades valorizadas que *realmente* temos. Nós podemos admirar as qualidades únicas e excepcionais que os outros têm, obter prazer delas e renunciar às comparações inúteis e às representações negadas de nós mesmos.

Finalmente, aprendemos tudo que precisamos saber para fazer o tipo de mudança mais difícil e útil de autoconceito, transformando uma qualidade de que alguém *não* gosta no seu oposto desejado.

12

Transformando uma qualidade indesejada

Em geral, a situação na qual a maioria das pessoas está mais interessada é a transformação de uma qualidade que elas consideram negativa em algo mais positivo. Alguém pode valorizar a bondade mas percebe que habitualmente se comporta de maneira insensível, rude ou desagradável. "Eu sou egoísta e gostaria de não ser." Isso resulta em sentimentos ruins e em baixa auto-estima. Ele gostaria de pensar em si mesmo como sendo bom, pois isso se encaixaria nos seus valores e resultaria em comportamentos que proporcionam uma base para a auto-estima.

Os dados para uma qualidade negativamente valorizada consistem de diversos exemplos de comportamentos que vocês *não* desejam. Embora possamos chamá-los de exemplos da qualidade negativa, para ser coerente com o que fizemos até agora, quero continuar a chamá-los de *contra-exemplos*, porque eles vão *contra* o que vocês desejam e valorizam.

Basicamente, essa situação é *muito* semelhante àquela da transformação de uma qualidade ambígua, que vocês já conhecem. A principal diferença entre uma qualidade negativamente valorizada e uma qualidade ambígua é a existência de um número maior de contra-exemplos. Embora haja uma grande quantidade de contra-exemplos a serem transformados, deve haver pelo menos alguns exemplos positivos em algum lugar. Como acontece com qualquer outra qualidade, alguém pode estar pensando em "sempre" ou "nunca", mas isso não é de fato real.

Por causa do grande número de contra-exemplos pode haver necessidade de muitas intervenções para transformá-los no seu oposto positivo, particularmente se a qualidade é muito ampla e global, como "Eu sou uma pessoa má" ou "Eu não tenho valor". Em geral, essas crenças mais amplas incluem muitas qualidades menores e será muito mais eficaz identificar e trabalhar primeiramente com uma ou mais dessas qualidades menores do que com a generalização mais ampla.

Contudo, em alguns casos, transformar uma qualidade negativa pode ser mais fácil que mudar uma qualidade ambígua. Lembrem que todo comportamento tem uma intenção positiva que manifesta algum valor. Se vocês *constantemente* se comportam de determinada maneira, essa é uma boa indicação de que, na verdade, estão manifestando um valor importante. Esse objetivo positivo é uma poderosa influência na reavaliação ou na mudança de muitos comportamentos ao mesmo tempo.

Por exemplo, vocês poderiam pensar em si mesmos como sendo "inseguros" ou "tímidos" porque, em geral, são quietos e não falam em reuniões, mas gostariam de ser mais comunicativos. Ao examinar as experiências representadas em seus dados sobre ser "tímido", poderiam descobrir que em todas elas a sua intenção positiva era estarem sinceramente interessados no que os outros estavam dizendo, querendo que eles tivessem a oportunidade de se manifestar – e que ser respeitoso dessa maneira é algo que vocês valorizam muito mais do que ser comunicativo.

Se puderem encontrar um valor coerente como esse em todos os seus contra-exemplos ou em um grupo deles, talvez só precisem descrever novamente essa qualidade pensando em uma nova representação resumida. Em vez de serem "tímidos" ou "inseguros" vocês poderiam descrever essa qualidade como "ter consideração pelos outros", "escutar com atenção e respeito" ou algum outro nome mais adequado. Quando puderem fazer isso, não será necessário mudar os "contra-exemplos" nos dados. Mudando a maneira de pensar neles e de descrevê-los, eles deixam de ser contra-exemplos daquilo que vocês desejam e tornam-se exemplos valorizados de outra qualidade. Esse tipo de "ressignificação do conteúdo" é uma maneira muito fácil e rápida de reclassificar aquilo que anteriormente vocês consideravam negativo em algo que poderão desfrutar ao considerá-lo positivo.

Talvez vocês queiram explorar de que maneira poderiam falar mais e ao mesmo tempo continuar tendo consideração pelos outros. Mas isso será *muito* mais fácil agora que vocês têm uma maneira positiva de pensar a respeito daquilo que antes consideravam negativo. A estrutura positiva proporciona equilíbrio e perspectiva, um bom começo para realizar outras mudanças desejadas.

Como já discutimos, vocês talvez descubram que podem fazer isso com um grupo de contra-exemplos, mas não com todos. Nesse caso, é possível dar um novo rótulo ao grupo e separá-lo da qualidade negativa, ficando com menos contra-exemplos. Algumas vezes é possível fazer isso repetidamente, até não sobrar nenhum, e a qualidade negativa desaparecerá. Nesse ponto, a situação é adequada para simplesmente construir uma nova qualidade positiva, como fizemos com Peter.

Entretanto, em geral não é tão simples assim. Quando trabalhamos com uma qualidade ambígua, alguns de vocês enfrentaram diversas objeções. Ao transformar uma qualidade negativamente valorizada em seu oposto, pode ser que enfrentem mais objeções ainda – e provavelmente terão de realizar um grande trabalho de mudança.

Enquanto vocês estiverem envolvidos em todo esse trabalho de mudança, um observador externo poderia pensar: "Isso é muito parecido com o trabalho com o mesmo tipo de problema ou objetivo que sempre fizemos na mudança pessoal. O que o torna diferente e por que ele é descrito como 'trabalhar o autoconceito'?"

O que o torna diferente é que todo o trabalho começa e termina com o objetivo final de criar dados para uma qualidade positiva que se encontra na forma do seu molde positivo. Transformar comportamentos específicos em contextos específicos não é um fim em si mesmo, mas um dos passos para criar dados que proporcionarão uma base para o conhecimento de quem vocês são. Lembrem-se de que Peter tinha muitos exemplos de ser amado, mas quando eles estavam espalhados em suas lembranças, não lhe proporcionavam o conhecimento interior de que ele era amado. Vocês podem realizar muitos trabalhos de mudança com alguém, mas a menos que ele *junte* os resultados de todas essas mudanças em uma forma que proporcione evidências de que ele *é* uma pessoa diferente, isso não afetará o seu autoconceito.

Ao realizar qualquer trabalho de mudança é possível deixar como está, e essa será uma mudança útil em determinados contextos. Mas se vocês organizarem o problema ou objetivo como uma *qualidade da pessoa* e reunirem essas experiências separadas em uma qualidade da sua identidade, ela poderá acompanhá-los a todos os lugares. Quando estiverem envolvidos em todo esse trabalho de mudança, vocês saberão que não terminaram até tudo estar organizado dentro daquele conhecimento interior que ficará com a pessoa, guiando todo o seu futuro comportamento.

Uma das maneiras mais eficazes de fazer uma mudança de identidade baseada em uma mudança comportamental é o que chamamos de "generalização na linha temporal". Depois de realizar uma mudança de qualquer tipo vocês podem dizer: "Agora quero que considere as mudanças que acabou de fazer e perceba que você pode fazer esse tipo de mudança e ter uma nova resposta em uma situação como essa. Leve com você essa nova qualidade valiosa, vá a uma época anterior da sua vida, antes de ter enfrentado qualquer um desses desafios, e aproxime-se rapidamente através do tempo, trazendo-a com você. Ao fazer isso, essa nova habilidade com muitos recursos pode mudar automaticamente qualquer situação adequada, modificando a experiência de acordo com essa habilidade que você agora possui. Continue a viajar no tempo e, quando chegar ao presente, abra os olhos e veja a si mesmo seguindo pela vida com esse novo recurso como parte de você". Isso transforma uma mudança comportamental específica contextualizada em uma habilidade mais generalizada através do tempo – e que é parte de quem ela é.

Agora, quero que pensem em uma qualidade negativamente valorizada em si mesmos, que pressupõe que vocês valorizam o oposto. Se inicialmente pensarem em algo muito abrangente, como "Eu sou uma pessoa terrível", considerem um componente mais específico, como "Eu sou fisicamente desajeitado" ou "Eu sou uma pessoa irritada". Explorem de que maneira vocês representam essa qualidade não desejada...

Para quantos os dados da qualidade negativa se encontram na mesma forma do molde positivo? Apenas alguns, talvez quinze por cento.

Agora quero que reservem alguns minutos para examinar seus dados de contra-exemplos daquilo que vocês desejam e depois façam o que acabei de descrever. Perguntem a si mesmos: "Essas experiências (ou um grupo delas) na verdade *exemplificam* alguma outra qualidade que eu valorizo?" Se puderem fazer isso com um grupo delas, descrevam-nas novamente, separando-as da qualidade negativa. Se puderem fazer isso com todas elas, apenas descrevam novamente a qualidade total de maneira mais positiva...

Suponhamos que vocês já tenham tentado descrever novamente ou ressignificar a sua qualidade negativa e foram incapazes de encontrar qualquer coisa positiva em seus exemplos ou em um grupo deles. Na verdade, isso é pouco provável, uma vez que se não houvesse *nada* de positivo neles, não haveria motivos para ter essas atitudes. Isso iria contra a pressuposição da PNL, de que todo comportamento tem uma intenção positiva, portanto, aceitar que não há nada de positivo oferece uma situação muito mais extrema do que vocês jamais enfrentarão.

Antes de transformar contra-exemplos, pode ser muito útil reunir exemplos na forma do molde positivo, por menores ou insignificantes que eles sejam. "Pense em uma época na qual você foi bom e coloque isso dessa forma. Agora pense em outra época e deixe-a também assim" etc. Como há apenas exemplos positivos, vocês estão começando a construir uma qualidade positiva inequívoca – e cada pequeno exemplo a tornará mais forte.

Com freqüência as pessoas são perfeccionistas e rejeitarão exemplos positivos porque eles não atendem aos seus critérios elevados. Elas podem pensar que "criatividade" é uma palavra que só se aplica a Monet ou a Beethoven, e não na reorganização de uma sala ou em um novo percurso até a padaria – embora utilizem o mesmo tipo de processo mental criativo. Nesse caso pode ser útil ampliar os seus critérios para que mais exemplos possam se encaixar na qualidade. "Quando você foi *um pouquinho* bom com alguém durante um período *muito curto*?"

Fiquem atentos aos gestos não-verbais de atirar coisas longe ou colocar algo de lado, porque isso indica quando a pessoa está descartando experiências que poderiam ser muito úteis. Quando isso acontecer, vocês podem dizer: "Espere um minuto, o que você acabou de atirar para trás?". A pessoa provavelmente dirá algo como: "Bem, isso não importa *porque*...", e tudo que ela disser em seguida oferecerá informações úteis a respeito dos seus critérios. Vocês podem dizer: "Bem, eu acho que importa. Vamos deixá-lo aí de qualquer modo, mesmo que você não pense nele como um bom exemplo". Embora possam ser exemplos muito pequenos, pelo menos são positivos, e reuni-los proporciona um início para a qualidade positiva. Lembrem-se de que todos esses pequenos exemplos podem ser ainda mais importantes do que os grandes e impressionantes, porque os pequenos podem acontecer muitas vezes durante um dia, enquanto os grandes podem ocorrer apenas uma vez ao ano ou uma vez na vida.

Se vocês tentassem acrescentar esses exemplos positivos aos dados da qualidade negativamente valorizada em vez de começar com um molde positivo vazio, isso seria muito mais difícil. Vocês já tentaram animar uma pessoa deprimida mostrando todas as coisas boas da sua vida? Tudo que disserem não fará a menor diferença, porque ela já tem muitos contra-exemplos. Começando com um novo molde positivo, vocês podem criar novos dados totalmente formados de exemplos positivos, e isso proporciona uma base para lidar com os contra-exemplos mais tarde.

O próximo passo é transformar contra-exemplos como vocês já aprenderam a fazer com uma qualidade ambígua. Se um grande número de contra-exemplos puder ser agrupado e transformado ao mesmo tempo, isso não levará mais tempo do que com uma qualidade ambígua. Agora, gostaria de demonstrar como fazer isso.

Demonstração: transformando uma qualidade negativa

Sam: Com freqüência eu sou muito autoritário (ele faz o gesto de martelar com o punho fechado), em especial com meus filhos, e eu realmente gostaria de ser como outros pais, que tratam os filhos como iguais e não dizem coisas do tipo "Façam como eu digo, senão...".

OK. Isso parece algo muito bom para ser mudado. Como você representa essa qualidade de autoritarismo?

Sam: Eu tenho imagens aqui (ele gesticula acima da cabeça e à direita, a pouca distância). Elas são irregulares e toscas; me fazem pensar em uma ferida ou em um raio. *Não* têm bordas e não estão nitidamente definidas; há uma espécie de qualidade confusa a seu respeito. Há um pouco de cor, mas principalmente vermelho e preto; não há muitos verdes e azuis ou outras cores, e é como se fossem tridimensionais. Elas parecem alguma coisa amorfa fora de controle. E eu associo isso a essa sensação fria na região pélvica, na parte inferior do abdome e na virilha.

OK, bom. Agora quero que você deixe isso de lado um pouco; apenas coloque tudo em uma prateleira. Fale sobre o seu molde positivo para algo que você sabe a respeito de si mesmo e do qual gosta.

Sam: Eu gostaria de utilizar uma qualidade diferente daquela com a qual comecei. Na noite passada eu estava explorando uma qualidade mais geral, um recurso espiritual muito mais amplo que venho cultivando há anos (ele gesticula com a mão direita em um movimento circular na área superior esquerda do peito e do ombro).

Certo, poderia ser interessante utilizar um molde positivo baseado em uma esfera muito mais ampla.

Sam: Ela está bem perto do meu peito. Estava principalmente na área dos sentimentos mas, enquanto eu a buscava, fiquei surpreso ao obter uma cor quase igual à da minha camisa, uma espécie de vermelho-púrpura. Ela era brilhante, luminosa, violeta-púrpura-avermelhada, e não tinha uma moldura. Era apenas um grande brilho e eu não conseguia ver a sua borda; ela parecia preencher todo o meu campo visual. Não consigo recriá-la agora; não consigo chegar a ela novamente. Ela era muito forte, mas acho que me convenci a não demonstrá-la.

OK, isso é bastante metafórico. Você vê algum conteúdo que lhe permita saber do que se trata? Você deve saber, porque começou com uma idéia a respeito do que era a qualidade; mas essa representação é uma imagem única de brilho púrpura ou havia outras imagens lá?

Sam: Não, era uma única imagem. Ela estava relacionada com o fato de eu cultivar qualidades nas horas mais tranqüilas, trazendo literalmente muito mais ordem para a minha vida afetiva, apenas geralmente tranqüilizadora.

É uma qualidade razoavelmente ampla e generalizada.

Sam: É uma qualidade *muito* ampla e generalizada.

Como vocês sabem, em geral eu gosto de trabalhar com algo um pouco mais detalhado e específico, mas vamos tentar, porque essa qualidade obviamente é muito poderosa e importante para você.

Se você olhar para esse brilho púrpura agora, apenas lembrando dele, não precisará recriá-lo novamente, mas se você fizer isso, tudo bem. Você poderia transformá-lo em um conjunto de imagens das coisas às quais ele se refere? É possível deixar imagens se formarem com base nele para lhe dar alguma indicação do conteúdo?

Do modo como você descreveu essa imagem obtida do brilho púrpura, ela representa todo um grupo de diferentes coisas, diferentes atividades. Esqueci a palavra exata que você usou, mas era algo sobre organização...

Sam: "Ordem."

Sim, "ordem". Portanto, uma maneira de descrever essa qualidade poderia ser: "Eu sou uma pessoa organizada".

Sam: Sim. Quase a coloquei na esfera da ordem no sentido de uma cosmologia – extremamente ampla. E, puxa, quando você me pediu para recriar isso, obtive aquele brilho de imediato. Ele começou a enfraquecer enquanto falávamos, mas eu acho que se encontra na esfera de algo profundamente espiritual. Se eu fosse descrevê-lo com palavras – parece-me estranho, mas é como se fosse – não sou eu, mas Cristo *em* mim, e está relacionado a alguma coisa *muito distante* – o mundo inteiro e as estrelas, os planetas, os ritmos –, é uma espécie de imagem significativa de todas as coisas maravilhosamente unidas.

OK, ótimo. Há *muita* coisa aí. Você falou sobre gostar do tipo de coisas que outras pessoas fazem com seus filhos, tratando-os como iguais. Acredito que você esteja se referindo a compartilhar perspectivas, encontrar coisas em comum, chegar a decisões juntos, em vez de uma pessoa mandar nas outras.

Sam: Certo. Eu chamaria de "mutuamente respeitoso".

Alguma parte de você tem qualquer objeção à sua transformação de pessoa autoritária em pessoa mutuamente respeitosa de um modo que se encaixe nessa ordem cósmica?

Sam: Nenhuma objeção.

OK. Agora quero que você examine as ocasiões nas quais foi autoritário e veja se pode encontrar o que é comum a todas elas ou a um grupo delas.

Sam: Bem, são ocasiões nas quais fiquei tenso, sem escolha, e alguma coisa precisava ser feita para manter a situação sob controle.

Portanto, são todas situações difíceis nas quais você se sente muito limitado e precisa fazer alguma coisa – e mandar em alguém parece ser a sua única escolha. A não ser pelo fato de perceber que você é uma pessoa disposta a assumir a responsabilidade em situações difíceis, acho que reclassificá-las não será particularmente útil, portanto, vamos transformá-las diretamente.

Agora, tenho certeza de que houve momentos em sua vida nos quais você foi mutuamente respeitoso.

Sam: Ah, sim. Mas há essa reação potencial de ordenar, quando eu...

Vamos tratar disso em breve. Agora quero que feche os olhos por um instante e reúna exemplos de quando você *tratou* os outros como iguais, com respeito mútuo. Encontre ocasiões no seu passado nas quais você foi mutuamente respeitoso com seus filhos. Apenas vá para o seu passado, escolha exemplos e coloque-os na forma de um brilho púrpura, logo acima do lado esquerdo do seu peito. Se eu fizer isso, eles irão mesclar-se ao brilho púrpura e tornar-se parte dele, porque presumo que isso também seria uma parte de toda a ordem natural do cosmos, e assim por diante. (Um-hum.)

Entretanto, se estivesse sendo autoritário, isso seria perturbador, não faria parte da ordem natural. Isso faz sentido para você? (Totalmente.) Portanto, continue buscando um grupo de exemplos nos quais você está sendo respeitoso e coloque-os todos naquele brilho púrpura. Leve alguns minutos para colocar um grupo inteiro lá... (Um-hum.)

Agora quero que você vá para o próximo passo, e quero começar com um único exemplo para podermos ser muito específicos. Escolha um desses exemplos nos quais você é autoritário e transforme-o naquilo que você *gostaria* de fazer da próxima vez que acontecer algo parecido. E como você sabe, há diversas maneiras de fazer isso. "O que eu posso fazer diferente aqui? O que eu gostaria de fazer da próxima vez e que seria realmente agradável e satisfatório?" E você sempre deseja *acrescentar* alguma coisa. Você poderia acrescentar a imagem mais ampla. Em vez de apenas ver a coisa específica de que você não gosta, poderia incluir o seu carinho pelos seus filhos, a percepção de que eles são pessoas que você está criando para serem adultos, o que você quer que eles aprendam ou qualquer outra coisa. Faça uma imagem muito mais ampla que inclua seus objetivos mais amplos.

Sam: Sim, consegui uma imagem específica real, relativamente recente. Eu vejo...

Não preciso do conteúdo. Apenas me diga quando tiver obtido uma imagem ou um filme daquilo que gostaria de fazer da próxima vez. (Um-hum.) Assim, esse é um exemplo de ser mutuamente respeitoso, certo? (Um-hum.) OK. Gostaria que você também o colocasse naquele brilho púrpura... (OK.) É satisfatório para você? (Um-hum.)

OK, agora quero que observe todos aqueles outros exemplos aqui em cima – todos aqueles exemplos irregulares, em tons vermelhos e pretos – e pense: "O que eles têm em comum?" Se olhar para esses exemplos, o que será comum a todos?

Sam: Eu diria que todos têm algo que ver com mágoa, com estar fora do centro, ser magoado.

Você sendo magoado?

Sam: Sim, eles estão relacionados a coisas que me aconteceram, eu sendo magoado, mas também sabendo que o que me fizeram foi por causa da mágoa da outra pessoa. Portanto, está tudo relacionado à mágoa, mágoa de ambos os lados, e pela mágoa surge esse egotismo chocante que tem de...

Sim. Certo. (Ambos riem.) Eu conheço isso muito bem. Portanto, no exemplo que você acabou de transformar e deslocar para o brilho púrpura, você fez alguma coisa em relação à própria mágoa? Na verdade, não é possível fazer nada em relação à mágoa de outra pessoa – isso é trabalho dela.

Sam: Na verdade, fiz algo que considerou nós dois ao mesmo tempo, e tinha muita coisa que ver com compaixão. Ser autoritário estava relacionado a isso: "Aqui estou eu. Eu preciso disso, eu quero isso; você não está me dando isso e eu estou sendo um filho-da-mãe idiota, frio e arrogante". (Sim, certo.) E eu transformei isso simplesmente na aceitação da outra pessoa em *sua* mágoa e em *sua* opressão dizendo: "Eu reconheço que você está oprimido – é isso o que você está sentindo".

Isso me parece ótimo.

Sam: E a minha necessidade não me permite reconhecer ou ver o que acontece com você. Estou sendo apenas um bundão dizendo "Dane-se!!".

Você sabia que cinqüenta por cento dos homens têm hemorróidas? (Não.) Os outros são bundões. (Sam ri.)

OK, tudo isso é ótimo. Isso parece maravilhoso. Agora, essa é a questão: esse mesmo recurso de aceitação e reconhecimento da mágoa da outra pessoa e a compaixão – todo esse conjunto de respostas –, será que isso funcionaria em todos aqueles outros exemplos lá em cima? Gostaria que você considerasse isso por algum tempo e descobrisse. Examine um de cada vez e veja se essa mesma orientação ou atitude, ou como quiser chamá-la, seria útil nesses outros exemplos. Tenho o palpite de que seria...

Sam: Sim, sem dúvida.

OK. Ótimo. Agora quero que você escolha o *pior* deles, uma ocasião na qual você *realmente* perdeu o controle.

Sam: Certo, entendi. Eu não o perdi; na verdade, fui reprimido para *não* perdê-lo.

Sim, mas você o teria perdido.

Sam (rindo): Eu *definitivamente* o teria perdido; seria uma cena feia.

Leve o tempo que quiser para transformar totalmente esse exemplo porque ele pode ser uma espécie de ícone para todos os outros. Depois de transformá-lo, todos os outros podem se transformar da mesma maneira, então você não precisará transformá-los um a um. Volte e refaça-o até ficar satisfeito, fazendo o que gostaria de ter feito e o que gostaria de fazer da próxima vez...

Sam: Estou voltando para aquela situação e para aquela época, e a minha enorme falta de recursos ou o meu estado de ausência de poder estão desmanchando tudo; estou tendo problemas para me conectar aquela compaixão e reconhecimento. Eu posso fazê-lo editando um filme, mas me parece superficial. Eu adoraria ver se, nesse estado, eu poderia me conectar novamente, mas é quase como se eu estivesse tão atrofiado, tão sem recursos, que não tenho certeza de como poderia saber que naquela situação...

OK. Vamos tentar uma coisa diferente. Volte seis meses ou um ano *antes* de esse evento ter ocorrido. E crie esse estado lá, essa experiência de estar nutrido, pleno, compassivo e assim por diante...

E em seu próprio ritmo, quando estiver realmente nesse estado de compaixão e compreensão, vendo o quadro mais amplo etc., retorne àquela situação na qual você teria perdido o controle se não tivesse sido reprimido...

Sam: Hum. É estranho. Quando volto seis meses ou até mesmo um ano, eu ainda sinto esse frio. Não tanto em meu abdome quanto na virilha. E estou tendo dificuldade para me conectar com aquele brilho maravilhoso vermelho-rosado, e tudo que eu descrevi como uma espécie de união organizada maravilhosamente significativa...

OK. Vamos tentar outra coisa e ver se conseguimos encontrar algo que funcione.

Sam: Eu poderia trabalhar melhor de cá para lá em vez do inverso.

O que você quer dizer com trabalhar "de cá para lá"?

Sam: Indo de onde estou hoje para o passado.

Ah, bom, vamos fazer isso. É isso que eu queria de você; acho que não fui muito claro. Leve todo o tempo necessário para realmente entrar nesse estado aqui... E quando estiver nesse estado, naquele brilho púrpura-vermelho-rosado, quero que o leve de volta com você como parte de si mesmo, até uma idade bem precoce, talvez quando ainda era um bebê ou uma criança pequena, e então viaje rapidamente através do tempo. E quando chegar ao presente, abra os olhos e veja a si mesmo vivendo a sua vida com o mesmo recurso, a mesma percepção maravilhosa daquele brilho púrpura – a luminosidade, a compaixão e assim por diante, vendo o quadro mais amplo... (Longa pausa.) OK, vejo que está concordando. Como foi isso?

Sam: Foi interessante e muito lindo. Eu ultrapassei o ponto que havia sido o meu exemplo de disfunção em sua manifestação mais típica, o pior absoluto. Voltei muito no tempo: eu tinha cerca de 4 ou 5 anos. Sei que havia uma árvore, a lilás, em nosso quintal, e então eu digo: "Puxa, essa cor lilás é igual a essa camisa roxa". E o perfume floral predileto da minha mãe é o da flor da lilás. E nós tínhamos essa grande árvore, eu tinha uma casa na árvore que meus pais construíram para mim – e ela deve ter sido o meu reino ideal na infância, não algo para me abrigar como um refúgio, mas apenas o modelo de um bom lugar para se estar. Tenho apenas uma vaga lembrança dela, nada detalhado, mas eu a peguei de lá e a trouxe. Tentei pensar em todos os lugares que precisavam dela e finalmente ultrapassei aquele ponto e disse: "Ah, ultrapassei aquele ponto. Deixe-me voltar a ele".

Bom, isso é maravilhoso. Pensando nisso, é assim que é a maior parte da nossa vida. Vestir as calças já foi um grande esforço para cada um de nós. E hoje nem mesmo pensamos nisso, porque agora temos os recursos; uma vez que sabemos como fazê-lo, vestimos as calças antes mesmo de pensar nisso.

Agora quero que você examine aqueles outros exemplos lá em cima e verifique se eles estão transformados. Apenas verifique um, dois, três, quatro deles e veja se estão diferentes.

Sam: Puxa! Agora estou conseguindo (risos) um brilho púrpura-avermelhado aqui em cima (gesticulando para cima e para a direita, onde estão os exemplos irregulares de autoritarismo), e ele não se espalhou pelas áreas mais distantes, mas...

OK. Pegue um desses exemplos e certifique-se de que ele foi transformado naquilo que você gostaria de fazer da próxima vez que acontecer algo parecido, então traga-o para cá, sobre o seu ombro esquerdo, e coloque-o no brilho púrpura. Então volte e pegue outro e continue fazendo isso. Se encontrar um exemplo que não está transformado, podemos trabalhar com ele, mas tenho o palpite de que provavelmente todos foram transformados pela maneira como você falou deles anteriormente. (Longa pausa.)

Sam: Não tenho certeza do que está acontecendo. Inicialmente, o brilho estava em todo lugar, e então, quando tentei pegar um dos mais difíceis e trazê-lo para essa esfera (gesticulando na direção do peito), tudo ficou mais abstrato, e eu perdi o brilho púrpura-avermelhado...

Certo, então acho que você precisa colocar esse exemplo de volta aqui em cima (à direita).

Sam: OK. Outro fato que aconteceu é que as coisas ficaram frias novamente, mais na virilha e na região inferior dos pés.

Certo. Bem, isso indica que ele ainda não está satisfatoriamente transformado. Portanto, vamos dar uma outra olhada nele e descobrir de que recursos adicionais você precisa. Você disse que escolheu um dos mais difíceis, não é? Depois de estar transformado, não será difícil, porque então ele será um *exemplo* de ser mutuamente respeitoso, o que é parte da ordem natural. Portanto, se você pensar nesse exemplo em particular, no seu conteúdo e no contexto no qual ele aconteceu, o que você precisaria para ser capaz de ser mutuamente respeitoso naquela situação?

Sam: Bem, isso nos leva de volta àquele exemplo mais extremo para o qual voltei. Estou nas profundezas da depressão e uma tremenda disfunção familiar era evidente naquela situação.

Estava realmente "na sua cara".

Sam: *Totalmente* na minha cara, a provocação máxima, não diretamente a mim, mas acontecendo com alguém da minha família. Eu esperava ajudar essa pessoa, fui detido e talvez tivesse sido uma boa coisa terem me detido, porque provavelmente eu teria estragado tudo, com conseqüências devastadoras. Portanto, apenas com o máximo de recursos amorosos eu poderia ter contribuído com alguma coisa positiva naquela situação. Eu estava tão arrasado e exaurido que não havia jeito nenhum de poder tê-los naquela época.

Certo. OK, abra os olhos, volte. (Sam ri.) Agora, quando na sua vida você teve esse "máximo de recursos amorosos" que você mencionou?

Sam: Eu diria que principalmente nos últimos três ou quatro anos.

Pense em uma época na qual você de fato tinha isso plenamente em seu corpo... E quando puder sentir isso no corpo, leve-o de volta à época na qual você tinha 5 anos ou antes, e então retorne através do tempo com esse recurso amoroso. (Pausa de alguns minutos.)

Como está indo?

Sam: Na maior parte do tempo foi muito, muito bom. Eu voltei para uma época imediatamente após o nascimento, provavelmente até antes do nascimento. Havia muito, muito mais contato, muito mais locais aconchegantes em minha vida. E passar por eles foi mesmo muito interessante. É quase inconcebível o grau no qual quase todas as outras coisas parecem ter funcionado em mim mesmo. Quer dizer, chegou –

sem eu estar consciente disso, mas depois ficando consciente – ao ponto de... eu cheguei até "eu sou amado" e então até "eu sou o amor". E pensei: "Puxa, onde isso se formou? Legal!" O que ainda me deixa confuso é que os meus testículos estão literalmente frios. Eu não tenho o calor e a riqueza lá. E há essa associação com "ter os colhões necessários para fazer alguma coisa". Tem a ver com coragem...

OK, vamos examinar isso. A primeira coisa que quero que você verifique é essa. Se pensar nessas situações que evocam essa resposta de não ter colhões para fazer alguma coisa, isso significa que essas são situações nas quais você realmente *poderia* ter feito alguma coisa? Porque algumas vezes você realmente *gostaria* de fazer alguma coisa, mas se examinar bem a situação, não poderia ter feito nada.

Sam: Não. Não poderia. Sim...

Portanto, não é exatamente uma questão de não ter os colhões para fazer, você apenas não podia fazer nada. Era impossível.

Sam: Certo.

Há algumas situações nas quais você se contém e pensa: "Bem, se eu tivesse colhões iria em frente e faria alguma coisa". Mas se você realmente não podia fazer nada na melhor das hipóteses, então não é uma questão de "colhões".

Sam: Acho que, na melhor das hipóteses, uma criança de 14 anos não pode enfrentar o pai quando este tem tanto medo de que as coisas fiquem completamente fora de controle que diz: "Olhe filho, é assim que as coisas são". E com a sua falta de recursos ele fez o melhor possível...

De vez em quando a vida é uma droga. Quero que você pense em alguns desses eventos – pelo menos três ou quatro – e apenas diga silenciosamente para si mesmo, com um senso de aceitação: "Não há nada que eu possa fazer nessa situação. É assim que as coisas são", e veja se isso é adequado para você. Algumas pessoas se referem a esse exercício como "permitir-se", apenas ser. Não há realmente nada que você pudesse ter feito. Vamos tentar isso e ver se é adequado para você...

Sam: Bem, posso afirmar que não gosto de sentir-me impotente. (Sam ri.)

Não conheço ninguém que goste. Mas não é verdade que às vezes nós somos? Mesmo o Super-Homem ficava impotente quando havia criptonita por perto. O que você prefere: ficar impotente e não gostar disso ou apenas ficar impotente? A escolha é sua.

Sam (rindo): Talvez eu fosse muito ambicioso, mas estava tentando me livrar da sensação de ter testículos frios naquela situação.

Bem, isso pode ser adequado. Eu acho que se você realmente aceitar que há algumas situações nas quais você fica impotente, então você terá testículos quentes.

Sam: É o que eu estava tentando conseguir, e é o que eu estava esperando e não está acontecendo. Estou apaixonado por essa cor – vermelho com uma camada de púrpura; ela estava lá, estou visualizando essas coisas, estou vendo e lembrando claramente delas nesse campo – e os meus testículos ainda estão frios. E em minha cosmologia, é como se fôssemos seres de espírito e alma, temos uma pré-estréia da nossa vida e dizemos sim a essas coisas. Portanto, podemos trabalhar com elas conscientemente, com a idéia de que há um propósito tremendamente poderoso no fato de termos sobrevivido a elas. E se de fato as encontrarmos da maneira certa, o que é muito parecido com o que estamos fazendo agora, pode acontecer algo maravilhosamente curativo.

Certo, eu compreendo isso.

Sam: Mas mesmo com tudo isso, não consegui aquecer meus testículos.

OK, vamos voltar àquela situação de impotência. Não há como gostar dela – isso é normal. Não conheço ninguém que goste de se sentir impotente. Mas é melhor simplesmente reconhecer esse sentimento de impotência ou ficar zangado por estar impotente – ou alguma outra resposta?

Sam: Eu nem me lembro de ter ficado particularmente zangado naquela ocasião. Era apenas: "Você é impotente e, se tentar afirmar o seu poder, será arrasado. Você não tem o direito de afirmar o seu poder. Eu o tirarei de você. Se você tentar aumentar o seu poder nessa situação, não terá nenhuma chance. Quer esteja certo ou errado...".

Certo. Um pouco autoritário.

Sam: Sim. "A situação é tão difícil; não balance o barco ou você vai ser jogado para fora dele. Eu não me importo se você está certo ou errado, apenas *cale a boca, sossegue!*"

E provavelmente foi prudente ter feito isso.

Sam: Sim, mas poderia ter lidado com isso de um modo mais agradável.

Bem, naturalmente.

Sam: Poderia ter sido assim: "Este é o dilema no qual nos encontramos e eis o que preciso que você faça. Eu não quero falar desse jeito, mas apenas não balance o barco". E tive discussões a esse respeito com a pessoa envolvida e ela diz: "Bem, já pensei muito nisso. Como eu poderia ter feito melhor, os danos que causei e assim por diante". E olhando para trás, nós temos ampla consciência e até conversas francas – embora eu ache que poderia tocar nisso e conscientemente examiná-lo com ele. Isso provavelmente poderia ser levado mais adiante, mas já é um grande passo ter feito isso.

Com certeza. E nesse processo no qual você foi capaz de sentir compaixão por ele e por suas limitações – quanto ele ficou impotente e encurralado e todas essas coisas?

Sam: Um pouco. Acho que poderia levar mais compaixão para aquela situação.

Que tal fazer isso agora?

Sam: Vou tentar.

Você parece um pouco hesitante (Sam ri) e isso é bom; eu só queria mencionar. OK, eis o que eu quero que você faça. Imagine-o aqui na sala e pense naquela situação realmente ruim. Você pode se colocar no lugar dele e sentir o que ele está sentindo – apenas como uma forma para compreendê-lo. Não que você deva viver a sua vida dessa maneira ou algo assim, é apenas uma forma de reunir informações sobre a sensação de impotência *dele*, o seu sentimento de frustração e as suas limitações – por não ter o amor ou a visão mais ampla ou quaisquer recursos que lhe teriam permitido lidar melhor com a situação. Eu realmente acredito que todos fazem o melhor que podem. Algumas vezes as coisas desandam, mas isso acontece porque todos nós somos limitados, e algumas pessoas mais do que outras, especialmente em determinadas situações.

Sam: Bem, eu literalmente penso que nessa situação... você provavelmente teria de ser o próprio Jesus Cristo para levar algo necessário àquela situação.

Portanto, você está dizendo que essa pessoa teria de ser o próprio Cristo para lidar bem com a situação. Feche os olhos...

Sam: Pelo menos, levar todas essas qualidades...

Calado. Você fala demais. (Sam ri.) Feche os olhos. Imagine-o aqui e diga-lhe: "Sabe, na melhor das hipóteses, você teria de ser Jesus Cristo para lidar bem com isso."

E então tente colocar-se no lugar dele. Sinta o que ele está sentindo, enfrente o que ele está enfrentando, com as suas limitações, crenças, habilidades ou qualquer outra coisa, até poder sentir total compaixão por ele...

Como foi?

Sam: Foi muito lindo, mas o surpreendente é que parece que eu herdei testículos congelados.

Você pode devolvê-los? (Sam ri.) Você gostaria disso? Você pode imaginar a si mesmo dizendo: "Eles são seus! Eles não são meus. Os meus são quentes!" (Sam ri.)

Sam: Quando entrei no corpo dele pensei: "Como os seus testículos *não* estão congelados?"

OK. Tente lhe dizer: "Eu gostaria de devolver os seus testículos congelados; eles ficaram comigo por tempo suficiente". Devolva-os. (Longa pausa.)

Sam: Estou com dificuldade para conseguir isso. Eu posso imaginar a devolução ou dizer: "Aqui estão, pegue-os" ou "Isso é seu, não meu", mas de algum modo não funciona. Eu ainda tenho testículos frios.

Quando você ocupou o lugar dele, teve essa idéia: "Como eu posso ser essa pessoa e *não* ter testículos congelados", certo?

Sam: Certo.

E qual é a conexão entre quem ele é e os seus testículos congelados? De que maneira os testículos congelados são uma conseqüência inevitável de ser esse tipo de pessoa nessa situação?

Sam: Como você quer que eu trabalhe com isso? Você quer que eu tente articular melhor ou...

Bem, você sabe, apenas em poucas palavras. Qual é a conexão entre ser esse tipo de pessoa e ter testículos congelados?

Sam: Hum... que você está terrivelmente assustado com o que vai acontecer com a sua esposa, que você precisou lhe dar permissão para fazer terapia de eletrochoque, que ela provavelmente...
Então é essa a sensação de ser impotente?
Sam: Com certeza.
OK, era isso que eu estava procurando. Portanto, ele está enfrentando essa situação realmente difícil. Eis a pergunta para você. Percebendo essa situação realmente difícil, na qual você quase teria de ser o próprio Jesus Cristo para lidar com ela, como ele poderia manter os seus testículos quentes? Porque essa não é uma conseqüência inevitável. Se um cofre cair do décimo quarto andar em cima de você, você poderia ser esmagado, mas não precisaria ter testículos frios...

Deixe-me tentar colocar isso de outra maneira e ver se ajuda. Quando você enfrenta uma situação realmente difícil, pode culpar a si mesmo por não estar à altura do desafio...

Sam: Certo.

Ou pode apenas dizer: "Eu sou um ser humano, tenho minhas limitações e não consigo lidar com isso". Isso mantém a integridade pessoal, mesmo enfrentando uma situação particularmente difícil...

Uma outra maneira poderia ser apenas perceber e reconhecer as suas próprias limitações e o fato de que algumas situações são demais para qualquer um. Esse é um comentário sobre a *situação*, não sobre *você*, sua falta de coragem ou qualquer coisa parecida...

Sam: Eu não sei se meu pai tinha *qualquer outra pessoa* em sua vida que ele considerasse um amigo para ajudá-lo a lidar com essa situação. Eu acho que ele estava isolado e terrivelmente assustado, e passei momentos difíceis imaginando como ele poderia ter mantido a sua... coragem, ou continuado a ser honesto consigo mesmo naquela situação. Eu acho que ele de fato precisou se sacrificar e, até certo ponto, é o que continua fazendo. E ele não vê nenhuma outra maneira de lidar com isso.

Isso é parte das suas limitações.

Sam: Isso é parte das suas limitações e eu desejava *desesperadamente* que ele pudesse ter se libertado ou ainda pudesse se libertar – e não vejo como isso poderia acontecer. Se eu pudesse lhe desejar alguma coisa, desejaria que ele... e de algum modo fico preso nisso.

Como estão os seus testículos agora?

Sam: Bem, obviamente ainda há alguma transferência lá. (Rindo.) Eles ainda não descongelaram totalmente.

Bem, você pode conversar com ele e dizer: "Você sabe que eu quero tirar um pouco desse frio dos seus testículos". Você apenas manifestou um grande desejo de que ele não tivesse essa limitação. Talvez você possa lhe mostrar agora.

Sam: Mas eu mostro. Eu volto para a situação e faço o que preciso fazer, o que quero fazer; falo quando sinto necessidade de falar.

OK. Talvez tenhamos de deixar os testículos frios para mais tarde. Em determinado ponto você tinha uma série de imagens aqui em cima, e quando tentou mover uma das piores... era a mesma?

Sam: É uma que está relacionada a ela... Não é o evento original, mas é como se esse evento tivesse se tornado real em vez de só falar sobre ele...

OK. Se você pensar nesse evento agora, é assim que você gostaria de fazer no futuro se enfrentasse algo parecido?

Sam: Hum. Sim. É interessante. Eu consegui aquela cor e...

OK. Quero que você traga isso aqui para baixo, à sua esquerda...

Sam: Eu posso trazer para baixo a imagem daquela situação, mas ainda é como se... não há nenhum espinho lá, nem é parecida com um cubo de gelo, mas ainda não está integrada.

Certo, então coloque-a de volta. E apenas por curiosidade: gostaria que você escolhesse outra aqui em cima, talvez uma daquelas que não eram tão ruins, e primeiro verifique se ela é positiva. Isso representa como você gostaria de responder se alguma coisa parecida acontecesse no futuro? (Longa pausa.)

Sam: Sim. Escolhi uma versão relativamente pequena e inofensiva dela, uma que transformei de modo significativo em minhas interações com essas pessoas, meus pais. Definitivamente é mais fácil trazê-la para baixo e integrá-la; ela já é algo que fui capaz de mudar bastante no mundo real.

Ótimo. Escolha outra e faça o mesmo.

Sam: Não sobraram muitas aqui em cima. Mesmo aquelas que são difíceis, estou levando para a beirada do brilho púrpura, e as outras se aproximam.

OK, quero que você pense na maneira como nós trabalhamos aqui e nos recursos adicionais que poderia utilizar para aquelas que estão parcialmente embaixo. Elas melhoraram mas ainda não chegaram lá. Que recurso você precisa para transformá-las totalmente, para que elas possam vir até aqui confortavelmente e ser integradas ao brilho púrpura?

Sam: Nós consideramos muitos deles. Compaixão, amor, ou mesmo o que eu chamaria de "pensar com o coração", clareza de raciocínio, mas está aquecida, está viva, pulsa, se movimenta. (A voz de Sam é muito expressiva e ele gesticula com os dois braços em círculos verticais sobrepostos, amplos e fluentes.)

Bem, a maneira como você está gesticulando em círculos parece ótima. São testículos grandes, quentes, pulsantes (Sam ri).

OK, feche os olhos. Escolha aquela particularmente difícil. Leve esse recurso de expansividade quente, pulsante, aqueles grandes gestos suaves. Veja se pode transformá-la pelos menos cinco ou dez por cento, ou qualquer outra porcentagem. O que faria com que ela deixasse de ser um espinho ou um cubo de gelo quando fosse trazida para baixo, para o brilho púrpura? (Longa pausa.)

Sam: Rapaz, ela está muito mais próxima. Agora eu tenho uma sensação de frio e amortecimento na parte inferior das pernas.

Talvez finalmente você possa deixá-la ir direto para as unhas dos dedos dos pés, assim teria apenas unhas frias. (Sam ri.)

OK. Os círculos pulsantes nos fizeram avançar um pouco, mas ainda restam algumas coisas. Ainda está faltando algo. Agora quero parar e lhe fazer uma pergunta simples: "Você é uma pessoa autoritária?"

Sam: Com certeza eu posso ser.

Bem, você *foi*. Você tem a capacidade e não quero tirá-la de você porque ela pode ser útil de vez em quando. Mas as imagens que colocamos aqui no brilho púrpura foram exemplos de respeito mútuo. Certo?

Sam: Certo, certo.

Portanto, ao pensar em você agora, como descreveria a si mesmo?

Sam: Acho que muito mais respeitoso e amoroso. Sei que estou evitando me comprometer um pouco.

Com certeza, e acho que isso é totalmente adequado porque ainda há algumas coisas que precisam ser feitas antes de você conseguir transformar essas últimas poucas imagens aqui em cima e trazê-las todas para baixo. Portanto, quero que você pense: "Que outro recurso eu posso acrescentar a essas situações?" Ou talvez você ainda precise de um pouco mais de compaixão ou bondade amorosa, ou qualquer outra coisa. Quero parar por enquanto e fazê-lo continuar sozinho.

(Para o grupo.) Fizemos um trabalho de mudança muito grande e é fácil nos envolvermos nele e perder de vista o objetivo mais amplo. Portanto, quero que vocês lembrem que tudo isso está voltado para a criação daquela qualidade de respeito mútuo. Acho que a maioria pode se identificar com o tema universal com o qual Sam trabalhou, as duas alternativas fundamentais para lidar com situações difíceis: o poder autoritário e a coerção ou o respeito mútuo e a compaixão. A coerção é uma maneira muito simples e rápida de solucionar problemas, mas com freqüência cria mais problemas do que os resolve. O respeito mútuo em geral é mais lento e complicado, porém tem bem maior probabilidade de levar a soluções duradouras. Vocês têm perguntas para o Sam?

Andy: Sam, você falou sobre estar "nas profundezas da depressão" em uma dessas situações difíceis, e também mencionou que a sua mãe foi submetida a um tratamento com eletrochoque, então eu fiquei imaginando se a depressão foi um problema para você.

Sam: Sim, eu senti muita depressão durante um considerável período.

Gostaria de falar um pouco a esse respeito, uma vez que o assunto foi mencionado. O recurso do brilho púrpura do Sam era muito amplo, de abrangência cósmica, incluindo todos os tipos de ordem. Ele também é muito metafórico e não tem detalhes específicos. Isso o torna muito poderoso e também dificulta um pouco trabalhar com ele e modificá-lo. Quando as coisas não derem certo, é muito provável que o Sam também pensará de maneira muito global e metafórica, e essa é uma descrição da depressão. Se ele fizer isso, aquela representação também será muito poderosa e difícil de mudar. Como acontece com qualquer outra coisa, as generalizações amplas podem ser úteis ou problemáticas, dependendo do conteúdo e do contexto.

Alguma outra pergunta para Sam? OK, e para mim?

Annie: Notei que você não utilizou um novo molde; você usou o mesmo brilho púrpura e colocou os exemplos nele com o que já estava lá.

Sim, eu queria acompanhar a maneira de generalizar do Sam. Ele descreveu o "respeito mútuo" como sendo parte de uma ordem cósmica representada pelo brilho púrpura e não como uma qualidade separada. Como essa é uma generalização muito abrangente, ela *inclui* o respeito mútuo. Se ele tivesse pensado no respeito mútuo como uma qualidade separada, eu teria especificado um molde novo e separado. No princípio, fui deliberadamente ambíguo com respeito a isso, para lhe dar uma chance, então ele definitivamente desejou juntar tudo, portanto eu acompanhei isso.

Em geral, prefiro não trabalhar com um molde metafórico, porque muitos detalhes específicos são perdidos nesse tipo de representação, e eu acho que esse é um dos motivos pelos quais a demonstração foi tão longa e faltou uma integração completa. Contudo, o brilho púrpura do Sam é uma parte muito ampla e fundamental dele, e isso significa que também é muito poderoso, portanto, quando a integração estiver completa, ela terá um efeito muito grande. Havia também uma história muito difícil envolvida na qualidade que Sam desejava transformar e isso também nos fez demorar mais do que o habitual.

Como eu não quero que vocês pensem que é sempre assim difícil, vou apresentar um relatório de acompanhamento de um participante de outro seminário, que trabalhou com uma qualidade *muito* mais fácil de transformar que a do Sam.

> Comecei pensando que eu era uma pessoa desorganizada. Quando vi aquilo que era comum a todos os exemplos que provavam que eu era desorganizado, percebi que todos eles envolviam atividades que eu não queria realizar. Portanto, fui capaz de mudá-las para uma categoria separada. Então percebi muitos exemplos de quando fui muito organizado. Foi muito profundo; eu não precisava fazer mais nada – transformar quaisquer exemplos ou outra coisa qualquer. E isso tornou-se possível por conta da idéia de agrupar e classificar exemplos. Eu consegui fazer muito mais a partir daí e não parecia haver nenhum esforço envolvido.

Após realizar esse processo, percebi que tenho escolhas em relação àquilo que faço. Tendo escolhas, apenas vou fazendo as coisas, o que é diferente da sensação de que há coisas que eu *preciso* fazer mas *não quero* fazer. Uma outra maneira de explicar isso é que a minha experiência mudou de "Eu *preciso* fazer, mas *não quero*" para simplesmente escolher. Quando eu estava na situação de "preciso fazer, mas não quero", eu me senti desorganizado porque não conseguia fazer muita coisa.

Agora quero que vocês formem pares e ajudem uns aos outros a transformar uma qualidade negativa em positiva, utilizando o resumo a seguir. Os que forem terapeutas ou psicólogos, formem pares com alguém que também seja e se revezem no lugar do terapeuta e do cliente. Se preferirem trabalhar sozinhos, ainda quero que formem par com outra pessoa para compartilhar o que fizeram e para ter alguém à disposição no caso de ficarem sem ação e precisarem de ajuda.

Se vocês se concentrarem no seu objetivo global, poderão variar a seqüência quando for adequado para uma determinada pessoa, desde que continuem na direção do objetivo de criar essa qualidade positiva. Isso não será apenas um exercício para integrar tudo que vocês aprenderam, será também uma oportunidade para utilizar todas as outras habilidades para efetuar mudanças que vocês já conhecem. Levem cerca de trinta minutos cada um. Terminando ou não, vocês adquirirão uma experiência valiosa a respeito de como fazer isso.

Exercício 12: Transformando uma qualidade negativa em uma qualidade positiva (pares, 30 minutos cada)

Pensem em um aspecto de si mesmos do qual vocês *não* gostem. Vocês sabem que são "X" e gostariam de ser o oposto – os seus *valores* estão claros.

1. **Molde positivo.** Evoquem a/o estrutura/processo que a pessoa utiliza para representar uma qualidade positiva que ela aprecia. (O que vocês já estavam fazendo.)

2. **Ajuste.** Utilizem tudo que aprenderam para melhorar o que elas já fazem para tornar a sua representação dessa qualidade ainda melhor, acrescentando modalidades, exemplos futuros, outras posições perceptivas, processando contra-exemplos etc. (Novamente, vocês já estavam fazendo isso.)

3. **Evocar a/o estrutura/processo da qualidade negativa.** Como essa pessoa representa a qualidade negativamente valorizada?

4. **Verificação da congruência.** "Alguma parte de você tem qualquer objeção quanto a ter o oposto dessa qualidade como uma parte positiva do seu autoconceito?" Satisfaçam qualquer/toda objeção, ressignificando, acessando recursos, criando competência comportamental etc. antes de continuarem.

5. **Examinar representações nos dados** (ou um grupo delas) para descobrir se realmente representam uma qualidade *diferente* que pode ser adequadamente denominada e separada da qualidade negativa original.

6. **Nova qualidade positiva.** Peguem quaisquer exemplos positivos e comecem a juntá-los na mesma forma do molde positivo ajustado. Então evoquem exemplos adicionais, por menores ou irrelevantes que eles pareçam ser para a pessoa: "Quando na sua vida você foi um pouquinho bom?".

7. **Transformar contra-exemplos.** Agrupem e transformem os exemplos negativos em positivos, acrescentando-os aos dados para a nova qualidade positiva.

8. **Criar um resumo para a nova qualidade.** Revejam os dados e escolham cuidadosamente um resumo para ele que seja adequado a esses novos dados.

9. **Olhar para trás.** Olhando para trás, para a sua experiência anterior, que diferenças você nota entre o que está experimentando agora e o que experimentou antes?

10. **Teste.** "Você é ...?" Observem as respostas não-verbais.

11. **Verificação da congruência.** Novamente, verifiquem a congruência do trabalho realizado. "Alguma parte de você tem qualquer objeção às mudanças feitas?" Satisfaçam qualquer/toda objeção.

* * * * *

Alguém tem perguntas ou observações sobre a sua experiência?

Al: Quando encontrei e reuni exemplos positivos, descobri que em todos eles havia alguém presente que tinha elevadas expectativas de que eu tivesse um ótimo desempenho, mas em meus contra-exemplos não havia ninguém presente com altas expectativas. Portanto, eu apenas acrescentei essas pessoas àquelas situações em minha imaginação, para que eu também pudesse ter um ótimo desempenho nelas.

Isso parece muito fácil. Assim, a presença dessas outras pessoas com elevadas expectativas é um recurso para você. Lembre que muitas pessoas iriam achar que as elevadas expectativas dos outros tornariam o seu desempenho *pior*, porque elas ficariam inseguras, mas se funciona para você, ótimo.

Lou: Eu tinha uma parte que não fazia objeções à qualidade positiva mas queria ter o *direito* de fazer objeções no futuro. Por mim tudo bem, mas a princípio me deixou confuso, portanto perguntei qual era o seu objetivo positivo. Ela não queria que eu fosse uma "Poliana" em relação àquela qualidade, nem que eu "exagerasse". Saber que tenho essa parte pronta para me advertir fez que eu me sentisse mais confortável e seguro em relação a ter essa qualidade.

Terry: Trabalhamos muito e algumas vezes foi difícil não nos perdermos nesse trabalho, pois uma coisa levava à outra. Nós não terminamos totalmente, mas fizemos um progresso bem definido em direção à construção da nova qualidade positiva. Era como ter uma casa semi-construída – ainda há trabalho a ser feito, mas posso ver que ela está começando a adquirir forma e está claro o que ainda precisa ser feito.

Ótimo. Como vocês viram com o Sam, algumas vezes demora um pouco mais para realmente fazer o trabalho de mudança, mas desde que vocês continuem focalizando aquilo que desejam realizar, no final vocês chegarão lá.

Ben: Até agora nós pressupusemos que uma pessoa reconheça ter uma qualidade que é um problema para ela. E o que acontece em uma situação na qual a pessoa não reconhece o problema? Por exemplo, ela está sempre zangada e culpando os outros, enquanto os outros a vêem como irritada e zangada e criando a própria infelicidade?

Sim, com freqüência isso é um problema. Basicamente, há dois caminhos. Um é utilizar o próprio critério da pessoa para convencê-la de que há um problema e depois trabalhar com ele. Provavelmente isso dará muito trabalho, porque muitas vezes as pessoas não querem perceber isso e poderão considerá-lo um ataque pessoal e ficar na defensiva.

Outra maneira é descobrir o que ela precisaria para ser diferente e encontrar uma base com a qual aceitará trabalhar para criar essa qualidade. No exemplo da raiva e da irritação, poderia ser muito útil ensinar a pessoa a assumir a "posição do outro" e tornar-se mais compassiva em relação às suas limitações. Se vocês puderem encontrar uma base aceitável para lhe ensinar as habilidades subjacentes à compaixão, isso resolverá o problema. Por exemplo, vocês poderiam dizer que aprender a compreender as limitações dos outros por dentro irá ajudá-la a prever dificuldades, a fim de deixá-la mais preparada para lidar com a incompetência deles ou com qualquer outra descrição que se encaixe na sua visão do mundo e lhe dê motivação.

Uma outra qualidade de compreensão que poderia ser muito útil é reunir experiências que a convençam de que as pessoas sempre fazem o melhor que podem. Portanto, se alguém está se comportando mal, é apenas uma questão de descobrir o que ele precisa *aprender*. Ou talvez vocês possam criar alguma outra compreensão que tornaria improvável ele ficar zangado. Essa maneira é um pouco menos direta, mas também tem menos chances de evocar oposição, desde que vocês possam proporcionar uma estrutura de compreensão que a torne atraente.

Resumo

Nesse ponto, vocês aprenderam a definir e a mudar todos os diferentes aspectos de identidade, mudando o conteúdo e os processos que todos utilizamos para representar a nós mesmos e para reclassificar e transformar contra-exemplos em exemplos. Vocês aprenderam a transformar uma qualidade ambígua, "não self" ou negativa, em uma qualidade positiva. Isso lhes confere o poder de literalmente recriar e transformar a si mesmos, uma qualidade de cada vez. Chegamos ao final daquilo que eu queria ensinar sobre a estrutura do autoconceito e como modificá-lo. Posso não ter notado alguns detalhes e não ter compreendido algumas coisas, mas acho que foi bem completo.

A seguir, quero explorar os *limites* do self. Os limites delineiam a *extensão* do nosso autoconceito e têm a função de nos *proteger* de danos vindos do lado de fora do limite. Compreender como pensamos em nossos limites nos permite fazer mudanças na maneira como os representamos, e isso pode ser *muito* útil para mudar a forma como experimentamos a nossa presença no mundo e as nossas conexões com as outras pessoas e o ambiente em que vivemos.

LIMITES DO SELF

13

Descobrindo e mudando limites

Limites externos

Até agora trabalhamos com o conteúdo e os processos que utilizamos para descrever a nós mesmos, o funcionamento interno do nosso autoconceito. Agora quero abordar um aspecto muito diferente, os nossos *limites*, que definem a *extensão* do nosso autoconceito. Até onde vai a sua autopercepção e o que ela inclui?

Os psiquiatras dizem que algumas pessoas têm "problemas de limites", o que pode significar muitas coisas diferentes. Algumas pessoas têm limites tão vagos e mutáveis que têm dificuldade para saber quais são as próprias necessidades e sentimentos e o que pertence à outra pessoa. Um limite fraco pode ser o resultado do excesso de utilização da "posição do outro", fazendo a pessoa se identificar tanto com as necessidades dos outros a ponto de perder a noção das próprias; elas precisam aprender a ser capazes de distinguir claramente as duas e recuperar algum tipo de equilíbrio que respeite tanto as suas necessidades como as dos outros. Outras afirmam ficar sufocadas na presença de outras pessoas e encontrar dificuldade para manter o "próprio espaço". Algumas sentem medo de ficarem perdidas ou de serem "engolidas" em um relacionamento íntimo, por isso querem aprender a ser capazes de manter uma forte percepção de si mesmas.

Um limite muito forte pode resultar na sensação de grande distância e separação dos outros, em solidão e dificuldade para se aproximar das pessoas. Um limite forte pode dificultar a busca de experiências religiosas, na qual há o desejo de eliminar toda a sensação de separação para alcançar um sentimento de conexão com Deus ou com o cosmos, a união com todas as coisas.

Mesmo quando as pessoas têm limites que se encontram entre esses extremos, as *características* dos limites ainda podem causar problemas. Um limite pode ser muito rígido e frágil, podendo despedaçar-se, ou ser tão macio e flexível que proporciona pouca proteção contra invasões.

A nossa experiência com os limites varia consideravelmente de acordo com o contexto. Dois homens que nem pensariam em se abraçar estão dispostos a fazê-lo vigorosamente em uma luta greco-romana. A distância confortável pode chegar a zero com a esposa ou um amigo muito íntimo e aumentar muito com alguém estranho que consideramos um perigo potencial, particularmente em um bairro perigoso ou em algum outro contexto ameaçador.

Um bom piloto de corrida amplia suas percepções táteis para além do corpo, abrangendo o carro que está pilotando. O carro torna-se uma extensão do seu corpo; é como se os dedos das mãos e dos pés pudessem sentir a textura e a temperatura da pista, bem como a força lateral dos pneus em uma curva. Como dizia um amigo meu que foi piloto durante muitos anos: "Se você passa em cima de uma moeda, quer saber de que ano ela é".

Os nossos limites também dependem muito do nosso estado interno. Tentem explorar como são os seus limites quando vocês estão doentes, comparando-os com o que são quando estão particularmente saudáveis e se sentem como a Mulher-Maravilha ou o Super-Homem.

Aquilo que vocês incluem em seus limites também pode ter um enorme efeito. Alguém que se identifica fortemente com o seu pensamento será muito propenso a discussões, porque essa é uma parte importante da sua identidade. Alguém que se identifica com a sua força física ou com a sua sexualidade terá maior probabilidade de defendê-las. Se vocês se identificam com um time de futebol, quando ele perde ou ganha é como se vocês tivessem feito isso. Se alguém se identifica muito com o seu carro ou com a bandeira do seu país, então, se um deles for danificado, provavelmente reagirá como se o próprio corpo tivesse sofrido algum dano e ficará furioso, querendo matar alguém. Outra pessoa, que não se identifica com a bandeira, poderia apenas pensar: "Que desperdício de um tecido tão bom". Alguém que fica furioso quando uma bandeira é danificada está tão perdido nessa experiência de identificação que não imagina que poderia haver outras escolhas, outras maneiras de olhar aquele evento e responder diferentemente.

A maior parte das pessoas se identifica bastante com os membros da sua família mais próxima e, em geral, um pouco menos com os parentes mais distantes ou com os outros membros do seu grupo étnico ou país etc. Esse tipo de identidade com o grupo pode proporcionar uma confortável coesão e percepção de quem vocês são, mas também pode ser uma base divisória para desprezar ou atacar quem estiver fora dos seus limites.

Se vocês não se identificam com outro ser humano, isso torna mais fácil maltratá-lo ou matá-lo. Em toda preparação para a guerra, o inimigo é sempre representado como *não* humano, insano, maligno, uma caricatura, um animal estúpido com o qual não é possível argumentar etc. Se vocês pensarem no inimigo como um ser humano igual a vocês, fica muito mais difícil feri-lo ou matá-lo.

Há muitos anos, Edward T. Hall (1959) salientou que todos nós temos um "espaço pessoal" que pode ser observado enquanto interagimos com os outros, e que depende parcialmente da cultura. Nos países do norte da Europa, a distância confortável para conversar com um estranho é muito mais ampla do que nos países do Oriente Médio. Se um árabe estiver conversando com um inglês em uma festa, para um observador externo parecerá que o árabe está perseguindo o inglês pela sala. À medida que o árabe se aproxima para ficar no que considera uma distância confortável, ele invade o espaço pessoal do inglês. Assim, este se sente desconfortável e recua um ou dois passos até aquilo que ele considera uma distância confortável. Então, naturalmente, o árabe se aproximará de novo, e assim por diante.

O que Hall e outros não continuaram explorando é *como* nós representamos esses limites em nossa mente e de que maneira ajustar essas representações para termos escolhas adicionais em nossas respostas e em nosso comportamento.

Como vocês estarão novamente explorando um território em geral inconsciente, uma estrutura "como seria" pode ser particularmente útil para descobrir como são os seus limites. "Se eu tivesse um limite, como ele seria?" Tentem pensar em situações difíceis ou ameaçadoras em sua vida e comparem o que encontrarem com outras situações nas quais vocês se sentem capazes e confortáveis.

Antes de falar mais sobre limites, quero que mais uma vez formem trios. Se escolherem outras pessoas que parecem ser muito diferentes de vocês, provavelmente obterão mais variações naquilo que encontrarem e isso tornará as coisas mais interessantes. Utilizem as perguntas abaixo como um guia para descobrir como vocês representam os limites do seu self.

Exercício 13-1: Limites externos; exploração/descoberta (trios, 15 minutos)

- Você tem um único limite ou mais de um?
- Para cada limite, onde ele está e quais são suas *características*?
- Que *modalidades* e *submodalidades* são utilizadas para representar esse limite?
- O limite é *análogo* (variável dentro de uma extensão) ou *digital* (ligado/desligado)? (Poderia haver aspectos análogos e digitais ou ele poderia ser análogo em relação a alguns eventos e digital em relação a outros.)
- O que você deixa passar através desse limite e o que não deixa?
- Como o limite muda em diferentes *contextos*?
- Qual é a *função positiva* do limite? De modo geral, os limites nos protegem de alguma coisa. Do que, especificamente, ele o protege e como ele faz isso? Ele funciona bem?
- Esse limite, de alguma maneira, causa problemas – há quaisquer conseqüências das quais vocês não gostam?

Comecem explorando o próprio limite silenciosamente durante cinco minutos. Com o que ele se parece, que som emite? Se vocês o tocassem, qual seria a sensação? Após observar como é o seu limite, comecem a experimentá-lo. Se o seu limite é cor-de-rosa brilhante, tentem torná-lo verde, púrpura ou alguma outra cor. Tentem mudar o tamanho, a extensão ou a grossura do seu limite para descobrir como essas modificações mudam a experiência. Se ele é principalmente visual, experimentem acrescentar diferentes sons ou texturas para descobrir se isso aumenta ou diminui a sua função etc.

Então dediquem mais dez minutos para compartilhar o que descobriram com os outros membros do seu grupo e continuem experimentando mudar os seus limites de diversas maneiras. Se vocês têm uma concha dura prateada à sua volta e alguém tem um campo de energia morno e aconchegante, tentem trocar. Experimentem ver como é possível mudar a sua maneira de ver, ouvir e sentir o seu limite e observem como essas mudanças alteram a experiência.

*****

Agora gostaria de ouvir alguns exemplos daquilo que vocês encontraram em sua exploração e experimentação. Quando as pessoas exploram algo como os limites pela primeira vez, com freqüência pensam: "Bem, acabei de inventá-lo; ele não significa nada". Mas quando tentam fazer mudanças nele, em geral descobrem que isso afeta a sua experiência de modo profundo, o que é bastante convincente de que mesmo que o tenham "inventado" há *algo* muito real nele.

Alice: Eu cresci no Japão antes de vir para os Estados Unidos e descobri que o meu limite é muito diferente quando imagino estar em cada um dos dois países. No Japão, ele é muito mais amplo, rígido, estreito e metálico, enquanto nos Estados Unidos ele está mais próximo, é muito mais largo e suave, mais ou menos como uma espuma acústica cinza. Para mim, é muito mais confortável estar nos Estados Unidos.

Sandy: Em alguns contextos, eu via uma imagem de mim mesma com uma tira de couro grossa, como um tatu, com uma saliência de estruturas pontudas protetoras que faziam parte da minha pele, na frente e atrás do meu corpo, subindo pelo queixo, indo para cima, sobre a minha cabeça. Essa couraça dificultava os meus movimentos e me mantinha separada. Era um pouco estranho, mas não muito surpreendente. O eu que tinha a couraça olhava para trás, para mim, o observador, e perguntava: "É isso que você quer para si mesma?".

Al: Eu descobri que, à minha frente, o meu limite era muito mais amplo do que atrás de mim, o que faz sentido porque a minha barriga e o meu rosto precisam de mais proteção do que as minhas costas. Mas o que foi realmente interessante é que do meu lado direito ele tinha cerca de um metro, mas à esquerda tinha apenas meio metro. Portanto, é mais confortável ter alguém mais chegado do meu lado esquerdo. Então Bill me perguntou: "E se a pessoa fosse a mulher dos seus sonhos?", e o limite imediatamente ficou maior para envolvê-la.

Ótimo. Essa parece ser uma boa mudança. Qualquer transição como essa pode tornar-se automática se for ensaiada algumas vezes, desde que seja congruente com as suas necessidades e os seus valores. Se você mora em um apartamento em uma cidade grande, faz sentido ter os seus limites automaticamente ampliados quando vai até a porta da frente, para ajudá-lo a ficar alerta a qualquer possível perigo.

Uma maneira de descrever uma situação de intimidade e *rapport* é que não existem limites entre você e essa outra pessoa. Agora que vocês já conhecem um pouco os seus limites, podem utilizar essa informação para obter *rapport* com alguém. Muitas pessoas ensinam como assemelhar comportamentos individuais como respiração, postura, gestos, tom de voz etc. Embora isso possa ser útil, pode ser muito frustrante tentar acompanhar conscientemente todos esses comportamentos separados!

Em vez disso, vocês podem simplesmente abrir os seus limites e expandi-los para incluir outra pessoa ou um grupo, suave e gentilmente. Ao fazer isso, sua atenção, automática e inconscientemente, se concentrará neles, e a maior parte dos seus comportamentos específicos tenderá a assemelhá-los sem precisar pensar nisso. Essa é uma forma muito mais holística de obter *rapport* e requer muito menos da sua atenção consciente, deixando-a livre para outras coisas.

Obter *rapport* dessa maneira também tende a evitar a visão dualista e algumas vezes manipuladora do tipo: "Estou obtendo *rapport* com você", substituindo-a por uma percepção mais equilibrada e unificada, como "Nós estamos nisso juntos". Portanto, isso é algo que vocês poderiam experimentar quando estiverem com um grupo de pessoas. Imaginem que o seu limite está se abrindo o suficiente para envolver uma pessoa de cada vez, e observem como isso modifica a sua resposta. Vocês também poderiam observar se os outros respondem diferentemente quando fazem isso.

Sam: Eu morei em um apartamento muito pequeno e precisei mudar porque me sentia como se o meu corpo estivesse batendo nas paredes quando eu me movimentava, mesmo que eu não estivesse realmente tocando as paredes. Quando me lembro dessa época, percebo que o meu limite era maior que o apartamento, e se eu pudesse tê-lo ajustado, tornando-o menor, tudo teria ficado bem.

Com certeza. Por exemplo, você poderia imaginar que estava se escondendo e queria ser tão pequeno e insignificante quanto possível, e que o apartamento era um lugar secreto e seguro que o protegia de maneira aconchegante. Conheci um homem da Austrália que sentia náuseas quando ia para Londres. Então ele percebeu que os seus limites eram muito amplos, por isso as pessoas continuavam a invadi-lo. Quando ele diminuiu os seus limites, ficou bom.

Muitas pessoas têm esse tipo de dificuldade com os cintos de segurança dos carros. O cinto invade o seu limite, por isso elas se sentem limitadas por ele, porque não conseguem se movimentar tão livremente como estão habituadas. Vocês podem lhes dizer que sem um cinto elas poderão ir de um lado para o outro dentro do carro e ficar muito feridas se ocorrer um acidente. Então podem perguntar se elas poderiam imaginar que o cinto as está envolvendo suave e amorosamente, protegendo-as e mantendo-as seguras em uma posição no caso de um acidente.

Dave: Conheço um homem com boas intenções, mas que chega em um grupo e se aproxima tanto das pessoas que elas se sentem muito desconfortáveis. Ele não faz idéia do que está acontecendo e ninguém quer lhe dizer. Tentei descobrir o que fazer a esse respeito porque não acho que apenas dizer-lhe fará algum bem.

Sugiro que você o faça *experimentar* primeiro, aproximando-se tanto dele a ponto de deixá-lo desconfortável e se afastar. *Então* comente sobre isso e peça-lhe para contar o que ele sente. Você pode lhe dizer que é isso que as pessoas sentem em relação a ele. Finalmente, você pode ajudá-lo a se acostumar com o que é uma distância confortável para a maioria das pessoas, de forma que ele não tenha de descobrir por tentativa e erro.

Como ocorre com qualquer outra coisa, ao ficarem conscientes desses processos, vocês poderão utilizá-los de maneira positiva. Quando Virginia Satir (Andreas, S., 1991) fazia terapia familiar, com freqüência costumava colocar deliberadamente o seu rosto bem próximo ao de um membro da família para obter a sua total atenção e interromper suas respostas inúteis aos outros membros da família. Quando alguém realmente está "em cima de você", é muito difícil prestar atenção em qualquer outra coisa – e em determinadas situações isso pode ser muito útil. Agora, gostaria de demonstrar com alguém como experimentar a mudança de limites.

Demonstração: Mudando um limite externo

Sandy: Eu gostaria de uma ajuda com o meu. Eu realmente não gosto da minha couraça de tatu e gostaria de mudá-la.

OK, ótimo. Gostaria que você pensasse nos contextos nos quais esse limite é útil, no tipo de proteção que ele lhe dá e nas possíveis alternativas para o limite que você tem agora...

Sandy: O meu primeiro pensamento é: "Será que eu preciso carregar um grande pedaço de aço comigo?" (Ela gesticula, segurando alguma coisa de meio metro por um metro à sua frente, a cerca de meio metro de distância.)

Em geral, quando um limite está tão próximo do corpo como essa couraça, ele precisa ser muito forte e rígido, porque se alguma coisa se aproximar tanto, então você realmente precisará de uma boa proteção. Mas se o limite está mais afastado, como você gesticulou quando falava sobre a chapa de aço, ele pode avisá-la antecipadamente, logo não precisa ser tão duro. Isso vale particularmente se ele se tornar um limite mais grosso e mais análogo, como um campo de energia que enfraquece à medida que se distancia do seu corpo...

Sandy: Eu posso afastá-lo (ela gesticula) e ele se dissolve e muda de forma. Ele ainda parece uma couraça, mas está mais permeável, e se eu precisar de mais proteção, ele pode endurecer. Se eu imaginar o punho de alguém atravessando-o, então ele pára antes de me atingir. Eu sofri muito abuso verbal e acho que é daí que ele vem.

Que tal tornar o limite mais eficaz diminuindo ou abafando sons altos?...

Sandy: A parte logo à frente do meu coração precisa ser forte. É aí que o silêncio é útil, porque quando as palavras vêm abafadas, eu posso ter os meus sentimentos do lado de dentro. É ótimo. É muito bom.

De que cor o limite é agora?

Sandy: Hum... é uma sombra de verde que continua mudando lentamente. É meio transparente e nebuloso, como o ar, com mais ou menos 15 centímetros de espessura, mas eu posso endurecer partes dele quando necessário.

OK. Teste-o para ter certeza de que pode fazer isso. Pense em algum tipo de situação na qual você gostaria que o limite endurecesse e a protegesse...

Sandy: Sim, ele endurece somente no lado de onde vem o perigo.

Ótimo. Agora experimente mudar a sua cor... (Enquanto faz isso, toda a parte superior do seu corpo balança um pouco e ela confirma com a cabeça.)

Sandy: Primeiramente, tentei roxo, que era bom; depois vermelho, que foi melhor. Então ele ficou vermelho brilhante, com uma luz saindo dele. Eu gosto muito mais assim.

OK. Teste novamente. Gostar não é necessariamente um sinal de que ele funcionará bem. Pense em uma situação na qual alguém poderia ter gritado com você e descubra como a cor vermelha a protege...

Sandy: Bem, o que realmente muda é que em vez de apenas absorver as palavras e ficar na defensiva eu posso determinar que atitude tomar. Eu posso dizer "Não acredito nisso. Está na hora de ter uma conversa com essa pessoa. Isso não adianta para mim". Assim é muito melhor.

Agora, gostaria que você imaginasse que tem novamente a couraça; veja o que acontece...

Sandy: Eu quero apenas colocá-la dentro de um armário e mantê-la lá, porque ela tem uma beleza própria, mas eu realmente não preciso disso. Ela é muito bonita mas não é confortável. Na verdade, ela não foi tão eficiente antes. Havia brechas pelas quais as coisas continuavam entrando.

Muito obrigado, Sandy. Quero que você faça só isso por enquanto. Você sempre pode experimentar um pouco mais sozinha, para ver se descobre maneiras para melhorá-lo ainda mais. Há muitas outras possibilidades nos sistemas visual e cinestésico, e eu não lhe pedi para tentar nada com os sons que o seu limite pode fazer. Você poderia até mesmo experimentar para ver qual seria o gosto ou o cheiro desse limite e depois tentar mudá-los.

Assim como o nosso autoconceito e outras coisas que aprendemos inconscientemente, os nossos limites tendem a ser um tipo de mistura daquilo que os outros fizeram, e eles *sempre* podem ser melhorados. O meu principal objetivo ao pedir-lhes para explorar os seus limites é oferecer maneiras para que vocês possam ter mais *escolhas* em relação à sua experiência. Aprender sobre limites oferece mais flexibilidade no tocante àquilo que vocês fazem, onde e quando fazem, com quem e com que objetivo.

Observem que os limites são muito metafóricos. Eu não tenho idéia de por que um limite vermelho protege Sandy melhor que um verde, ou de por que um limite transparente, nebuloso, a protege melhor que uma couraça de tatu. Isso dificulta um pouco prever de que maneira uma mudança afetará alguém, portanto, vocês precisam experimentar e testar. Contudo, ao sugerirem que as pessoas experimentem, oferecendo alguns exemplos, a sua mente inconsciente em geral apresentará possibilidades úteis, então vocês podem testá-las e ajustá-las para ter certeza de que funcionam bem.

Felizmente, essa demonstração abriu uma série de possibilidades nas quais vocês talvez não tenham pensado quando exploraram os seus limites no primeiro exercício. Gostaria de lhes dar uma outra oportunidade para explorar mais e experimentar as maneiras de fazer mudanças úteis.

Exercício 13-2: Limites externos – experimentando mudanças (trios, 15 minutos)

Voltem aos seus trios e comecem novamente com cinco minutos para experimentar mudar os seus limites, particularmente em situações difíceis ou nas quais vocês gostariam de ter mais escolhas. Como vocês poderiam mudar os seus limites de modo a tornar essas situações mais fáceis de lidar, com mais recursos?

Lembrem-se da importância de preservar a *função* protetora positiva do limite enquanto experimentam modificar as *maneiras* de representar um limite, visando melhorar o seu funcionamento e eliminando quaisquer conseqüências indesejáveis ou efeitos colaterais.

Quando descobrirem mudanças úteis, façam uma ponte para o futuro com elas, imaginando estar nos tipos de contextos nos quais vocês desejam tê-las, como demonstrei com Sandy. Isso é um teste para ver se elas realmente funcionam, bem como uma maneira de unir qualquer nova mudança que funciona bem aos contextos nos quais vocês as desejam, para que se torne uma resposta automática.

* * * * *

Há alguma coisa que vocês gostariam de discutir em relação a esse exercício?

Eileen: Eu tinha um limite bem fino que estava muito próximo, uma espécie de filme de poliéster. Quando alguém o alcançava, eu reagia imediatamente e com bastante intensidade. Queria um limite mais forte e que me desse um aviso com antecedência.

É bom ser avisado com antecedência. "Oh-oh, as coisas estão ficando um pouco estranhas por aqui. Talvez seja melhor afastar-me um pouco", "Talvez seja hora de ir para casa", ou qualquer outra coisa. Como você mudou o seu limite para torná-lo mais forte e avisá-la com antecedência?

Eileen: Tornei o filme de poliéster fino mais forte e mais macio, aumentando-o para deixá-lo mais grosso, ocupando mais espaço.

OK. Então em vez de ser uma borda pequena e estreita ele ficou mais largo e afastou-se do seu corpo. Como isso lhe dará um aviso com antecedência?

Eileen: Com um "campo de energia" mais largo e maior, eu não reajo com tanta intensidade. Quando alguém atingia sua borda externa eu começava a perceber. Então eu reagia um pouco mais se a pessoa se aproximasse e não ficava tão surpresa se ela realmente começasse a invadi-lo. E como o limite era mais forte e eu recebia mais avisos, tinha mais tempo para decidir o que queria fazer, em vez de apenas ficar aborrecida. Eu gosto muito disso.

Portanto, isso ampliou a variedade de respostas, em vez de ter apenas a resposta digital, do tipo tudo ou nada. Uma resposta digital pode ser muito útil em situações do tipo vida ou morte, mas na maior parte das situações comuns, ela pode realmente atrapalhar. E você tentou fazer uma ponte para o futuro, para situações futuras nas quais isso seria útil?

Eileen: Sim, fiz. Eu me senti muito mais segura e tinha muito mais escolhas, portanto eu o estou mantendo.

Um limite muito próximo do corpo oferece informações sobre o perigo tarde demais, nos fazendo reagir defensivamente. É muito melhor ser avisado com antecedência para ter mais escolhas em relação à sua resposta. É como dirigir um carro cinestesicamente. Vocês podem apenas fechar os olhos, tapar os ouvidos e começar a dirigir. Vocês saberiam quando houvesse perigo, mas quando isso acontecesse já seria tarde demais.

Uma das coisas maravilhosas da visão é que ela oferece informações sobre eventos ocorrendo a grande distância. Podemos olhar para o céu à noite e ver a luz de estrelas que estão distantes bilhões de anos-luz. Os olhos oferecem informações de longa distância e isso nos dá tempo para descobrir o que queremos fazer. Os ouvidos oferecem informações de meia distância; podemos ouvir eventos que estão um pouco afastados, mas não tão afastados quanto aqueles que podemos ver. A cinestesia só pode nos dar informações sobre eventos que se encontram *muito* próximos. Se houver qualquer tipo de ameaça, no momento em que somos tocados, ela já está *realmente* perto, assim precisamos reagir com muita rapidez, e a maioria das pessoas também reage muito intensamente.

Fred: Eu sempre me distraí com ruídos. É como se eu não tivesse nenhum limite e toda aquela vibração estivesse atingindo a minha pele como pingos de chuva. Primeiramente, tentei tornar o meu limite um escudo parcial à prova de sons, de forma que os sons suaves pudessem passar claramente, mas os sons altos fossem diminuídos. Isso fez uma grande diferença, mas preciso testá-lo no mundo real para ver se funciona. Também tentei não ter nenhum limite – imaginando que o som passava direto através do meu corpo sem me afetar, como as ondas de luz passam através do vidro. Isso pareceu ainda mais fácil e vou testá-lo também.

A sua experiência mostra algo muito interessante. Não ter "nenhum limite" pode significar duas experiências *completamente* diferentes. Uma é aquela que você descreveu em primeiro lugar, na qual os eventos externos chocam-se contra você de uma forma que não pode ser controlada e você se sente muito vulnerável. Para algumas pessoas é como se elas não tivessem pele e estivessem totalmente à mercê dos menores eventos. Um olhar impiedoso pode penetrar em seu corpo como um punhal, e um comentário ríspido vai direto para o seu coração, e não para os seus ouvidos. Quando alguém tem esse tipo de experiência, pode ser muito útil ajudá-lo a criar limites em sua mente para que ele adquira mais controle sobre o que lhe acontece e sobre a maneira de reagir aos eventos.

Contudo, não ter "nenhum limite" também pode significar que você amplia tanto os seus limites a ponto de *incluir* os "eventos externos" como parte da sua identidade, de modo que eles não são mais "externos", não são mais estranhos. Quando você pensa no som passando direto através do seu corpo, esse é um pequeno exemplo. O som não é mais uma coisa fora de si mesmo com a qual você precisa lutar; ele se torna parte do que está dentro de você. Ao aceitá-lo como uma parte sua, você não precisa lutar com ele.

Sue: E o tipo de identificação que às vezes os pais têm com os filhos, na qual a criança torna-se uma extensão do pai e este fica muito ligado aos sucessos e fracassos do filho?

Todos nós incluímos alguns eventos externos dentro dos nossos limites, ao mesmo tempo excluindo outros, e reagimos de maneira diferente àquilo que permitimos dentro de nós e àquilo que mantemos fora. Quando uma pessoa se identifica com outra dessa maneira, vivendo por ela, isso em geral é uma indicação de que está faltando alguma coisa em sua autopercepção. Ela poderia ter informações negativas a respeito de não ser importante, ou não ser amada etc., assim tenta compensar tal fato tendo sucesso por meio de outra pessoa. O sucesso da outra pessoa torna-se algo desesperadamente importante para ela, e não apenas algo muito bom, se acontecer.

Esse é um exemplo daquilo que os budistas descrevem como estar "ligado" a um objetivo. Outro exemplo comum é o de uma pessoa que está apaixonada por alguém que não corresponde esse sentimento. Ela deseja desesperadamente estar com aquela pessoa, achando que, se isso acontecesse, elas seriam extremamente felizes pelo resto da vida. Em geral, é claro que o "amor impossível" não solucionaria todos os seus problemas; ela realmente precisa de um trabalho de mudança pessoal que preencheria os vazios dentro de si mesma, as negações e os espaços vazios internos que a tornam tão carente. Lembrem-se de como Peter era dependente em relação a ser amado porque não tinha um conhecimento interno daquela qualidade. Então, depois de tê-lo ajudado a criar dados para aquela qualidade, ele não se sentia mais carente, e foi capaz de *apreciar* o afeto da esposa muito mais do que antes.

E uma antiga prática budista é identificar-se deliberadamente com qualquer coisa considerada separada, que não faz parte de vocês, para descobrir como ela é. Isso pode reconectá-los com qualquer coisa considerada estranha e diferente, além de ser uma maneira de descobrir mais a respeito de si mesmos. Isso é particularmente útil para nos tornarmos mais conscientes do self sombra, sobre o qual já falamos, e eu gostaria de dar um exemplo pessoal de como fazer isso.

Há cerca de um ano eu estava em um quarto de hotel durante um treinamento e decidi ligar a televisão e "zapear" um pouco. Em geral, não faço isso, mas estava cansado e não assistia à televisão há anos, assim decidi dar uma olhada. Durante as duas horas em que a fiquei assistindo, vi cerca de uma dúzia de assassinatos, um dos quais era o meu, quando a arma virou na minha direção e atirou!

Mas o que realmente me perturbou foi uma cena na qual uma jovem estava amarrada, totalmente indefesa, sendo insultada e torturada por um homem. Essa imagem me perseguiu, porque me causou muita repulsa – um claro sinal de que eu a considerava "não eu", alienada ao extremo.

Portanto, decidi me identificar com o homem cujo comportamento me causou tanta repulsa. Quando entrei na sua experiência, comecei a me lembrar de uma época na qual *eu* imaginara estar torturando alguém indefeso – eu *não* fiz isso, mas com certeza *pensei nisso* em detalhes muito vívidos! Enquanto revia os meus *próprios* impulsos para torturar e insultar, percebi como eles surgiam do fato de eu me sentir *totalmente* impotente e indefeso; a tortura parecia ser a *única* maneira para conseguir alguma resposta daquela pessoa. Conseguir aquela resposta teria me proporcionado pelo menos uma pequena sensação de poder e habilidade para influenciar os outros.

Quando percebi essa parte do meu self sombra – aceitando que eu também seria capaz daquele terrível comportamento em determinadas circunstâncias –, pude sentir empatia pela experiência interna daquele homem que estava torturando a jovem. Se eu estivesse presenciando uma tortura real, ainda faria tudo para interrompê-la, mas com uma atitude muito diferente, de compaixão e compreensão, em vez de rejeição e condenação. Também estou bastante certo de que a compreensão teria *aumentado* e não diminuído a probabilidade de eu conseguir parar a tortura.

A Gestalt-terapia baseia-se nesse processo de identificação com qualquer coisa que tenha sido alienada. A técnica básica de tornar-se a pessoa (ou impulso alienado, ou elemento onírico) na "cadeira vazia" pode ser muito útil para experimentarmos os *dois* lados de um conflito interno como partes de nós mesmos, e também para começarmos a nos comunicar e a solucionar problemas em vez de culpar e atacar aquilo com o qual não nos identificamos. Assumir a posição do "outro" também é um exemplo desse princípio. Ghandi fez isso deliberada e extensivamente quando lidou com os ingleses na Índia e com outros grupos com os quais estava trabalhando para compreender e reconhecer totalmente os pontos de vista deles, embora continuasse buscando os seus objetivos.

Esse processo de identificação não está restrito aos seres humanos – vocês podem identificar-se com *qualquer coisa* e tornar-se mais inteiros. É mesmo surpreendente o que vocês podem descobrir a respeito de si mesmos ao imaginarem ser uma pedra, uma folha, uma caneta, ou qualquer outra coisa que em geral vocês não considerem parte de si mesmos.

Eu olho pela janela e vejo uma folha. "Eu sou uma folha. Eu cresci aqui nesse lugar, não sei como, amando o calor do sol, a chuva fria e as noites tranqüilas. Estarei aqui apenas por uma estação; logo cairei, tornarei-me abrigo e nutrição para os insetos no solo úmido e afundarei na terra, talvez para me tornar parte de uma folha novamente algum dia." (Demoraria muito descrever minhas lágrimas enquanto fazia isso mas, resumindo, trata-se da instantaneidade e transitoriedade da vida e de que a vida é um dom breve que não deve ser desperdiçado.)

Em escala muito mais ampla, quando um místico expande a sua identidade, incluindo todo o universo para tornar-se "um com tudo" e aceita todas as coisas como elas são, então não há nada contra o que lutar, porque tudo que acontece é parte da "vontade de Deus" ou do "desenvolvimento natural do universo", e o resultado é uma maneira muito diferente de estar no mundo, uma maneira sobre a qual os sábios e os místicos falam há milênios. Compreender como funcionam os nossos limites pode nos ajudar a compreender o que esses místicos queriam dizer com essas palavras, e se alguém está interessado em alcançar esse tipo de experiência, ajustar os limites proporciona uma abordagem direta.

Limites internos

A seguir, gostaria de fazer o mesmo tipo de exploração no espaço *interno* do seu corpo. Vocês têm quaisquer limites internos? Se tiverem, o que eles separam e qual é a função positiva dessa separação? Novamente, uma estrutura "como seria" pode ser útil. "*Se* eu tivesse um limite interno, onde ele estaria, como ele seria, o que ele dividiria e qual seria a sua função positiva?"

Terapeutas corporais de todos os tipos com freqüência falam sobre trabalhar para eliminar "bloqueios de energia" no corpo, áreas onde o funcionamento natural integrado é interrompido de algum modo. Os bloqueios são mostrados por tensões físicas, distorções posturais e áreas nas quais os movimentos são interrompidos e descontínuos, em vez de suaves e fluidos.

Contudo, esses bloqueios corporais também estão evidentes na maneira como as pessoas *pensam* no seu corpo, e isso pode acontecer em qualquer ou em todas as três principais modalidades, visual, auditiva ou cinestésica, e nas submodalidades. Essa é uma maneira um pouco diferente de pensar nas mudanças com as quais os terapeutas corporais têm trabalhado durante muito tempo. Como eu não trabalho com o corpo e gosto de trabalhar com a mente, quero lhes oferecer uma outra maneira para alcançar os mesmos tipos de objetivo. Conhecer os seus limites internos é uma outra forma de acessar esse tipo de informação – e também de trabalhar para dissolver ou transformar os bloqueios em algo mais útil.

Exercício 13-3: Limites internos – exploração/descoberta (trios, 15 minutos)

Comecem explorando silenciosamente a própria experiência interna durante cinco minutos, utilizando a mesma lista de perguntas sobre os limites apresentada antes. "Se eu tivesse um limite *interno*, onde ele estaria e como ele seria?" Depois de conhecerem um limite interno, observem de que ele os protege e quaisquer possíveis conseqüências, positivas e negativas, que isso poderia ter em seu funcionamento psicológico, fisiológico e em sua saúde.

Então compartilhem e comparem as experiências com os outros do seu grupo, sabendo que podem guardar para si mesmo qualquer coisa que considerem muito pessoal para ser compartilhada. Tendo em mente a função protetora do seu limite, experimentem modificá-lo para torná-lo mais eficaz e reduzir quaisquer conseqüências negativas. Tentem variar as diferenças de submodalidades utilizadas para definir limites; e tentem os limites dos outros para descobrir o que poderia funcionar melhor para você.

* * * * *

Novamente, gostaria de reunir algumas das suas experiências, como uma base para a discussão e generalização.

Dan: Eu descobri uma espécie de limite na área onde os meus braços se unem aos meus ombros, uma sensação de frouxidão e separação, como se houvesse um pequeno espaço, como se os meus braços não estivessem presos. A princípio isso era muito perturbador, mas quando pensei a respeito, percebi que em situações difíceis o meu primeiro impulso é golpear alguma coisa com os punhos. Acho que o limite impede que isso aconteça e me proporciona algum controle, dando-me tempo para encontrar uma resposta mais racional. Com freqüência sinto tensão nos ombros e acho que é onde o impulso de golpear é interrompido.

Ann: Eu descobri uma casca dura ao redor do meu coração, uma espécie de grande casca de noz, só que mais escura. É bastante óbvio para que ela serve, e eu penso nas pessoas que falam de práticas para "abrir o coração". Tentei quebrar a casca, mas isso não funcionou, portanto acho que preciso tentar outra coisa.

Acho que uma abordagem mais suave funcionaria muito melhor, particularmente para um limite do coração. Há anos as pessoas falam sobre *"romper"* e *"quebrar"* crenças limitadoras. Essas palavras pressupõem superar uma limitação ou problema pela força bruta. Quando respeitamos a função positiva de um limite, a mudança ocorre por meio de um derretimento suave, uma dissolução ou mudança de barreira, e não abrindo caminho através dela.

Charles: Em geral, penso em mim mesmo em termos de "Eu penso isso", "Eu sou isso" ou "Eu sinto isso". Portanto, eu estava notando os pensamentos e sensações que aconteciam em sucessão e então surgiu o pensamento: "Bem, 'e se'? Como seria se eu fosse apenas o campo no qual surgem essas coisas mas não fosse nenhuma delas em particular?" Eu estava apenas notando todos esses eventos internos como se eles fossem externos e não tivessem nada que ver comigo ou com a minha identidade.

Essa é a essência de algumas práticas de meditação, uma forma de *des*identificação com a nossa experiência, considerando os nossos pensamentos e sentimentos simplesmente como eventos interessantes em vez de ficarmos totalmente envolvidos neles, aceitando-os como verdadeiros. É uma forma de dissociação que pode ser um primeiro passo muito útil para examinar a sua vida, percebendo que você tem outras escolhas, e depois considerando o que mais você poderia fazer.

Anteriormente falei de como todos nós nos identificamos com eventos externos. Mas também podemos fazer o contrário e nos *des*identificar com eventos *internos*. Se julgamos ou condenamos experiências internas de sermos desonestos, vingativos, sexuais ou qualquer outra coisa que entre em conflito com os nossos valores e autoconceito, podemos tentar colocar um limite entre nós mesmos e esses sentimentos ou pensamentos. Nós já exploramos a maneira como as pessoas tentam isolar e ignorar os contra-exemplos, separando-os por local e modalidade, e como funciona o "não self".

Stan: Eu tenho um limite bem abaixo do queixo que separa a minha cabeça do resto do corpo. Passei a maior parte da minha vida muito, muito concentrado no intelecto, em ser racional, e descobri que o meu corpo com freqüência reage de maneiras que não parecem racionais. Portanto, acho que esse limite é uma forma de desconexão com os impulsos do meu corpo. Esse é um limite interno bastante comum. Muitas vezes o corpo "tem a sua própria mente" e isso pode ser facilmente considerado um conflito com a razão. Com freqüência, a pessoa que faz isso mantém a cabeça inclinada para a frente, como você, "liderando com a cabeça". Vemos isso na sua forma extrema em alguns matemáticos, físicos, e em outros que passam grande parte da vida realizando um trabalho muito mental.

Pode ser útil comparar as divisões funcionais naturais do corpo com os tipos de divisão que habitualmente aparecem nos limites mentais. O coração é muito diferente do cérebro e isso se reflete nas suas diferentes estruturas e funções. É bom ter dentes fortes e afiados porque a sua função é triturar o alimento. É bom ter uma pele macia e flexível para termos liberdade de movimento. O ideal é que todas essas partes trabalhem juntas em um todo funcional.

Os limites mentais que as pessoas encontram em geral são muito mais rudes e tendem a dividir diferentes *partes* do corpo, e não diferentes *funções*, forçando-as a operar separadamente – isolando a cabeça, os genitais ou a respiração etc. do restante do corpo. Esses limites muitas vezes tendem a bloquear *tudo, o tempo todo*, em vez de serem seletivos e utilizados apenas quando e onde são úteis.

Demonstração: Mudando um limite interno

Agora gostaria de demonstrar como experimentar os seus limites internos para torná-los mais eficientes em sua proteção – e acho que seria interessante continuar com Sandy.

Sandy: Eu gostaria de ajuda com o meu. Acho-o repulsivo e apenas me afasto dele.

Ótimo. Quando você descobre algo repulsivo dentro de si mesma, isso significa que ele tem muitos recursos alienados que podem tornar-se uma parte valiosa de si mesma quando forem recuperados. Assim, quanto mais eles forem considerados repulsivos, mais haverá a ser recuperado da sombra. OK, conte o que você descobriu.

Sandy: É estranho; é como uma espécie de caixa metálica pequena dentro do meu peito. (Ela aponta para o local entre a garganta e o diafragma.) Ela me lembra um sarcófago. (Faz um gesto no formato de um caixão). É desagradável.

E do que ela a protege? Uma maneira de descobrir é erguer um pouco a tampa desse sarcófago para ver o que vem à sua mente quando essa proteção diminui um pouco...

Sandy: É como o mundo inteiro... e todo tipo de coisas esquisitas. (Sua voz treme e ela chora um pouco.)

O que está acontecendo agora?

Sandy: Estou apenas percebendo tudo. Eu não sei se é como um... nível de aprendizado... É mais que desconfiança, é uma desconfiança generalizada.

De alguma coisa em particular? Ou apenas de todas as coisas estranhas e feias no mundo?

Sandy: Eu acho que é desconfiança das intenções dos outros.

OK. Gostaria que você experimentasse um pouco, como você fez anteriormente com o seu limite externo. Tente mudar essa caixa de maneiras diferentes. Mude a cor, o material do qual ela é feita, torne-a maior, mais mole, de forma mais arredondada, ou aproxime-a da sua pele, qualquer coisa que você gostaria de tentar...

Sandy: Ela se torna uma espécie de vapor e também tem luz própria, e é como uma grande forma oval que se move e irradia pelo meu corpo. Isso faz mais sentido de muitas maneiras.

Está mais confortável? (Ela inspira profundamente.)

Sandy: Na verdade, sim. A sensação é *muito* diferente!

Fique com essa experiência um pouco mais, para saboreá-la...

Sandy: Parece que ela quer se expandir para formar o contorno do meu corpo inteiro na parte interna da minha pele.

Bom. Tente isso. Essas são apenas coisas com as quais experimentar, para ver o que funciona e o que não funciona.

Sandy: Ainda parece que essa é a área (gesticula na direção da parte superior do tórax) que precisa ser mais protegida.

OK, experimente um pouco mais. Deixe-a expandir-se até a pele, mas torne-a diferente na área do tórax; torne-a mais densa, mais espessa, mais coesa ou qualquer coisa que proteja melhor essa área...

Sandy: Agora está mais como uma forma de luz que se irradia. É interessante. Está muito diferente do que era antes. E quando fico olhando para ela vejo que é como aqueles globos feitos de espelhos que lançam luzes e que são usados em festas.

É da mesma cor vermelha que você tinha em seu limite externo? Ou é de cor diferente?

Sandy: Bem, a princípio era como uma névoa cinzenta. Então ela mudou e agora é uma luz pálida dourada que se irradia por todos os lados.

Agora quero que você faça um teste. Pense nas situações nas quais deseje ter isso e descubra se ela a protege bem.

Sandy: Agora é mais como... Agora eu não preciso me preocupar com as intenções dos outros porque poderei perceber mais claramente por que não preciso – sabe quando a gente entra em um *loop* e pensa o tempo todo: "Ai, meu Deus. O que é isso? O que elas estão pensando?", e então você realmente não consegue pensar naquilo que *está* percebendo? Assim, agora estou livre para ter as minhas próprias percepções a respeito das situações.

Isso parece bom – e provavelmente a sensação também é melhor.

Sandy: Sim, é.

Agora quero que imagine ter aquele sarcófago outra vez no peito, como antes...

Sandy: Ele parece inútil, muito limitador e invasivo.

OK, obrigado. Por enquanto é só. Você pode experimentar mais sozinha.

Acompanhamento

Uma semana depois, Sandy me enviou o seguinte e-mail:

Tive experiências interessantes nos últimos dias – hoje, por exemplo. Experiência: Annie, a gerente do escritório onde eu trabalho, é uma ex-ciclista/viciada em drogas. Ela tem uma personalidade bastante rude, fala muitos palavrões e até grita com as pessoas. Eu ficava imaginando se algum dia ela gritaria comigo e qual seria a minha resposta. Assim, hoje, descobriram que eu guardara um pedido no arquivo sem colocar uma explicação completa na ficha do cliente. Quando alguém me contou o ocorrido, eu disse: "Não posso acreditar que eu tenha feito isso", de maneira jocosa, mas ainda lidando com a situação e acompanhando-a etc. E Annie gritou: "Bem, você fez isso!" Então peguei o pedido, atravessei a sala, parei na frente da mesa dela e falei bem alto e forte: "Estou pedindo desculpas publicamente. Eu fiz besteira e não sou perfeita!" Enquanto caminhava de volta para a minha mesa, ela gritou: "Estou muito decepcionada. Pensei que você era perfeita". E eu gritei de volta: "Pois bem, eu não sou!"

Habitualmente, eu jamais teria respondido de forma tão congruente. Eu não estava mesmo aborrecida, mas me senti impelida por alguma força interior a defender-me. Não fiquei aborrecida durante ou depois, como teria feito no passado. Apenas continuei trabalhando como se a minha resposta fosse completamente normal – embora tenha obtido reações não-verbais interessantes dos outros funcionários, que há anos são aterrorizados e importunados por ela. Eu estava confiante em ter respondido de forma adequada, embora isso fosse muito incomum em mim, especialmente em um ambiente de trabalho.

Também estou muito mais bem-humorada e sociável, entrosando-me com os outros funcionários, não me preocupando com o que vou falar ou com diferenças de idade etc. E eles têm respondido da mesma maneira.

Além disso, chamei uma das pessoas com quem tenho padrões habituais de comunicação de que não gosto. Achei muito mais fácil incluí-la nas conversas e me senti mais confortável, e de algum modo mais honesta, quando antes parecia que todas as informações vinham de mim e eram a meu respeito. Portanto, acho que o trabalho com o limite fez coisas muito legais por mim.

Embora Sandy tivesse um limite interno, ele na verdade funcionava mais como um limite externo, porque a protegia de alguma coisa *externa*. Da mesma forma que os limites externos oferecem proteção contra desafios externos, os limites internos em geral protegem contra desafios internos. Isso poderia ser tão simples como a dor e o desconforto resultantes de ferimentos ou doenças, ou os desafios poderiam ser impulsos internos com os quais a pessoa tem dificuldade de lidar – raiva, excitação, tristeza, amor, sensações sexuais etc. Algumas pessoas rejeitam algumas respostas internas, determinadas funções ou partes do seu corpo. Isso é mais provável quando alguma parte do corpo não está funcionando bem ou está doente, ou quando a sua função entra em conflito com crenças fortes da pessoa.

Naturalmente, a diferença entre desafio interno e externo é um pouco artificial porque a maior parte das nossas respostas internas é dirigida a desafios externos. Nós podemos escolher ter um limite que nos proteja diretamente do desafio externo ou um que nos proteja da nossa resposta interna ao desafio externo.

As posições e os movimentos do corpo não ocorrem somente em resposta a eventos; eles também são poderosos determinantes da nossa experiência. Como um experimento, pensem em algo muito triste ou deprimente. Após terem experimentado intensamente esses sentimentos, ergam os braços acima da cabeça e também levantem os olhos e a cabeça, para olhar na mesma direção, e observem o que acontece com os seus sentimentos... É muito difícil sentir-se deprimido nessa posição. Não é por acaso que os pregadores do renascimento dizem às pessoas para erguer os olhos e os braços para o céu quando desejam que elas se sintam melhor em relação aos seus pecados e procurem Deus para dar-lhes alívio. Ao manter o corpo nessa posição, vocês podem limitar aquilo que experimentam, mas essa rigidez interrompe o funcionamento flexível. Isso pode causar problemas, porque para funcionar bem o corpo precisa estar inteiro, não separado em partes.

Agora que já tivemos uma demonstração, alguns exemplos e uma discussão, eu gostaria de oferecer a vocês outra oportunidade para explorar ainda mais e experimentar outras formas de fazer mudanças úteis nos seus limites.

Exercício 13-4: Limites internos – experimentando mudanças (trios, 15 minutos)

Voltem aos seus trios e comecem novamente reservando cerca de cinco minutos para experimentar ainda mais os seus limites internos, particularmente em situações difíceis ou desafiadoras nas quais vocês gostariam de ter escolhas adicionais relacionadas à sua maneira de responder.

Lembrem-se da importância de preservar a função positiva de um limite interno, enquanto experimentam mudar as *maneiras* como ele é representado. Descubram o que podem fazer para melhorar o seu funcionamento, preservando a função positiva e ao mesmo tempo eliminando quaisquer limitações, conseqüências ou efeitos colaterais desagradáveis ou inúteis. Ao encontrarem mudanças que lhes agradem, façam uma ponte para o futuro com elas, imaginando que vocês as têm nos tipos de contextos nos quais as desejam. Isso é tanto um teste para verificar se a mudança funciona bem quanto um ensaio que une qualquer limite novo que funcione bem aos tipos de situação nas quais vocês desejam tê-lo.

Então compartilhem e discutam com os outros do seu trio aquilo que encontraram e tentem fazer o que os outros fazem para ampliar o seu leque de experiências com os limites internos.

* * * * *

Há alguma coisa que vocês gostariam de relatar? Ou qualquer pergunta?

Terri: Eu tinha algo feito de pedra no meu peito e que dificultava a minha respiração. Algumas vezes fico ansiosa e, quando isso acontece, começo a respirar rapidamente, então tento parar a respiração como uma maneira de adquirir controle. Mas isso tensiona o meu diafragma, faz a minha pressão sangüínea subir e então fico com dor de cabeça.

Portanto você tinha um limite que parecia feito de pedra e reconhece a ligação entre isso e o aumento da sua pressão e as dores de cabeça. Esse é um exemplo de como a função protetora de um limite pode resultar em problema físico. Você tentou modificá-lo, tornando-o mais permeável, como uma esponja ou alguma outra coisa mais macia?

Terri: Sim. Parecia a massa... a pedra sólida começou a se separar um pouco, até se tornar mais parecida com uma rede.

Então ela ainda pode "prender você", por assim dizer, mas pode deixar que mais coisas passem por ela. Ótimo. Naturalmente, uma outra maneira de trabalhar com isso seria descobrir primeiro o que a deixa ansiosa e mudar isso para que não seja mais necessário controlar a respiração.

Ann: Eu trabalhei um pouco com a "casca de noz" ao redor do meu coração. Comecei encontrando contextos nos quais a casca não se encontrava, como com bebês muito pequenos, e quando fiz isso, me emocionei muito. No início não compreendi, mas depois percebi que era *tão* bom sentir essa ligação com o coração e que isso era realmente importante para mim. Então, quando experimentei com outras situações, descobri que precisava separar o fato de estar de coração aberto do fato de precisar *fazer* alguma coisa como resultado disso. Eu tinha tantos significados ligados a isso – se eu ficasse de coração aberto, teria de cuidar das pessoas ou ficar com elas para sempre e assim por diante. Agora percebo que posso ser assim porque gosto de estar ligada às pessoas e porque não preciso sentir nenhuma obrigação em relação a elas. Não sei se vocês podem ver isso, mas eu me sinto transformada, e é como se o meu coração estivesse irradiando calor para o mundo.

Obrigado. Você também me emocionou muito. Muitas pessoas não demonstram amor por causa dos possíveis mal-entendidos e conseqüências, portanto, muitas delas poderiam utilizar isso e o mundo todo também se beneficiaria.

Muitas pessoas escreveram sobre a "separação entre corpo e mente", que é uma outra maneira de descrever um limite interno. Agora, reservem alguns minutos para observar como vocês pensam no seu corpo e na sua mente nesse instante...

A maioria de nós pensa na mente como localizada no cérebro, certo? E então há o restante do corpo que está separado da mente, portanto, a mente é menor do que o corpo. Agora tentem dissolver esse limite e pensem em sua mente fluindo e se estendendo por todo o corpo, em cada célula, até as pontas dos dedos das mãos e dos pés, para que a sua mente fique exatamente do tamanho do seu corpo. Ao fazerem isso, notem qual é a sensação e se poderia haver algum som suave acompanhando...

Agora, toquem em alguma coisa ou em alguém próximo dessa maneira... É uma sensação muito gostosa, não é? Mente e corpo são apenas diferentes aspectos do seu organismo todo e tenho certeza de que todos vocês já ouviram esses tipos de *palavras* antes. Mas o que realmente proporciona impacto à sua experiência é *ver, sentir* e *ouvir* a mente se estendendo para todo o corpo. Essa é de fato uma maneira de unir a mente e o corpo.

A maior parte das pessoas pensa no coração como algo que ocupa apenas uma pequena parte do corpo, mas vocês também podem estender o seu coração até as pontas dos dedos da mesma maneira, para sentir o seu coração/mente/corpo. Estendam os braços e toquem em alguém próximo para que possam sentir a si mesmos tocando-o com o seu coração e com a sua mente, bem como com o seu corpo. Reservem alguns minutos para experimentar essa sensação e então façam o mesmo na imaginação, com pelo menos um exemplo de uma situação difícil ou estressante...

Embora a maioria das pessoas pense na mente como sendo menor que o corpo, na verdade ela é muito *maior.* A mente pode incluir estrelas que se encontram a 13 bilhões de anos-luz, e seria interessante tentar estender a sua identificação coração/mente/corpo para muito *além* da pele. Todos fazemos isso até certo ponto, dependendo das pessoas ou coisas que incluímos nos limites da identidade. Porém, e se o coração/mente/corpo incluísse *tudo* que vocês experimentam, de modo que todas as coisas sejam percebidas como se estivessem dentro de vocês e sendo parte de vocês? Imaginem que o seu coração/mente/corpo é tão grande que as estrelas mais distantes estão ao alcance dos dedos! Reservem alguns minutos para experimentar a sensação...

Esse é o tipo de experiência relatado por muitos místicos e acho que tem uma base real, porque todas as coisas que vocês experimentam *realmente* ocorrem no coração/mente/corpo, mesmo quando pensam nelas como ocorrendo fora de vocês. Vamos seguir Einstein e tentar um pequeno experimento mental. Imaginem que um neurologista perverso, do "lado escuro da força", tenha entrado furtivamente em seu quarto na noite passada enquanto vocês dormiam, anestesiado vocês, removido o seu cérebro, colocando-o em uma solução nutriente, ligado eletrodos muito sofisticados aos nervos sensoriais e depois colocado informações elétricas detalhadas que duplicavam exatamente a experiência de acordar e fazer todas as coisas que vocês fizeram hoje. Como vocês saberiam a diferença?

Presumo que muitos de vocês tenham assistido ao filme *Matrix*, que se baseia nessa percepção de que todas as nossas experiências na verdade ocorrem dentro do cérebro, mesmo quando pensamos nelas como coisas externas a nós. Existem até mesmo matemáticos que afirmam ter provado que qualquer cérebro com complexidade razoável é incapaz de distinguir se existe um "lá fora" ou não. Nosso cérebro *apenas* obtém sinais elétricos dos sentidos, os quais interpretamos para *criar* a nossa experiência da "realidade" externa.

Esse processo em geral funciona muito bem e supostamente *há* uma realidade externa, fora de nós mesmos. Vemos um copo de leite sobre a mesa, e quando o seguramos, nós o sentimos e, se o levamos aos lábios e bebemos o líquido, não ficamos surpresos ao descobrir que ele tem gosto de leite e nos alimenta.

Portanto, embora todos nós tenhamos experiências que descrevemos como "fora de nós" ou "realidade externa", *todas* elas realmente acontecem *dentro* do nosso cérebro e são parte de nós, apesar da separação que geralmente aceitamos.

Assim, por um lado, cada um de nós é um universo isolado dentro de nós mesmos. Mas por outro, todos somos um. E essa não é uma escolha do tipo "ou/ou", mas do tipo "tanto/como". Como disseram muitos místicos, vocês *já* são um com o mundo; é apenas uma questão de perceber isso. Todos vocês existem dentro do meu cérebro e eu existo no de vocês. Vocês são todos parte de mim e eu sou uma parte de vocês. Todos estamos ligados. Como disse certa vez um amigo meu: "O ser humano tem muitos corpos". Essa é uma maneira muito diferente de pensar, uma maneira que oferece uma perspectiva bem diversa e mais unificada, que vocês poderiam explorar para descobrir quando e onde ela poderia ser útil. Não tenho idéia se isso representa a "verdade" ou não, mas se assumir essa perspectiva puder ser uma escolha útil para vocês, por que não tentar descobrir?

Resumo

Exploramos as características dos limites externos e internos. Fizemos uma série de mudanças – expandir o limite para ele ficar mais afastado do corpo e avisá-los antecipadamente de uma possível invasão; mudar um limite digital do tipo "tudo ou nada" para um limite mais *análogo*; acrescentar ou mudar *modalidades* e *submodalidades* para que ele possa protegê-los melhor das coisas difíceis, tornando-o mais rígido, mais espesso ou mais resistente etc.

Aprender como mudar limites permite que vocês possam torná-los mais úteis e efetivos na sua função positiva de protegê-los de danos, ao mesmo tempo diminuindo ou eliminando conseqüências problemáticas. Aprendendo como mudar os seus limites, vocês podem descobrir de que maneira eles podem protegê-los melhor em contextos problemáticos, e como eles podem se dissolver ou se expandir em limites seguros e íntimos. Sempre que encontrarem uma mudança que funcione bem para vocês, é possível fazer uma *ponte para o futuro* com ela, nos tipos de contextos nos quais ela será útil. Imaginando estar nesses contextos com o limite modificado, isso ligará os dois fatores de modo que a proteção estará lá sem que vocês precisem pensar nela, como Sandy descobriu.

Agora que exploramos melhor os limites, quero retornar a um tema que mencionei no início deste livro como um dos importantes critérios para um autoconceito efetivo – a *conexão*. A sensação de desconexão com os outros resulta em muitas dificuldades, entre elas auto-importância, julgamento dos outros, conflitos e violência. Por isso falei sobre o meu desejo de que a sua identidade os unisse à sua experiência e ao seu ambiente. No próximo capítulo quero explorar a questão da conexão com mais detalhes.

14

Conectando-se aos outros

Uma das conseqüências inevitáveis de um limite é a sua tendência a conectá-los com qualquer coisa que se encontre dentro do limite e separá-los do que está fora dele. Um limite muito forte e impermeável torna bastante difícil entrar em contato com o que está fora dele, e ainda mais difícil sentir uma conexão, enquanto a ausência de um limite permitirá um contato total com o seu ambiente.

Em geral, em uma experiência de desconexão, há algum tipo de dificuldade ou desafio – um problema ou discussão, desagrado, raiva, ressentimento etc. Na maior parte das vezes os limites são muito importantes e encontram-se entre vocês e aquilo do qual vocês estão desconectados.

Habitualmente, em uma experiência de conexão, os limites tornam-se bastante tênues ou até mesmo desaparecem, ou se expandem para incluir as coisas com as quais vocês se sentem conectados, e em geral as pessoas se sentem seguras, confortáveis, receptivas, amorosas, gratas etc.

A seguir, quero que vocês comparem uma experiência de conexão com uma de desconexão. Primeiro, pensem em uma experiência na qual vocês estavam bastante conectados a alguém, depois pensem em uma experiência na qual estavam muito *des*conectados de alguém. Quero que escolham pessoas que não se encontrem presentes nessa sala – e seria particularmente útil escolher experiências de conexão e desconexão com a *mesma* pessoa. Em determinada ocasião vocês se sentiram muito conectados a alguém, enquanto em outra, sentiram-se muito desconectados.

Vocês também poderiam fazer esse exercício escolhendo um grupo de pessoas ou até mesmo o universo, desde que *ambas* as experiências de conexão e desconexão tenham aproximadamente o mesmo tamanho. Contudo, recomendo que experimentem primeiro a experiência de estarem conectados ou desconectados de uma outra pessoa.

Em vez de focalizar os limites, quero que vocês notem as diferenças nas *submodalidades* utilizadas para representar essas duas experiências, e que depois façam uma lista dessas diferenças.

Exercício 14-1:
Conexão e desconexão (15 minutos)

Pensem em duas experiências:

a) Uma experiência de estarem muito *conectados* a outra pessoa, na qual os seus limites eram tênues, não existentes ou muito amplos e inclusivos.

b) Uma experiência de estarem muito *desconectados* de outra pessoa, na qual os seus limites eram muito evidentes e significativos.

Comecem reservando cerca de cinco minutos para comparar silenciosamente a sua maneira de representar essas duas experiências, então façam uma lista das diferenças de submodalidades entre elas. Haverá muitas semelhanças, porém aqui estamos interessados nas diferenças. Certifiquem-se de incluírem submodalidades em todas as três modalidades (visual, auditiva, cinestésica).

* * * * *

Agora, quero reunir algumas das diferenças de submodalidades que vocês encontraram e criar uma lista. Algumas diferenças podem ser singulares a cada um como indivíduo, mas provavelmente a maior parte delas será familiar à maioria ou pelo menos semelhante àquilo que vocês experimentaram, de modo que possam dizer: "Ah, sim, isso também serve para mim". Estarei observando suas respostas não-verbais enquanto fazemos isso, e se alguém mencionar alguma coisa que não serve para a maioria, iremos ignorá-la e passar para outra.

Conexão	Desconexão
brilhante	escuro
associado	dissociado
corpo inteiro	parte do corpo
cor	preto/branco
aberto	fechado
bordas suaves	bordas rígidas
próximo	distante
movimento	imobilidade
silencioso	barulhento
relaxado	tenso
som	silêncio
suave	abrupto
sentir-se grande	sentir-se pequeno
"Isso é ótimo."	"Isso é horrível."

Poderíamos continuar e encontrar mais diferenças, mas assim está bom para os nossos propósitos. Mencionei que uma experiência de desconexão é aquela na qual, em geral, há um problema, conflito, estresse ou dificuldade. Em uma situação difícil vocês querem ter o máximo possível de recursos para lidar com o desafio enfrentado no mundo real. Agora, quero que todos observem as duas listas e façam a si mesmos a seguinte pergunta: "Qual dessas duas experiências tem mais *recursos*?"

A conexão é muito mais rica e possui muito mais recursos, além de muito mais distinções de submodalidades e muito mais informações: cor em vez de preto-e-branco, movimento em vez de imobilidade, som em vez de silêncio, relaxamento em vez de tensão etc. Porém, não é curioso que em uma situação de dificuldade, na qual vocês precisem lidar com um desafio e na qual desejem ter acesso a todos os seus recursos, vocês joguem fora a maior parte deles? É como se um explorador começasse uma expedição difícil, mas antes de começar, jogasse fora a maior parte dos seus suprimentos e equipamentos.

Uma vez que há algum tipo de problema para ser resolvido, não seria mais fácil resolvê-lo no estado que chamamos de "conexão"? Contudo, o que habitualmente fazemos nesse tipo de situação, é criar um estado interno empobrecido. Ao encolherem os seus limites e ficarem tensos, vocês se tornam menores, com menos recursos, menos capazes de influenciar os outros e de lidar com qualquer dificuldade. Não é de admirar que fiquemos sem ação e tenhamos dificuldade para encontrar soluções nesse ambiente muito simplificado e com poucas informações.

A nossa resposta natural é nos separarmos e nos desconectarmos de uma experiência difícil, e um exemplo simples disso é a dor. Quando sentimos dor, em geral tentamos nos livrar dela, evitá-la, bloqueá-la ou eliminá-la – muitas vezes com remédios. Com dores muito fortes, essa pode ser uma solução útil, pelo menos temporariamente. Entretanto, pelo menos com uma dor mais suave ou moderada, tentar rejeitá-la na verdade pode torná-la pior. Quando resistimos ou lutamos contra uma experiência, tendemos a tensionar os músculos. Essa tensão muscular enrijece a área dolorida, o que aumenta a dor – e diminui o fluxo sangüíneo necessário para a cura etc.

Na próxima vez em que sentirem dor, em vez de lutar contra ela ou afastar-se dela, tentem *recebê-la bem*, como se ela fosse um amigo de confiança com notícias desagradáveis, porém importantes. Tentem atraí-la para vocês e levá-la para a sua consciência, para que possam saborear a experiência completa em todos os seus complexos detalhes sensoriais. Qual é a sua forma e como são as beiradas dessa forma? De que cor ela é? Ela é pesada e densa ou leve e aérea, bem definida ou imprecisa? Como ela muda com o passar do tempo? Quando a dor é bem recebida e aceita como ela é, em geral ela diminui bastante, porque vocês estarão satisfazendo o estímulo sensorial em *todas* as modalidades, e não apenas a resposta dolorosa. Então, se vocês mudarem as submodalidades encontradas, muitas vezes a dor diminui ainda mais, e pode até mesmo desaparecer completamente.

Al: Um dos métodos da PNL mais utilizados para lidar com um problema usando recursos é a dissociação do estado problemático, e ela também é particularmente útil no controle da dor. Contudo, a dissociação está relacionada como um dos aspectos da desconexão, que você está descrevendo como um estado *sem* recursos. Você pode comentar isso?

Certamente. A resposta encontra-se *naquilo* de que você está se dissociando. Vamos considerar primeiro a dissociação de um estado problemático. Quando nos separamos dos sentimentos em uma situação difícil, sobram apenas os aspectos visuais e auditivos. Isso é muito útil sempre que estamos sobrecarregados e paralisados por sentimentos ruins. A separação desses sentimentos é um importante primeiro passo na direção do acesso aos recursos, de forma que vocês possam *associar-se* a sentimentos mais positivos, o que pode ser útil para solucionar o problema. Contudo, se vocês se dissociassem de um estado com recursos, perderiam os sentimentos positivos desse estado.

Agora vamos considerar a utilidade da dissociação no controle da dor. Primeiro quero salientar que dissociação é muito diferente de lutar contra a dor e ficar tenso. Quando vocês resistem à dor, continuam associados, e a sua atenção está focalizada na dor. A dissociação é útil no controle da dor da mesma maneira que é útil em outros estados desagradáveis. Tanto na dissociação quanto no controle efetivo da dor a atenção está focalizada em *outro lugar*, assim a dor tende a ser desviada e ignorada. Quando a atenção está voltada para as qualidades sensoriais da dor – a forma, a cor, a textura etc. – e não para a resposta dolorosa, esse é um exemplo de desviar a atenção da dor.

Muitos de vocês estão familiarizados com o padrão geral de submodalidades chamado "mapeamento comparativo", no qual o conteúdo de uma situação problemática e seus eventos reais são mantidos, transformando todas as submodalidades naquelas de um estado adequado com recursos. Esse padrão tem muitas aplicações específicas e poderosas, como os padrões para solucionar o luto (Andreas, C. & S., 1989, cap. 11), a vergonha (Andreas, C. & S., 1989, cap. 14) e o perdão (Andreas, S., 1992b e 1999). Por conta da ampla utilidade desse padrão, há todos os motivos para esperarmos que ele tenha resultados igualmente úteis quando aplicado à sua experiência de desconexão. A seguir, gostaria de experimentar o mapeamento comparativo da desconexão para a conexão. Contudo, com freqüência há objeções, por isso quero estabelecer algumas estruturas de compreensão e depois perguntar se alguém tem objeções para que eu possa fazer o melhor para satisfazê-las.

Primeiro, gostaria de fazer uma nítida distinção entre os mundos interno e externo. A experiência de desconexão existe na mente e é nesse mundo *interno* que estou pedindo-lhes para experimentar transformar a desconexão em conexão. *Não* estou pedindo-lhes para mudar a sua maneira de interagir com aquela pessoa na realidade externa. Talvez no mundo externo fosse muito imprudente estar conectado a essa pessoa, embora eu vá discutir esse ponto mais tarde. O meu objetivo é muito mais modesto: curar a desconexão existente em seu próprio sistema nervoso.

Lembrem que eu especifiquei no último exercício que vocês escolhessem alguém que *não* estivesse presente na sala. Gostaria que pensassem em algumas ramificações desse pedido. Digamos que vocês estão zangados com a pessoa da qual se sentiam desconectados. Como a pessoa não está na sala nesse momento, a sua representação dela existe claramente *apenas* na sua mente. A sua imagem pode ser uma representação precisa de como essa pessoa se comportou de maneira desagradável em alguma outra ocasião, mas, nesse momento, ela existe de forma independente em sua mente e ocupa uma parte do seu sistema nervoso. Assim, uma parte da sua mente está ocupada por essa imagem e vocês a experimentam como algo separado e desconectado de vocês.

Então outra parte da sua mente está ocupada em ficar zangada com essa imagem e, em geral, isso também é sentido como algo sem escolha e automático, fora do seu controle. "Ele me deixa zangado." Como o sistema nervoso que está ocupado por ambos os lados desse conflito externo não está mais à sua disposição, vocês têm menos recursos para lidar com a situação problemática externa real. Vocês conseguem pensar em uma ocasião na qual ficaram tão aborrecidos internamente a ponto de não conseguirem lidar com um problema externo bem simples?

É como um país que está enfrentando algum tipo de ameaça externa. Se ele estiver internamente dividido por algum conflito civil ou econômico, terá menos recursos para dedicar ao problema externo. Há muitos exemplos históricos de países que não foram capazes de lidar com um desafio externo por causa de conflitos internos. Há um lema de guerra, "dividir e conquistar", que demonstra essa situação. Ao curar um conflito interno e dissolver um limite também interno, tornamos disponíveis mais recursos para lidar com quaisquer dificuldades externas reais.

Habitualmente, uma pessoa que está muito zangada e que se separou de muitas partes de si mesma torna-se cada vez mais receosa e preocupada com as suas lutas internas com esses torturadores alienados. E quanto mais assustada e indefesa ela se torna, mais tentará se separar das ameaças que percebe em todos os lugares, em uma espiral descendente que acaba no isolamento. Um paranóico pode dizer que é Cristo ou Joana D'Arc, mas esse egotismo extremo é uma falsificação, um esconderijo frágil para a realidade de sentir-se muito pequeno e indefeso interiormente.

Realmente não tenho muita certeza de saber o que é a iluminação, mas tenho *muita* certeza de que não é paranóia, e de que provavelmente é o *oposto* da paranóia. Os místicos iluminados em geral são descritos como pessoas totalmente receptivas, incapazes de sentir raiva e que aceitam completamente as pessoas muito diferentes de si mesmos. Com certeza isso é verdade no que diz respeito ao único místico que tive o privilégio de conhecer bem.

Uma outra preocupação de muitas pessoas em relação ao mapeamento comparativo da desconexão para a conexão é que elas poderiam fazer uma mudança que não fosse bem-vinda e têm medo de que ela possa "grudar", como a advertência da mãe quanto a fazer caretas. Posso assegurar que se essa experiência for de algum modo insatisfatória para vocês, sempre é possível fazer tudo voltar ao que era antes. Posso também afirmar, pela minha experiência, que o aborrecimento é muito raro e, se realmente ocorrer, por favor, me chamem para ver se consigo encontrar algum modo de torná-la fácil e confortável para vocês. Vocês têm alguma outra preocupação em relação a fazer esse mapeamento comparativo da desconexão para a conexão?

Ann: Se eu me sentisse conectada, acho que não poderia confiar nessa pessoa.

Quando você muda os sentimentos de conexão em relação a uma pessoa, isso não significa que o seu conhecimento e a sua sabedoria precisem desaparecer. Você ainda tem a escolha de não confiar nela. Experimentar a conexão não significa que você tenha de lhe emprestar dinheiro, ou gostar dela, ou confrontá-la, ou *qualquer outra coisa*. Significa *apenas* que você permaneceria conectada e com recursos – e teria *mais* escolhas a respeito de como interagir com ela, e não menos.

Enquanto estamos falando de confiança, gostaria de mencionar duas coisas que muitas pessoas poderiam utilizar. A primeira é que, embora um relacionamento de confiança seja maravilhoso, a confiança sensata baseia-se na própria *experiência* de alguém ou em informações de outra pessoa na qual vocês têm bons motivos para confiar. Simplesmente confiar em alguém sem nenhuma evidência de sua confiabilidade pode ser bom, mas é bobagem e pode causar muitos problemas.

A segunda é que para muitas pessoas a confiança é uma *enorme* generalização que precisa ser dividida em partes menores. Confiar em *quem*, fazer *o que*, especificamente, *quando* e *onde*? Vocês podem confiar a algumas pessoas os seus sentimentos, ou a sua esposa, mas não o seu carro ou o seu dinheiro – e vice-versa. Certa vez, quis emprestar meu carro a um novo amigo, com base em minha avaliação de sua capacidade e honestidade, e então ele me disse que não sabia dirigir! Eu podia confiar na sua intenção, mas não na sua habilidade.

Amy: Eu me sinto desconectada do meu irmão, que maltrata os filhos dele. No passado, quando tentei interferir, ele também me maltratou. Estou preocupada com as crianças e gostaria de ser capaz de mudar o seu comportamento.

Lembre-se de que o que estou propondo nesse exercício é *apenas* curar a sua desconexão interna, sem levar em consideração qualquer coisa que você poderia fazer na situação externa. Contudo, uma vez que você deseja mudar a situação externa, vamos explorar isso um pouco mais. Quando você se sente desconectada, provavelmente age como um crítico ou juiz superior, e a maioria das pessoas não responde muito bem a isso. Se você estivesse conectada ao seu irmão, acho que partiria de uma posição de carinho, sentindo compaixão por *ele* e pelas crianças, e penso que teria mais chance de alcançá-lo de algum modo, tendo um impacto no seu comportamento. Mas você o conhece muito melhor do que eu. O que você acha que conseguiria uma resposta melhor dele, a desconexão ou a conexão?

Amy: Eu acho que provavelmente a conexão conseguiria uma resposta melhor. Mas ainda me preocupo com o fato de ser maltratada por ele.

OK, e essa preocupação pode ser muito realista. Novamente, quero perguntar-lhe se você acha que estaria mais segura em um estado de desconexão ou de conexão?

Amy: Provavelmente no de conexão.

Nada funciona o tempo todo. Mas se você quer tentar atingi-lo para mudar a situação com as crianças, acredito que um estado de conexão tem muito mais probabilidade de obter uma boa resposta que o de desconexão. E para se sentir segura, sugiro que, se tentar fazer isso, fique com alguém ao seu lado para protegê-la e evitar que o seu irmão a prejudique.

Em geral, as pessoas relatam ter aprendido muito com essa experiência de mapeamento comparativo. Muitas também encontraram uma solução parcial, e algumas vezes completa, do desafio que enfrentaram na situação de desconexão.

Outras também descobriram que quando a sua desconexão interna é curada, há um impacto bastante útil na interação com a outra pessoa no mundo real. Elas descobrem que estão agindo espontaneamente com a outra pessoa, com muito mais recursos e, como resultado, a outra pessoa costuma responder de maneira muito mais positiva. Agora, gostaria que vocês tentassem fazer isso. Falem comigo se houver objeções que não discutimos. Trabalhem principalmente sozinhos, ajudando uns aos outros quando necessário.

Exercício 14-2: "Mapeamento comparativo" da desconexão para a conexão (trios, 15 minutos)

1. **Conteúdo da desconexão.** Comecem com a sua experiência de desconexão do exercício anterior e mantenham o mesmo *conteúdo* – as pessoas, o contexto e os eventos reais ocorridos.

2. **Mapeamento comparativo.** Utilizando a lista de diferenças de submodalidades, *transformem as submodalidades* da sua experiência de desconexão para a de conexão. Transformem o que é escuro em brilhante, dissociado em associado etc., até que o *conteúdo da desconexão* esteja totalmente representado nas *submodalidades de conexão*. Ao começarem a mudar as submodalidades, vocês podem descobrir que determinada mudança é difícil ou desconfortável. Se isso acontecer, simplesmente voltem e passem para a próxima mudança de submodalidade. Em geral, uma outra seqüência será mais fácil, e uma mudança antes desconfortável torna-se confortável mais tarde, depois que outras mudanças já foram realizadas.

3. **Experimentando a nova conexão.** Permaneçam com essa experiência durante algum tempo para descobrir o que vocês podem aprender ao experimentar esse problema com uma representação mais rica e com mais recursos. Se gostarem dos resultados dessa experiência, façam uma ponte para o futuro até a próxima provável ocorrência desse tipo de situação.

* * * * *

Vocês gostariam de compartilhar alguma coisa em relação a esse exercício?

Mary: Eu descobri que incluir a outra pessoa no meu limite mudava automaticamente todas as outras submodalidades para as de conexão.

Alice: Em vez de apenas pensar na pessoa naquela situação, eu me surpreendi tendo muitas lembranças de experiências positivas com ela; assim, a minha percepção a seu respeito tornou-se mais completa e pude ver muitos lados dela. Como eu podia ver a situação difícil na perspectiva de outras situações mais positivas, achei isso muito mais equilibrado e confortável.

Sam: Foi muito esclarecedor – nos diversos significados dessa palavra. O que mais mudou para mim foi que a minha experiência se ampliou, começou a movimentar-se, e as imagens começaram a surgir. Passei a pensar nas outras coisas que poderia fazer de forma diferente no futuro naquele tipo de situação.

Charles: Adotei a sua idéia de que "Não há nada lá fora", de que, literalmente, se estou zangado, aborrecido ou desconectado, estou desconectado de uma parte de mim mesmo, assim posso recompor-me do meu jeito. E enquanto estava trabalhando nisso, de repente veio o pensamento: "Meu Deus, se eu conseguir fazer isso, muitos dos comportamentos defensivos que eu tenho apresentado por um período terrivelmente longo não vão mais ser necessários". Então surgiu uma outra parte que disse: "Mas eu *gosto* de apresentar alguns desses comportamentos!" Assim, isso criou alguns problemas agradavelmente desconcertantes. Agora eu preciso decidir se quero fazer isso ou não. Antes, eu não tinha escolha, era apenas uma resposta automática.

Uma das principais pressuposições da PNL é de que ter *escolhas é sempre melhor do que não ter nenhuma escolha*, e essa é uma escolha particularmente boa para ter. *Escolher* fazer alguma coisa é muito diferente de ser *forçado* a fazer essa coisa. Se você simplesmente gosta de fazer alguma coisa, por que não fazê-la? Se decidir continuar com alguns dos seus comportamentos, posso apostar que eles serão muito mais divertidos para você, agora que o "precisar" apresentá-los não existe mais, e acredito que o seu impacto sobre as outras pessoas também será muito mais positivo.

Sue: Escolhi duas situações com a mesma pessoa, minha mãe – uma na qual eu me senti muito ameaçada e outra na qual me senti totalmente segura. Então, quando fiz o mapeamento comparativo, senti uma tremenda compaixão e o problema desapareceu. Sempre imaginei por que algumas vezes a comunicação com ela era ótima e outras não. Algumas vezes eu estava conectada e outras não. Quando assumi a posição do "outro", tudo se espalhou. Começar dissociado é como estar em uma zona de guerra. Quando alguém faz isso comigo, eu me aborreço com a pessoa por estar me afastando. Mas quando as pessoas estão conectadas a mim, sinto-me honrada e valorizada e as divergências diminuem.

Fred: Tenho um relacionamento do qual estou tentando me desconectar. Mas quando ficava desconectado, todos os meus recursos desapareciam e eu lidava mal com a situação. Agora, posso ver que o que eu precisava fazer era permanecer *conectado* para me desconectar dele. Isso pode parecer estranho, mas sei que é verdade.

Sally: Quando fiz isso com uma experiência específica, ela se transformou. Então pensei em todas as outras experiências nas quais isso seria útil e nas quais eu desejava que essa nova resposta fosse parte de mim. Assim, utilizei o que aprendemos anteriormente para construir a qualidade de conexão como uma parte do meu autoconceito, criando um novo molde, transformando contra-exemplos e assim por diante. Agora sou alguém que está conectada aos outros, seja isso agradável ou não.

Jack: Após fazer o mapeamento comparativo, quando imaginei estar falando com a pessoa em uma situação futura, percebi que o meu tom de voz estava diferente. Estava mais suave e mais lento, e eu me senti mais confortável. Não sei a diferença que isso fará na resposta da outra pessoa em um encontro real com ela, mas com certeza para mim está muito melhor agora.

Nesse exercício, eu lhes pedi para estabelecer uma distinção entre o que vocês fazem internamente e o que fazem externamente. Contudo, essa distinção é artificial. Ao adquirir maior integração interna, isso *sempre* mudará o seu comportamento externo de forma benéfica, e quando vocês se comportarem de maneira diferente com outra pessoa, com freqüência haverá uma mudança na resposta *dela*. Quero que todos observem como o mapeamento comparativo mudou a sua maneira de responder e de se comportar, e avaliem se as suas novas respostas também seriam úteis na interação com essa pessoa no mundo externo. Vocês também poderiam testar de forma segura e descobrir até que ponto suas novas respostas funcionam bem para lidar com as situações reais externas que costumavam ser um desafio.

Esse exercício se opõe à maior parte da cultura ocidental, na qual temos uma tendência a racionalizar e justificar a raiva e o preconceito, rejeitando e atacando o objeto da raiva ou da frustração. Entretanto, nos ensinamentos de muitos místicos e santos, com freqüência descobrimos que eles defendem fortemente a conexão com os inimigos e a busca de alguma forma de fazer amizade com eles. "A melhor maneira de destruir um inimigo é transformá-lo em um amigo." A maioria de vocês provavelmente conhece os ensinamentos de Cristo sobre o perdão e sobre "dar a outra face", e o mesmo tipo de ensinamento existe em outras religiões. Eles sabiam que o tipo de união com tudo que defendiam era impossível se a pessoa estivesse internamente dividida.

Quando as pessoas matam outras pessoas, em geral o motivo é a raiva ou a fúria, o que envolve desconexão e rejeição. Se vocês permanecerem conectados com a humanidade da outra pessoa, então, caso decidam em determinada situação que é preciso matar uma outra pessoa para protegerem a si mesmos ou alguém, haverá uma sensação de *enorme* pesar pelo fato de isso ter sido necessário. Isso tornaria muito menos provável uma pessoa matar outra. É muito fácil matar alguém por raiva, desconexão ou rejeição, e eu gostaria de tornar isso tão difícil quanto possível. Se vocês precisassem matar, seria com grande tristeza, jamais com raiva. A raiva separa, enquanto o pesar mantém a conexão.

Enquanto o dano feito aos outros pela raiva e pela violência é bastante óbvio, o dano que a raiva faz à pessoa que está zangada não é tão amplamente reconhecido – e eu não estou me referindo apenas ao aumento da pressão sangüínea e outros efeitos fisiológicos, mas às conseqüências psicológicas.

Em muitas tradições indígenas, descobrimos que é imperativo que a pessoa, ao tirar a vida de um animal, o faça com grande respeito e tristeza, e explique ao espírito do animal que ela fez aquilo para se alimentar ou proteger a si mesma e à sua família. Aparentemente, eles sabiam, de algum modo, que se tirassem a vida por raiva ou por esporte, o "espírito do animal" voltaria para persegui-los e prejudicá-los, por conta da ausência de conexão e respeito.

Mesmo na série *Guerra nas estrelas*, que é um dos nossos atuais ícones míticos mais populares, há essa pressuposição subjacente, embora seja fácil não percebê-la em meio a tanta matança e destruição. A mensagem é de que a raiva e o ódio farão a força vital voltar-se contra si mesma, tornando-se o lado escuro da força. No segundo filme, *O Império contra-ataca*, Yoda, uma espécie de mestre zen do futuro, está ensinando Luke como é ser um Jedi:

Yoda: O poder de um Jedi *flui* da força. Mas tenha cuidado com o lado escuro – raiva, medo, agressão –, eles são o lado *escuro* da força, fluem facilmente, prontos para juntar-se a você em uma luta. Depois de iniciar o caminho escuro, para sempre ele dominará o seu destino, irá *destruí-lo*, como fez com o aprendiz de Obi-Wan (Darth Vader). Um Jedi usa a força para o conhecimento e a defesa, jamais para o ataque.

Luke: Algo não está certo. Eu sinto *frio*. *Morte*.

Yoda: Esse lugar é poderoso com o lado escuro da força. Um território do mal. E você precisa ir.

Luke: O que há nele?

Yoda: Apenas o que leva com você. (Luke começa a colocar o cinto com as suas armas.) Suas armas, você não precisará delas.

Luke pega as armas, abaixa-se e entra em uma espécie de caverna no pântano da floresta. Ele enfrenta uma visão de Darth Vader, tira o seu sabre de luz, luta com ele e corta sua cabeça. Então, quando abre o elmo de Vader, encontra a própria face morta dentro dele. Em sua raiva, ele matou a si mesmo.

No terceiro filme, *O retorno de Jedi*, o imperador e Darth Vader capturam Luke. O imperador ri de sua derrota e lhe diz: "*Boooom*. Eu posso sentir a sua raiva. Estou indefeso. Pegue sua arma. Ataque-me com todo seu ódio e sua jornada para o lado escuro estará completa".

Mas, finalmente, Luke recusa-se a ceder ao ódio, e quando o imperador tenta matá-lo, não é o ódio, mas o amor de seu pai (Darth Vader) que o salva.

Portanto, aqui há uma outra mensagem – por mais que alguém entre no lado escuro, ainda há uma semente de amor que pode ser redentora.

Naturalmente, é apenas um filme. Que tal alguma coisa mais prática? Nas artes marciais, como o tai chi, o aiquidô e o caratê, o princípio fundamental é permanecer *conectado* com a força destrutiva que os está atacando e, em vez de fazer oposição direta a ela, utilizar essa conexão para mudar a sua direção. No combate corpo-a-corpo, essa abordagem é *muito* prática, utilizando uma força mínima para obter um resultado máximo.

Mas para mim, ainda mais interessante é a utilização desse princípio no nível mental, para que o conflito jamais alcance o nível físico. Durante muitos anos, colecionei relatos de como as pessoas evitavam ser estupradas, espancadas ou assaltadas, permanecendo conectadas ao agressor e utilizando uma espécie de "aiquidô mental" para encontrar uma maneira de aproveitar-se da situação.

Uma mulher, durante uma festa, estava sentada na escada de incêndio refrescando-se e fumando, quando sentiu algo no ombro. Ela olhou para cima e viu um pênis. Ela disse casualmente, como se estivesse falando para si mesma: "Hum, isso parece um pênis, só que um pouco menor", e o sujeito sumiu.

Certa noite, uma mulher estava na cama quando de repente apareceu um homem em cima dela. Ela estendeu o braço para o criado-mudo, pegou uma moeda e ofereceu a ele, dizendo: "Desculpe-me, você poderia por favor chamar a polícia? Há um estranho em minha cama", e ele foi embora.

Um universitário estava em seu quarto em uma república, estudando para os exames finais, quando a porta se abriu, um outro aluno entrou no quarto e disse com uma voz sombria: "Eu vou atirar em você". O aluno que estava estudando ficou totalmente exasperado com essa interrupção e disse em voz alta: "Olhe, eu estou estudando para os exames finais; não tenho tempo para esse tipo de bobagem; vá atirar em outra pessoa", e voltou aos livros. O rapaz que estava com a arma disse: "Ah, tudo bem" e foi embora. Cerca de um minuto depois houve um tiro no quarto ao lado.

Um atendente de um hospital psiquiátrico foi agarrado por trás por um paciente que não somente era muito mais forte, como também treinado em artes marciais. O atendente sabia que seria inútil lutar para se libertar, assim, logo que começou a perder a consciência, esticou o braço e amorosamente acariciou o braço do paciente que estava em volta do seu pescoço. O paciente parou de estrangulá-lo porque, como disse mais tarde: "Foi muito estranho; eu tive de parar e descobrir o que estava acontecendo".

Uma mulher que estava sendo mantida como refém por um homem apontando uma arma para a sua garganta ficou contando piadas: "Você já ouviu aquela do...". Depois de cerca de uma hora fazendo isso ele a libertou sem machucá-la.

Outra mulher estava andando pela rua em um bairro perigoso tarde da noite, quando percebeu que um homem a estava seguindo. A mulher atravessou a rua e ele a seguiu. Ela apressou o passo e ele também. Ela estava começando a ficar preocupada, portanto deu meia-volta e caminhou na sua direção, dizendo: "Desculpe-me, estou assustada. Você poderia acompanhar-me até a minha casa?" O homem lhe ofereceu o braço e levou-a até em casa. Ela descobriu depois que ele estuprara outra pessoa mais tarde naquela noite.

Quando muitas pessoas ouvem essas histórias, pensam que é muito difícil que esse tipo de resposta surja de imediato. Com certeza, essas pessoas eram extremamente criativas. Embora possa ser difícil dar uma resposta criativa de imediato, é possível planejar com antecedência para prováveis possibilidades, e fazer uma ponte para o futuro com as suas respostas, tornando-as automáticas.

Uma mulher tinha um emprego que exigia que caminhasse para casa muito tarde em um bairro perigoso, e sempre se preparava antes de sair do trabalho. Primeiro ela prendia os cabelos no estilo "maria-chiquinha". Então passava um batom verde brilhante nos lábios de forma exagerada. Finalmente, colocava dois comprimidos efervescentes na palma da mão. Quando um homem se aproximava dela de modo suspeito, ela virava o rosto para ele e sorria escancaradamente, com os olhos bem abertos, o que em geral era suficiente para desencorajá-lo. Em uma ocasião em que isso não funcionou, ela colocou os comprimidos na boca, começou a espumar e ele fugiu.

Se vocês examinarem esses exemplos para verificar o que eles têm em comum, aprenderão algumas lições interessantes. A primeira é que em vez de fugir ou se separar da situação, essas pessoas permaneceram *conectadas* à dificuldade e mantiveram um relacionamento. Nada funciona o tempo todo; tenho certeza de que existem pessoas que tentaram esse tipo de abordagem sem o mesmo sucesso. Mas permanecer conectado mantém o acesso a todos os seus recursos e lhes dá uma *oportunidade* de ter um impacto sobre outra pessoa em uma situação ameaçadora.

Outro elemento comum a todos esses exemplos é que todas essas pessoas se recusaram a aceitar a estrutura ou o contexto que lhes foi apresentado e, em vez disso, criaram uma *nova* estrutura mais agradável. Cada uma delas criou um contexto muito melhor do que aquele no qual elas se encontravam, e agiram de acordo com essa estrutura, trazendo a outra pessoa para dentro da nova estrutura e evocando uma resposta diferente. Esse foi um tema constante no trabalho muito bem-sucedido de Virginia Satir com famílias. "Qualquer pessoa que está do lado de fora é alguém a quem eu posso responder, mas ela nunca definirá quem eu sou, a não ser que eu tenha lhe delegado a custódia de mim mesmo." Para oferecer uma estrutura nova e melhor, essas pessoas precisavam ter à sua disposição todos os seus recursos internos e não estar envolvidas no turbilhão interior que sempre faz parte do medo ou da raiva, e que torna as pessoas fracas e vulneráveis.

Pode ser útil considerar a situação oposta. Vocês conseguem lembrar de uma época em sua vida quando a realidade externa era muito agradável, talvez até maravilhosa, mas vocês não conseguiam apreciá-la por estarem muito envolvidos em algum turbilhão interno? Certamente a paranóia é um exemplo de alguém que está passando momentos muito difíceis, apesar das tentativas de outras pessoas para ajudá-la a apreciar a vida. Se vocês não fizerem as pazes com as suas divisões internas, passarão momentos difíceis, quer resolvam quer não os problemas externos, e essa também é uma mensagem fundamental de muitas tradições espirituais. "O reino dos céus está dentro de vocês" não é apenas uma metáfora abstrata, é uma afirmação muito direta a respeito de onde se encontra a solução.

Sue: Você falou dos problemas causados por representações internas envolvidas em conflitos. Você poderia falar um pouco sobre as representações positivas?

Claro. Quando você faz as pazes com uma representação problemática, ela se torna positiva, transformando-se em um recurso adicional que é parte de você. Quando você ama alguém, a sua representação interna dessa pessoa a enriquece e torna-se parte do mundo interno que você leva consigo a todos os lugares. Mas você ganha muito mais do que apenas levar para dentro de si algo maravilhoso do lado de fora. Você também descobre a si mesma enquanto se relaciona com essa pessoa. Se ela jamais tivesse entrado na sua vida, você poderia nunca ter conhecido a própria habilidade para se importar com alguém e apreciar isso e todas as coisas que descobriu sobre si mesma naquele relacionamento. Sempre que você leva para dentro de si mesma algo maravilhoso do mundo externo e que é lindo e verdadeiro, também descobre mais sobre si mesma e torna-se maior do que era. Quanto mais coisas você tiver dentro de si mesma, mais poderá valorizar o que está fora.

Uma criança pequena não teve tempo para acumular muitas experiências e, embora possuam uma simplicidade e inocência maravilhosas, elas simplesmente não têm a experiência para apreciar de verdade discriminações mais sutis. Para uma criança pequena, qualquer doce serve, desde que tenha bastante açúcar. Só mais tarde ela poderá apreciar realmente o sabor do verdadeiro açúcar de bordo ou os sabores e texturas delicados de outras guloseimas, à medida que o seu mundo interno de experiências se enriquece gradativamente. E o mesmo pode ser dito em relação à apreciação da arte, da música ou de qualquer outra experiência mais complexa.

Que tipo de mundo interno vocês levam com vocês? Que experiências vocês ofereceram à sua mente? Algumas pessoas colecionam ressentimentos, desastres e outras lembranças desagradáveis e, então, vivem com eles. Imaginem como seria colocar fotos e pinturas de eventos desagradáveis em todas as paredes da sua casa e do seu escritório, onde vocês poderiam vê-las e responder a elas todos os dias. Isso seria terrível, mas é o que muitas pessoas fazem em sua mente – e, diferentemente de suas casas e seus escritórios, elas não podem fugir disso. Recentemente vi uma citação de Carrie Fisher que demonstra isso muito bem: "O ressentimento é como tomar veneno e esperar que a outra pessoa morra".

Em vez disso, por que não oferecer à sua mente experiências poderosas? Beleza surpreendente, profunda gratidão, amor suave, prazer duradouro, humor compartilhado, lealdade inabalável, incrível coragem, profunda sabedoria, o tipo de conexão que provoca lágrimas...

Não estou dizendo que precisamos negar os inúmeros horrores da desumanidade e estupidez do homem, mas que eles podem ser mantidos à distância, fora do lar onde vocês vivem, a sua mente.

Que tal construir em si mesmos uma qualidade pessoal de *determinação* de viver em uma mente cheia de beleza, verdade e prazer e começar, *agora*, a *colecionar experiências que os nutrem e reuni-las*, como vocês fazem com qualquer outra qualidade, em si mesmos? Eu acho que essa seria uma das maneiras mais úteis de utilizar aquilo que vocês aprenderam aqui para melhorar a sua vida.

Conclusão

Venho ocasionalmente modelando o self há 12 anos e finalmente cheguei ao ponto em que acredito ter feito um trabalho bastante completo, delineando pelo menos a maior parte dos principais aspectos das muitas maneiras pelas quais as pessoas podem pensar em si mesmas. O que vocês aprenderam aqui é um conjunto abrangente de processos e noções práticas que pode ser utilizado para transformar o self, ajustando e transformando qualquer qualidade do seu autoconceito. Alguns desses processos são relativamente novos, e algumas novas facetas desse material surgiram até mesmo durante a edição final deste livro. Portanto, sem dúvida nenhuma, deve haver distinções adicionais que deixei escapar e que ainda esperam ser notadas e descritas por outra pessoa. Apesar disso, esse é um guia prático e útil que pode ser utilizado para fortalecer e mudar o autoconceito.

Agora a questão é: "Como saber quando utilizar todos esses métodos? Quando é mais apropriado fazer uma mudança no nível do autoconceito?" Cada capítulo tem algumas indicações específicas para as aplicações do material contido nele, mas eu gostaria de fazer alguns comentários gerais que poderiam ser úteis.

Sempre que uma pessoa está falando de si mesma ou de problemas que está enfrentando, está fazendo afirmações a respeito de como pensa em si mesma. Portanto, vocês poderiam utilizar uma intervenção no autoconceito para qualquer problema que a pessoa tenha. Entretanto, se alguém diz "Eu não consigo soletrar", ou "Eu quero ser capaz de 'bater papo'" ou "Eu tenho uma fobia", está claramente falando de um problema ou habilidade específicos que ocorrem em um contexto limitado.

Sempre que alguém tem um problema limitado a um determinado contexto ou tarefa, em geral é muito mais eficaz utilizar métodos mais simples e antigos para solucioná-lo por meio de uma mudança comportamental contextualizada. Ele está pedindo uma mudança específica e, com freqüência, isso é tudo de que precisa. É muito mais fácil fazer mudanças específicas, pois é muito menos provável que elas interfiram no restante da vida da pessoa; portanto, em geral, serão poucas as objeções a serem satisfeitas.

Há alguns anos conheci um instrutor cuja solução para quase todos os problemas era evocar a autoconfiança e combiná-la com o estado problemático. Mas se vocês utilizarem uma intervenção no autoconceito para uma habilidade específica, como escrever corretamente, é muito improvável que ela vá afetar a habilidade para escrever certo, portanto, a pessoa provavelmente ainda não saberia escrever corretamente quando vocês terminassem! Toda a autoconfiança do mundo não transformaria alguém que não sabe escrever certo em alguém que sabe escrever corretamente se ele não aprendeu a escrever. Ele pode sentir-se bem a respeito de não saber escrever corretamente, o que é um determinado tipo de melhora, porque pelo menos agora não se sente mal por isso.

Contudo, não é isso que pediu e não é disso que realmente precisa. Ele ainda não será capaz de escrever bem e as conseqüências prejudiciais com as quais terá de lidar em uma entrevista de emprego ainda serão as mesmas. A autoconfiança pode modificar a maneira *como* você realiza uma habilidade específica, mas não pode criá-la. E se agora a pessoa tem muita autoconfiança, provavelmente ficará surpresa (e talvez até mesmo se sentirá insultada) quando alguém lhe mostrar que está escrevendo incorretamente. Na verdade, algumas "soluções" são problemas disfarçados!

Quando alguém fala explicitamente a respeito de si mesmo de forma bastante generalizada, particularmente se diz ou sugere as palavras "sempre" ou "em todo lugar" (ou "nunca" ou "em lugar nenhum") – essa é uma boa indicação de que ele se beneficiaria com uma mudança no autoconceito, uma vez que a mudança irá acompanhá-lo sempre e em todo lugar. Afirmações como "Eu sou uma pessoa terrível", "Eu sou um fracasso", "Eu não mereço ser feliz" ou "Eu não consigo ter um bom relacionamento" são indicações muito óbvias de que uma mudança no autoconceito seria muito útil. Portanto, em um nível bem mais simples, vocês poderiam se perguntar: "Essa pessoa está dizendo 'Eu *tenho* um problema' ou 'Eu *sou* um problema?'" Quando ela está dizendo eu *sou* um problema, então o trabalho no autoconceito é nitidamente adequado.

Se alguém está enfrentando muitas dificuldades na maior parte das áreas da sua vida, provavelmente as intervenções no nível do autoconceito serão muito úteis. Mas mesmo se uma pessoa for muito capaz e bem-sucedida, como foi Peter na demonstração, ela pode beneficiar-se com uma intervenção no autoconceito se o problema específico claramente abranger tempo e espaço. Evidentemente, Peter tinha todas as habilidades específicas para ser agradável, assim, foi necessária apenas uma mudança no autoconceito para que isso ficasse patente em seu comportamento. No entanto, alguém poderia ter uma qualidade muito forte e bem desenvolvida de pensar em si mesmo como sendo agradável, embora não possuísse algumas habilidades específicas (*rapport*, sensibilidade, compaixão etc.) que fariam *enorme* diferença na forma como essa qualidade realmente é demonstrada e recebida pelos outros.

O padrão *swish*, que cria uma qualidade de autoconceito, pode ser utilizado em hábitos muito simples, como roer unhas, bem como para mudar comportamentos como fumar ou perder peso, os quais com freqüência são consideravelmente mais complexos. Portanto, vocês poderiam utilizar uma intervenção no autoconceito para quase tudo, e cabe a vocês decidir se alguém se beneficiaria com uma mudança comportamental limitada ou com uma mudança mais extensa no autoconceito, ou talvez com ambas.

Quando uma pessoa fala a respeito de sempre *fazer* alguma coisa que não funciona para ela, ou sobre *ter* um problema, e vocês acham que o oposto disso seria uma coisa útil para ela pensar em si mesma como *sendo*, vocês sempre podem passar do fazer ou ter para ser diferente, enquanto exploram um objetivo positivo desejado. "Você disse que freqüentemente julga os outros e falou sobre os tipos de dificuldades resultantes disso. Assim, parece que você gostaria de ser uma pessoa mais receptiva, alguém que respeita todas as diferentes maneiras de ser no mundo e, ao mesmo tempo, respeita totalmente os próprios gostos e aversões. Tornar-se alguém assim lhe parece um objetivo útil?"

Estive ensinando a vocês como mudar o autoconceito de maneira muito consciente, explícita e detalhada, porque quero que experimentem e compreendam totalmente todos os diferentes aspectos do funcionamento do autoconceito. Contudo, agora que vocês possuem essa compreensão detalhada, aqueles que desejarem oferecê-la aos outros não precisam utilizar tantos detalhes ou ser tão óbvios, desde que acompanhem cuidadosamente as respostas não-verbais e verbais da pessoa. Lembrem que estivemos explorando aspectos da nossa vida que são totalmente inconscientes para a maioria das pessoas. Após praticar essas habilidades, vocês serão capazes de perceber muitas coisas em uma conversa casual, e a outra pessoa terá apenas uma vaga idéia do que está acontecendo.

"Dê-me um exemplo de como você foi bom no passado." "Quantas maneiras diferentes você tem de ser bom, com diferentes pessoas e em diferentes situações?" "É mais fácil você pensar em todas essas maneiras reunidas, como uma espécie de colagem, ou uma após a outra, como uma rápida projeção de *slides*?" "Você consegue imaginar ocasiões no futuro, quando você espera ser totalmente bom?" "Se você fosse bom com alguém de uma maneira nova e diferente, que jamais tentou, como seria essa maneira?" "Você pode lembrar-se de ocasiões nas quais foi bom durante um período curto e também de ocasiões em que a sua bondade perdurou por um período extenso?" "Quando você pensa em exemplos do que significa ser bom, você pensa em como outras pessoas agiram de forma bondosa ou os seus exemplos são de ocasiões nas quais você foi bom?" "Se você pensar em uma época quando foi bom com alguém, você pode imaginar como seria estar na pele dessa pessoa e sentir como é ser essa outra pessoa recebendo a sua bondade?" "O que você sente quando pensa nas ocasiões em que não foi bom?" "Escolha uma dessas ocasiões e diga a si mesmo o que você gostaria de fazer diferente na próxima vez que ocorrer uma situação assim." "Você consegue ver a si mesmo respondendo assim na próxima vez?" "Esse será um outro exemplo de como você é bom, não é?" E, naturalmente, você pode fazer o mesmo tipo de pergunta a respeito dos limites e da conexão.

Ao fazerem isso, espero que esteja totalmente claro para *vocês* o que estão fazendo, mas, para alguém sem o seu conhecimento, as suas perguntas e os seus gestos não-verbais serão apenas parte de uma conversa interessante que a outra pessoa pode nem mesmo relacionar com as mudanças positivas que ela experimenta como resultado.

Bênção

Agora gostaria que vocês relaxassem um pouco e reservassem alguns minutos para tranqüilamente rever as experiências que tiveram – tudo que vocês viram, ouviram e sentiram enquanto liam este livro e faziam os exercícios. Enquanto refletem sobre a jornada que empreenderam pela paisagem infinita dentro da sua mente até as fundações do seu ser e do autoconceito, a raiz e a fonte de quem são, quero que pensem nas mudanças que já experimentaram. Quero convidar suas mentes consciente e inconsciente a participar plenamente dessa revisão, porque é provável haver muitas coisas que a sua mente inconsciente aprendeu e que a sua mente consciente pode ainda nem mesmo ter notado.

A construção de uma nova base de compreensão é muito parecida com a construção de uma casa. No começo, tudo que temos é um conjunto de plantas, que são pequenas marcas confusas sobre o papel e que não parecem significar nada. Pouco depois, podemos ter um buraco no solo, um pouco de concreto e algumas pilhas de tábuas, pregos e outros materiais. Se vocês estivessem ensinando alguém a construir uma casa, faria sentido primeiramente mostrar uma imagem de como ficará a casa terminada, e depois ensinar todas as partes da construção de uma casa, como medir e cortar tábuas, pregar pregos, deixar aberturas para janelas e portas, e todas as outras habilidades necessárias para gradativamente juntar todos esses materiais e formar algo que será um lugar confortável para morar.

Milton Erickson costumava apresentar as pessoas à hipnose lembrando-as de como era quando aprenderam o alfabeto, sentadas em suas pequenas carteiras na escola. Sem realmente saber o que são as letras, vendo-as na lousa ou coladas nas paredes da sala de aula. Imaginando por que existem letras maiúsculas e minúsculas e por que algumas parecem tão diferentes de outras embora sejam a "mesma" letra, enquanto outras que são "diferentes" parecem iguais. "O b é um p de cabeça para baixo ou um d invertido – ou é um q de cabeça para baixo *e* invertido? Por que um w na verdade soa como um v? Se um 'd mudo' é mudo, por que ele também não é invisível?"

Quando vocês estavam aprendendo essas letras, e mais tarde aprendendo a juntá-las para formar palavras e depois frases, vocês não tinham idéia de que estavam estabelecendo as bases para uma habilidade que mais tarde se tornaria totalmente inconsciente, uma habilidade que literalmente abriria novos mundos, permitindo que vocês entrassem na mente de pessoas que viveram a milhares de anos ou em locais muito distantes, ou de ambientes, culturas ou ocupações totalmente diferentes, proporcionando uma amplitude de experiências que do contrário permaneceriam para sempre inacessíveis.

Quando aprendemos um novo conjunto de habilidades, como dirigir um carro, com freqüência nos sentimos desajeitados no início, e precisamos de toda a nossa atenção consciente. Mas à medida que praticamos e nos tornamos mais e mais habilidosos, a tarefa aos poucos passa para o segundo plano da nossa atenção, liberando a nossa mente consciente para tratar de outros assuntos, até que o ato de dirigir se torna quase totalmente inconsciente. Sentamos atrás do volante e dirigimos com habilidade até o nosso destino, inconscientemente respondendo aos sinais, ao tráfego e a todos os outros eventos aos quais precisamos prestar atenção para dirigir com segurança, enquanto conscientemente a mente pode estar ocupada conversando com um companheiro ou planejando o dia. Dirigir só precisa da nossa atenção consciente em uma emergência, em condições incomuns na estrada, se estivermos dirigindo um carro com o qual não estamos familiarizados ou quando queremos encontrar um endereço em uma cidade estranha. E mesmo assim, a maioria das habilidades básicas para dirigir *ainda* permanece inconsciente.

Se vocês voltarem ao início deste livro e pensarem em tudo que aconteceu a partir daí, quero que se lembrem do seu estado mental quando lhes pedi pela primeira vez para se voltarem para dentro de si mesmos e descobrirem como representam inconscientemente uma qualidade que sabem que é de fato sua. Provavelmente muitos de vocês ficaram confusos ou não tinham certeza do que eu queria dizer, mas se eu lhes pedir para fazer isso agora, vocês seriam capazes de fazer um trabalho completo rapidamente, e com facilidade, e essa é apenas uma pequena indicação de tudo que vocês aprenderam.

Por conta da inevitável falta de jeito nos primeiros estágios de aprendizagem, algumas pessoas evitam praticar coisas novas, porque isso as deixa desconfortáveis, esquecendo o antigo ditado que diz: "Se alguma coisa vale a pena ser feita, vale a pena fazê-la mal no começo". Se vocês precisam de um lembrete de como isso é verdadeiro, pensem no seu primeiro beijo ou na sua primeira desajeitada experiência sexual. Se a falta de jeito do início da aprendizagem e da prática ainda os deixa desconfortáveis, vocês podem lembrar a si mesmos de que podem ter em mente os seus objetivos a longo prazo, e que têm a persistência e a tenacidade para continuar durante o desconforto temporário por causa dos maravilhosos benefícios que os esperam mais adiante. E se, por acaso, a tenacidade ainda não faz parte do seu autoconceito, agora vocês sabem exatamente como construir essa qualidade para si mesmos de um modo duradouro e poderosamente efetivo, pensando nas ocasiões nas quais vocês foram persistentes e reunindo essas experiências daquela maneira única que é poderosa e convincente para vocês.

Também quero que reservem alguns minutos para construir uma ponte entre as experiências que tiveram com este livro e o futuro que se estende convidativamente à sua frente. Vocês já experimentaram os impactos positivos que os processos aprendidos aqui podem ter na sua vida – tornando o seu autoconceito mais estável e ao mesmo tempo mais receptivo ao *feedback* e à mudança, tornando a sua vida muito mais divertida, interessante e agradável. Mas eu também quero que percebam que o que fizemos aqui é apenas um começo, uma introdução, e que cabe a vocês comprometerem-se a continuar o processo de utilizar plenamente tudo que aprenderam, para que vocês e seus amigos usem esse conhecimento com a finalidade de transformar a sua vida naquilo que vocês podem ser.

Eu acho que parte dessa jornada na qual todos nos encontramos é descobrir o que significa ser um ser humano. Há algumas centenas de anos, nas sociedades tradicionais, eles *sabiam* o que era um ser humano, e poucos questionavam as antigas verdades aceitas. A mudança era muito lenta e, assim, havia poucos desafios àquilo que todos acreditavam. O arco e a flecha foram inventados entre trinta mil e onze mil anos atrás, mas durante todo esse tempo houve apenas algumas inovações na maneira de construir um arco. Vivendo nessas épocas, somente algumas poucas mudanças ocorreriam durante toda uma vida. Vocês poderiam saber quem eram e pouca coisa aconteceria para desafiar ou modificar isso.

Porém, agora as mudanças ocorrem tão depressa que não conseguimos acompanhá-las, quanto mais adaptar-nos bem a elas. Houve centenas, talvez milhares, de mudanças no desenho do arco nos últimos cinqüenta anos. O ritmo rápido de mudança continua a acelerar, e essa velocidade está cheia de perigos, bem como de oportunidades. Uma cultura tradicional que permaneceu essencialmente igual por centenas ou milhares de anos pode ter alguns aspectos muito bonitos, mas quando enfrenta mudanças rápidas, em geral torna-se desorganizada e se desfaz.

Embora a nossa cultura esteja mostrando muitos sinais de tensão, até agora conseguimos adaptar-nos às mudanças, embora muitas vezes com relutância. Há cem anos, quando meu pai era jovem, as mulheres nos Estados Unidos eram propriedade dos maridos ou dos pais, e não podiam votar – e há muitos lugares no mundo onde isso ainda acontece. Embora ainda tenhamos um longo caminho a percorrer, aos poucos estamos fazendo progresso para enxergar além dos estereótipos étnicos, raciais e de gênero, considerando todas as pessoas merecedoras de respeito e direitos iguais, e que cada um de nós pode contribuir com alguma coisa para a jornada de autodescoberta que a humanidade iniciou apenas recentemente.

O que significa ser um ser humano, livre de todos esses antigos dogmas e estereótipos destrutivos, todas essas suposições culturais que ninguém costumava questionar? Não acho que nenhum de nós realmente tenha uma pista sobre aquilo que a humanidade pode se tornar, mas está muito claro que somos uma espécie em um processo *muito* rápido de transição.

O destino dessa jornada ou a nossa habilidade para alcançá-lo pode estar em questão, mas isso vale para todas as jornadas, e particularmente para aquelas que estão começando. Espero que o que exploramos juntos neste livro possa desempenhar uma pequena parte para nos ajudar a descobrir quem somos e do que somos capazes, e espero que vocês se juntem a mim nessas primeiras tentativas desajeitadas nesse processo de descoberta, de qualquer maneira que lhes pareça adequada.

E à medida que levarem essas idéias para o mundo e ouvirem as pessoas enquanto elas falam sobre si mesmas e sobre as suas habilidades e problemas, vocês podem pensar em como poderiam ajudá-las a experimentar a si mesmas e as suas qualidades de formas mais úteis. O mundo precisa muito do que vocês aprenderam aqui e há oportunidades ilimitadas para vocês melhorarem a vida de outras pessoas, e esperemos que alguns de vocês ganhem algum dinheiro enquanto fazem isso. Eu lhes desejo uma jornada agradável nas semanas, meses e anos futuros. Há literalmente uma abundância de oportunidades para utilizar essas compreensões para ajudar as pessoas a se tornarem quem elas gostariam de ser.

P.S.

Martin Fischer é citado como autor da frase: "Uma conclusão é o lugar onde você ficou cansado de pensar". Da mesma maneira, um livro é o lugar onde alguém ficou cansado de escrever e editar. Tenho certeza de que partes deste livro poderiam ser escritas com maior clareza; sem dúvida há algumas omissões e talvez até mesmo alguns erros. Definitivamente, isso se aplica a todos os livros que já li. Embora os métodos apresentados aqui estejam sempre abertos ao questionamento, eles são maneiras práticas para ajudar rapidamente as pessoas a melhorar a sua vida mudando a maneira como elas pensam sobre si mesmas. Esses processos foram testados no cadinho de experimentos e observações repetidos. Tudo sempre pode ser melhorado, e este livro e os processos contidos nele não são exceções. Eu os convido a encontrar maneiras ainda melhores para utilizar, ampliar e revisar as compreensões e os processos apresentados aqui.

Apêndice:
Padrões de perspectiva

Introdução

Uma maneira de descrever grande parte da nossa infelicidade é que nós desenvolvemos uma "visão de túnel", concentrando-nos em um problema de modo limitado e ignorando o restante daquilo que nos cerca. Nós também tendemos a separar experiências problemáticas do fluxo do tempo, isolando-as do que vem antes e depois. Embora essa concentração possa ser útil para estudar uma situação e verificar o que pode ser feito, uma visão estreita muitas vezes deixa de lado a informação necessária para começarmos a movimentar-nos na direção de uma solução. Ver um problema em perspectiva significa vê-lo em *relação* a alguma outra coisa, e o mesmo vale para a maneira como pensamos em nós mesmos.

Há muitas, muitas maneiras de adquirir perspectiva. Apenas ampliar o campo de visão incluindo muito mais coisas que estão acontecendo simultaneamente naquele momento proporciona uma perspectiva literalmente de abrangência *mais larga* e *mais extensa*, o "grande quadro" que inclui muito mais informações. Habitualmente, quando um problema é considerado dentro de um contexto mais amplo, ele parece menor e mais fácil de ser solucionado, e as informações adicionais podem proporcionar uma base para a solução. O padrão comum na maior parte das tiras do jornal é expandir o quadro dessa forma. Em geral, há uma série de pequenos quadros que mostram uma situação confusa, e então um quadro maior no final que inclui alguma coisa nova que soluciona o quebra-cabeça, explicando-o e transformando o significado. Algumas vezes, o último quadro apenas atrai a atenção para algo que já se encontrava nos quadros anteriores, mas que era facilmente ignorado ou despercebido.

Como os quadros que formam as tiras em geral indicam uma seqüência temporal, esse exemplo apresenta uma outra maneira para aumentar o campo de ação, transformando a imagem parada em um filme seqüencial que mostra uma situação mudando no decorrer de um período. Expandir o campo de ação no tempo, no espaço ou em ambos é uma intervenção simples mas poderosa, que é uma parte importante de muitos padrões efetivos de mudança.

A simples dissociação, o afastamento de um contexto problemático, permite que vocês vejam a si mesmos em relação ao seu ambiente. Isso proporciona uma perspectiva externa *diferente*: a posição perceptiva de um observador curioso e talvez compassivo, porém emocionalmente não envolvido. Assumir a posição perceptiva de outra pessoa no mesmo contexto proporciona uma outra perspectiva com informações diferentes.

Enxergar dois eventos que estão separados no tempo um em relação ao outro cria um outro tipo de perspectiva. Sempre que suportamos algo desagradável para dirigir-nos a um futuro desejável, estamos vendo como a atividade atual está relacionada ao nosso objetivo futuro, proporcionando uma perspectiva seqüencial. Esse tipo de perspectiva utiliza duas representações simultaneamente ligadas em nossa experiência, mas que continuam separadas uma da outra em diferentes estruturas temporais. As pessoas que abusam de alimentos, drogas e outras formas de prazer instantâneo em geral não enxergam o seu comportamento presente em relação às conseqüências a longo prazo. Elas podem aprender a adotar uma "visão de maior alcance" para ajudá-las a evitar experiências que podem ser agradáveis, mas que posteriormente terão conseqüências desagradáveis. O mesmo tipo de perspectiva pode ajudá-las a persistir em tarefas desagradáveis, mas que são úteis para alcançar objetivos agradáveis.

Naturalmente, em muitos contextos pode ser aconselhável adotar uma perspectiva limitada, direcionando a atenção e deliberadamente eliminando outros eventos, preocupações e informações. Sempre que vocês quiserem concentrar a atenção em uma única tarefa ou simplesmente aproveitar os prazeres da vida, uma perspectiva mais ampla apenas diminuiria a sua experiência. Todas as habilidades são úteis em determinados locais e ocasiões, e *toda* habilidade torna-se uma limitação se não tivermos a escolha de utilizá-la ou não em determinada situação.

John McWhirter caracterizou a forma geral de uma perspectiva simultânea, que é a base para um autoconceito saudável, um padrão que tem muitas outras aplicações úteis.

Padrão de perspectiva visual

Gostaria de demonstrar esse padrão no sistema visual com alguém que tenha uma imagem que ainda o perturba de algum modo. Não preciso saber nada a respeito do conteúdo; vocês podem guardá-lo para si mesmos. (Mike se apresenta.) Então, Mike, você tem uma imagem que ainda o incomoda quando pensa nela, certo? Tente vê-la agora apenas para ter certeza de que ela ainda o incomoda... (A respiração de Mike torna-se superficial e seu corpo fica imóvel.)

Mike: Sim. Não muito, mas ainda me incomoda.

OK, pegue essa imagem e apenas deixe-a de lado em algum lugar. Agora quero que você pense em quatro experiências com recursos, uma de cada vez, talvez aquelas que você considere particularmente úteis em relação a essa imagem que ainda o perturba. E gostaria que a sua mente inconsciente participasse totalmente desse processo de seleção. Quero que você crie uma imagem para cada um desses quatro recursos, uma imagem que represente plenamente cada um deles. Avise quando tiver essas quatro imagens... (Mike assente.)

Agora quero que você pegue essas quatro imagens e faça com que cada uma tenha cerca de 45 centímetros de altura por 45 centímetros de largura; então, coloque-as juntas para que você possa ver todas as quatro imagens ao mesmo tempo em uma grande colagem, a mais ou menos um metro à sua frente. Algumas pessoas gostam de imaginar que colocam velcro na parte de trás das imagens, de forma que quando estas são presas na colagem, elas podem ouvir o som que o velcro faz quando gruda e saber que as imagens ficarão no lugar. Leve o tempo que for necessário para fazer isso e avise quando terminar... (Mike concorda.)

Ótimo. Agora, mantendo intacta essa colagem, quero que pegue aquela imagem com a qual começamos, e que ainda o incomoda, e coloque-a bem no meio da colagem, de modo que ela cubra apenas os cantos internos das quatro imagens com recursos, no local onde elas se tocam no centro da colagem. Você talvez queira ajustar o tamanho da imagem perturbadora para ela ficar bem plana e se tornar parte da colagem, deixando visível a maior parte dessas quatro imagens com recursos. Então observe como você responde àquela imagem perturbadora no contexto desses quatro recursos...

Mike: Tira a sua força.

Portanto você responde com menos emoção a ela, certo? (Sim.) Assim, há uma diminuição na *intensidade*, na quantidade de emoção. Há também uma mudança na *qualidade*, no *tipo* de resposta que você tem?

Mike: Bem, eu acho que a qualidade da minha resposta é mais de compreensão que de reação.

Quando você tem compreensão, com freqüência isso leva a algum tipo de solução potencial, permitindo que você veja um caminho.

Mike: Ah, sim. Eu já estava trabalhando em algumas soluções. O que estava me incomodando era a força da minha reação a ela.

Portanto, agora você sente uma resposta mais confortável a ela. Isso vai tornar mais fácil encontrar uma solução? (Sim.)

Vocês têm perguntas para o Mike? E Mike, naturalmente você tem a escolha de não responder a alguma pergunta.

Ann: Você disse que já estava trabalhando em uma solução para essa situação?

Mike: Sim, eu estava trabalhando em uma solução; eu sabia que havia uma solução para o problema. O que me deixava desconfortável era que a minha reação à situação parecia fazer soar um alarme. "Por que estou tendo uma reação tão forte? Nitidamente, posso encontrar uma solução, mas o que mais está acontecendo?"

Fred: Você acessou quatro experiências ou quatro estados mentais?

Mike: Eu tinha imagens de quatro experiências que vivi anteriormente.

Fred, acho que a sua pergunta é na verdade para mim, e essa é uma oportunidade para salientar algo que considero muito importante em todo o nosso trabalho. Na minha opinião, as imagens *resultam* naquilo que você poderia chamar de estado mental. Se eu lhe pedir para acessar um estado mental, por exemplo "excitação", como você faria isso? A maior parte das pessoas pensará espontaneamente em uma experiência específica à qual elas respondem com um tipo específico de excitação. A palavra "excitação" é um termo muito geral, que poderia se aplicar a uma ampla variedade de sensações em diferentes situações. Muitas terapias e outros métodos de mudança pessoal permanecem na esfera desses termos mais gerais e isso torna difícil evocar as respostas específicas que resultarão em mudança comportamental. Quando falamos em termos gerais, o resultado são compreensões gerais que muitas vezes não provocam uma mudança real na resposta. A chamada "compreensão intelectual" é um exemplo disso.

Vamos considerar um exemplo muito simples. Quero que todos vocês comecem a salivar agora, apenas concentrando a atenção na boca... Isso é muito difícil para a maioria das pessoas, porque a "salivação" é apenas uma palavra, portanto, não obtemos uma resposta muito intensa. A salivação torna-se muito mais fácil se vocês imaginarem vividamente estar cortando uma laranja com uma faca afiada, vendo a superfície brilhante da fruta cortada com algumas gotas de suco pingando, e depois imaginarem levar a metade da laranja até a boca, espremer um pouco do suco e sentir o seu gosto. Isso é utilizar uma imagem mental muito concreta para evocar o que habitualmente é uma resposta inconsciente, que não obtemos apenas dizendo "salivar". Da mesma forma, o processo de estabelecer um padrão de perspectiva visual é principalmente consciente, mas a resposta obtida é inconsciente e espontânea.

Sally: Mike, as submodalidades da imagem perturbadora mudam?

Mike: Sim. Ela ficou mais apagada e menos colorida – no geral, ela ficou menos intensa.

Boa pergunta. O que fizemos aqui foi uma maneira muito simples de ensinar a utilização da perspectiva simultânea no sistema visual, reunindo diferentes experiências e deixando-as juntas de maneira particular. Obrigado, Mike. Eis um resumo bastante simples desse processo.

Resumo do exercício de perspectiva visual
(pares, 15 minutos no total)

1. Lembrem-se de uma imagem perturbadora, testem para ter certeza de que ela ainda é perturbadora e observem a sua resposta a ela.

2. Identifiquem quatro experiências específicas positivas e com recursos e obtenham uma imagem para cada uma.

3. Criem uma grande colagem com essas quatro imagens, com cerca de um metro de altura, um metro de largura e um metro de distância.

4. Coloquem a imagem perturbadora no centro da colagem de modo que cubra apenas os cantos internos das quatro imagens com recursos e fique bem plana, tornando-se parte da colagem.

5. Observem como muda a sua resposta, tanto em qualidade quanto em quantidade. Se a sua resposta não mudar, reiniciem o processo, obtenham recursos diferentes ou façam outros ajustes. Troquem os papéis, compartilhem e discutam as suas experiências.

O problema mais comum relatado por algumas pessoas é que a imagem perturbadora torna-se tão grande que encobre os recursos. A maneira mais fácil de evitar isso é gesticular com ambas as mãos enquanto dão instruções ao seu parceiro, primeiro com gestos amplos para indicar o tamanho da colagem, depois muito menores, para indicar o tamanho da imagem perturbadora. Mesmo assim, algumas vezes a imagem perturbadora fica muito grande e, nesse caso, façam a pessoa parar, reiniciem o processo e expliquem que a imagem perturbadora precisa ser menor.

Se a imagem perturbadora não ficar bem plana na colagem, tornando-se parte dela, pode surgir outro problema. Se ela permanecer separada das imagens com recursos, provavelmente ficará *em contraste* com elas e não ao lado delas, como parte delas. Em geral, esse contraste *enfatiza* ainda mais o problema e aumenta a experiência da "visão de túnel" em vez de diminuí-la.

Finalmente, é possível que os recursos que vocês escolheram sejam inadequados, assim vocês podem tentar escolher recursos diferentes.

Al: Eu estava pensando em ter mais do que quatro imagens.

Quatro é apenas um número conveniente e que em geral funciona bem. Uma mulher que fez isso espontaneamente tinha cerca de oito imagens, como as pétalas de uma grande flor. Então a imagem perturbadora tornou-se o centro da flor. A maioria das pessoas pensa em imagens retangulares, mas também não há nada estabelecido a respeito da forma. Vocês poderiam ter imagens circulares ou ovais, ou retangulares e com bordas arredondadas. Vocês também poderiam tê-las espalhadas de cima até embaixo ou lateralmente, em uma longa fileira.

Certa vez, assisti a um programa de televisão no qual Brian Weiss trabalhou com uma mulher que tinha uma fobia, utilizando um processo chamado "regressão a vidas passadas". Depois de terminarem, era possível ver pelas respostas não-verbais da mulher que ela ainda tinha a fobia, mas que isso *não importava* tanto, porque agora ela via a sua vida atual como uma pequena parte de uma longa série de vidas – muitas vidas antes e muitas outras futuras. Ela gesticulou com as mãos e os braços para mostrar essa longa série de vidas. De acordo com essa perspectiva, a sua vida atual parecia muito pequena, e os problemas que tinha nessa vida eram ainda menores. Pessoalmente, tenho muitas dúvidas sobre a realidade de vidas passadas e teria preferido curar a fobia. Mas é um exemplo interessante da utilização desse tipo de padrão de perspectiva para mudar a resposta de alguém. Há muitas maneiras de criar esse tipo de perspectiva, mas todas utilizam os mesmos princípios. O principal é conectar todas as imagens no mesmo local e plano.

Ben: Você pediu ao Mike para escolher imagens, mas não especificou se elas deviam ser imagens paradas ou filmes.

Isso realmente não importa, a não ser que importe para a pessoa – e então ela provavelmente irá em frente e utilizará aquilo que preferir. A palavra "imagem" ou "quadro" permite ter uma representação visual da forma que for mais fácil para ela. Se vocês pedirem detalhes, com freqüência descobrirão que as pessoas têm o que a princípio parece ser uma imagem parada, que pode ser facilmente transformada em um filme. A imagem parada é um tipo de resumo ou ícone para todas as informações contidas no filme inteiro.

Fred: Você pediu ao Mike para escolher recursos relacionados à imagem perturbadora. Isso é sempre indicado?

Eu acho que em geral é uma boa idéia, porque a palavra "recurso" é um termo muito amplo que pode se referir a uma grande variedade de experiências. Todos nós temos muitas experiências com recursos; alguns são maravilhosos para um tipo de problema ou habilidade e totalmente inúteis para outros. Um grande recurso para entender matemática provavelmente não será de muita utilidade para esquiar e vice-versa, portanto é bom ter uma maneira de ser seletivo.

Entretanto, alguém pode estar pensando em um problema de forma tão limitada que conscientemente irá descartar recursos que poderiam ser muito úteis. Quando estamos dentro de uma caixa, pode ser muito difícil pensar no que está fora dela. Algumas vezes, um recurso distante, totalmente "improvável", é exatamente o que precisamos para fazer oposição à visão de túnel que o exclui de modo automático.

Um dos motivos para pedir a participação total da sua mente inconsciente no processo de seleção é preparar a mente consciente para a possibilidade de que o seu inconsciente pense em recursos *não* relacionados à imagem perturbadora. Com uma pessoa que tem uma mente consciente muito oposta e hiperativa, vocês poderiam até pedir para ela selecionar recursos que imaginasse *não poderem* ser úteis.

Agora quero que vocês formem pares e ajudem uns aos outros para fazer isso. Levem cerca de cinco minutos cada e outros cinco para discutir o que vocês experimentaram – quinze ou vinte minutos no total.

* * * * *

Padrão de perspectiva auditiva

A seguir, gostaria de demonstrar esse padrão de perspectiva no sistema auditivo, utilizando uma voz perturbadora em vez de uma imagem. Novamente, não preciso saber o conteúdo. Pode ser a sua própria voz ou a de outra pessoa, ou até mesmo um som sem palavras. (Tim se apresenta.) Tim, eu gostaria que você ouvisse essa voz e verificasse se ela ainda o deixa desconfortável...

Tim (olhando para cima e depois para baixo, franzindo as sobrancelhas): Sim, com certeza.

Parece que você primeiro obtém uma imagem e depois ouve a voz. É isso? (Sim.) Tudo bem; nós ainda podemos usar a voz. É a sua voz ou a de outra pessoa? (É a minha voz.) OK, portanto você está falando consigo mesmo. Onde você ouve essa voz?

Tim: Atrás da minha cabeça, um pouco à direita.

OK. Agora deixe a voz ir para onde quer que as vozes vão quando não as estamos escutando e pense em quatro ocasiões em sua vida em que a sua voz foi um forte recurso. (Se fosse a voz de outra pessoa e não a dele que o estivesse perturbando, eu lhe pediria quatro vozes com recursos que pertencessem à outra pessoa.) Pense nelas uma a uma e escute o que cada uma tem a dizer, bem como a sua tonalidade, até conseguir quatro delas... (Tim assente.) Agora, posicione essas quatro vozes ao redor da sua cabeça, de maneira mais ou menos uniforme, onde lhe parecer adequado – talvez uma à sua frente, uma atrás de você, e uma de cada lado. Como fizemos com o padrão visual, quando temos quatro vozes falando ao mesmo tempo, é mais difícil escutar os detalhes daquilo que elas estão dizendo, mas ainda é possível ouvir as tonalidades e saber a natureza geral do que elas estão dizendo. Avise quando elas estiverem organizadas, com todas as quatro vozes falando ao mesmo tempo... (Tim concorda.) OK. Agora traga de volta aquela voz perturbadora, colocando-a com as outras quatro, e escute todas as cinco vozes ao mesmo tempo... Isso modifica a sua resposta àquela voz?

Tim: Agora ela está mais afastada e não é tão alta. É melhor; é mais fácil escutá-la. Eu posso ouvir um pouco do que ela está dizendo como informações úteis, quando anteriormente eu apenas notava as minhas sensações ruins.

OK. Ótimo. Alguém tem alguma pergunta para o Tim?

Tess: Você conseguiu compreender o que as cinco vozes estavam dizendo quando estavam todas falando ao mesmo tempo?

Tim: Não. Eu sabia que elas estavam lá e podia perceber alguns fragmentos, e o significado estava lá, mas eu não podia realmente ouvir todas as cinco vozes ao mesmo tempo.

Isso é típico e é importante advertir as pessoas, ou elas podem se preocupar achando que estão fazendo o processo de maneira errada. Uma mulher que nasceu cega e só recuperou a visão quando tinha cerca de 30 anos conseguia acompanhar oito conversas diferentes ao mesmo tempo, como se tivesse um gravador para oito fitas. Mas poucas pessoas conseguem fazer isso, que não é necessário para que esse padrão funcione.

Tim: Quando tinha as quatro vozes com recursos falando ao mesmo tempo, eu me senti como se estivesse sentado em uma poltrona grande e confortável, como se as vozes estivessem literalmente me sustentando.

Essa é uma boa sinestesia espontânea. Eis um resumo desse processo.

Resumo do exercício do padrão de perspectiva auditiva (pares, 15 minutos no total)

1. Pensem em uma voz perturbadora e observem a sua resposta. Observem a localização da voz e se é a sua própria voz ou a de outra pessoa. Então deixem essa voz de lado.

2. Encontrem quatro vozes com recursos, uma por uma, e escutem cada uma, tanto a tonalidade quanto as palavras. (Se a voz perturbadora é de outra pessoa, as vozes com recursos também devem ser de outra pessoa, e se a voz perturbadora é a sua própria voz, as vozes com recursos também devem ser suas.)

3. Posicionem essas vozes ao redor da cabeça para que possam ouvir as quatro falando ao mesmo tempo. Será mais difícil escutar os detalhes quando todas estiverem falando.

4. Tragam de volta a voz perturbadora e escutem todas as cinco falando ao mesmo tempo. Observem como muda a intensidade e a qualidade da sua resposta.

Sue: Por que as vozes devem ficar ao redor da cabeça?

Quase todas as pessoas ouvem uma voz perturbadora em algum lugar ao redor da cabeça ou dentro dela. Se tiverem uma voz em algum outro lugar, provavelmente ela não irá incomodá-las demais, e vocês podem fazer uma experiência para demonstrar isso. Pensem em uma voz perturbadora ou crítica, sua ou de outra pessoa... Alguém tem uma voz que não está dentro ou próxima à cabeça? Não. Agora tentem ouvir a mesma voz, mas vinda do ombro esquerdo... Agora, ouçam-na vindo do calcanhar direito... A localização é muito importante para todas as nossas experiências, particularmente com vozes.

Efetuar apenas esse tipo de mudança de localização pode ser muito útil como uma rápida demonstração da importância da localização ou como uma intervenção temporária em uma crise, mas em geral ela não dura muito tempo, a não ser que seja combinada a algum outro processo que respeite totalmente a função ou o objetivo positivo da voz perturbadora. Quando o Tim ouvia a sua voz perturbadora combinada às vozes com recursos, ela espontaneamente se afastou e se tornou mais suave. Isso fez que ele pudesse escutá-la com maior facilidade, avaliando o que ela tinha a lhe dizer. Esse tipo de mudança em resposta a outra mudança tem muito maior probabilidade de durar.

Agora quero que vocês formem pares e ajudem uns aos outros. Serão necessários apenas cerca de cinco minutos para cada um, e então vocês podem reservar outros cinco minutos para compartilhar com o seu parceiro aquilo que experimentaram.

* * * * *

Padrão de perspectiva cinestésica

Utilizar o padrão de perspectiva de McWhirter é um pouco mais complicado por duas razões muito diferentes. A primeira é que a maioria das pessoas está muito mais familiarizada com o trabalho nos sistemas auditivo e visual, fazendo mudanças nas imagens, vozes ou sons.

A segunda é que quando falamos de sensações cinestésicas, em geral estamos nos referindo a sensações agradáveis ou desagradáveis, de preferências ou aversões etc. Essas são sensações *avaliativas* a respeito de alguma outra experiência. Embora essas sensações sejam extremamente importantes para decidirmos que tipos de experiências desejamos ter mais ou menos, elas não são adequadas para o padrão de perspectiva.

As sensações adequadas para o padrão de perspectiva são as sensações *da* experiência de fazer alguma coisa. Quando estamos realizando qualquer atividade, obtemos muitas sensações táteis dos nervos sensoriais da pele, que nos dão uma abundância de informações a respeito do nosso ambiente imediato enquanto entramos em contato com ele. Se vocês estão nadando, por exemplo, podem sentir a temperatura e o movimento do ar e da água em relação ao próprio corpo, bem como quaisquer objetos com os quais possam entrar em contato.

Vocês também podem sentir muitas outras sensações "proprioceptivas" dos nervos nos músculos e articulações, que dizem como o seu corpo está posicionado e movimentando-se, incluindo a tensão muscular ou o relaxamento etc. Todas essas sensações oferecem informações sensoriais específicas sobre a posição e o movimento do próprio corpo e sobre o mundo imediatamente ao redor.

Vocês também podem ter sensações *avaliativas* sobre as suas sensações sensoriais, da mesma forma que podem ter sensações avaliativas sobre algo que podem ver, ouvir, saborear ou cheirar. Vocês podem gostar da temperatura da água ou não gostar da maneira como o seu corpo se movimenta enquanto estão nadando etc. Essas são sensações avaliativas *sobre* as informações das sensações. Esses são dois tipos diferentes de sensações facilmente confundidos, porque ambos são experimentados no corpo. Em geral, as sensações avaliativas são experimentadas principalmente ao longo da linha mediana da parte frontal do tórax e do abdome, embora sensações avaliativas muito intensas possam ser experimentadas no corpo inteiro.

Quando demonstrei esse padrão de perspectiva nos sistemas visual e auditivo, pedi uma imagem ou voz que perturbasse a pessoa. As sensações perturbadoras sempre são sensações avaliativas, relacionadas a não gostarmos da imagem ou da voz. Igualmente, quando utilizamos o padrão de perspectiva no sistema cinestésico, o que desejamos é um conjunto de sensações cinestésicas táteis e proprioceptivas em relação às quais a pessoa também tenha uma sensação avaliativa perturbadora. Assim, por exemplo, talvez uma pessoa não esteja satisfeita com aquilo que sente enquanto nada, joga golfe, toca piano ou qualquer outra atividade física. O padrão de perspectiva no sistema cinestésico é particularmente útil para melhorar a prática de qualquer esporte, de qualquer habilidade motora ou de outro desempenho cinestésico. Alguém gostaria de fazer uma experiência?

Bill: Eu não estou satisfeito com a maneira como jogo basquete.

Ótimo. Primeiro quero que você experimente novamente a sensação de jogar basquete, e pode ser muito útil segmentar essa sensação até um elemento específico do jogo, como lances livres ou rebotes. Depois de ter feito o padrão com um elemento, será fácil continuar fazendo o mesmo com outros. Você não precisa realmente fazer as jogadas ou as cestas, mas sugiro que fique em pé para que todo o seu corpo fique livre para movimentar-se ligeiramente enquanto você revê aquilo que sente quando joga basquete. Eu também quero que você verifique se ainda sente insatisfação com a sua maneira de jogar...

Bill: Eu gosto muito de jogar basquete, do contrário não jogaria. Mas há algumas partes que não fluem; eu me sinto meio tenso e momentaneamente tudo acontece mais devagar. Eu não gosto disso e em geral me atrapalho no mesmo instante ou logo depois.

OK. Agora deixe de lado por um instante essa experiência de jogar basquete e pense em quatro atividades físicas que poderiam servir como recursos, uma de cada vez. Como você descreveu o problema como um enrijecimento ou uma falta de suavidade, sugiro que escolha quatro atividades que você possa realizar de forma particularmente suave. E como o basquete é uma atividade para o corpo inteiro, certifique-se de que cada recurso também seja algo que envolva todo o seu corpo. Enquanto você escolhe cada atividade com recursos, reserve alguns instantes para experimentar novamente a sensação de realizá-las. Avise-me quando tiver as quatro... (Bill assente.)

Certo, agora quero que você faça algo que provavelmente será um pouco estranho. Imagine que você está dividindo o seu corpo em quatro quadrantes com uma linha horizontal mais ou menos à altura da cintura e uma linha vertical no meio do corpo. Então acesse os quatro recursos, um a um, e sinta cada recurso em um desses quatro quadrantes do seu corpo. Como aconteceu nos padrões visual e auditivo, será um pouco difícil perceber os detalhes de cada um deles quando você estiver sentindo os quatro ao mesmo tempo. Avise-me quando tiver todos os quatro... (Bill concorda.)

Agora, mantendo as sensações desses quatro diferentes recursos, imagine que você está jogando basquete utilizando todo o seu corpo. Após algum tempo, desloque esses quatro recursos para outras partes do corpo, misturando-os. Experimente a sensação...

Bill: Isso é realmente interessante e muito bom, mas acho que vai ser um pouco difícil descrevê-la. Quando você me disse para colocar todos os quatro recursos em diferentes partes do meu corpo, eu me senti muito estranho e desconjuntado. Mas quando me imaginei jogando basquete, as diferentes sensações com recursos fluíram entre elas e para o jogo de basquete. Eu tive uma sensação muscular real de estar jogando com muito mais fluidez e suavizando aquelas partes tensas.

Sue: Eu gostaria de saber se você pode nos contar quais eram as quatro atividades com recursos.

Bill: Claro. Esquiar, fazer uma massagem, dirigir um carro em uma estrada sinuosa e nadar no mar.

Ann: Steve, no padrão visual, a experiência perturbadora ocultava apenas parte dos recursos. Nesse padrão cinestésico, todos os recursos estavam em diferentes partes do corpo, enquanto a atividade problemática envolvia o corpo inteiro, o que significa que os recursos estavam completamente ocultos pela atividade problemática. Você pode falar um pouco disso?

Essa é uma ótima pergunta e a resposta mais simples é que eu não consigo pensar em uma maneira melhor de fazer isso quando a atividade problemática envolve o corpo inteiro. Se ela envolvesse parte do corpo, vocês poderiam trabalhar de forma semelhante àquela do padrão visual. É particularmente importante ter apenas uma sobreposição parcial no sistema visual, porque se ele estiver totalmente sobreposto, vocês não conseguiriam ver nenhum recurso, tornando impossível a sua integração com o problema. No sistema auditivo, quando todas as vozes falam ao mesmo tempo, na verdade elas se sobrepõem completamente, mas vocês ainda conseguem ouvir todas; a sobreposição não faz as vozes com recursos desaparecerem, a não ser que a voz perturbadora fosse tão alta a ponto de abafar os recursos.

É muito útil reservar algum tempo e praticar como considerar um evento ou padrão em uma modalidade e depois transformá-lo em uma experiência análoga em outra modalidade. Como poderíamos fazer um padrão de perspectiva visual que era análogo à situação no sistema auditivo ou cinestésico?

Bill: Bem, estou pensando na minha experiência com o padrão cinestésico. Era como se eu pudesse experimentar uma série de sensações *através* de outras. Se eu levasse isso para o sistema visual, seria como ver uma imagem através da outra, como se ambas fossem parcialmente transparentes.

Exatamente. Se usássemos o padrão visual com imagens transparentes, poderíamos cobrir completamente os recursos com a imagem perturbadora – e elas ainda seriam vistas. Contudo, muitas pessoas associam a transparência à irrealidade e, se isso acontecer, os recursos se enfraquecerão. A sobreposição parcial funciona bem no sistema visual, portanto sugiro que simplesmente optem por essa maneira.

A transparência é uma submodalidade muito útil que a maioria das pessoas não utiliza. Ela é particularmente útil para imaginarmos o interior de coisas em três dimensões. Um geólogo pode utilizar a transparência para olhar uma encosta e imaginar como todas as rochas e as camadas de terra provavelmente são, e um bom cirurgião pode visualizar os órgãos dentro do corpo de alguém.

A transparência também pode ser utilizada para integrar imagens visuais por meio da sobreposição e da fusão gradativa em uma única imagem. Por exemplo, vocês podem criar uma imagem transparente de um problema e depois deixá-la temporariamente de lado enquanto fazem uma transparência muito maior que represente toda a sua vida. Então sobreponham a transparência menor do problema à transparência que representa toda a sua vida, e deixem que elas se fundam em uma única imagem. Assim, a transparência é utilizada com uma visão mais ampla de toda a sua vida para proporcionar um tipo diferente de nova perspectiva. Pode ser muito útil usar uma única mudança de submodalidade como essa – de opaco a transparente – e brincar com ela para descobrir como vocês poderiam utilizá-la com padrões que já conhecem.

Eu apresentei esse padrão em cada uma das três principais modalidades. Vocês acham que poderiam usar o mesmo padrão misturando modalidades? Por exemplo, vocês poderiam utilizar recursos visuais para uma voz perturbadora? Ou recursos cinestésicos para uma imagem perturbadora?...

Tom: Quando estou conferindo o meu saldo bancário, ouço os sons do vento nos pinheiros ou o som de um rio para me motivar, porque eles me lembram de como posso aproveitar parte do dinheiro.

Essa é uma grande maneira de motivar-se e utiliza a perspectiva em uma das formas que mencionei anteriormente. Mas se esses sons são motivadores, imagino que eles se encontrem em um local diferente e realmente não estejam integrados à tarefa de conferir o seu saldo bancário. Para a motivação, é melhor que as duas experiências estejam relacionadas, embora *separadas* no tempo e no espaço, como se estivessem dizendo "Faça *isso* e vai conseguir fazer *aquilo*".

Para a integração que ocorre no padrão de McWhirter, as duas representações precisam estar na mesma modalidade. Se vocês quiserem acrescentar ou diminuir decimais e frações, é preciso transformar um deles no outro. Algumas vezes a pessoa espontaneamente será capaz de fazer os ajustes necessários, mas não é prudente contar com isso e, com freqüência, vocês obterão algo diferente do que pretendiam. Contudo, vocês podem integrar uma imagem com som a outra imagem com som, porque então as duas imagens podem se integrar e os dois sons também.

O padrão de perspectiva de McWhirter une um grupo de eventos em uma *coleção* de experiências que resulta em uma compreensão ou generalização mais amplas. Quando pedi quatro experiências com recursos, a palavra "recurso" já é uma generalização de um grupo de eventos específicos que são semelhantes de algum modo. Quando eles são combinados com a experiência problemática, um enriquece o outro formando uma nova generalização.

Crenças

É particularmente interessante utilizar os conhecimentos proporcionados por esse padrão de perspectiva com as generalizações comumente chamadas de "crenças limitadoras", principalmente quando essas crenças são a respeito de nós mesmos. Quando temos uma crença limitadora, há diversas possibilidades:

1. A crença pode estar baseada em uma única experiência sem recursos, sem ligação com nenhuma experiência positiva para proporcionar uma perspectiva útil. É isso o que muitas pessoas *aceitam* quando fazem o *"reimprinting"*, a "mudança de história pessoal" ou algum outro trabalho corretivo de mudança em uma única experiência difícil do passado.

2. Há um grupo de experiências sem recursos. Embora seja possível ter uma única experiência difícil, a maior parte das dificuldades se repete e, em geral, a mais intensa torna-se uma espécie de "ímã", que reúne outras experiências semelhantes para formar um grupo que é a base de uma perspectiva pouco útil, e é isso que com freqüência chamamos de crença "negativa" ou limitadora. Realizar um trabalho de mudança em uma única experiência funcionará bem apenas se ele for realizado no exemplo *mais* intenso de um grupo de experiências,

porque então a mudança quase sempre se generalizará automaticamente para o restante do grupo.

3. A crença pode estar baseada em um grupo de experiências sem recursos, combinado a algumas ou a apenas uma experiência com recursos. A experiência com recursos não é tão poderosa nem está em número suficiente para proporcionar uma perspectiva equilibrada. Nesse caso pode ser útil transformar as experiências sem recursos e também lembrar, evocar ou criar exemplos positivos adicionais para que todo o significado da generalização se torne mais positivo e útil.

4. A crença pode ter uma mistura de experiências sem recursos e com recursos que proporcionam uma perspectiva ambígua. Isso é muito semelhante à situação anterior, assim, mais uma vez, é bom transformar os exemplos sem recursos e gerar exemplos positivos adicionais para que a generalização se torne inequivocamente positiva.

Para simplificar, apresentei o padrão de perspectiva de McWhirter no contexto de uma única experiência difícil, acessando diversos recursos que oferecem um campo de ação mais amplo, bem como mais informações. Isso estabelece um novo contexto para a experiência difícil, criando uma nova perspectiva útil que proporciona um novo significado. Contudo, em geral uma experiência difícil é parte de um *grupo* de experiências que formam a base de uma crença limitadora – então vocês precisam trabalhar com todo o grupo para modificá-la. A maneira mais fácil de fazer isso é agrupar explicitamente as experiências semelhantes e então transformar a mais intensa delas, porque essa mudança em geral será transferida para as menos intensas.

Esse tipo de padrão de perspectiva é subjacente a *todas* as generalizações, tanto a respeito do mundo como a respeito de nós mesmos, portanto, esse padrão apresenta algumas das propriedades fundamentais sobre como formamos *todas* as crenças. Agora que vocês estão cientes desse processo, provavelmente irão encontrá-lo (ou a necessidade dele) em quase todos os lugares.

Referências bibliográficas

ANDREAS, Connirae. *Resolving grief* (vídeo com 57 minutos). Evergreen: NLP Comprehensive, 1987.

ANDREAS, Connirae & Steve. *A essência da mente: usando seu poder interior para mudar*. São Paulo: Summus, 1993.

ANDREAS, Connirae & Tamara. *Transformação essencial: atingindo a nascente interior*. São Paulo: Summus, 1996.

ANDREAS, Steve. *Virginia Satir: the patterns of her magic*. Moab: Real People Press, 1991.

_____. *Building self-concept* (vídeo com 39 minutos). Evergreen: NLP Comprehensive, 1992a.

_____. *The forgiveness pattern* (2 fitas de áudio). Evergreen: NLP Comprehensive, 1992b.

_____. *Eliminating a compulsion* (vídeo com 50 minutos). Evergreen: NLP Comprehensive, 1996.

_____. *Diffusing reflexive anger* (o padrão do perdão) (vídeo com 95 minutos). Phoenix: Zeig, Tucker, Theisen, 1999.

ANDREAS, Steve & Connirae. *Transformando-se...: mais coisas que você não sabe que não sabe*. São Paulo: Summus, 1991.

_____. *The swish pattern* (vídeo com 71 minutos). Evergreen: NLP Comprehensive, 1986.

BANDLER, Richard. *Usando sua mente: as coisas que você não sabe que não sabe*. São Paulo: Summus, 1987.

BANDLER, Richard & GRINDER, John. *Sapos em príncipes: programação neurolingüística*. São Paulo: Summus, 1982.

_____. *Resignificando: programação neurolingüística e a transformação do significado*. São Paulo: Summus, 1986.

DILTS, Robert & DeLOZIER, Judith. *Encyclopedia of systemic NLP and NLP new coding*. Scott's Valley: NLP University Press, 2000 (*on-line* em: **nlpuniversitypress.com**).

HALL, Edward T. *The silent language*. Nova York: Doubleday, 1959.

MCCULLOCH, Warren S. *Embodiments of mind*, Cambridge: MIT University Press, 1965.

VAN DUSEN, Wilson. *Returning to the source: the way to the experience of God*. Moab: Real People Press, 1996.

VON FOERSTER, Heinz. "On where do we go from here?" *In*: WILSON, K. (ed.) *The collected works of the biological computer laboratory*. Peoria: Illinois Blueprint Co., 1976.

ZEIG, Jeffrey K. (ed.) *The letters of Milton H. Erickson*. Phoenix: Zeig, Tucker, Theisen, 2000.

O autor

Steve Andreas (originalmente John O. Stevens) formou-se em Química no California Institute of Technology (Caltech) em 1957 e fez mestrado em Psicologia na Brandeis University, em 1961, onde estudou com Abraham Maslow. Desde então, tem explorado como as pessoas mudam, começando com Carl Rogers. Então aprendeu Gestalt-terapia com Fritz Perls e combinou a Gestalt com o ensino da psicologia e da ciência social na Diablo Valley College, na Califórnia (EUA), durante sete anos. Dessa aprendizagem surgiu o seu livro de experiências em consciência da Gestalt: *Awareness: exploring, experimenting, experiencing* (1970).

Ele e a esposa Connirae conheceram a Programação Neurolingüística (PNL) em 1977, e desde então vêm ensinando, treinando, pesquisando e desenvolvendo padrões de PNL. Eles são co-fundadores da NLP Comprehensive, uma organização internacional de treinamento que se tornou modelo de alta qualidade em treinamentos de PNL, que respeita o indivíduo e a ecologia pessoal. Eles também escreveram extensos manuais de treinamento para os graus de Practitioner, Master Practitioner e Trainer em PNL, utilizados por outros instrutores e instituições ao redor do mundo.

Steve é autor de *Virginia Satir: the patterns of her magic* (1991) e *Is there life before death?* (antologia, 1995). Ele e Connirae são co-autores de *A essência da mente* (1993) e *Transformando-se...* (1991). Steve é editor ou co-editor de uma série de livros de autoria dos co-fundadores da PNL, Richard Bandler e John Grinder: *Sapos em príncipes* (1982), *Atravessando* (1984), *Resignificando* (1986) e *Usando sua mente* (1987). Steve escreveu inúmeros artigos e produziu mais de sessenta vídeos e fitas de áudio com treinamentos de PNL (consulte o *site* **steveandreas.com**), e faz treinamentos avançados em PNL no mundo inteiro.

Este livro é o resultado de mais de 12 anos de exploração e modelagem de como as pessoas criam e mudam as suas idéias a respeito de si mesmas. Ele se junta a diversos outros padrões que ele e Connirae desenvolveram, incluindo métodos rápidos para perdão, solucionar o luto, linhas temporais (como as pessoas representam o tempo), mudar a hierarquia de critérios, uma estratégia para responder às críticas, integração dos movimentos oculares e solucionar a vergonha.

Steve, Connirae e seus três filhos moram no sopé das Montanhas Rochosas, ao norte de Boulder, Colorado, nos Estados Unidos.

------ dobre aqui ------

ISR 40-2146/83
UP AC CENTRAL
DR/São Paulo

CARTA RESPOSTA
NÃO É NECESSÁRIO SELAR

O selo será pago por

***summus* editorial**

05999-999 São Paulo-SP

------ dobre aqui ------

TRANSFORME-SE EM QUEM VOCÊ QUER SER

summus editorial
CADASTRO PARA MALA-DIRETA

Recorte ou reproduza esta ficha de cadastro, envie completamente preenchida por correio ou fax, e receba informações atualizadas sobre nossos livros.

Nome: _____ Empresa: _____
Endereço: ☐ Res. ☐ Coml. _____ Bairro: _____
CEP: _____ - _____ Cidade: _____ Estado: _____ Tel.: ( ) _____
Fax: ( ) _____ E-mail: _____
Profissão: _____ Professor? ☐ Sim ☐ Não Disciplina: _____ Data de nascimento: _____

1. Você compra livros:
☐ Livrarias   ☐ Feiras
☐ Telefone   ☐ Correios
☐ Internet   ☐ Outros. Especificar: _____

2. Onde você comprou este livro?
_____

3. Você busca informações para adquirir livros:
☐ Jornais   ☐ Amigos
☐ Revistas   ☐ Internet
☐ Professores   ☐ Outros. Especificar: _____

4. Áreas de interesse:
☐ Educação   ☐ Administração, RH
☐ Psicologia   ☐ Comunicação
☐ Corpo, Movimento, Saúde   ☐ Literatura, Poesia, Ensaios
☐ Comportamento   ☐ Viagens, *Hobby*, Lazer
☐ PNL (Programação Neurolingüística)

5. Nestas áreas, alguma sugestão para novos títulos?
_____

6. Gostaria de receber o catálogo da editora? ☐ Sim ☐ Não

7. Gostaria de receber o Informativo Summus? ☐ Sim ☐ Não

Indique um amigo que gostaria de receber a nossa mala-direta

Nome: _____ Empresa: _____
Endereço: ☐ Res. ☐ Coml. _____ Bairro: _____
CEP: _____ - _____ Cidade: _____ Estado: _____ Tel.: ( ) _____
Fax: ( ) _____ E-mail: _____
Profissão: _____ Professor? ☐ Sim ☐ Não Disciplina: _____ Data de nascimento: _____

Rua Itapicuru, 613 – 7º andar 05006-000 São Paulo - SP Brasil Tel.: (11) 3872 3322 Fax: (11) 3872 7476
Internet: http://www.summus.com.br   e-mail: summus@summus.com.br

recorte aqui

cole aqui